numération

Centaine de mille

Programme 2016

CM1

CYCLE 3 • ANNÉE 1

Cet ouvrage est conforme à la nouvelle orthographe
www.orthographe-recommandee.info

Graine de Maths

Sous la direction de Joël Malaval,
Professeur agrégé de mathématiques, Académie de Clermont-Ferrand

Xavier Delaville,
Professeur des écoles, maitre formateur,
Académie de Versailles

Hélène Frion,
Professeure des écoles,
Académie de Montpellier

Olivier Le Dantec,
Professeur agrégé de mathématiques,
formateur ESPE, Académie de Nice

Philippe Peindaries,
Directeur d'école,
Académie de Toulouse

Annie Plantiveau,
Professeure agrégée de mathématiques,
Académie de Nantes

Audrey Walkowiak,
Conseillère pédagogique,
Académie de Lille

Le papier de cet ouvrage est composé de fibres naturelles, renouvelables, fabriquées à partir de bois provenant de forêts gérées de manière responsable.

Nathan

Avant-propos

Ce manuel a pour ambition d'accompagner l'élève dans l'apprentissage des mathématiques et d'être un réel support pédagogique pour les enseignants. Il est conforme à l'esprit du programme de mathématiques applicable à la rentrée 2016.

Il est organisé en quatre grands domaines : **Nombres**, **Calculs**, **Grandeurs et mesures**, **Espace et géométrie**, auxquels s'ajoute une partie dédiée aux **Outils pour résoudre des problèmes**.

Le **calcul mental** est pratiqué quotidiennement. Nous avons établi une progression annuelle comportant plus d'une centaine de séances de calcul mental. Ces séances couvrent toutes les compétences de calcul mental du programme (connaissance des nombres, calcul automatisé, calcul réfléchi) et se trouvent dans le guide pédagogique (elles sont téléchargeables gratuitement sur le site de la collection grainedemaths.nathan.fr).

Ce manuel s'appuie sur les six compétences majeures des mathématiques : **Chercher**, **Modéliser**, **Représenter**, **Calculer**, **Raisonner** et **Communiquer**, mises en œuvre dans toutes les activités qui jalonnent le travail des élèves.

Conformément au programme, la **résolution de problèmes** occupe une place essentielle. Elle se décline sous des formes variées : activités de découverte, exercices d'entrainement, exercices d'approfondissement, jeux, problèmes interdisciplinaires... De plus, nous avons consacré des pages spécifiques à la méthodologie.

Chaque domaine s'organise en **double page**. Afin de favoriser une acquisition progressive et rassurante des connaissances et des méthodes, la structure de chaque double page est identique :

- l'**activité de découverte**, contextualisée de façon motivante, est une situation ouverte conçue pour être présentée au sein du groupe classe. Elle peut aussi être travaillée en autonomie. Dans ce cas, une fiche imprimable assortie d'une carte indice permet de guider l'élève dans son travail. La manipulation est encouragée quand elle est possible ;
- le **Mémo**, synthèse de la leçon, détaille les savoirs et les savoir-faire, accompagnés de visuels explicites et d'exemples ;
- des **exercices** progressifs et variés constituent l'entrainement. Plusieurs niveaux sont proposés afin de mettre en place une **pédagogie différenciée**. Les énoncés, souvent très courts, écrits avec un vocabulaire simple, doivent permettre une compréhension aisée. Un exercice « À l'oral » est systématiquement proposé afin de développer les compétences d'expression orale des élèves. Un ou plusieurs problèmes complètent les exercices ;
- un **exercice ludique** (Maths en jeu ! ou Le Défi du jour) clôt la double page. Nous avons fait en sorte que cette activité soit accessible à tous les élèves.

Régulièrement, nous proposons **un bilan** pour vérifier l'acquisition de chaque compétence de base par les élèves. Des pistes d'exercices de remédiation ou d'approfondissement sont proposées dans le guide pédagogique afin de différencier, là encore, le travail des élèves.

Deux **problèmes sur étude de document** suivent ce bilan. À vocation interdisciplinaire, ils peuvent être l'occasion d'une ouverture culturelle.

Dans ce manuel de première année de cycle 3, nous avons cherché à étendre le domaine d'étude, à consolider et à approfondir des notions abordées au cycle 2, mais aussi à introduire de nouvelles notions, à construire de nouvelles techniques, de nouvelles procédures.

Nous espérons répondre ainsi à vos attentes et donner aux élèves des clés pour travailler en confiance et réussir.

Les auteurs

Découvre ton manuel

La compétence travaillée

La situation de découverte pour rechercher et manipuler

L'essentiel à retenir

Des exercices à l'oral

Le niveau de difficulté

Le pictogramme indique une ressource (figure, exercice...) à imprimer.

Un jeu ou un défi motivant.

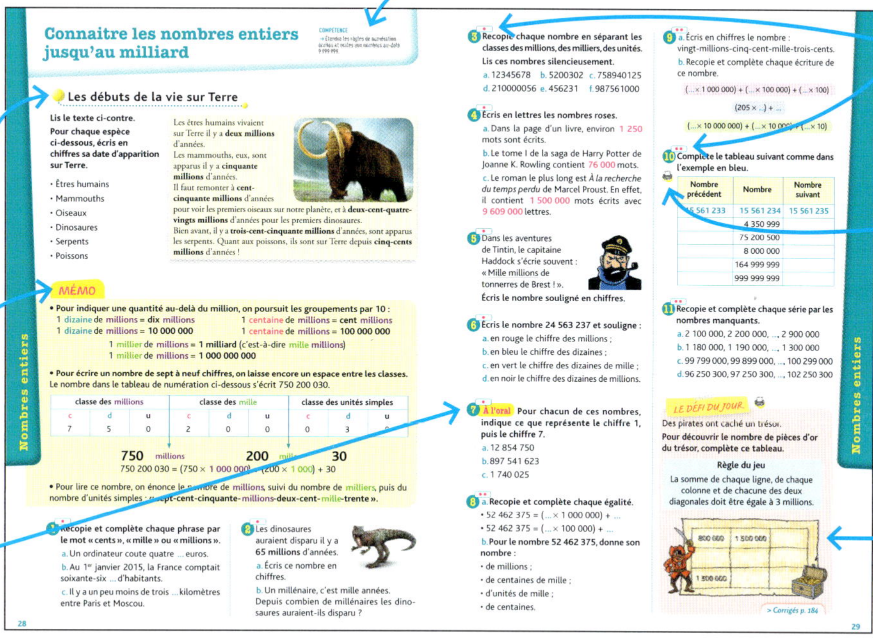

Connaitre les nombres entiers jusqu'au milliard

Les débuts de la vie sur Terre

Lis le texte ci-contre.
Pour chaque espèce ci-dessous, écris en chiffres sa date d'apparition sur Terre.

- Êtres humains
- Mammouths
- Oiseaux
- Dinosaures
- Serpents
- Poissons

Les êtres humains vivaient sur Terre il y a **deux millions** d'années.
Les mammouths, eux, sont apparus il y a **cinquante millions** d'années.
Il faut remonter à **cent-cinquante millions** d'années pour voir les premiers oiseaux sur notre planète, et à **deux-cent-quatre-vingts millions** d'années pour les premiers dinosaures.
Bien avant, il y a **trois-cent-cinquante millions** d'années, sont apparus les serpents. Quant aux poissons, ils sont sur Terre depuis **cinq-cents millions** d'années !

MÉMO

- Pour indiquer une quantité au-delà du million, on poursuit les groupements par 10 :
1 dizaine de millions = dix millions — 1 centaine de millions = cent millions
1 dizaine de millions = 10 000 000 — 1 centaine de millions = 100 000 000
1 millier de millions = 1 milliard (c'est-à-dire mille millions)
1 millier de millions = 1 000 000 000
- Pour écrire un nombre de sept à neuf chiffres, on laisse encore un espace entre les classes.
Le nombre dans le tableau de numération ci-dessous s'écrit 750 200 030.

classe des millions			classe des mille			classe des unités simples		
c	d	u	c	d	u	c	d	u
7	5	0	2	0	0	0	3	0

750 millions — 200 mille — 30
750 200 030 = (750 × 1 000 000) + (200 × 1 000) + 30

- Pour lire ce nombre, on énonce le nombre de millions, suivi du nombre de milliers, puis du nombre d'unités simples : sept-cent-cinquante-millions-deux-cent-mille-trente ».

1 Recopie et complète chaque phrase par le mot « cents », « mille » ou « millions ».
a. Un ordinateur coute quatre ... euros.
b. Au 1er janvier 2015, la France comptait soixante-six ... d'habitants.
c. Il y a un peu moins de trois ... kilomètres entre Paris et Moscou.

2 Les dinosaures auraient disparu il y a 65 millions d'années.
a. Écris ce nombre en chiffres.
b. Un millénaire, c'est mille années. Depuis combien de millénaires les dinosaures auraient-ils disparu ?

3 Recopie chaque nombre en séparant les classes des millions, des milliers, des unités.
Lis ces nombres silencieusement.
a. 12345678 b. 5200302 c. 758940125 d. 210000056 e. 456231 f. 987561000

4 Écris en lettres les nombres roses.
a. Dans la page d'un livre, environ 1 250 mots sont écrits.
b. Le tome I de la saga de Harry Potter de Joanne K. Rowling contient 76 000 mots.
c. Le roman le plus long est *À la recherche du temps perdu* de Marcel Proust. En effet, il contient 1 500 000 mots écrits avec 9 609 000 lettres.

5 Dans les aventures de Tintin, le capitaine Haddock s'écrie souvent : « Mille millions de tonnerres de Brest ! ».
Écris le nombre souligné en chiffres.

6 Écris le nombre 24 563 237 et souligne :
a. en rouge le chiffre des millions ;
b. en bleu le chiffre des dizaines ;
c. en vert le chiffre des dizaines de mille ;
d. en noir le chiffre des dizaines de millions.

7 À l'oral Pour chacun de ces nombres, indique ce que représente le chiffre 1, puis le chiffre 7.
a. 12 854 750 b. 897 541 623 c. 1 740 025

8 a. Recopie et complète chaque égalité.
• 52 462 375 = (... × 1 000 000) + ...
• 52 462 375 = (... × 100 000) + ...
b. Pour le nombre 52 462 375, donne son nombre :
• de millions ;
• de centaines de mille ;
• d'unités de mille ;
• de centaines.

9 a. Écris en chiffres le nombre : vingt-millions-cinq-cent-mille-trois-cents.
b. Recopie et complète chaque écriture de ce nombre.
(... × 1 000 000) + (... × 100 000) + (... × 100)
(205 × ...) + ...
(... × 10 000 000) + (... × 10 000) + (... × 10)

10 Complète le tableau suivant comme dans l'exemple en bleu.

Nombre précédent	Nombre	Nombre suivant
15 561 233	15 561 234	15 561 235
	4 350 999	
	75 200 500	
	8 000 000	
	164 999 999	
	999 999 999	

11 Recopie et complète chaque série par les nombres manquants.
a. 2 100 000, 2 200 000, ..., 2 900 000
b. 1 180 000, 1 190 000, ..., 1 300 000
c. 99 799 000, 99 899 000, ..., 100 299 000
d. 96 250 300, 97 250 300, ..., 102 250 300

LE DÉFI DU JOUR

Des pirates ont caché un trésor.
Pour découvrir le nombre de pièces d'or du trésor, complète ce tableau.

Règle du jeu
La somme de chaque ligne, de chaque colonne et de chacune des deux diagonales doit être égale à 3 millions.

> Corrigés p. 184

Avec des exercices pour tester tes compétences...

... et des problèmes en lien avec d'autres disciplines.

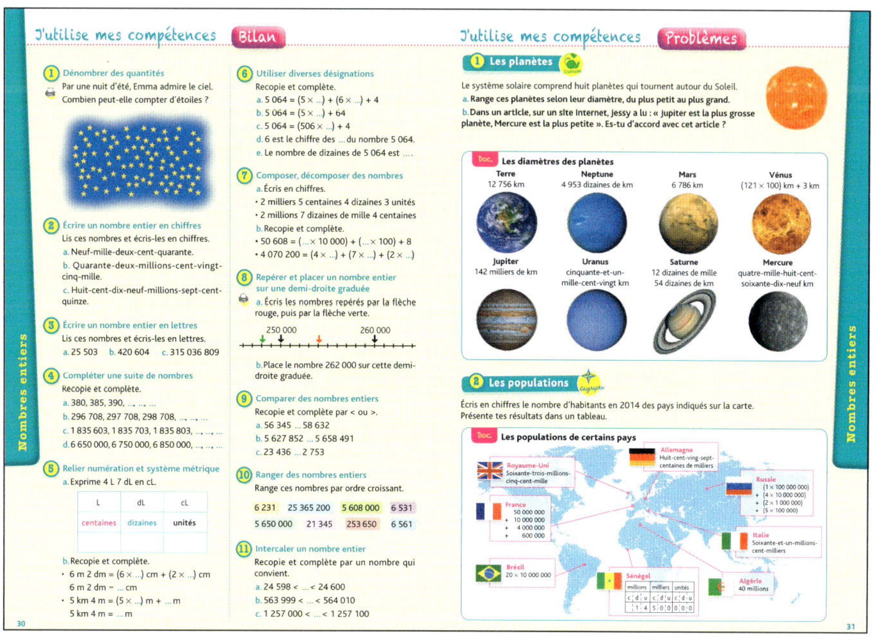

J'utilise mes compétences — Bilan

1 Dénombrer des quantités
Par une nuit d'été, Emma admire le ciel. Combien peut-elle compter d'étoiles ?

2 Écrire un nombre entier en chiffres
Lis ces nombres et écris-les en chiffres.
a. Neuf-mille-deux-cent-quarante.
b. Quarante-deux-millions-cent-vingt-cinq-mille.
c. Huit-cent-dix-neuf-millions-sept-cent-quinze.

3 Écrire un nombre entier en lettres
Lis ces nombres et écris-les en lettres.
a. 25 503 b. 420 604 c. 315 036 809

4 Compléter une suite de nombres
Recopie et complète.
a. 380, 385, 390, ..., ..., ...
b. 296 708, 297 708, 298 708, ..., ..., ...
c. 1 835 603, 1 835 703, 1 835 803, ..., ..., ...
d. 6 650 000, 6 750 000, 6 850 000, ..., ..., ...

5 Relier numération et système métrique
a. Exprime 4 L 7 dL en cL.

L	dL	cL
centaines	dizaines	unités

b. Recopie et complète.
• 6 m 2 dm = (6 × ...) cm + (2 × ...) cm
6 m 2 dm = ... cm
• 5 km 4 m = (5 × ...) m + ... m
5 km 4 m = ... m

6 Utiliser diverses désignations
Recopie et complète.
a. 5 064 = (5 × ...) + (6 × ...) + 4
b. 5 064 = (5 × ...) + 64
c. 5 064 = (506 × ...) + 4
d. 6 est le chiffre des ... du nombre 5 064.
e. Le nombre de dizaines de 5 064 est ... .

7 Composer, décomposer des nombres
a. Écris en chiffres.
• 2 milliers 5 centaines 4 dizaines 3 unités
• 2 millions 7 dizaines de mille 4 centaines
b. Recopie et complète.
• 50 608 = (... × 10 000) + (... × 100) + 8
• 4 070 200 = (4 × ...) + (7 × ...) + (2 × ...)

8 Repérer et placer un nombre entier sur une demi-droite graduée
a. Écris les nombres repérés par la flèche rouge, puis par la flèche verte.
250 000 — 260 000
b. Place le nombre 262 000 sur cette demi-droite graduée.

9 Comparer des nombres entiers
Recopie et complète par < ou >.
a. 56 345 ... 58 632
b. 5 627 852 ... 5 658 491
c. 23 436 ... 2 753

10 Ranger des nombres entiers
Range ces nombres par ordre croissant.
6 231 — 25 365 200 — 5 608 000 — 6 531
5 650 000 — 21 345 — 253 650 — 6 561

11 Intercaler un nombre entier
Recopie et complète par un nombre qui convient.
a. 24 598 < ... < 24 600
b. 563 999 < ... < 564 010
c. 1 257 000 < ... < 1 257 100

J'utilise mes compétences — Problèmes

1 Les planètes

Le système solaire comprend huit planètes qui tournent autour du Soleil.
a. Range ces planètes selon leur diamètre, du plus petit au plus grand.
b. Dans un article, sur un site Internet, Jessy a lu : « Jupiter est la plus grosse planète, Mercure est la plus petite ». Es-tu d'accord avec cet article ?

Doc. Les diamètres des planètes
- Terre : 12 756 km
- Neptune : 4 953 dizaines de km
- Mars : 6 786 km
- Vénus : (121 × 100) km + 3 km
- Jupiter : 142 milliers de km
- Uranus : cinquante-et-un-mille-cent-vingt km
- Saturne : 12 dizaines de mille 54 dizaines de km
- Mercure : quatre-mille-huit-cent-soixante-dix-neuf km

2 Les populations

Écris en chiffres le nombre d'habitants en 2014 des pays indiqués sur la carte.
Présente tes résultats dans un tableau.

Doc. Les populations de certains pays
- Royaume-Uni : Soixante-trois-millions-cinq-cent-mille
- Allemagne : Huit-cent-vingt-sept-centaines de milliers
- France : 50 000 000 + 10 000 000 + 4 000 000 + 600 000
- Russie : (1 × 100 000 000) + (4 × 10 000 000) + (2 × 1 000 000) + (5 × 100 000)
- Italie : Soixante-et-un-millions-cent-milliers
- Brésil : 20 × 10 000 000
- Sénégal : millions 1 4, milliers 5 0 0, unités 0 0 0
- Algérie : 40 millions

Sommaire

ISBN 978-2-09-122834-1

Le calcul mental dans Graine de Maths

• En mathématiques, tu vas faire du calcul mental régulièrement.
Tout au long de l'année, tu vas t'entrainer avec des exercices rapides et des jeux.
Tu vas apprendre de nouvelles procédures pour calculer sans poser les opérations et sans utiliser la calculatrice.
Cela te permettra de résoudre plus facilement des problèmes.

• Le calcul mental, c'est :

➡ Connaitre l'écriture des nombres

Exemples

• Écris ce nombre en chiffres : cinq-cent-quatre-vingt-trois
• Quel est le chiffre des dizaines dans : • 306 ? • 452 ?

➡ Donner un résultat très rapidement

Exemples

• 7 + 8 ? • 5 + 9 ? • 8 + 5 ?
• 4 pour aller à 10 ? • 3 pour aller à 12 ?
• 7 × 8 ? En 45, combien de fois 9 ?
• 28 divisé par 7 ?

➡ Réfléchir pour trouver un résultat

Exemple

Je suis un nombre entier de trois chiffres.
Mon chiffre des centaines est la somme des chiffres des dizaines et des unités.
Mon chiffre des dizaines est 6.
Mon chiffre des unités est pair.
Qui suis-je ?

➡ Résoudre mentalement des problèmes

Exemples

• Romain a 17 ans. Il a 8 ans de moins que sa sœur Sandra.
Quel âge a Sandra ?
• Bilal a acheté un gâteau à 6 € et une brioche.
Il a payé 11 € en tout. Combien coute la brioche ?

Sommaire du calcul mental

Plus de 100 séances de calcul mental se trouvent dans le guide pédagogique **et en téléchargement gratuit** sur **grainedemaths.nathan.fr**

Nombres entiers

Connaitre les nombres entiers
- Écrire un nombre en chiffres
- Identifier le chiffre des unités, des dizaines
- Écrire un nombre à partir d'une décomposition
- Décomposer un nombre
- Utiliser des équivalences
- Trouver le nombre de dizaines, de centaines

Comparer, ranger, encadrer les nombres entiers
- Comparer deux nombres entiers
- Écrire le nombre qui suit, celui qui précède
- Encadrer un nombre entier
- Intercaler un nombre entier

Mobiliser les tables d'addition

Additionner, soustraire les nombres entiers
- Ajouter ou retrancher 2, 5, 10, 100, 1 000
- Ajouter ou retrancher un multiple de 10, 100, 1 000
- Additionner ou soustraire deux multiples de 10
- Calculer un complément
- Ajouter ou soustraire 9, 19, 11, 21, 99, 101
- Ajouter ou soustraire deux nombres entiers sans retenue
- Ajouter ou soustraire deux nombres entiers avec retenue
- Regrouper des nombres pour calculer rapidement

Mobiliser les tables de multiplication

Multiplier les nombres entiers
- Multiplier par 10, 100, 1 000
- Multiplier par un multiple de 10
- Multiplier par 11, 12, 9, 19, 21
- Décomposer un nombre entier sous forme du produit de deux ou plusieurs facteurs
- Calculer le double, le triple, le quadruple d'un nombre entier
- Multiplier un nombre entier par 5, 20, 50

Reconnaitre des multiples, des diviseurs

Diviser les nombres entiers
- Calculer le quotient et le reste entiers dans des cas simples de division
- Calculer la moitié, le tiers, le quart d'un nombre entier

Évaluer un ordre de grandeur (somme, différence, produit, quotient)

Fractions simples et fractions décimales

Connaitre les fractions
- Écrire des fractions simples (demi, tiers, quart)
- Écrire des fractions décimales
- Utiliser des équivalences
- Décomposer une fraction décimale en somme de fractions décimales

Nombres décimaux

Passer des fractions décimales aux nombres décimaux

Connaitre les nombres décimaux
- Écrire un nombre décimal en chiffres
- Identifier le chiffre des unités, des dixièmes
- Écrire un nombre décimal à partir d'une décomposition
- Décomposer un nombre décimal
- Utiliser des équivalences
- Ajouter un nombre entier et un nombre décimal

Comparer, ranger, encadrer les nombres décimaux
- Comparer deux nombres décimaux
- Encadrer un nombre décimal
- Intercaler un nombre décimal

Additionner, soustraire les nombres décimaux
- Écrire des suites de nombres décimaux
- Calculer un complément
- Connaitre des relations entre certains nombres entiers et décimaux (1,5 + 1,5 = 3...)
- Connaitre des relations entre certains nombres décimaux (0,25 ; 0,5 ; 0,75 et 1...)
- Additionner des nombres décimaux
- Soustraire des nombres décimaux

Évaluer un ordre de grandeur (somme, différence)

Proposition de progression annuelle

	Calcul mental	Nombres	Calculs
Période 1	• Connaitre les nombres entiers • Mobiliser les tables d'addition • Additionner, soustraire les nombres entiers	**Nombres entiers** • Connaitre les nombres entiers jusqu'à 999 ..... 10 • Connaitre les nombres entiers jusqu'à 9 999 ..... 12 • Relier la numération et le système métrique ..... 14 • Repérer un nombre entier sur une demi-droite graduée ..... 16 • Comparer, ranger, encadrer, intercaler des nombres entiers (1) .. 18	**Traitement de données** • Utiliser la calculatrice ..... 58 • Lire et organiser des données : les tableaux ..... 60 • Lire et organiser des données : les graphiques ..... 62 **Addition, soustraction avec les nombres entiers** • Reconnaitre une situation additive ou soustractive ..... 64 • Additionner des nombres entiers .. 66 • Soustraire des nombres entiers .... 68 • Bilan et problèmes 70
Période 2	• Comparer, ranger, encadrer les nombres entiers • Mobiliser les tables de multiplication	**Nombres entiers** • Connaitre les nombres entiers jusqu'à 999 999 ..... 20 • Passer d'une désignation à une autre ..... 22 • Comparer, ranger, encadrer, intercaler des nombres entiers (2) .. 24 • Connaitre les nombres entiers jusqu'à 9 999 999 26	**Multiplication, division avec les nombres entiers** • Reconnaitre une situation multiplicative ..... 72 • Multiplier un nombre entier par 10, 100, 1 000, 20 ..... 74 • Multiplier un nombre entier par un nombre à un chiffre 76
Période 3	• Multiplier les nombres entiers • Reconnaitre des multiples, des diviseurs • Connaitre les fractions	**Nombres entiers** • Connaitre les nombres entiers jusqu'au milliard ..... 28 • Bilan et problèmes ..... 30 **Fractions** • Découvrir les fractions ..... 32 • Partager des grandeurs avec des fractions ..... 34 • Mesurer des grandeurs avec des fractions 36	**Multiplication, division avec les nombres entiers** • Multiplier un nombre entier par un nombre à plusieurs chiffres ..... 78 • Reconnaitre des multiples et diviseurs d'un nombre ..... 80 • Reconnaitre une situation de division 82
Période 4	• Diviser les nombres entiers • Évaluer un ordre de grandeur (somme, différence, produit, quotient de nombres entiers) • Passer des fractions décimales aux nombres décimaux • Connaitre les nombres décimaux	**Fractions** • Repérer une fraction sur une demi-droite graduée ..... 38 • Utiliser les fractions décimales ..... 40 • Écrire une fraction décimale de différentes façons ..... 42 • Bilan et problèmes ..... 44 **Nombres décimaux** • Introduire les nombres décimaux ..... 46 • Comprendre l'écriture des nombres décimaux 48	**Multiplication, division avec les nombres entiers** • Diviser par un nombre entier à un chiffre ..... 84 • Diviser par un nombre entier à deux chiffres ..... 86 • Bilan et problèmes ..... 88 **Calculs avec les nombres décimaux** • Additionner des nombres décimaux 90
Période 5	• Comparer, ranger, encadrer les nombres décimaux • Additionner, soustraire les nombres décimaux • Évaluer un ordre de grandeur (somme, différence de nombres décimaux)	**Nombres décimaux** • Repérer un nombre décimal sur une demi-droite graduée ..... 50 • Comparer, ranger, encadrer des nombres décimaux ..... 52 • Utiliser des nombres décimaux lors d'une mesure ..... 54 • Bilan et problèmes 56	**Calculs avec les nombres décimaux** • Soustraire des nombres décimaux ..... 92 **Proportionnalité** • Découvrir des situations de proportionnalité ..... 94 • Utiliser les propriétés de la proportionnalité ..... 96 • Bilan et problèmes 98

Connaitre les nombres entiers jusqu'à 999

COMPÉTENCES
→ Reprendre contact avec le tableau de numération.
→ Revoir unités, dizaines, centaines.

Le stock de craies

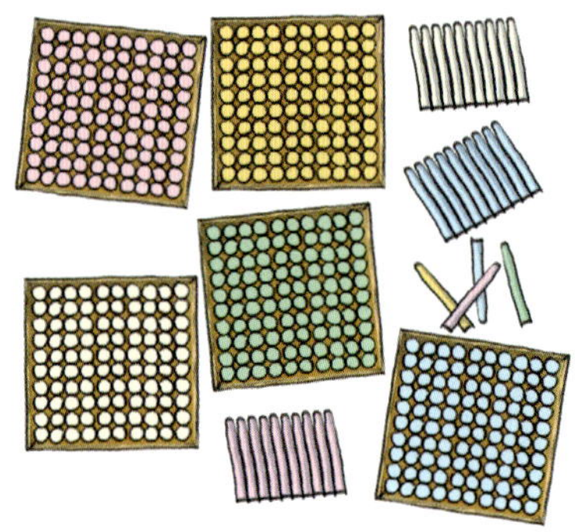

Les élèves sont chargés de compter les craies de couleur qu'il reste dans le placard de la classe.

- Joachim dit : « Il y a 3 centaines de craies et 234 craies ».
- Axel : « Moi, je compte 4 centaines de craies et 34 craies ».
- Laura annonce : « 4 centaines de craies, 13 dizaines et 4 craies ».

Qui a raison ?
Peux-tu écrire plus simplement le nombre de craies ?

MÉMO

- **Pour indiquer une quantité d'objets, on effectue des groupements par 10.**

1 unité — 1 dizaine = 10 unités — 1 centaine = 10 dizaines — 1 centaine = 100 unités

- **Un nombre entier peut s'écrire avec un ou plusieurs chiffres.**

Le nombre 2 centaines 6 dizaines 4 unités s'écrit **264**.

	c	d	u
2 centaines	2	0	0
6 dizaines		6	0
4 unités			4
Nombre	2	6	4

Tableau de numération

centaines	dizaines	unités
2	6	4

264 = (2 × 100) + (6 × 10) + 4

chiffre des centaines — chiffre des dizaines — chiffre des unités

1 Aide-toi de ce tableau pour écrire en chiffres 3 centaines 4 dizaines 7 unités.

	c	d	u
3 centaines			
4 dizaines			
7 unités			
Nombre			

2 Écris chaque nombre en chiffres.

a. 8 centaines 4 dizaines 5 unités
b. 7 unités 6 dizaines 2 centaines
c. 5 centaines 3 dizaines
d. 9 centaines
e. 2 dizaines
f. 3 centaines 6 unités

3 Compte les étoiles, puis les billes.

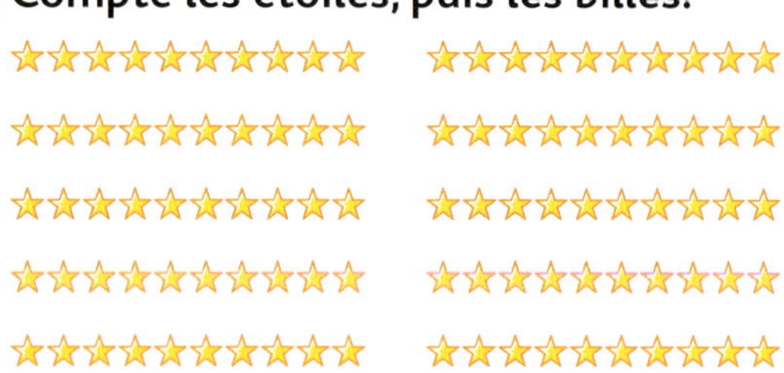

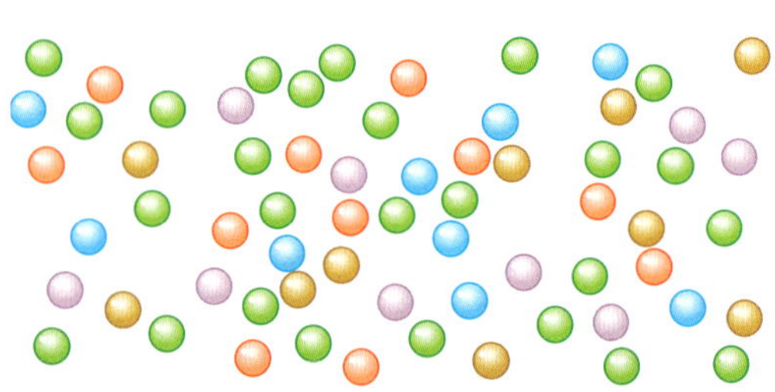

4 **À l'oral** Damien et Océane collectionnent les figurines de leurs héros préférés.
Damien en a 9 dizaines.
Océane en a 2 centaines.
Qui en a le plus ?

5 Quel nombre obtient-on si l'on ajoute une dizaine à :
a. 179 ? b. 193 ? c. 98 ? d. 890 ?

6 *Dans le nombre 125, le chiffre 2 est celui des dizaines.*
Que représente le chiffre 3 dans chacun des nombres écrits en rose ?
a. Au Loto, des amis ont gagné **913** €.
b. Il y a **366** jours dans l'année 2016.
c. Dans un litre de soda, il y a **130** g de sucre.

7 **Recopie et complète.**
a. (5 × 100) + (8 × 10) + 4 = ...
b. (2 × 100) + 4 = ...
c. ... = (2 × 100) + (9 × 10)
d. 510 = (5 × ...) + (1 × ...)

8 a. Combien faut-il de dizaines pour obtenir le nombre 780 ?
b. Combien 40 dizaines font-elles de centaines ?

9 **Problème** Dans le rayon d'un supermarché, il y a 94 sacs de 10 kg chacun de croquettes pour chien.
Quelle est la masse totale de croquettes ?

10 **Recopie ces nombres et colorie ceux dont 7 est le chiffre des dizaines et 5 celui des centaines.**

758 375 57 572 570

11 **Combien y a-t-il d'unités dans :**
a. 16 dizaines ?
b. 7 dizaines 12 unités ?
c. 3 centaines 15 dizaines ?
d. 1 centaine 42 dizaines 25 unités ?

12 **Problème** Pour aller au travail et en revenir, la mère de Gauthier parcourt 2 dizaines de kilomètres.
Combien de kilomètres a-t-elle parcourus au bout de 5 jours ?

13 **Problème**
Aline possède une collection de 357 DVD. Elle souhaite les ranger dans des coffrets qui peuvent contenir 10 DVD.

Combien de coffrets Aline doit-elle acheter ?

14 **Problème** Pour la tombola de l'école, on a imprimé des carnets contenant chacun 100 tickets. Les élèves ont vendu 5 carnets entiers et il reste 10 tickets invendus dans le 6e carnet.
Quel est le nombre de tickets vendus ?

Maths en jeu !

Je suis un nombre entier à trois chiffres, tous différents.
Mon chiffre des dizaines est 7, mon chiffre des centaines est 5.
En lettres, on m'écrit avec quatre mots.
Mes trois chiffres sont impairs.
Qui suis-je ?

> Corrigés p. 184

Connaitre les nombres entiers jusqu'à 9 999

COMPÉTENCES
→ Consolider les connaissances en numération écrite et orale.
→ Utiliser « mille ».

Des sculptures de ballons

Pour terminer sa semaine d'action, une association humanitaire organise une vente de sculptures de ballons.
Maria achète 1 580 ballons, en deux conditionnements :

Combien de sachets de chaque sorte achètera-t-elle ?

MÉMO

- **Pour indiquer une quantité au-delà de 999, on poursuit les groupements par 10 avec une nouvelle unité de numération : le millier.**

1 millier = 10 centaines **1 millier = 100 dizaines** **1 millier = 1 000 unités**

- **Pour écrire un nombre à quatre chiffres, on laisse un espace entre le chiffre des milliers et celui des centaines.**

Le nombre 3 milliers 8 centaines 6 dizaines 5 **unités** s'écrit **3 865**.

	m	c	d	u
3 milliers	3	0	0	0
8 centaines		8	0	0
6 dizaines			6	0
5 unités				5
Nombre	3	8	6	5

milliers	centaines	dizaines	unités
3	8	6	5

3 mille **865**

3 865 = (3 × 1 000) + 865

- On lit ce nombre « trois-mille-huit-cent-soixante-cinq ».

1 **Recopie chaque nombre en séparant le chiffre des milliers de celui des centaines.**
Lis ces nombres silencieusement.

a. 3323 b. 5000 c. 2123
d. 6520 e. 9009 f. 1001

2 **Écris en lettres les nombres écrits en rose.**

a. Un jeune bordelais a réussi à atteindre le niveau 1 195 au jeu Candy Crush en 2014.

b. L'Ob est un fleuve de Russie long de 3 650 km.

c. La mathématicienne Sophie Germain est née en 1776.

3 **Écris en chiffres les nombres soulignés.**

a. La Transat AG2R La Mondiale se court sur une distance de trois-mille-sept-cent-dix milles marins ce qui correspond à six-mille-huit-cent-soixante-dix kilomètres.

b. Il y a deux-mille-cent-soixante-six villes de plus de cinq-mille habitants en France.

c. Lola a visité un zoo où vivent sept-mille-dix animaux de cinq-cent-soixante espèces.

d. Neuf-mille-cent-soixante-huit km séparent Paris de Rio de Janeiro au Brésil.

4 Lili et Jimmy fabriquent des bracelets avec des élastiques.
Lili possède 30 centaines d'élastiques.
Jimmy en a 200 dizaines.
Qui en a le plus ?

5 **Combien y a-t-il de petits cubes ?**

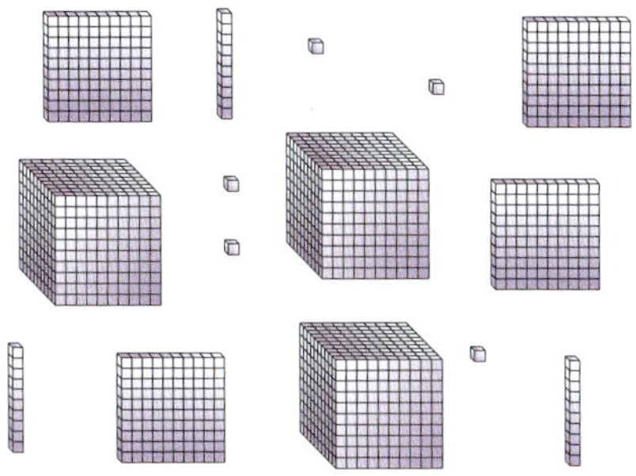

6 **À l'oral** **Pour chaque nombre, indique ce que représente le chiffre 5, puis le chiffre 2.**

a. 5 623 b. 4 205
c. 6 532 d. 2 453

7 **Recopie et complète.**

a. 40 centaines = ... milliers
b. 700 dizaines = ... centaines
c. 8 milliers = ... dizaines

8 **Recopie et complète avec les mots *milliers*, *centaines*, *dizaines* ou *unités*.**

a. 5 672 contient 3 ... de plus que 5 642.
b. 6 254 contient 3 ... de moins que 6 554.
c. 7 632 contient 2 ... de plus que 5 632.
d. 4 336 contient 1 000 ... de moins que 5 336.
e. 1 009 contient 1 ... de plus que 909.

9 **Complète le tableau suivant comme dans l'exemple en rose.**

Nombre précédent	Nombre	Nombre suivant
5 278	5 279	5 280
	2 500	
	4 709	
	3 001	
	999	
	1 999	

10 **Complète les suites par les nombres manquants.**

a. 995, 996, 997, ..., 1 005.
b. 3 645, 3 745, 3 845, ..., 4 345.
c. 5 962, 5 972, 5 982, ..., 6 022.
d. 2 996, 2 997, 2 998, ..., 3 005.

11 **Recopie et complète.**

a. $(3 \times 1\,000) + (6 \times 100) + (7 \times 10) + 4 = ...$
b. $(2 \times 1\,000) + (5 \times 10) = ...$
c. $8\,600 = (... \times 1\,000) + (... \times 100)$
d. $9\,460 = (9 \times ...) + (4 \times ...) + (6 \times ...)$

12 **Problème** Pour son loto de Noël, le club du quartier commande 15 boites de 10 dizaines de cartons.
Quel est le nombre total de cartons ?

13 **Problème** Une fabrique produit cinq-mille-six-cents bougies par jour. Elles sont emballées par boite de 10.
Combien de boites de bougies sortent de cette usine chaque jour ?

LE DÉFI DU JOUR

Des nombres palindromes sont des nombres qui se lisent de la même façon dans les deux sens.

Exemples : 525 et 1 991 sont des nombres palindromes.

- **L'année 2016 est-elle palindrome ?**
- **L'année 1881 était-elle palindrome ?**
- **Quelle était la dernière année palindrome ?**

> Corrigés p. 184

Relier la numération et le système métrique

COMPÉTENCE
→ Faire le lien entre les unités de numération et les unités du système métrique.

La classe de mer

Des élèves ont cherché sur Internet des renseignements sur les longueurs des trois ponts qu'ils vont emprunter pour aller en classe de mer.

Pont de Saint-Nazaire
Longueur : 3 km 356 m

Pont de l'île de Ré
Longueur : 2 km 9 hm 2 dam 7 m

Pont de l'île d'Oléron
Longueur : 2 862 m

Écris en mètre les longueurs des deux premiers ponts.

MÉMO

• **Pour faire des conversions, on peut mettre en relation les tableaux de mesure de grandeur et le tableau de numération.**
Pour cela, fabrique une « **bande-conversion** ».

milliers	centaines	dizaines	unités

• Pour écrire 1 km 2 hm 50 m en mètre…

km	hm	dam	m	dm	cm	mm
1	2	5	0			
milliers	centaines	dizaines	unités			

… on place la bande en mettant la case **unités** dans la colonne m.

1 km 2 hm 50 m c'est 1 millier de m, 2 centaines de m et 50 m, c'est-à-dire 1 250 m.

$(1 \times 1\,000)$ m + (2×100) m + 50 m = 1 250 m.

• Pour écrire 4 m 7 dm 8 cm en centimètre…

km	hm	dam	m	dm	cm	mm
			4	7	8	
		milliers	centaines	dizaines	unités	

… on place la bande en mettant la case **unités** dans la colonne cm.

4 m 7 dm 8 cm, c'est 4 centaines de cm, 7 dizaines de cm et 8 cm, c'est-à-dire 478 cm.

(4×100) cm + (7×10) cm + 8 cm = 478 cm.

1 **Recopie et complète.**
a. 1 km = … m
b. 1 m = … cm
c. 1 cm = … mm
d. 1 hm = … m

2 **Recopie et complète.**
a. $(4 \times 1\,000)$ m + (5×100) m + 6 m = … m
b. (5×100) cm + (3×10) cm = … cm

3 **Recopie et complète par un mot.**
a. deux km = deux … de m
b. trois m = trois … de dm

4 **Recopie et complète.**
a. 6 milliers de m et 4 dizaines de m = … m
b. 4 centaines de cm et 12 cm = … cm

5 **Recopie et complète.**

a. 7 km 364 m = (7 × …) m + … m
7 km 364 m = … m

b. 1 dam 3 m = (1 × …) m + … m
1 dam 3 m = … m

c. 6 m 3 dm = (6 × …) dm + … dm
6 m 3 dm = … dm

d. 3 m 25 cm = (3 × …) cm + … cm
3 m 25 cm = … cm

6 **À l'oral** Lors d'un match de football, Léa a parcouru 7 milliers 4 centaines de mètres et Nina a parcouru 73 centaines de mètres.

Qui a parcouru la distance la plus longue ?

7 **Recopie et complète.**

a. 1 L = … dL 1 dL = … cL 1 L = … cL

b. 8 L 20 cL = (8 × …) cL + … cL
8 L 20 cL = … cL

c. 5 dL 7 L = (5 × …) cL + (7 × …) cL
5 dL 7 L = … cL

8 **Utilise ce tableau pour compléter.**

m	dm	cm	mm
milliers	centaines	dizaines	unités

a. 4 382 mm = … m … dm … cm … mm

b. 5 m 4 dm 7 cm = … cm

c. 6 m 207 mm = … mm

d. 5 m 9 dm 3 cm 2 mm = … mm

9 **Présente la longueur du Rhône de façon plus lisible.**

Le Rhône est un fleuve qui a 8 120 hm de long.

10 a. Observe ce tableau.

kilogramme (kg)			gramme (g)
milliers	centaines	dizaines	unités

b. La petite sœur de Daphné pèse 8 750 g.

Exprime ce poids en kg et g.

c. Driss a cueilli 3 kg 500 g de cerises.

Exprime ce poids en g.

11 Zig la puce a fait un saut de 3 dizaines de mm et 8 mm.

Noé a-t-il raison ? Explique.

12 a. Combien de sachets de 1 kg peut-on remplir avec 80 centaines de grammes de farine ?

b. Combien de sachets de 100 g peut-on remplir avec 4 kg de farine ?

13 **Problème** On met bout à bout 100 crayons qui mesurent chacun 18 cm de long.

La longueur de la ribambelle de crayons atteint-elle 20 m ? Explique ta réponse.

14 **Problème** Pour le gouter d'anniversaire de Paul, on a utilisé 4 bouteilles de 1 L 50 cL de jus de fruits.

Combien de litres a-t-on servis ?

Maths en jeu !

Le marathon de Paris a une longueur de 42 km 195 m.

- Seboka a déjà parcouru 230 hm et Cyril 21 milliers de m.
- Il reste encore à Jane 21 km à parcourir.
- Ludovic vient juste de dépasser Seboka.
- Mark est 30 centaines de mètres devant Jane.

Aucun de ces athlètes n'a ensuite doublé un autre.

Donne l'ordre d'arrivée.

> Corrigés p. 184

Repérer un nombre entier sur une demi-droite graduée

COMPÉTENCE
→ Repérer et placer un nombre entier sur une demi-droite graduée adaptée.

Départ en vacances

Marion habite Toulouse et elle se rend à Strasbourg pour les vacances.
Elle passe par Brive, puis elle s'arrête à Limoges pour prendre une amie.
Elle poursuit jusqu'à Dijon, puis fait un détour par Mulhouse pour prendre sa grand-mère.
Elle arrive enfin à Strasbourg.

Place les six villes sur cette demi-droite graduée en indiquant à chaque fois la distance parcourue par Marion depuis son départ de Toulouse.

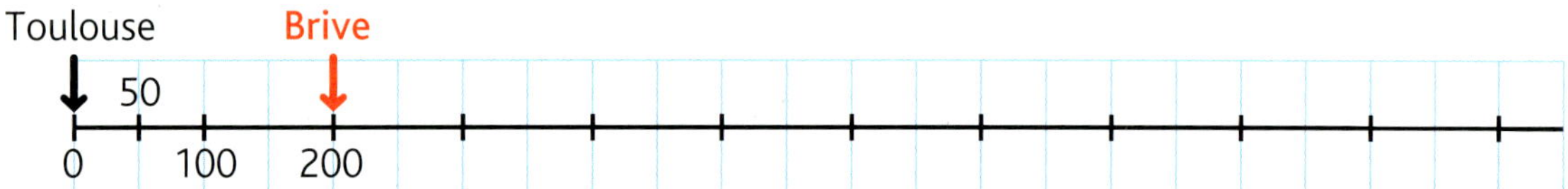

MÉMO

- Cette demi-droite est graduée à partir de son point origine : 1 carreau représente 1 unité.
Pour placer le nombre 5, on compte 5 carreaux à partir du point origine.

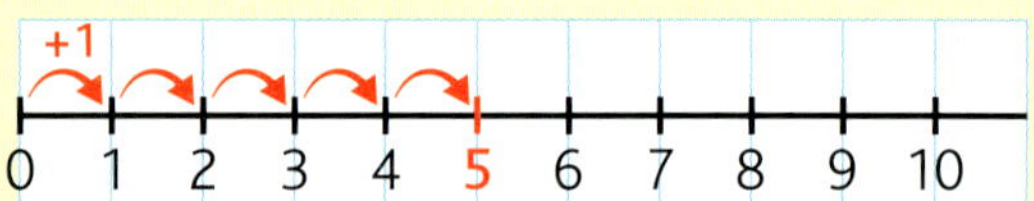

- Cette demi-droite est graduée autrement : 1 carreau représente 10 unités.

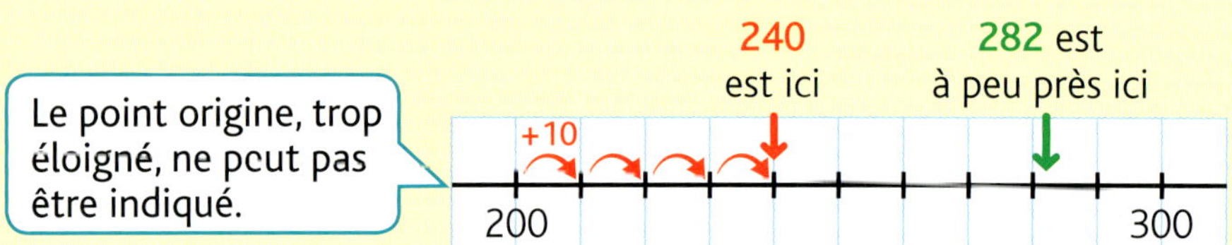

1 Place ces nombres.

10 13 15

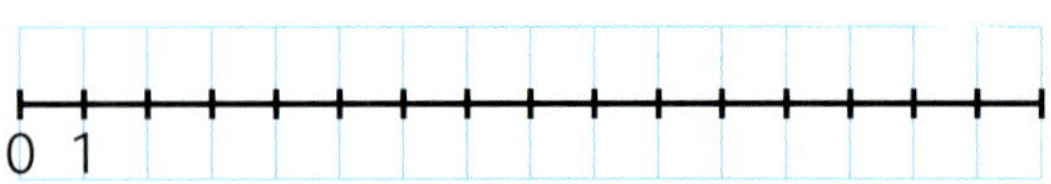

2 Place ces nombres.

25 29 31

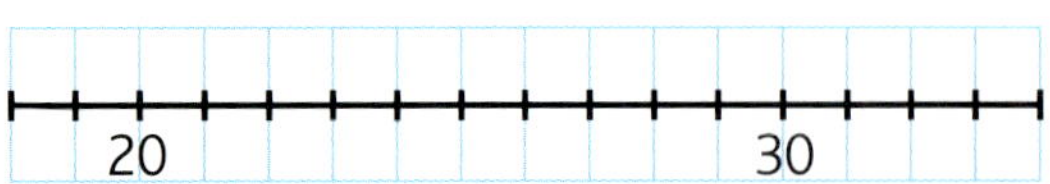

3 Place ces nombres.

500 560 650

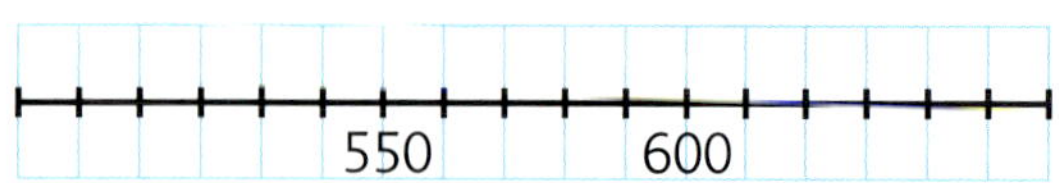

4 Place approximativement ces nombres.

125 65 95 227 144

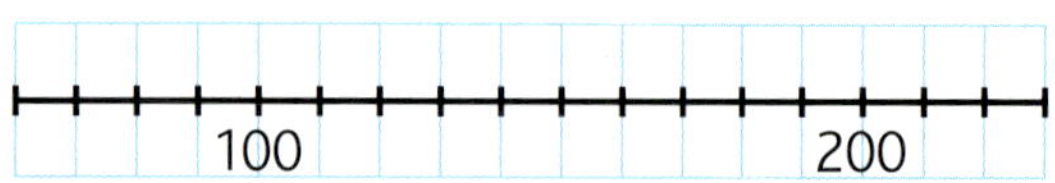

Nombres entiers

5 Les Jeux olympiques d'été ont eu lieu à Londres en 2012.

Les prochains se dérouleront à Rio de Janeiro en 2016 et à Tokyo en 2020.

Place ces trois années ci-dessous.

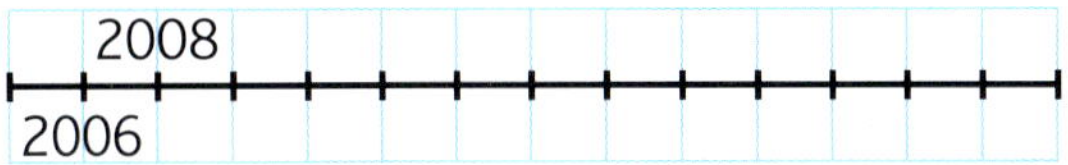

6 **Indique par une flèche la position de chaque nombre.**

400 50 350 210 460

7 **À l'oral** **Lis le nombre repéré par chaque flèche.**

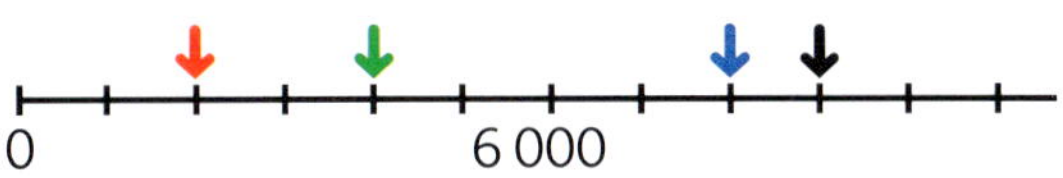

8 **Écris pour chaque flèche le nombre qui convient.**

a.

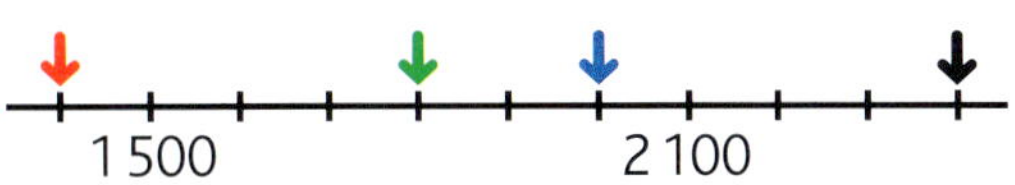

b.

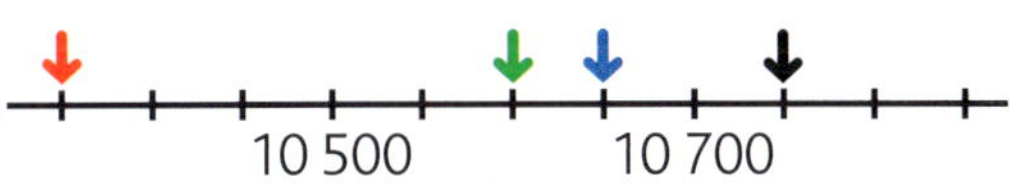

9 **Trace une demi-droite graduée en centimètre et indique l'emplacement du nombre 7.**

10 Ce tableau indique la longueur du cross USEP selon la section des élèves.

GS	CP	CE1	CE2	CM1	CM2
700 m	900 m	1 100 m	1 600 m	1 800 m	2 000 m

Place ci-dessous le point d'arrivée de chaque section.

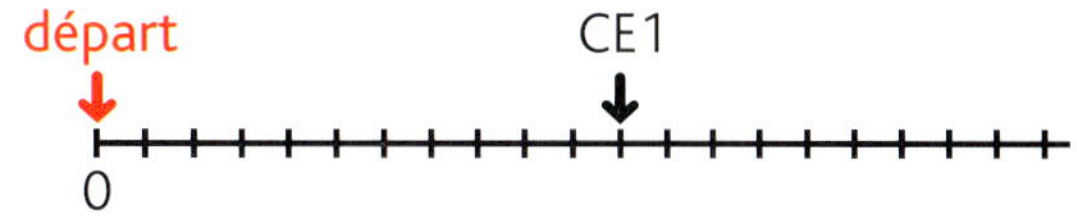

11 Ce pluviomètre est vidé chaque soir. Écris le nombre de millimètres de pluie tombés :

a. lundi ;

b. mardi ;

c. mercredi.

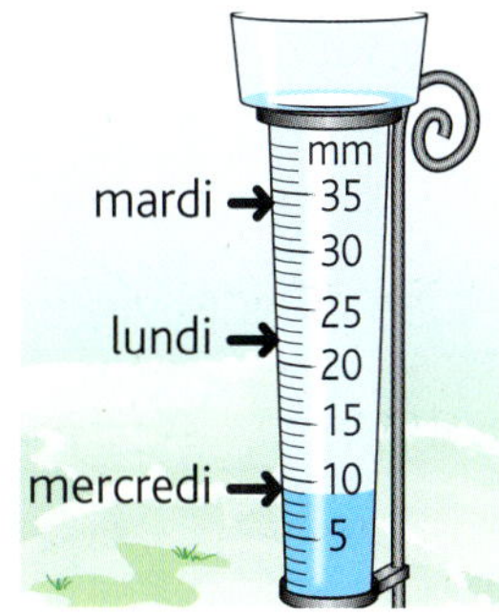

12 a. Critique la graduation dessinée ci-dessous.

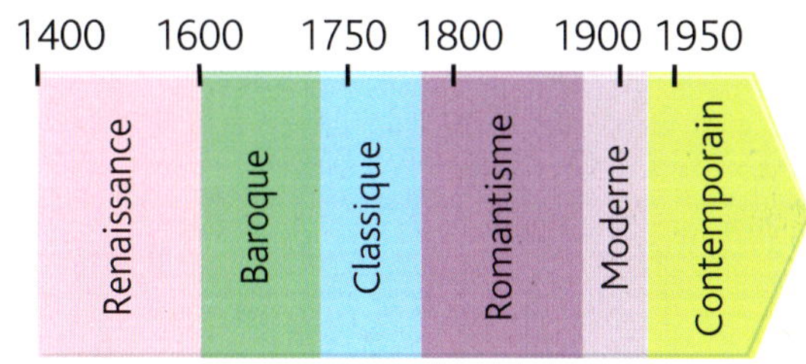

b. Durant quelle période a été peint chacun de ces tableaux ?

La Joconde (entre 1503 et 1519) de Léonard de Vinci.

Le Pont de Brooklyn (1983) d'Andy Warhol.

La Laitière (1658) de Vermeer.

Le Radeau de la Méduse (1819) de Géricault.

LE DÉFI DU JOUR

Suzon remonte un fleuve à contre-courant.

Pendant 3 minutes, elle nage sur 200 m. Les 2 minutes suivantes, elle se repose et le courant la fait reculer de 50 m. Et ainsi de suite.

Quelle distance Suzon a-t-elle parcourue au bout d'une heure ?

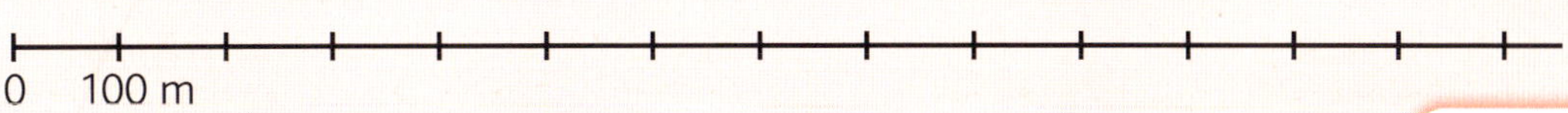

> Corrigés p. 184

Comparer, ranger, encadrer, intercaler des nombres entiers (1)

COMPÉTENCES
→ Revoir les règles de comparaison.
→ Utiliser les symboles associés.

Le blog de l'école

Paul est curieux : il a observé les compteurs pour connaitre le nombre de visiteurs des pages du blog de son école.

Quelle page a eu :
- **le moins de visiteurs ?**
- **le plus de visiteurs ?**

890	*Les infos*
4046	*Nos textes*
5646	*USEP*
5018	*Nos sorties*

Range les pages de celle qui a eu le plus de visiteurs à celle qui en a eu le moins.
Si tu le souhaites, tu peux utiliser cette demi-droite graduée.

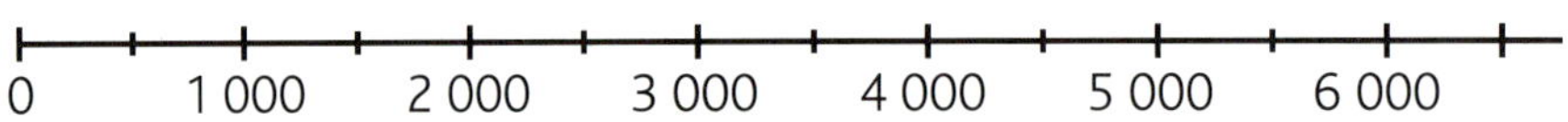

MÉMO

- **Pour comparer deux nombres entiers :**

  – **s'ils n'ont pas le même nombre de chiffres,** le plus grand est celui qui a le plus de chiffres.

  895 < 2 356

  Trois chiffres → 895 ; **Quatre** chiffres → 2 356

  – **s'ils ont le même nombre de chiffres,** on compare les chiffres qui ont la même position en commençant par la gauche.

  5 904 > 5 650 — Ces deux nombres ont le même chiffre des milliers (5), mais **leurs chiffres des centaines sont différents** : 9 > 6.

Symboles de comparaison
> signifie « **est plus grand que** »
< signifie « **est plus petit que** »
= signifie « **est égal à** »

- **Encadrer** un nombre, c'est **l'écrire entre deux nombres** (l'un plus petit, l'autre plus grand).
- **Intercaler** un nombre entre deux autres, c'est **écrire un nombre compris entre eux.**

100 < 245 < 1 000

245 est encadré par 100 et 1 000.
245 est compris entre 100 et 1 000.

On a intercalé 245 entre 100 et 1 000.

1 **Recopie et complète par > ou <.**

a. 437 ... 3 437
b. 6 321 ... 54

2 **Quel nombre est le plus grand ?**

3 **Recopie et entoure dans chaque nombre le chiffre qui permet de comparer.**
Complète par > ou <.

a. 4 230 ... 5 230
b. 2 980 ... 2 971
c. 8 147 ... 8 359
d. 5 623 ... 5 628
e. 1 054 ... 1 045

4 **À l'oral** Un chiffre se cache sous chaque tache. Donne un chiffre qui convient.

a. 420 > 4 ■ 2　　b. 2 504 > 2 50 ■

c. 6 ■ 50 > 6 650　　d. 8 724 < ■ 724

e. 9 971 < 9 97 ■　　f. ■ 000 > 8 999

5 **Recopie et complète par > ou <.**

a. 1 232 ... 2 043　　b. 618 ... 4 010

c. 4 581 ... 4 609　　d. 8 441 ... 8 056

e. 6 120 ... 6 125　　f. 7 234 ... 7 251

6 **Recopie le plus grand des nombres.**

1 millier 5 centaines　　13 centaines

7 **Complète par < ou >.**

a. six-mille-cinq-cents ... six-mille-sept-cents

b. deux-mille-soixante ... deux-mille-seize

c. trois-mille-cent-cinq ... mille-trois-cent-cinq

d. huit-mille-quarante ... huit-mille-cent-deux

8 **Complète par < ou > ou =.**

a. 65 centaines ... 6 milliers 532 unités

b. 4 milliers 2 centaines ... 420 dizaines

c. 6 milliers 35 dizaines ... 6 milliers 35 unités

d. 7 milliers 3 dizaines ... 705 dizaines

9 **Dans chaque cas, donne trois nombres encadrés par :**

a. 50 et 100　　b. 100 et 1 000

c. 2 000 et 4 000　　d. 5 000 et 9 000

10 **Intercale un nombre entre les deux nombres écrits.**

a. 2 529 < ... < 2 531　　b. 1 512 < ... < 1 515

c. 3 999 < ... < 4 001　　d. 7 239 < ... < 7 241

11 **Range ces nombres du plus petit au plus grand.**

1 572　5 507　495　5 525　3 992

3 996　8 900　1 950　9 996

12 Voici les distances par avion qui séparent Paris de quelques villes.

Ville	Distance à Paris en km
Athènes	2 098
Brasilia	8 807
Lisbonne	1 454
Londres	343
Madrid	1 054
New York	5 843
Rome	1 106
Tunis	1 480

Range ces villes de la plus proche à la plus éloignée de Paris.

13 Voici les résultats des sauts en longueur réalisés par des élèves d'une classe de CM1.

Émilie	2 m 4 dm
Myriam	238 cm
Simon	3 m 23 cm
Sabri	2 m 51 cm
Thomas	2 m 9 dm 3 cm
Rose	3 m 5 cm

Range ces élèves par ordre de longueur de saut, du plus long au moins long.

Maths en jeu !

Départ : case 152　　Arrivée : case 1 000

Règle du jeu : Tu peux te déplacer d'une case à une autre contenant un nombre plus grand, vers le haut, vers le bas, vers la gauche ou vers la droite.

Indique le trajet à suivre.

152	160	185	230	420	510
420	510	162	325	360	390
462	590	601	600	550	460
485	452	563	320	890	900
536	125	1000	210	899	950
561	540	999	990	910	960

> Corrigés p. 184

Connaitre les nombres entiers jusqu'à 999 999

COMPÉTENCE
→ Étudier la classe des mille.

Les populations

Rudy habite Agen. Il écrit le nombre d'habitants de sa ville en dessinant un 🧍 pour mille habitants.
Son ami Rayan habite Colmar qui compte 2 fois plus d'habitants qu'Agen.
Sa cousine Juliette habite Nice qui compte 10 fois plus d'habitants qu'Agen.

Quel est le nombre d'habitants de ces trois villes ?

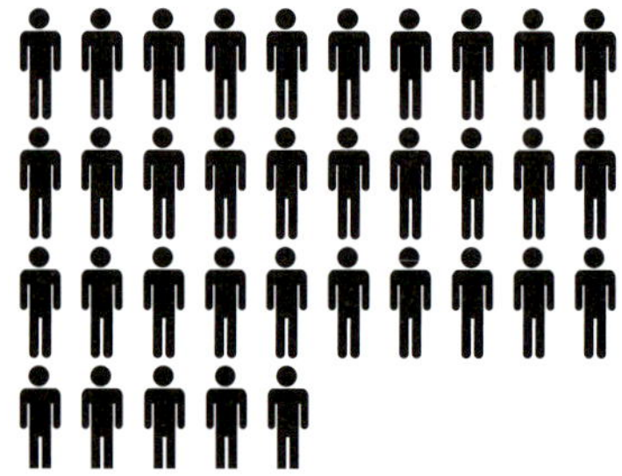

MÉMO

- **Pour indiqur une quantité au-delà de 9 999, on poursuit les groupements par 10.**

1 dizaine de mille = 10 × 1 000 unités
1 dizaine de mille = 10 000 unités
« dix-mille »

1 centaine de mille = 100 × 1 000 unités
1 centaine de mille = 100 000 unités
« cent-mille »

- **Pour écrire un nombre à six chiffres, on laisse un espace entre la classe des mille et la classe des unités simples.**

Le nombre dans le tableau de numération ci-dessous s'écrit 423 865.

classe des mille			classe des unités simples		
centaines	dizaines	unités	centaines	dizaines	unités
4	2	3	8	6	5

423 mille **865**

423 865 = (423 × 1 000) + 865

- Pour lire ce nombre, on énonce le nombre de milliers, suivi du nombre d'unités simples :
« quatre-cent-vingt-trois-mille-huit-cent-soixante-cinq ».

1 **Recopie chaque nombre en séparant la classe des mille de celle des unités simples, puis lis ces nombres silencieusement.**

a. 3233 b. 125000 c. 32123
d. 650520 e. 25700 f. 500001

2 **Écris en lettres les nombres en rose.**

a. Le tunnel routier du Fréjus qui relie la France à l'Italie a une longueur de 12 895 m.

b. En Auvergne, la ville de Clermont-Ferrand compte 140 957 habitants.

c. En 2015, on a compté 600 169 licenciés dans des clubs de basket en France.

3 **Écris en chiffres les nombres soulignés.**

a. En France, trois-cent-vingt-deux-mille-neuf-cents enseignants travaillent dans cinquante-deux-mille-six-cents écoles primaires.

b. L'équateur terrestre a une longueur de quarante-mille-soixante-quinze kilomètres.

c. Il y a deux-mille-cent-soixante-six villes de plus de cinq-mille habitants en France.

d. En France, on a vendu cent-cinquante-neuf-mille-six-cents tonnes de coquillages en un an.

4 **À l'oral** *Exemple : dans le nombre 472 614, le chiffre 7 est celui des dizaines de mille.*

Pour chaque nombre, indique ce que représente le chiffre 5, puis le chiffre 4.

a. 751 420 b. 512 647 c. 25 934
d. 400 500 e. 104 531 f. 4 250

5 **Écris chaque nombre en supprimant le ou les zéros inutiles.**

a. 0 056 b. 020 650 c. 002 352
d. 04 230 e. 00 080 f. 071 000

6 **Combien y a-t-il de petits cubes en tout ?**

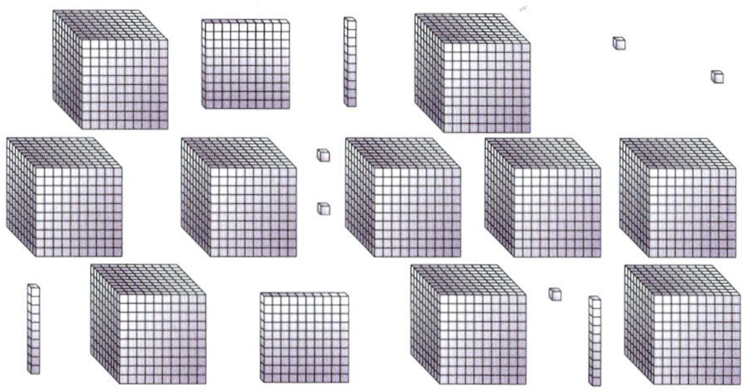

7 **Recopie et complète.**

a. 1 centaine de mille = ... milliers
b. 1 dizaine de mille = ... centaines
c. 1 centaine de mille = ... centaines
d. 1 centaine de mille = ... dizaines de mille

8 a. Combien de centaines de mille font 50 dizaines de mille ?
b. Combien de centaines font 2 dizaines de mille ?

9 **Quel est le plus grand des deux nombres ?**

70 dizaines de mille | 4 centaines de mille

10 **Complète le tableau suivant comme dans l'exemple en bleu.**

Nombre précédent	Nombre	Nombre suivant
25 688	25 689	25 690
	325 709	
	951 500	
	21 900	
	35 001	
	100 000	
	999 899	

11 **Recopie et complète.**

a. 38 671, 38 681, 38 691, ..., 38 721.
b. 26 231, 27 231, 28 231, ..., 35 231.
c. 278 311, 288 311, ..., 328 311.
d. 11 325, 11 225, 11 125, ..., 10 725.

12 **Recopie et complète.**

a. $(7 \times 100\,000) + (6 \times 10\,000) + (7 \times 10) + 3 = ...$
b. $(2 \times 10\,000) + (5 \times 100) = ...$
c. $60\,540 = (... \times 10\,000) + (... \times 100) + (... \times 10)$
d. $904\,200 = (9 \times ...) + (4 \times ...) + (2 \times ...)$

13 **Problème** *Vie sauvage* est le puzzle qui a le plus grand nombre de pièces : 33 600. Julie pense poser 100 pièces par jour.
Combien de jours lui faudra-t-il pour terminer ce puzzle ?

LE DÉFI DU JOUR

Malika avait écrit un nombre en lettres avec ces quatre étiquettes. Un courant d'air les a toutes mélangées.
Écris à ton tour le plus possible de nombres avec ces quatre étiquettes.
Utilise chaque étiquette une seule fois dans chaque nombre et ne tiens pas compte des traits d'union.

> Corrigés p. 184

Nombres entiers

Passer d'une désignation à une autre

COMPÉTENCE
→ Associer différentes désignations d'un nombre et passer de l'une à l'autre.

Distance record

Une tortue marine a traversé l'océan Pacifique en 647 jours. La distance record (en kilomètre) qu'elle a parcourue est le seul nombre écrit ci-dessous de cinq façons différentes.

Quelle distance a-t-elle parcourue ?

deux-mille-cinq-cent-cinquante	$(2 \times 10\,000) + (5 \times 1000) + (5 \times 100)$
$(205 \times 100) + 50$	vingt-mille-cinq-cent-cinquante
$(2 \times 10\,000) + (5 \times 100) + (5 \times 10)$	$(20 \times 1\,000) + (5 \times 100) + 50$
$(2 \times 100\,000) + (5 \times 10) + 5$	$20\,000 + 500 + 50$

MÉMO

Un nombre peut s'écrire de différentes façons.

- **Avec une écriture en chiffres** : 2 537
- **Avec une écriture en lettres** : deux-mille-cinq-cent-trente-sept
- **Avec des décompositions**. Par exemple :

$2\,537 = (2 \times 1\,000) + (5 \times 100) + (3 \times 10) + 7$ — Permet de repérer la valeur de chaque chiffre.

$2\,537 = 2\,000 + 500 + 30 + 7$ — Fait le lien avec l'écriture en lettres.

$2\,537 = (25 \times 100) + 37$ — Permet de repérer le nombre de centaines : il y a 25 centaines dans 2 537.

$2\,537 = (253 \times 10) + 7$ — On repère aisément le nombre de dizaines : il y a 253 dizaines dans 2 537.

1 a. **Recopie et complète.**
$45\,700 = (... \times 10\,000) + (... \times 1\,000) + (... \times 100)$

b. **Écris :**
- le chiffre des dizaines de mille de 45 700 ;
- son chiffre des unités de mille ;
- son chiffre des centaines.

2 a. **Recopie et complète.**
- $45\,700 = (... \times 1\,000) + ...$
- $45\,700 = ... \times 100$

b. **Écris :**
- le chiffre d'unités de mille de 45 700 ;
- son nombre d'unités de mille ;
- son nombre de centaines.

3 **Recopie et complète.**

a. $7\,802 = (7 \times ...) + (8 \times ...) + 2$

b. $7\,802 = (78 \times ...) + 2$

c. $7\,802 = (780 \times ...) + 2$

d. 8 est le chiffre des ... du nombre 7 802.

e. Le nombre de centaines de 7 802 est ... .

4 a. Écris en chiffres le nombre : deux-cent-soixante-mille-quatre-cents.

b. Recopie et complète chaque écriture de ce nombre.

$(2 \times ...) + (6 \times ...) + (4 \times ...)$

$(... \times 1\,000) + ...$

$(... \times 10\,000) + ...$

5 Recopie et complète.

a. $(5 \times 100) + (6 \times 10) + 8 = \dots$

b. $(12 \times 10) + 6 = \dots$

c. $(2 \times 100) + 5 = \dots$

d. $(75 \times 1\,000) + 256 = \dots$

e. $(42 \times 10\,000) + (7 \times 1\,000) + 8 = \dots$

6 **À l'oral** Observe ces nombres.

1 452 74 320 32 295

32 654 13 261

Cite ceux qui ont :

a. 2 pour chiffre des centaines ;

b. 32 pour nombre d'unités de mille ;

c. le chiffre des centaines double du chiffre des unités.

7 **Indique le chiffre des dizaines et le nombre de centaines de chaque quantité.**

a. L'altitude du mont Blanc est de 4 809 m.

b. En 2013-2014, il y avait 806 424 élèves en CM1 en France.

c. On estime qu'un Français consomme 60 230 litres d'eau en une année.

8 **Devine le nombre de Dounia.**

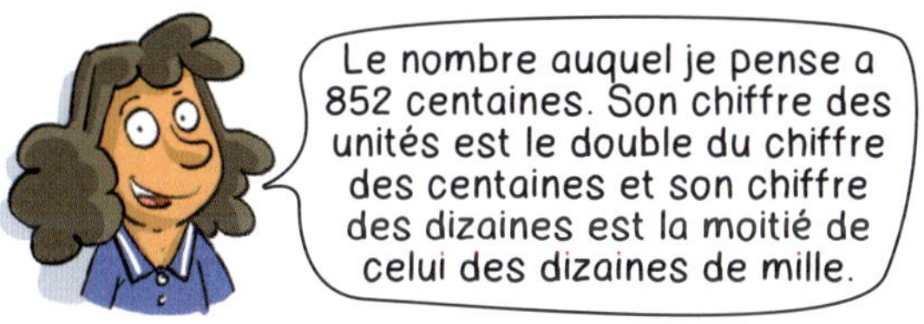

9 À un jeu vidéo, Tuan a obtenu 381 554 points.

Donne le score de chacun de ses amis.

a. Maëlyne : « Mon score a une dizaine de mille de plus que celui de Tuan ».

b. Tiphaine : « J'ai trois centaines de points de moins que Tuan ».

c. Sabri : « J'ai 5 dizaines de points de plus que Tuan ».

10 **Problème** Alban a reçu la collection de pièces de monnaie ancienne de sa grand-mère. Il souhaite ranger les 3 475 pièces dans des cahiers qui peuvent en contenir cent chacun.

Combien de cahiers Alban doit-il acheter ?

11 **Problème** Un vase vieux de cent-mille ans a été découvert en Afrique du Sud.

Combien y a-t-il de siècles dans cent-mille ans ?

12 **Problème** Dans une salle de spectacle, chaque rangée compte 50 sièges. Les personnes sont installées de façon à former des rangées complètes. Ce soir, 3 275 personnes assistent au concert.

Combien de rangées complètes sont occupées ?

Maths en jeu !

Qui suis-je ?

- Mon nombre d'unités de mille est 54.
- Si je multiplie le chiffre des unités de mille par le chiffre des dizaines, j'obtiens 8.
- La somme du chiffre des dizaines de mille et du chiffre des centaines est 6.
- Mon chiffre des unités est égal à la différence entre le chiffre des unités de mille et celui des centaines.

> Corrigés p. 184

Comparer, ranger, encadrer, intercaler des nombres entiers (2)

COMPÉTENCE
→ Étendre les règles de comparaison à la classe des mille.

Les scores

Voici les scores réalisés par des amis à une partie de jeu vidéo.

Range ces scores du plus grand au plus petit.

Si tu le souhaites, tu peux utiliser la demi-droite graduée ci-dessous.

PRÉNOM	SCORE
Maya	815 200
Adrian	8 800
Pia	617 720
Rosine	58 940
Mathias	980 640
Cindy	683 289

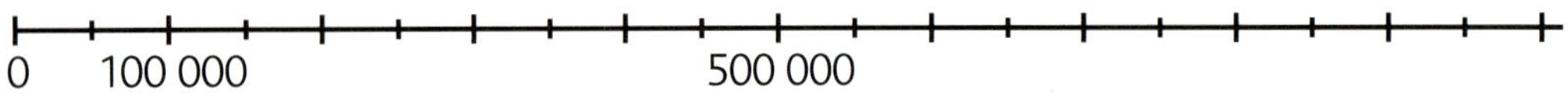

MÉMO

- **Pour comparer des grands nombres entiers, on utilise les règles déjà apprises.**

  – **S'ils n'ont pas le même nombre de chiffres**, le plus grand est celui qui a le plus de chiffres.

  152 308 > 65 789

  Six chiffres ↗ ↖ **Cinq** chiffres

  – **S'ils ont le même nombre de chiffres**, on compare les chiffres qui ont la même position en commençant par la gauche.

  31 604 < 32 950 — Ces deux nombres ont le même chiffre des dizaines de mille (3), mais **leurs chiffres des unités de mille sont différents** : 1 < 2.

- On peut **ranger** des nombres **par ordre croissant** (du plus petit au plus grand) ou **par ordre décroissant** (du plus grand au plus petit).

- **Encadrer, intercaler**

  54 723 est encadré par 10 000 et 100 000.
  54 723 est compris entre 10 000 et 100 000.

  10 000 < 54 723 < 100 000

  On a intercalé 54 723 entre 10 000 et 100 000.

1 **Recopie et complète par > ou <.**

a. 3 568 ... 30 568 b. 832 154 ... 93 215

2 **Recopie et entoure les chiffres qui permettent de comparer les deux nombres. Puis complète par > ou <.**

a. 64 230 ... 65 230

b. 185 127 ... 185 123

c. 530 322 ... 530 832

3 **Recopie et complète par > ou <.**

a. 65 420 ... 654 201

b. 957 250 ... 975 052

c. 256 000 ... 156 003

d. 4 724 ... 40 427

e. 980 650 ... 979 654

f. 500 097 ... 500 107

g. 52 280 ... 52 200

h. 300 500 ... 30 507

4 Complète par > ou <.

a. cent-vingt-mille ... cent-vingt-cinq mille

b. douze-mille-cent ... douze-mille-vingt-neuf

c. huit-cent-mille-trente ... huit-cent-trente-mille

5 **Recopie le plus grand des nombres.**

3 centaines de mille 5 centaines

9 dizaines de mille 5 centaines 7 dizaines

6 **Recopie et complète par >, < ou =.**

a. 125 milliers ... 13 dizaines de mille

b. 2 centaines de mille ... 36 dizaines de mille

c. 562 centaines ... 5 620 dizaines

d. 78 milliers 3 dizaines ... 7 843 dizaines

7 **À l'oral** **Intercale un nombre entre les deux nombres écrits.**

a. 7 891 < ... < 7 893

b. 315 200 < ... < 315 203

c. 120 999 < ... < 121 001

d. 6 859 < ... < 6 861

e. 985 998 < ... < 986 001

f. 725 489 < ... < 725 491

8 Voici une liste de nombres :

128 576 346 587 25 600

543 976 199 456

Parmi ces nombres, écris ceux qui sont :

a. encadrés par 10 000 et 100 000 ;

b. encadrés par 100 000 et 200 000 ;

c. encadrés par 300 000 et 600 000.

9 **Range ces villes par ordre croissant de leur nombre d'habitants.**

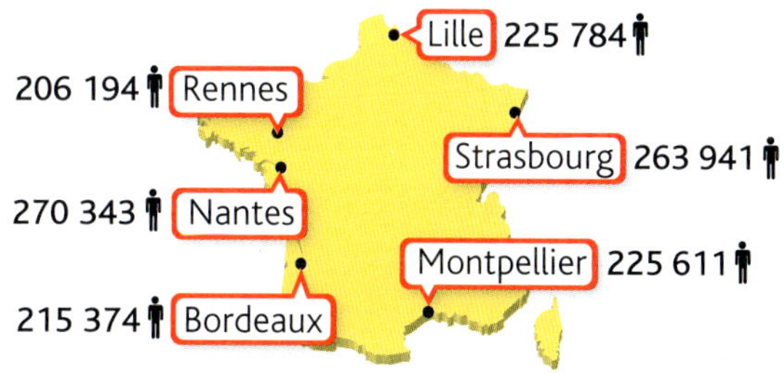

10 **Range ces nombres de places par ordre décroissant.**

Nom du stade	Ville Pays	Nombre de places
Ohio Stadium	Columbus États-Unis	104 944
Neyland Stadium	Knoxville États-Unis	102 455
Stade de France	Saint-Denis France	81 338
Stade Loujniki	Moscou Russie	78 360
Stade Olimpico	Rome Italie	82 307
Stade Aztèque	Mexico Mexique	104 000
Croke Park Stadium	Dublin Irlande	82 300

11 **Problème** **Range les nombres de chauffeurs routiers de 2010 à 2014 par ordre décroissant.**

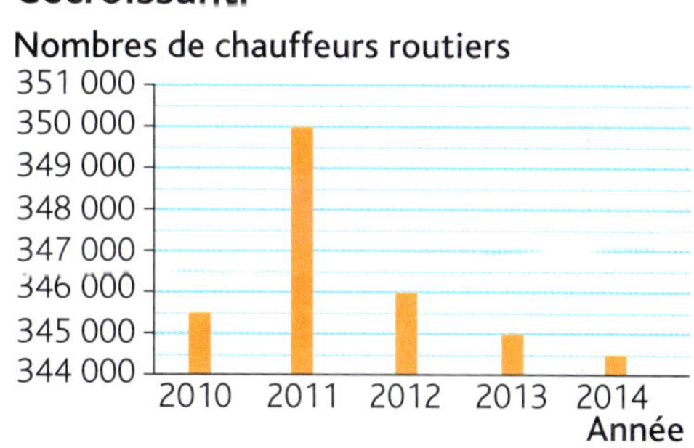

LE DÉFI DU JOUR

Laureen rajoute le chiffre 3 et le chiffre 7 quelque part dans l'écriture du nombre 2016.

Où doit-elle les écrire pour avoir :

- un nombre à six chiffres, le plus petit possible ?
- un nombre à six chiffres, le plus grand possible ?

> Corrigés p. 184

Connaitre les nombres entiers jusqu'à 9 999 999

COMPÉTENCE
→ Connaitre et utiliser « million ».

Monuments et musées de Paris

75 000 personnes ont visité le musée de Montmartre en 2014.
Cette année-là, le musée Grévin a reçu 10 fois plus de personnes que le musée de Montmartre.
Et la tour Eiffel a accueilli un nombre de personnes 10 fois plus grand que celui du musée Grévin.

En 2014, combien de personnes ont visité le musée Grévin ?
Combien de personnes ont visité la tour Eiffel ?

MÉMO

- **Un million, c'est 1 000 unités de mille.**

1 millier de mille = 1 000 × 1 000
1 millier de mille = 1 000 000 ← « un million »

1 million = 100 dizaines de mille
1 million = 10 centaines de mille

- **Pour écrire un nombre à sept chiffres, on laisse encore un espace entre le chiffre des millions et la classe des mille.**

Le nombre dans le tableau de numération ci-dessous s'écrit **5 400 060**.

million	classe des mille			classe des unités simples		
	c	d	u	c	d	u
5	4	0	0	0	6	0

chiffre des millions

5 millions **400** mille **60**

5 400 060 = (5 × 1 000 000) + (400 × 1 000) + 60

- Pour lire ce nombre, on énonce le nombre de millions, suivi du nombre de milliers, puis du nombre d'unités simples : « cinq-millions-quatre-cent-mille-soixante ».

1 **Recopie chaque nombre en mettant les espaces nécessaires puis lis ces nombres silencieusement.**

a. 6345678 b. 5200302 c. 3695012
d. 2100000 e. 456231 f. 8000204

2 **Écris en lettres les nombres écrits en rose.**

a. En 2014, il s'est vendu en France 6 200 000 tablettes et 3 600 000 ordinateurs portables.

b. En 2015, on comptait 6 788 600 écolières et écoliers en Primaire et 3 335 200 collégiennes et collégiens.

3 **Écris en chiffres les nombres soulignés.**

a. En un an et demi, le chanteur Stromaë a vendu un-million-neuf-cent-soixante-cinq-mille-cent exemplaires de son album *Racine carrée*.

b. Quatre-millions-sept cent-cinquante-mille-cinq-cents poids lourds ont transité par la France pendant l'année 2013.

c. En 2014, le film *Paddington* a totalisé plus d'un million d'entrées en France et a attiré six-millions-cinq-cent-mille spectatrices et spectateurs dans le monde.

4 **Recopie et complète chaque phrase par le mot « cents », « mille » ou « millions ».**

a. La ville d'Alger comptait huit ... d'habitants en 2015.

b. La Dordogne est une rivière de cinq ... km de long.

c. Le Stade Vélodrome de Marseille peut accueillir soixante-sept ... spectateurs.

5 **À l'oral** **Pour chaque nombre, indique ce que représentent le chiffre 5, le chiffre 3 puis le chiffre 2.**

a. 5 340 201

b. 1 035 420

c. 3 259 670

d. 2 503 802

6 **Écris le nombre 4 325 670 et souligne :**

a. en bleu, le chiffre des unités de mille ;

b. en rouge, le chiffre des centaines de mille ;

c. en vert, le chiffre des dizaines de mille ;

d. en violet, le chiffre des millions.

7 **Écris ces nombres en chiffres.**

a. 35 dizaines de mille

b. 25 centaines de mille

c. 4 000 unités de mille

d. 11 001 centaines

8 **Complète chaque suite avec les nombres manquants.**

a. 960 000, 970 000, 980 000, ..., 1 030 000.

b. 999 995, 999 996, 999 997, ..., 1 000 004.

c. 1 600 000, 1 700 000, ..., 2 300 000.

d. 2 996 999, 2 997 999, ..., 3 005 999.

9 **Écris :**

a. le nombre de millions de 3 540 600 ;

b. son nombre de centaines de mille ;

c. son nombre d'unités de mille ;

d. son nombre de centaines ;

e. son nombre de dizaines.

10 **Recopie et complète les égalités.**

a. 3 500 000 = (... × 1 000 000) + (... × 100 000)

b. 1 245 000 = (... × 100 000) + (... × 1 000)

c. 6 450 700 = (64 × ...) + (50 × ...) + (7 × ...)

d. 4 208 320 = (420 × ...) + (832 × ...)

11 **Pour chaque nombre, écris ce que l'on obtient si l'on ajoute un millier :**

a. 890 650 b. 999 900 c. 1 925 000

12 **Problème**

La fromagerie de Pierre collecte 35 centaines de milliers de litres de lait par an pour sa production de comté. La fromagerie d'Andrée collecte 3 millions de litres de lait par an.

Quelle fromagerie collecte le plus de lait ?

13 **Problème** Le porte-container Bougainville doit transporter 1 500 000 containers d'Asie en Europe. Il peut charger 17 722 containers à la fois.

Devra-t-il faire plus ou moins de 100 voyages ? Explique.

Maths en jeu !

En partant du nombre 5 000 et en utilisant une seule fois chacune des étiquettes, trouve le bon ordre de calcul pour obtenir un million.

> Corrigés p. 184

Connaitre les nombres entiers jusqu'au milliard

COMPÉTENCE
→ Étendre les règles de numération écrites et orales aux nombres au-delà de 9 999 999.

Les débuts de la vie sur Terre

Lis le texte ci-contre.

Pour chaque espèce ci-dessous, écris en chiffres sa date d'apparition sur Terre.

- Êtres humains
- Mammouths
- Oiseaux
- Dinosaures
- Serpents
- Poissons

Les êtres humains vivaient sur Terre il y a **deux millions** d'années.
Les mammouths, eux, sont apparus il y a **cinquante millions** d'années.
Il faut remonter à **cent-cinquante millions** d'années pour voir les premiers oiseaux sur notre planète, et à **deux-cent-quatre-vingts millions** d'années pour les premiers dinosaures.
Bien avant, il y a **trois-cent-cinquante millions** d'années, sont apparus les serpents. Quant aux poissons, ils sont sur Terre depuis **cinq-cents millions** d'années !

MÉMO

- **Pour indiquer une quantité au-delà du million, on poursuit les groupements par 10 :**

1 dizaine de millions = dix millions
1 dizaine de millions = 10 000 000
1 centaine de millions = cent millions
1 centaine de millions = 100 000 000
1 millier de millions = 1 milliard (c'est-à-dire mille millions)
1 millier de millions = 1 000 000 000

- **Pour écrire un nombre de sept à neuf chiffres, on laisse encore un espace entre les classes.**

Le nombre dans le tableau de numération ci-dessous s'écrit 750 200 030.

classe des millions			classe des mille			classe des unités simples		
c	d	u	c	d	u	c	d	u
7	5	0	2	0	0	0	3	0

750 millions **200** mille **30**

$750\,200\,030 = (750 \times 1\,000\,000) + (200 \times 1\,000) + 30$

- Pour lire ce nombre, on énonce le nombre de millions, suivi du nombre de milliers, puis du nombre d'unités simples : **« sept-cent-cinquante-millions-deux-cent-mille-trente ».**

1 **Recopie et complète chaque phrase par le mot « cents », « mille » ou « millions ».**

a. Un ordinateur coute quatre ... euros.

b. Au 1er janvier 2015, la France comptait soixante-six ... d'habitants.

c. Il y a un peu moins de trois ... kilomètres entre Paris et Moscou.

2 Les dinosaures auraient disparu il y a **65 millions** d'années.

a. Écris ce nombre en chiffres.

b. Un millénaire, c'est mille années. Depuis combien de millénaires les dinosaures auraient-ils disparu ?

Nombres entiers

3 Ces pizzas sont partagées en parts égales. Lou reçoit une demi-pizza, Éva trois quarts d'une pizza et Max trois tiers d'une pizza.

a. Pour chaque pizza, écris le prénom de l'enfant et la fraction. Colorie la partie qui représente cette fraction.

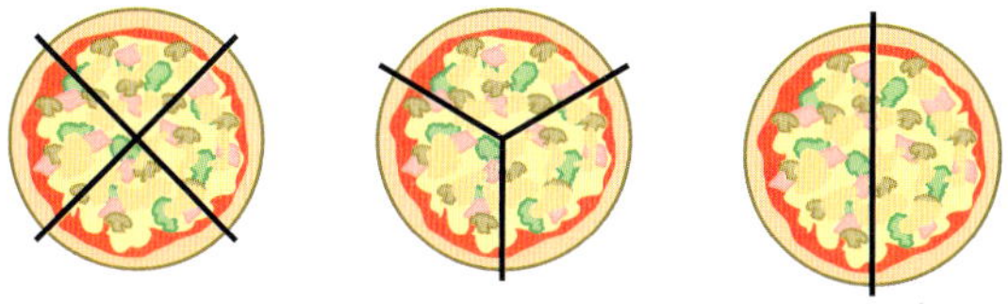

$\frac{...}{...}$ $\frac{...}{...}$ $\frac{...}{...}$

b. Exprime plus simplement la part de Max.

4 **Quelle fraction de cette tarte au citron représente chaque part ?**
Écris cette fraction en chiffres puis en lettres.

5 À l'oral **Ces rectangles représentent l'unité. La partie colorée en rouge représente-t-elle la fraction $\frac{1}{2}$? Explique.**

a. 

Drapeau de la Pologne

b. 

Drapeau du Bahreïn

6 a. Colorie une partie de ce disque pour représenter :

- la fraction $\frac{2}{4}$;
- la fraction $\frac{1}{2}$.

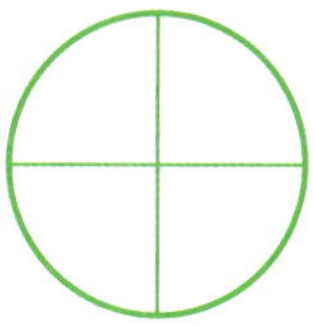

b. Que remarques-tu ?

7 Victor affirme : « La partie colorée de ce carré représente la fraction $\frac{4}{8}$. »

Amel : « Non, elle représente $\frac{1}{2}$. »

Qui a raison ? Explique pourquoi.

8 **Pour chaque figure, quelle fraction représente la partie colorée ?**

a. 

b. 

c. 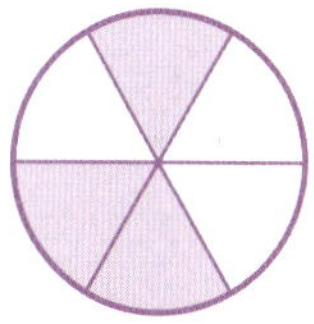

d. 

e. 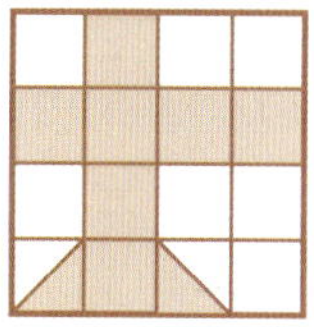

f. 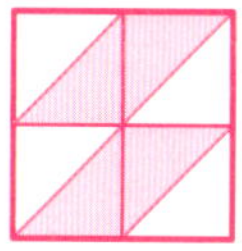

9 a. Colorie en rose une partie de cette couronne pour représenter la fraction $\frac{1}{6}$, puis en vert une autre partie pour représenter la fraction $\frac{1}{3}$.

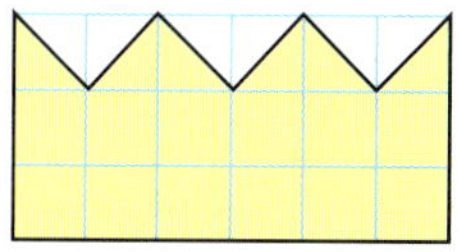

b. Quelle fraction représente la partie de la couronne restée en jaune ?

10 **Colorie des cases supplémentaires pour représenter la fraction $\frac{2}{3}$.**

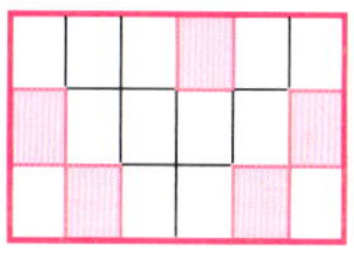

Maths en jeu !

- Medhi : « Il y a du vert dans mon drapeau. »
- Noé : « Il y a un tiers de bleu dans mon drapeau. »
- Sofia : « La moitié de la moitié de mon drapeau est rouge. »
- Emma : « Il y a un tiers de rouge dans mon drapeau. »

Attribue son drapeau à chaque enfant.

1 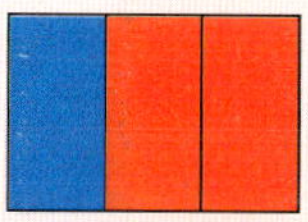

2 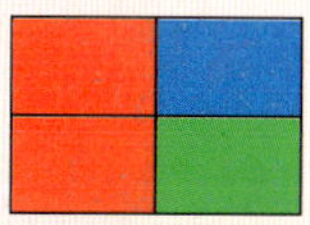

3 

4 

> Corrigés p. 184

Partager des grandeurs avec des fractions

COMPÉTENCES
→ Partager une totalité.
→ Introduire des fractions plus grandes que 1.

La fresque

Jack et Clémence doivent réaliser une fresque sur trois grandes feuilles disposées au mur.
Ils décident de se partager équitablement le travail.

Colorie en vert la partie que Clémence va peindre et en jaune celle de Jack.
L'unité étant représentée par l'une des feuilles de papier, indique la fraction représentée par la partie peinte en vert.

MÉMO

- **Pour partager plusieurs unités en parts égales, on peut procéder de deux façons.**

Voici comment partager 4 unités en 3 parts égales.

1	1	1	1

❶ Soit **on partage chaque unité en 3 parts égales :**

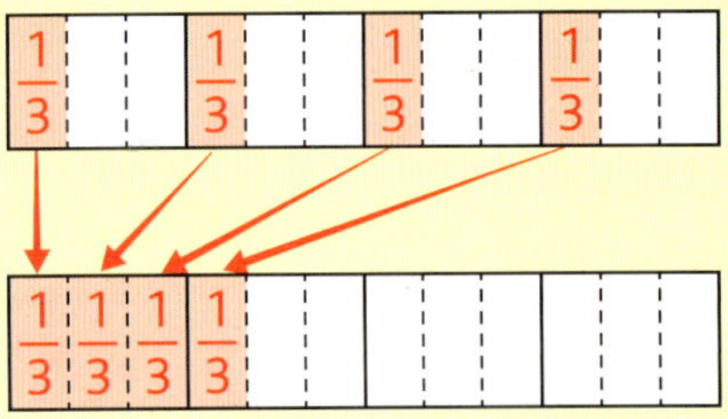

On obtient **quatre fois un tiers** c'est-à-dire la fraction **quatre tiers** : $4 \times \frac{1}{3} = \frac{4}{3}$.

❷ Soit **on répartit 3 unités puis on partage l'unité restante en 3 parts égales :**

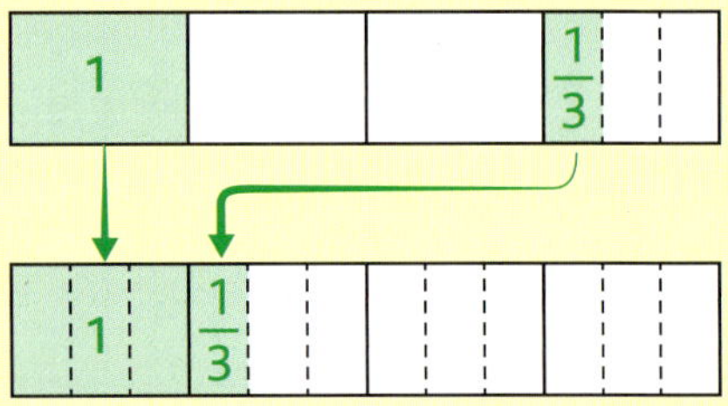

On obtient **une unité et un tiers** c'est-à-dire la fraction **quatre tiers** : $1 + \frac{1}{3} = \frac{4}{3}$.

1 Phil partage 5 mini-quiches en 4 parts égales, pour lui et ses trois amis.

a. Recopie et complète : « La part de chacun est ... × $\frac{...}{4}$, c'est-à-dire $\frac{...}{4}$ ».

b. Phil a représenté une part ainsi.

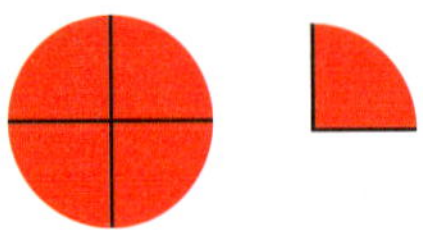

Il affirme : « Une part peut s'écrire ... + $\frac{...}{4}$. »
Recopie et complète cette affirmation.

2 Deux maçons, Tony et Alban, doivent poser un lot de 7 dalles. Ils partagent le lot en 2 parts égales.

a. Colorie en vert la part de Tony.

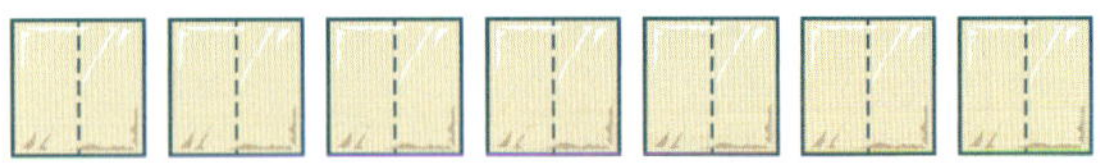

b. Complète :
« La part de chacun est ... × $\frac{...}{2}$. »

c. Exprime cette part à l'aide d'une seule fraction.

d. Explique pourquoi la part de chacun peut s'écrire $3 + \frac{1}{2}$.

3 **À l'oral** Mia doit partager équitablement 9 baguettes de pain entre 4 personnes.

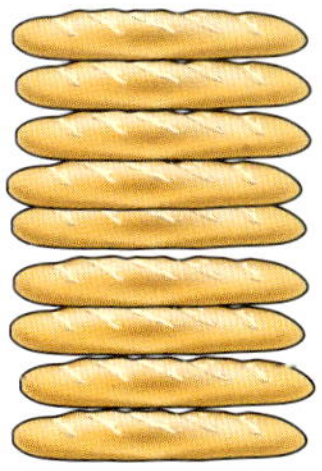

a. Exprime la part de chaque personne à l'aide d'une fraction.

b. Combien de baguettes entières aura chaque personne ?

Complète et lis : « La part de chaque personne peut donc s'écrire ... + $\frac{...}{4}$. »

4 À Noël, Romain doit partager équitablement 8 petits gâteaux entre 3 personnes.

Il partage chaque gâteau en 3 parts égales.

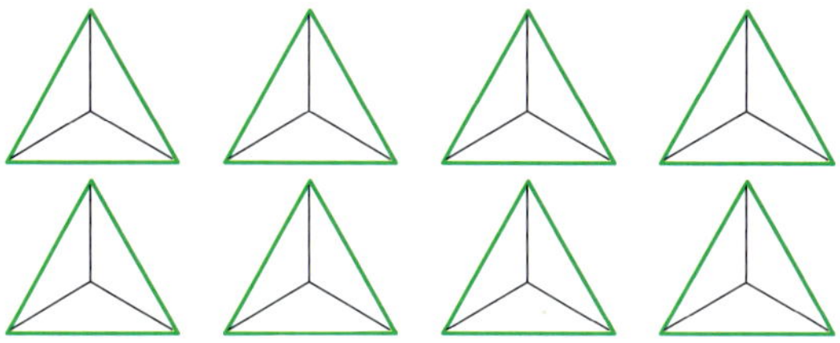

a. Colorie la part d'une personne.

Exprime-la à l'aide d'une seule fraction.

b. Combien chaque personne aura-t-elle de gâteaux entiers ?

Recopie et complète l'affirmation de Romain : « La part de chaque personne peut s'écrire ... + $\frac{...}{3}$. »

5 **Écris en chiffres chaque fraction.**

a. Cinq quarts b. Quatre cinquièmes

c. Sept demis d. Huit tiers

6 **Écris en lettres chaque fraction.**

a. $\frac{5}{3}$ b. $\frac{9}{2}$ c. $\frac{11}{4}$ d. $\frac{7}{6}$ e. $\frac{3}{10}$

7 **Représente chaque fraction en utilisant le découpage le plus approprié.**

a. $\frac{4}{3}$ b. $\frac{7}{4}$ c. $\frac{3}{2}$ d. $\frac{10}{6}$

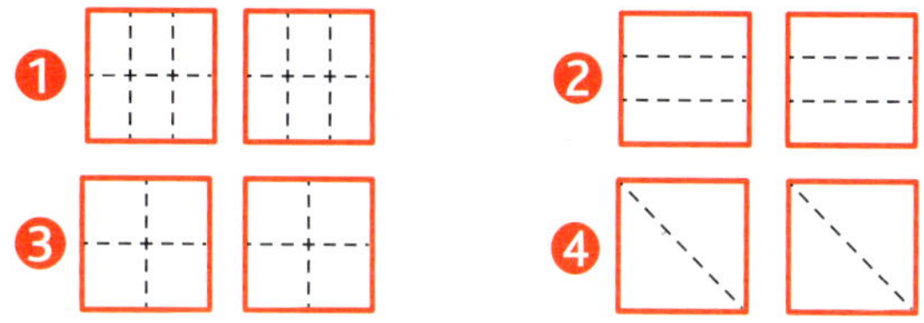

8 **Problème** Ali doit partager un lot de 13 vis entre 4 personnes.

Peut-il faire ce partage en parts égales ?

9 **Problème** Hugo doit partager équitablement des savons comme celui-ci. La part de chacun est coloriée en bleu.

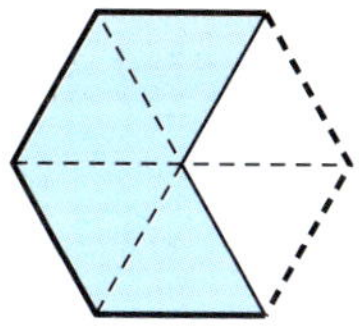

a. En découpant ainsi deux savons, combien de personnes peut-il servir ?

b. Combien de savons Hugo doit-il découper pour servir 6 personnes ?

10 **Problème** Un traiteur prépare un repas pour 46 personnes. Il prévoit un tiers de tourte par personne.

Combien doit-il préparer de tourtes ? Lui restera-t-il des parts ?

LE DÉFI DU JOUR

Leïla et Cédric sont jumeaux ; ils préparent leur goûter d'anniversaire. Ils remplissent des pichets avec des bouteilles de jus d'orange. Avec une bouteille, ils remplissent un pichet et un quart de pichet. Ils ont 10 bouteilles de même contenance.

Combien de pichets de jus d'orange vont-ils pouvoir remplir ?

> Corrigés p. 184

Mesurer des grandeurs avec des fractions

COMPÉTENCE
→ Mesurer une grandeur par fractionnement de l'unité.

L'atelier de mesure

La longueur de cette bande de papier est l'unité de longueur.

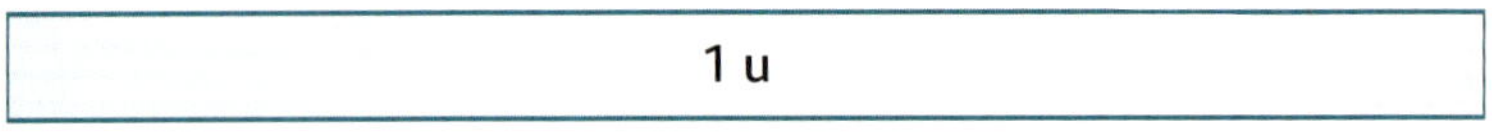

Le crayon vert appartient à Bakari et le crayon rose à Magali.

CALQUE

Aide-les à mesurer la longueur de chacun de leurs crayons avec cette unité.
Tu peux plier la bande de papier mais tu ne peux pas utiliser la règle graduée.

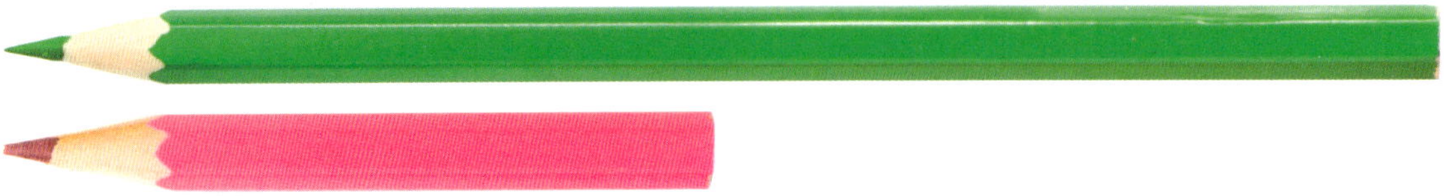

MÉMO

- **L'unité de longueur est la longueur de ce segment.**

En pliant ce segment en deux, on obtient deux segments de longueur $\frac{1}{2}$ u.
En pliant encore en deux, on obtient quatre segments de longueur $\frac{1}{4}$ u.

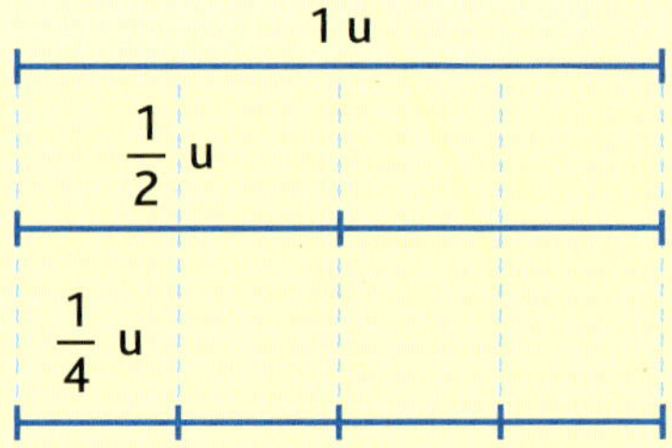

- Pour mesurer la longueur du segment **rouge** ci-dessous, on met bout à bout **deux segments** de longueur 1 u et **un segment** de longueur $\frac{1}{4}$ u.

Sa longueur est 2 u + $\frac{1}{4}$ u c'est-à-dire $\frac{9}{4}$ **u.**

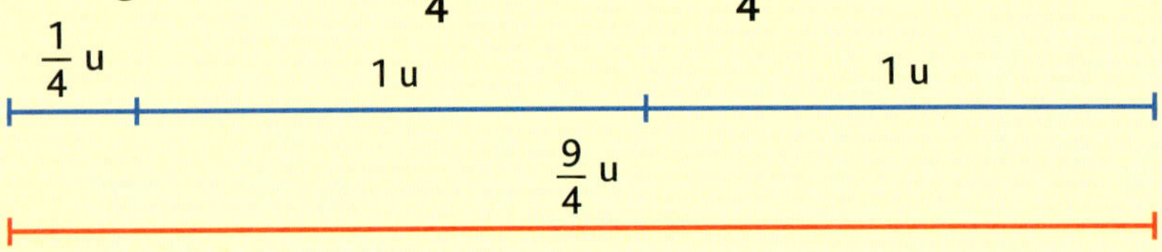

1 Associe chaque bande colorée à la longueur qui convient.

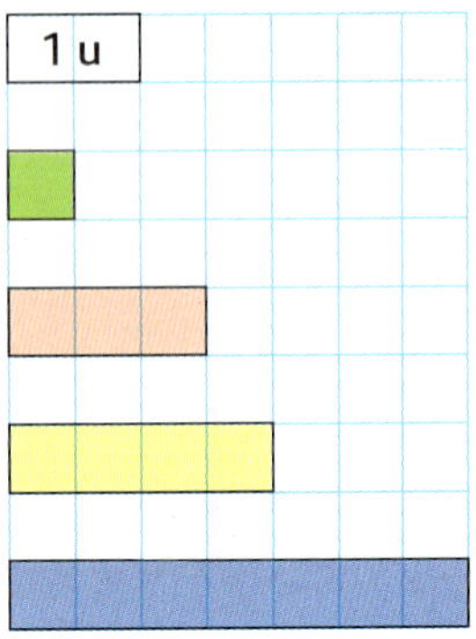

$\frac{3}{2}$ u

$\frac{7}{2}$ u

$\frac{1}{2}$ u

2 u

2 **À l'oral** Lis la longueur de chaque bande colorée dans l'unité indiquée.

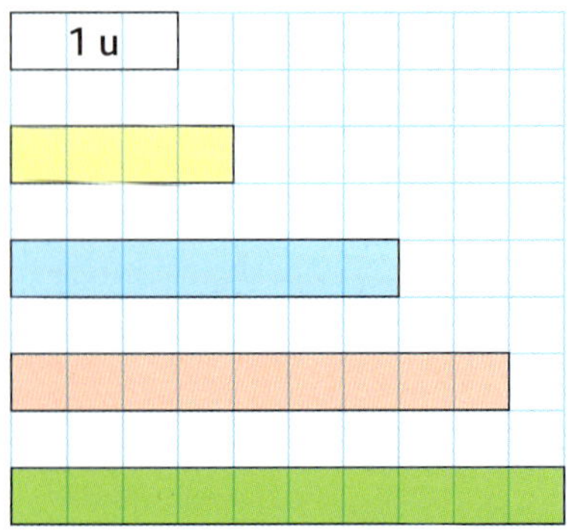

Fractions

3 Tim, Zoé et Ben ont écrit la longueur de la bande verte avec l'unité indiquée.

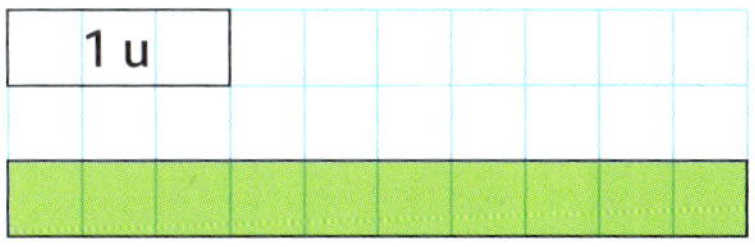

Voici leurs réponses. **Qui a raison ?**

4 **Écris la longueur du segment rouge dans l'unité de longueur indiquée.**

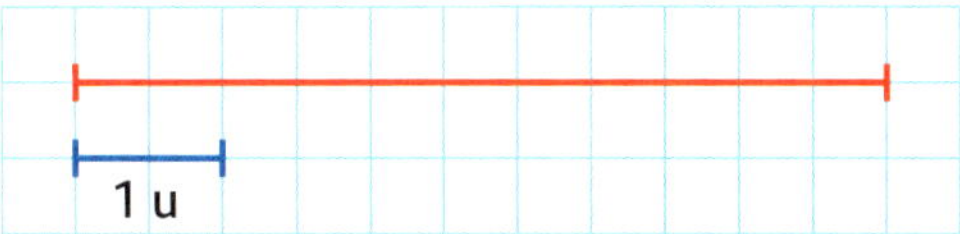

5 **Écris avec une seule fraction la longueur du segment rouge dans l'unité de longueur indiquée.**

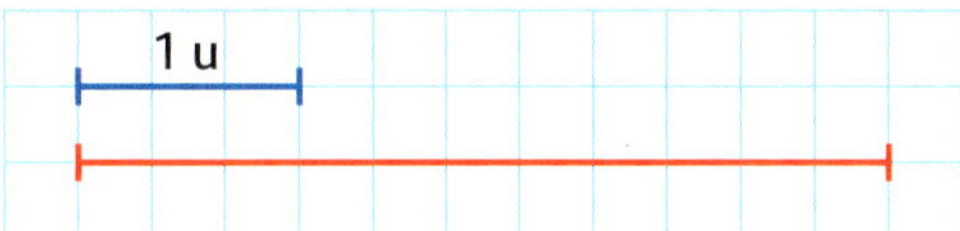

6 a. Décalque puis découpe cette bande de longueur unité.

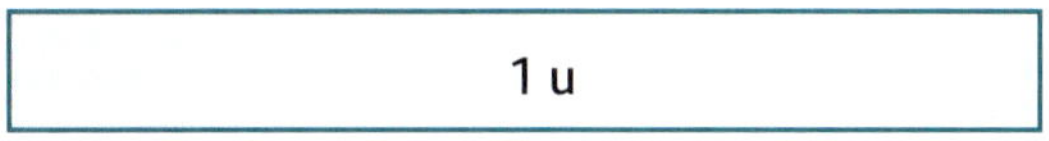

b. Utilise des pliages de cette bande pour tracer un segment de longueur $\frac{3}{4}$ u.

c. Trace un segment de longueur 2 u + $\frac{1}{4}$ u.

d. Trace un segment de longueur $\frac{5}{4}$ u.

7 Ce segment représente une heure (60 min).

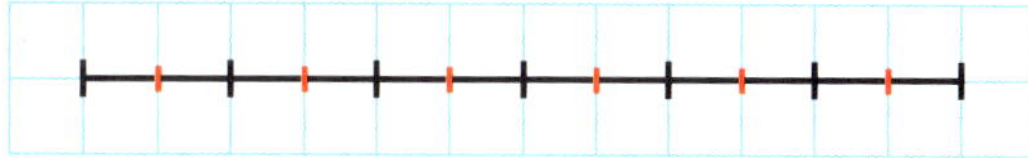

a. Repasse en rouge un segment qui représente une durée de $\frac{1}{6}$ h.
Combien cela fait-il de minutes ?

b. Repasse en vert un segment qui représente une durée de $\frac{3}{4}$ h.
Combien cela fait-il de minutes ?

c. Trace un segment qui représente une durée de 2 h 20 min.

8 Ce segment représente une masse d'une tonne.

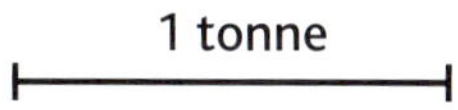

Voici les masses de quelques animaux.

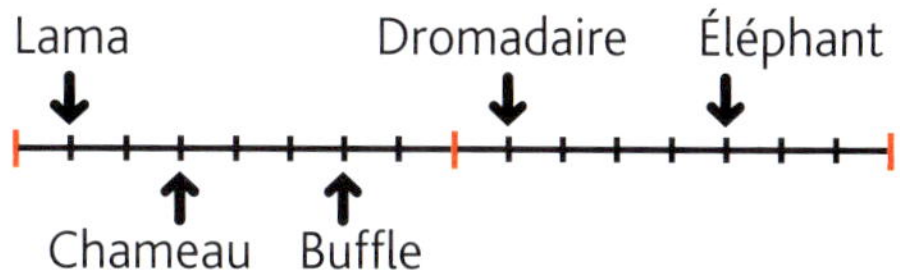

a. Exprime à l'aide d'une fraction la masse en tonne de chaque animal.

b. Quelle est leur masse totale en tonne ?

9 **Quelle pièce de monnaie ou billet correspond à chaque somme ?**

a. $\frac{1}{10}$ d'euro

b. $\frac{1}{2}$ euro

c. $\frac{1}{100}$ d'euro

d. $\frac{50}{10}$ d'euro

Maths en jeu !

Comme son nom l'indique, la course automobile des 24 h du Mans dure 24 h. Trois pilotes, Yannick, André et Sébastien, se sont partagés équitablement la conduite. Pendant $\frac{1}{2}$ du temps de conduite de Yannick, il a fait nuit et pendant $\frac{1}{4}$ de son temps de conduite, il a fait soleil.

Pendant combien de temps, en heure, Yannick a-t-il conduit de jour mais sans soleil ?

> Corrigés p. 184

Repérer une fraction sur une demi-droite graduée

COMPÉTENCE
→ Repérer et placer une fraction simple sur une demi-droite graduée.

Le vétérinaire du zoo

Chaque matin Charly, le vétérinaire du parc zoologique *La Savane*, prépare le biberon de quelques bébés animaux.

Pour chaque animal, colorie la quantité de lait que Charly doit verser dans le biberon.

Zèbre : $\frac{2}{3}$ L Chameau : $\frac{3}{3}$ L Chimpanzé : $\frac{1}{4}$ L Girafe : $\frac{5}{4}$ L Éléphant : 2 L + $\frac{1}{4}$ L Rhinocéros : $\frac{3}{2}$ L

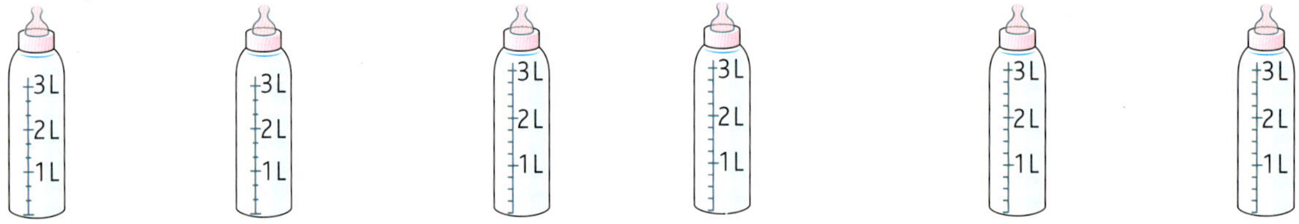

MÉMO

• **Pour repérer une fraction sur une demi-droite graduée, on observe en combien de parts égales est partagée l'unité.**

Cette demi-droite est graduée en tiers car l'unité est partagée en 3 parts égales.

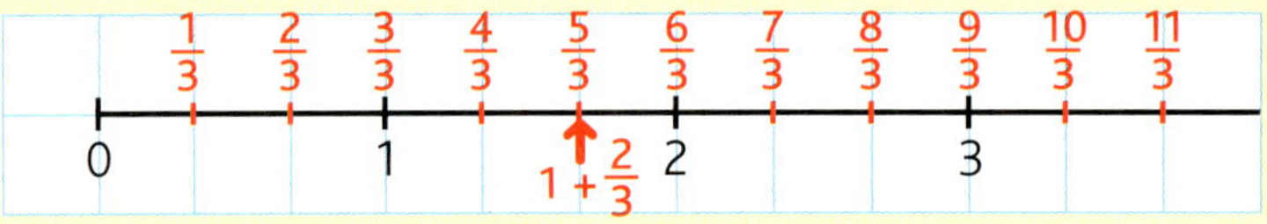

On observe par exemple que : $\frac{5}{3} = 1 + \frac{2}{3}$ et $1 < \frac{5}{3} < 2$ (« $\frac{5}{3}$ est compris entre 1 et 2 »).

• **Pour placer une fraction sur une demi-droite graduée**, on observe son **dénominateur** ; il indique en combien de parts égales il faut partager l'unité.

• Pour placer la fraction $\frac{5}{4}$, on partage l'unité en 4 parts égales puis on compte 5 parts à partir de 0.

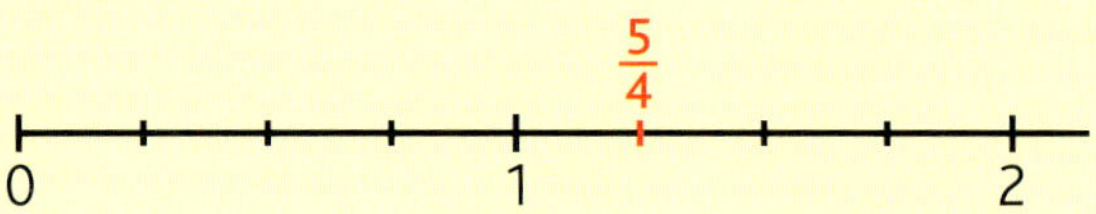

1 Place les fractions : $\frac{3}{4}$ $\frac{9}{4}$ $\frac{11}{4}$

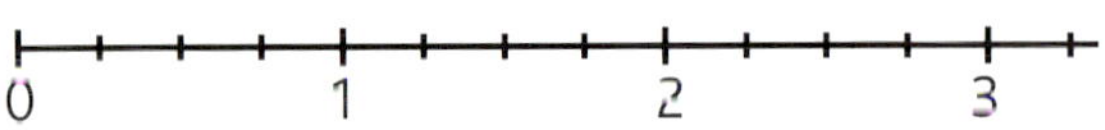

2 Place chaque lettre à l'emplacement de la fraction indiquée et tu liras le mot caché.

A : $\frac{5}{3}$ E : $\frac{10}{3}$ M : $\frac{8}{3}$ R : $\frac{2}{3}$

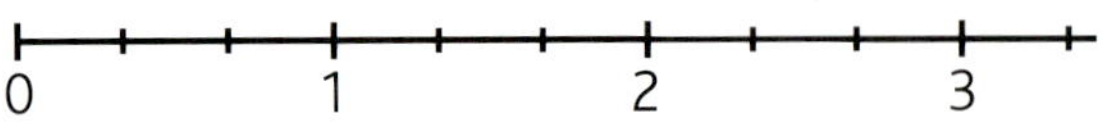

3 Place les fractions : $\frac{4}{5}$ $\frac{10}{5}$ $\frac{13}{5}$

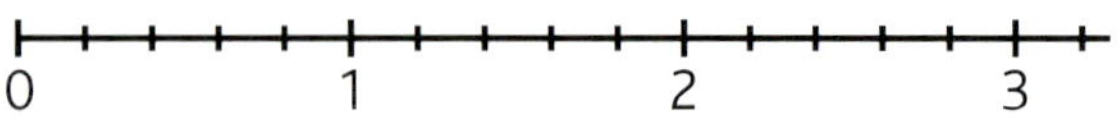

4 a. Place : $1 + \frac{3}{4}$ $2 + \frac{1}{4}$ $\frac{5}{4}$

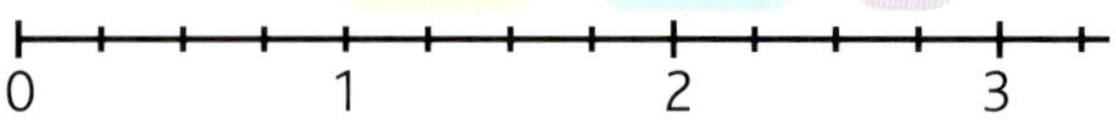

b. **Complète :**

• $1 + \frac{3}{4} = \frac{...}{...}$ • $2 + \frac{1}{4} = \frac{...}{...}$ • $\frac{5}{4} = ... + \frac{...}{4}$

Fractions

5 **À l'oral** **Lis la fraction repérée par chacune des flèches.**

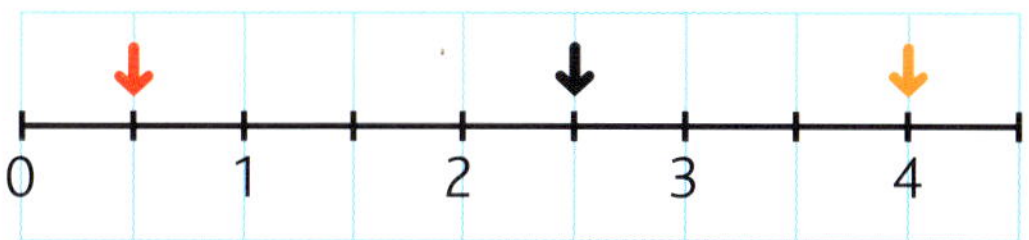

6 **Écris la fraction repérée par chacune des lettres.**

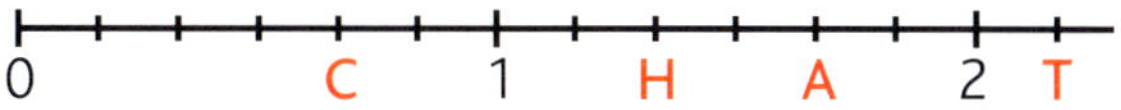

7 **Écris la fraction repérée par chaque voiture.**

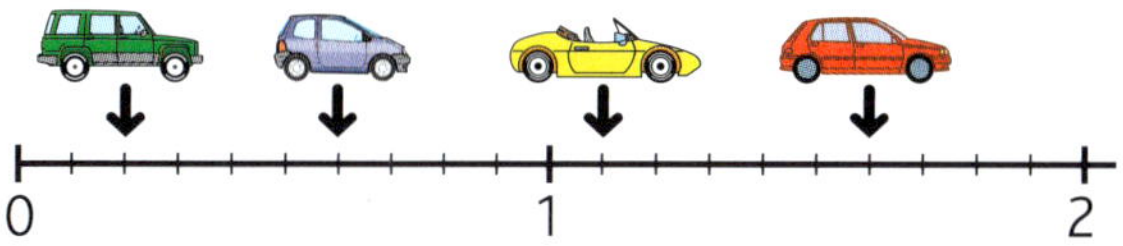

8 a. Place les fractions $\frac{15}{4}$, $\frac{21}{4}$ et $\frac{9}{2}$ sur cette demi droite graduée.

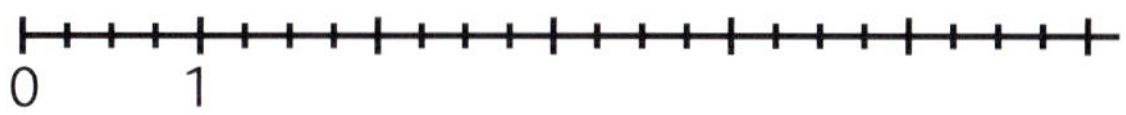

b. Recopie et complète par deux nombres entiers qui se suivent.

$\dots < \frac{21}{4} < \dots$ $\dots < \frac{15}{4} < \dots$ $\dots < \frac{9}{2} < \dots$

9 **Aide-toi de ces deux demi-droites graduées pour compléter les égalités.**

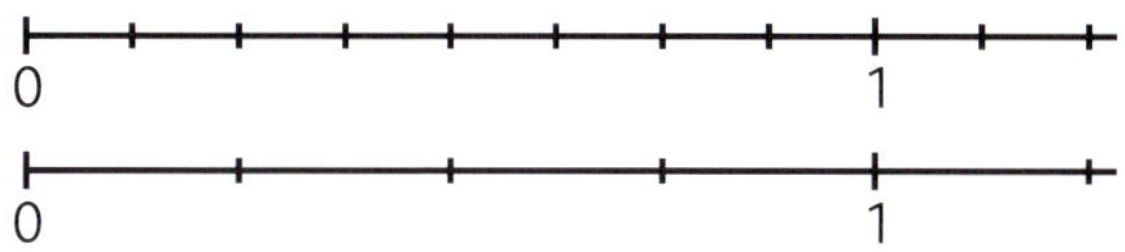

a. $\frac{1}{4} = \frac{\dots}{8}$ b. $\frac{2}{4} = \frac{\dots}{8}$ c. $\frac{\dots}{4} = \frac{10}{8}$

10 **Problème** Trois élèves grimpent à des cordes dont les nœuds sont régulièrement espacés.

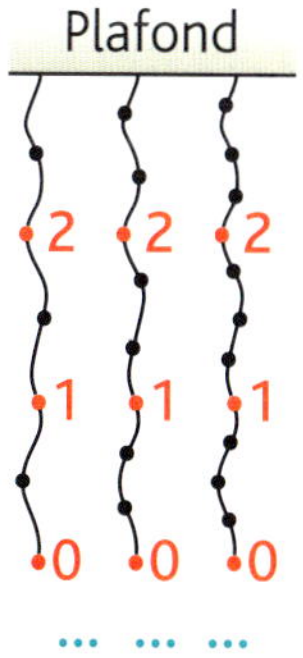

Clémence atteint la fraction $\frac{4}{2}$, Pierre la fraction $\frac{7}{4}$ et Lola la fraction $\frac{5}{3}$.

a. Écris l'initiale du prénom de chaque enfant sous sa corde.

b. Qui est allé le plus haut ?

11 **Utilise cette demi-droite graduée pour compléter les égalités.**

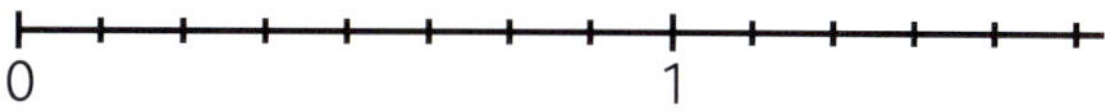

a. $\frac{1}{2} = \frac{\dots}{8}$ b. $\frac{2}{4} = \frac{\dots}{2}$

c. $\frac{6}{8} = \frac{\dots}{4}$ d. $\frac{\dots}{4} = \frac{8}{8}$

12 **Pour chaque flèche, élimine l'écriture qui n'est pas correcte.**

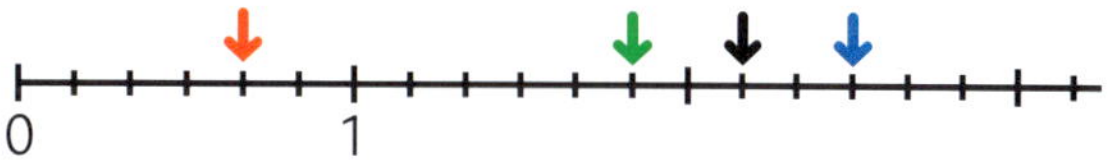

a. Flèche rouge : $\frac{4}{6}$ $\frac{2}{3}$ $1 + \frac{2}{6}$

b. Flèche verte : $\frac{10}{6}$ $1 + \frac{5}{6}$ $2 - \frac{1}{6}$

c. Flèche noire : $\frac{13}{6}$ $2 + \frac{1}{6}$ $3 - \frac{2}{3}$

d. Flèche bleue : $\frac{5}{2}$ $2 + \frac{1}{3}$ $3 - \frac{1}{2}$

LE DÉFI DU JOUR

Coline et Julien font une balade en raquettes.

Quelle distance les sépare d'après la demi-droite graduée ci-dessous ?

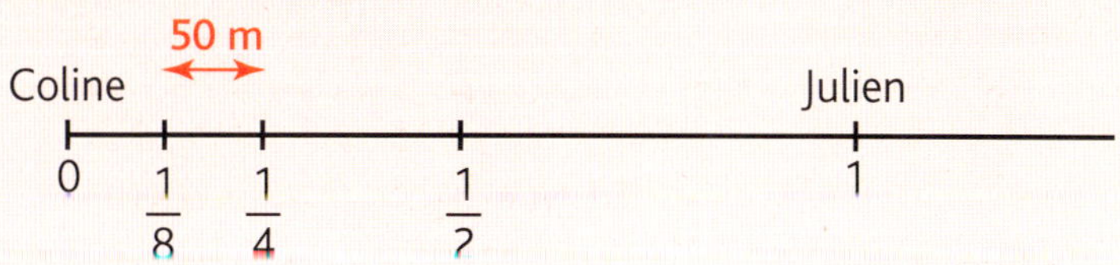

> Corrigés p. 184

Fractions

Utiliser les fractions décimales

COMPÉTENCE
→ Nommer, ecrire, representer, reperer des fractions décimales.

Le sprint en athlétisme

Trois filles courent un 50 m dans la catégorie Poussins.
Voici une représentation des temps qu'elles ont réalisés lors de cette course. Chaque grand carré représente une seconde (1 s).

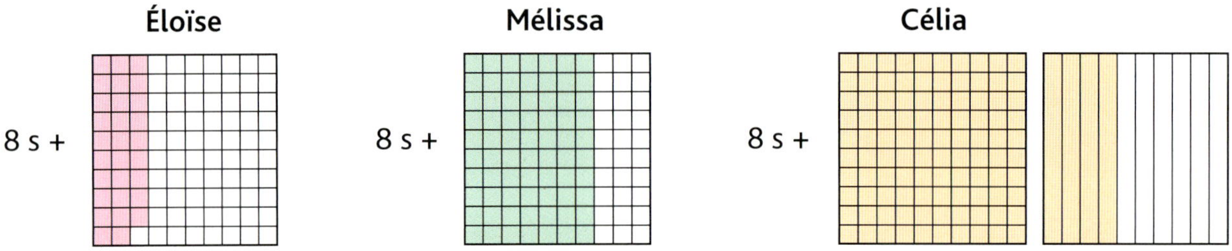

Exprime le temps de chaque fille sous la forme … s + $\frac{\dots}{\dots}$ s.

MÉMO

- **Une fraction décimale est une fraction qui a pour dénominateur 10 ou 100.**

$\frac{1}{10}$ (un dixième), $\frac{1}{100}$ (un centième), $\frac{12}{10}$ (douze dixièmes) sont des fractions décimales.

- **On peut repérer les fractions décimales sur des demi-droites graduées.**

L'unité est représentée par ce segment, on la partage en 10 dixièmes : $10 \times \frac{1}{10} = 1$.

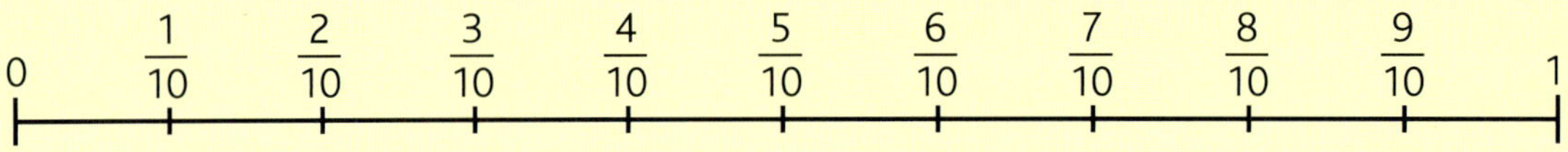

On peut partager l'unité en 100 centièmes en partageant chaque dixième en 10 centièmes.

$100 \times \frac{1}{100} = 1 \qquad 10 \times \frac{1}{100} = \frac{1}{10}$

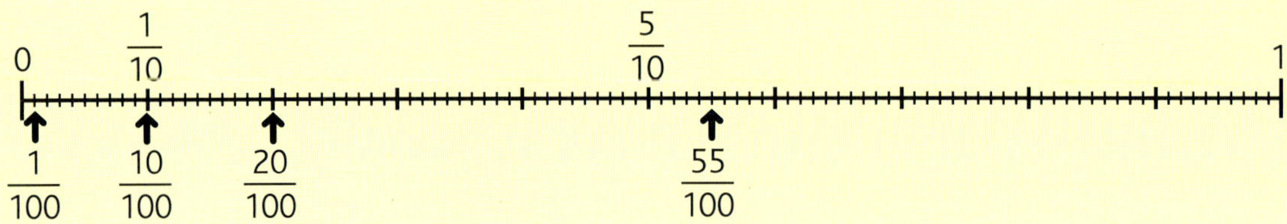

1 **À l'oral** **Lis chaque fraction.**

a. $\frac{61}{100}$ b. $\frac{9}{10}$ c. $\frac{124}{10}$

2 **Écris chaque fraction en chiffres.**

a. sept dixièmes
b. trente-deux centièmes
c. trois-cent-cinquante centièmes

3 **Écris la fraction du rectangle représentée par :**

- la partie blanche
- la partie rose
- la partie verte
- la partie orange

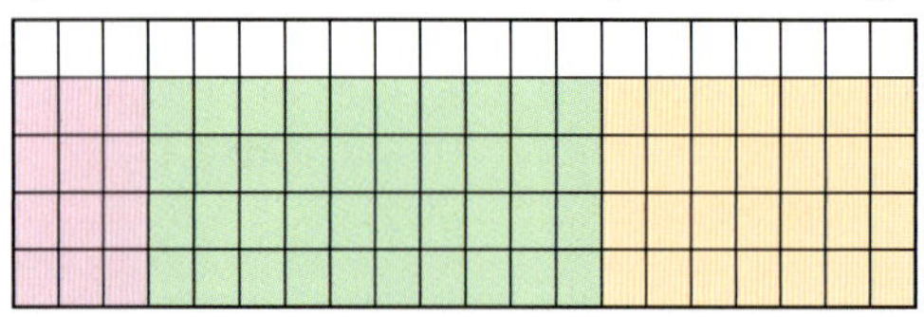

4 Place $\frac{20}{10}$ et $\frac{30}{10}$ sur cette demi-droite graduée, puis complète : $\frac{20}{10}$ = ... et $\frac{30}{10}$ = ...

5 Ce grand carré représente l'unité.

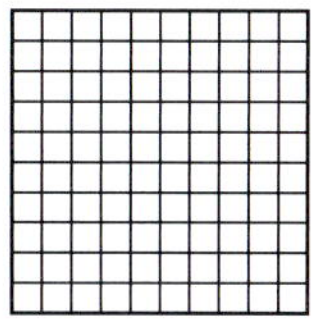

a. Colorie une partie qui représente la fraction :

$\frac{3}{10}$ (en bleu), $\frac{40}{100}$ (en vert), $\frac{6}{100}$ (en rouge)

b. Quelle fraction représente la partie non coloriée ?

6 **Place chaque lettre à l'emplacement de la fraction indiquée et tu liras le mot caché.**

A : $\frac{15}{10}$ C : $1 - \frac{2}{10}$ E : $\frac{7}{10}$ N : $1 + \frac{9}{10}$ R : $\frac{10}{10}$

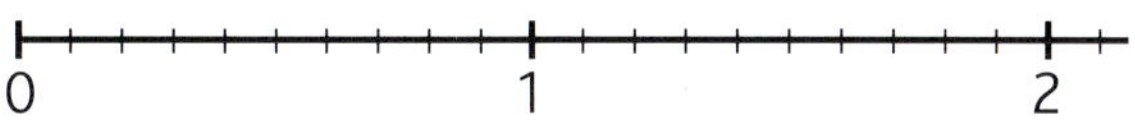

7 **Écris la fraction repérée par chaque flèche.**

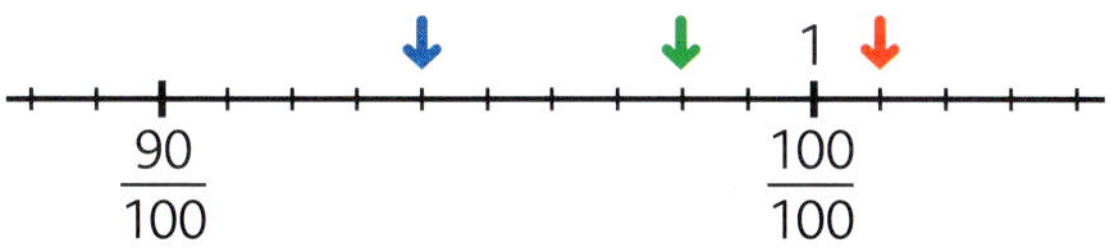

8 **a.** Recopie et complète :

- 5 dixièmes = ... centièmes
- $\frac{5}{10} = \frac{...}{100}$

b. Aide-toi de ce qui précède pour écrire la fraction repérée par chaque flèche.

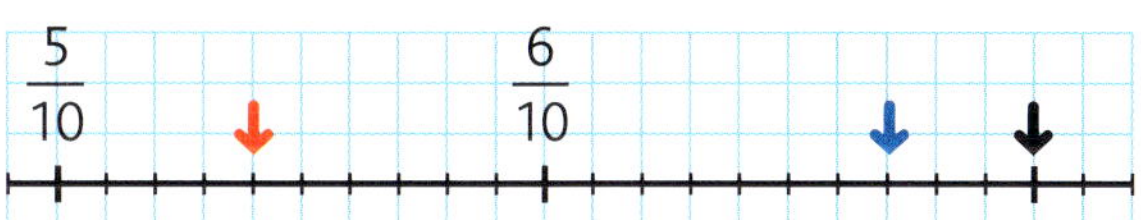

9 Cette plaque de cent cubes représente l'unité. **Écris la fraction représentée par chaque dessin.**

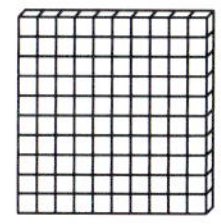

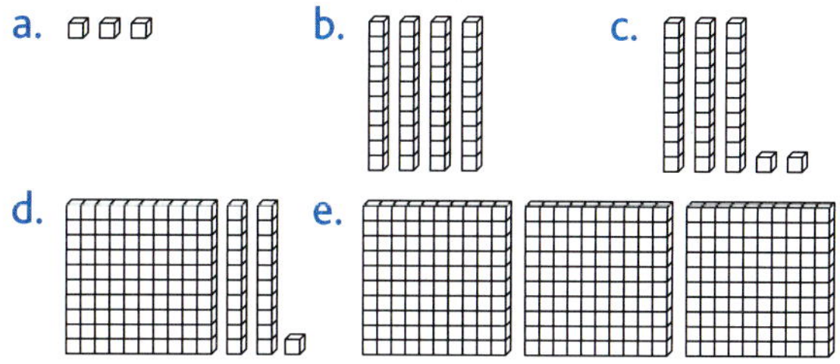

10 **a. Complète par une fraction décimale.**

- Cette pièce  vaut $\frac{...}{...}$ d'euro.
- Cette pièce  vaut $\frac{...}{100}$ ou $\frac{...}{10}$ d'euro.
- Cette pièce  vaut $\frac{...}{...}$ d'euro.
- Cette pièce  vaut $\frac{...}{100}$ ou $\frac{...}{10}$ d'euro.

b. Quel billet correspond à $\frac{100}{10}$ d'euro ?

11 **Problème** Voici quelques records sur 200 m pour les hommes en athlétisme.

– Du monde : 19 s + $\frac{19}{100}$ s

– Olympique : 19 s + $\frac{30}{100}$ s

– De France : 19 s + $\frac{80}{100}$ s

a. Place le record olympique (en vert) et le record de France (en bleu).

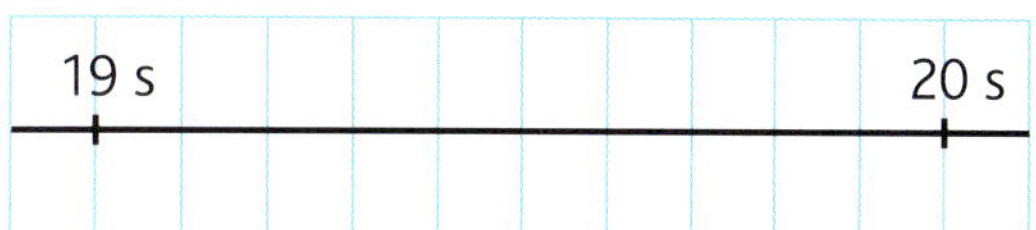

b. Place approximativement le record du monde (en rouge).

Maths en jeu !

Déplace-toi du départ jusqu'à la maison le long des chemins rouges.

Règle du jeu

Pour passer d'une carte à une autre, tu dois aller sur une carte de valeur plus grande.

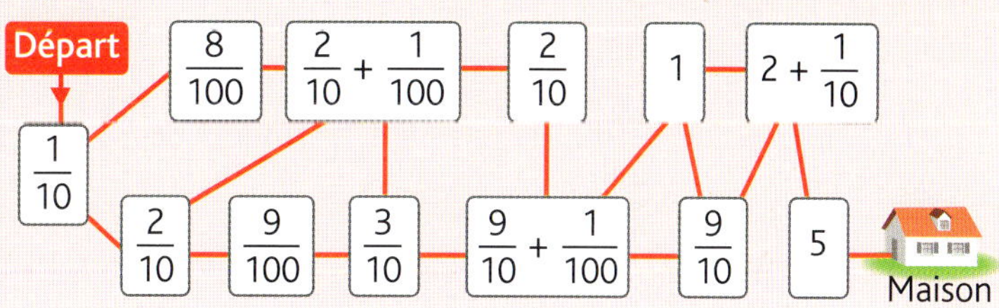

> Corrigés p. 184

Fractions

Écrire une fraction décimale de différentes façons

COMPÉTENCE
→ Utiliser différentes écritures d'une fraction décimale.

La bataille des fractions

À la bataille des fractions, chacun des deux joueurs a 8 cartes. Le premier joue une carte et le second essaie de « faire bataille », c'est-à-dire de jouer une carte de même valeur.

Voici les huit cartes de Tom.

$4 + \frac{9}{10}$ | $\frac{9}{10}$ | $1 + \frac{4}{10}$ | $\frac{700}{100}$ | $\frac{15}{100}$ | $\frac{50}{10}$ | $\frac{15}{10}$ | $\frac{21}{100}$

Peut-il « faire bataille » si Léa joue la carte :

a. $1 + \frac{5}{10}$? b. $2 + \frac{1}{10}$? c. 7 ? d. $\frac{140}{100}$?

MÉMO

• **L'unité est égale à 10 dixièmes : $1 = \frac{10}{10}$.**

L'unité est égale à 100 centièmes : $1 = \frac{100}{100}$.

Ainsi : $4 = \frac{40}{10} = \frac{400}{100}$ et $15 = \frac{150}{10} = \frac{1\,500}{100}$

• **Un dixième est égal à 10 centièmes : $\frac{1}{10} = \frac{10}{100}$.**

Ainsi : $\frac{2}{10} = \frac{20}{100}$ et $\frac{23}{10} = \frac{230}{100}$

Un nombre tel que $4 + \frac{1}{10}$ peut s'écrire avec une seule fraction décimale.

$$4 + \frac{1}{10} = \frac{40}{10} + \frac{1}{10} = \frac{41}{10}$$

Une fraction décimale telle que $\frac{123}{100}$ peut se décomposer ainsi :

$$\frac{123}{100} = \frac{100}{100} + \frac{20}{100} + \frac{3}{100} = 1 + \frac{2}{10} + \frac{3}{100}$$

1 **Écris avec un nombre entier.**

a. $\frac{70}{10}$ b. $\frac{120}{10}$ c. $\frac{260}{10}$

2 **Recopie et complète.**

a. $\frac{400}{100} = \dots$ b. $\frac{1\,700}{100} = \dots$ c. $29 = \frac{\dots}{100}$

3 **À l'oral** **Lis et complète.**

a. 3 dixièmes = ... centièmes ; $\frac{3}{10} = \frac{\dots}{100}$

b. 900 centièmes = ... dixièmes ; $\frac{900}{100} = \frac{\dots}{10}$

c. 45 dixièmes = ... centièmes ; $\frac{45}{10} = \frac{\dots}{100}$

4 **Recopie et complète.**

a. $\frac{50}{100} = \frac{\dots}{10}$ b. $\frac{2}{10} = \frac{\dots}{100}$ c. $\frac{260}{100} = \frac{\dots}{10}$

5 **Colorie d'une même couleur les cartes qui ont la même valeur.**
Une seule n'est pas coloriée. Laquelle ?

8 | $\frac{80}{10}$ | 80 | $\frac{80}{100}$ | $\frac{8}{10}$ | $\frac{800}{100}$ | $\frac{8}{100}$ | $\frac{800}{10}$

6 **Recopie et complète.**

a. $2 + \frac{3}{10} = \frac{\dots}{10} + \frac{3}{10} = \frac{\dots}{10}$

b. $5 + \frac{7}{10} = \frac{\dots}{10} + \frac{7}{10} = \frac{\dots}{10}$

7 **Recopie et complète.**

a. $1 + \frac{2}{10} + \frac{8}{100} = \frac{...}{100} + \frac{...}{100} + \frac{8}{100} = \frac{...}{100}$

b. $3 + \frac{4}{10} + \frac{7}{100} = \frac{...}{100} + \frac{...}{100} + \frac{7}{100} = \frac{...}{100}$

c. $8 + \frac{3}{100} = \frac{...}{100} + \frac{3}{100} = \frac{...}{100}$

d. $\frac{9}{10} + \frac{4}{100} = \frac{...}{100} + \frac{4}{100} = \frac{...}{100}$

8 **Relie chaque fraction à sa décomposition.**

$\frac{517}{100}$ •	• $7 + \frac{1}{10} + \frac{5}{100}$
$\frac{705}{100}$ •	• $5 + \frac{1}{10} + \frac{7}{100}$
$\frac{507}{100}$ •	• $7 + \frac{5}{100}$
$\frac{715}{100}$ •	• $5 + \frac{7}{100}$

9 a. Complète : $6 + \frac{8}{10} + \frac{5}{100} = \frac{...}{10} + \frac{5}{100}$

b. Marco affirme : « $6 + \frac{8}{10} + \frac{5}{100}$ peut se lire 68 dixièmes 5 centièmes. »
A-t-il raison ? Explique.

10 Valentin donne à sa sœur Clarisse une enveloppe qui contient :

– 7 étiquettes marquées « $\frac{1}{100}$ de point » ;

– 6 étiquettes marquées « $\frac{1}{10}$ de point » ;

– 2 étiquettes marquées « 1 point ».

a. Complète : $2 + (6 \times \frac{1}{10}) + (7 \times \frac{1}{100}) = \frac{...}{100}$

b. Combien de centièmes de points contient cette enveloppe ?

11 **Problème** Au zoo, on vide le bassin des hippopotames pour le nettoyer. Chaque heure, la pompe évacue vingt-cinq centièmes de la quantité d'eau totale.

Combien d'heures faudra-t-il pour évacuer toute l'eau du bassin ?

12 **Problème** Ce diagramme indique comment Marion répartit son temps chaque jour.

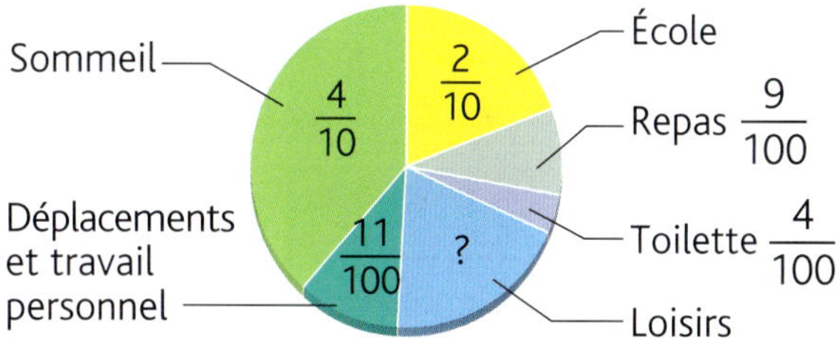

Quelle fraction du temps consacre-t-elle à ses loisirs chaque jour ?

13 Une éprouvette représente l'unité.
Associe chaque fraction à l'illustration qui lui correspond.

$\frac{4}{10}$ $\frac{152}{100}$ $\frac{20}{10}$ $\frac{35}{100}$ $\frac{90}{100}$

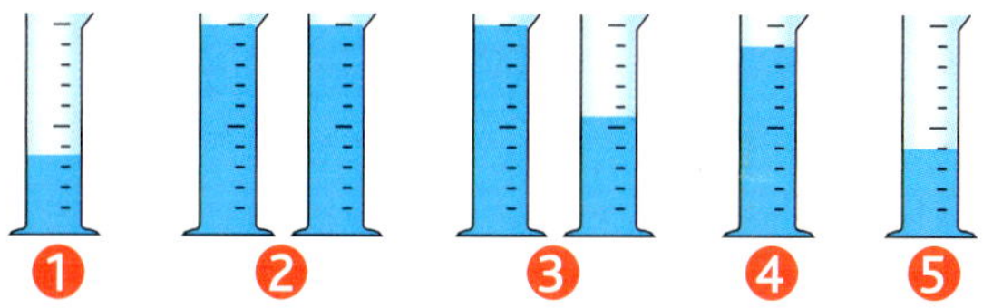

14 **Problème** Dans la bourse de Jack Rackham, il y a 12 euros 54 centimes.
Barbe Noire lui donne $(1 + \frac{4}{10} + \frac{3}{100})$ euro et Mary Read $\frac{299}{100}$ euros.
Combien Jack a-t-il alors dans sa bourse ?

LE DÉFI DU JOUR

Est-il possible de disposer ces quatre dominos sur le tapis de jeu ?
Deux dominos ne peuvent se toucher que par deux cases qui ont la même valeur.

> Corrigés p. 184

J'utilise mes compétences — Bilan

1 Passer des chiffres aux lettres

Écris la fraction en lettres.

a. $\frac{1}{2}$ b. $\frac{2}{3}$ c. $\frac{3}{4}$

d. $\frac{7}{6}$ e. $\frac{12}{100}$

2 Passer des lettres aux chiffres

Écris la fraction en chiffres.

a. trois demis b. quatre tiers

c. sept quarts d. neuf dixièmes

3 Rendre compte d'un partage

Pour chaque figure, écris la fraction représentée par la partie coloriée en orange.

a. 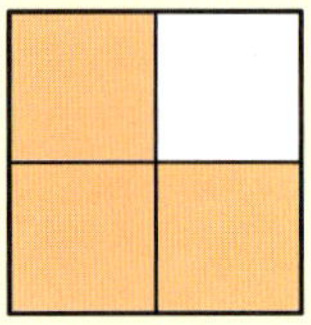

b. 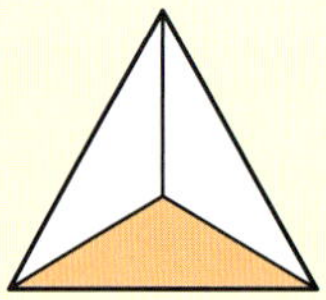

c. 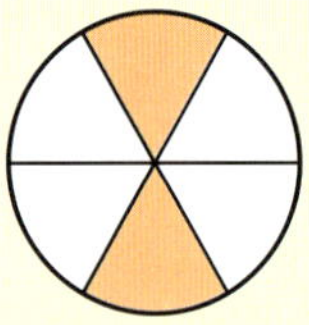

d. 

4 Représenter une fraction

Colorie une partie de chaque rectangle pour représenter la fraction indiquée.

a. $\frac{1}{2}$ 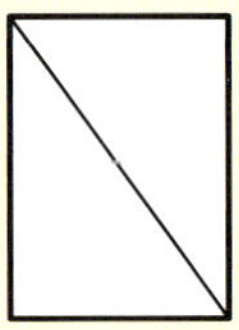

b. $\frac{2}{3}$ 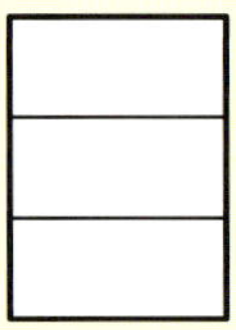

c. $\frac{3}{4}$ 

5 Partager une grandeur

Paula doit partager équitablement cinq gâteaux carrés entre quatre personnes.

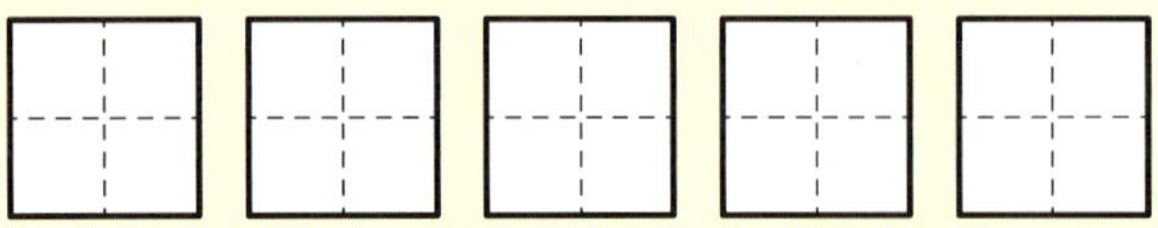

a. Colorie la part d'une personne.

b. Exprime cette part à l'aide d'une fraction.

6 Coder une mesure de grandeur

Écris avec une seule fraction la longueur du segment rouge dans l'unité indiquée.

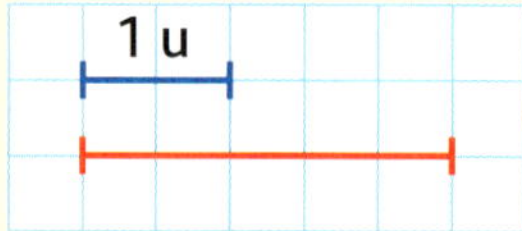

7 Repérer une fraction

Écris la fraction repérée par chaque flèche.

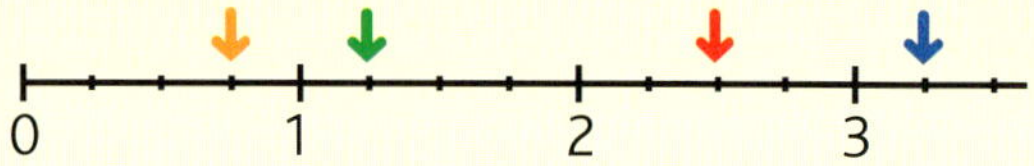

8 Placer une fraction

Place la fraction $\frac{11}{3}$ sur cette demi-droite graduée. Encadre cette fraction par deux nombres entiers qui se suivent.

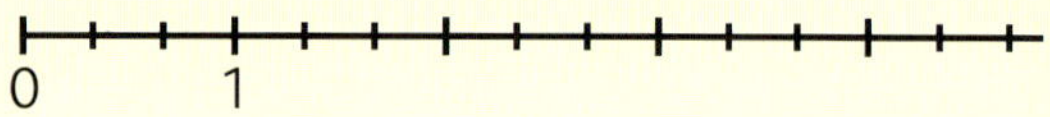

9 Connaitre les fractions décimales

Combien y a-t-il :

a. de dixièmes dans une unité ?

b. de centièmes dans une unité ?

c. de centièmes dans un dixième ?

10 Représenter des fractions décimales

a. Colorie une partie pour représenter la fraction :

$\frac{2}{10}$ (en bleu), $\frac{7}{100}$ (en rouge).

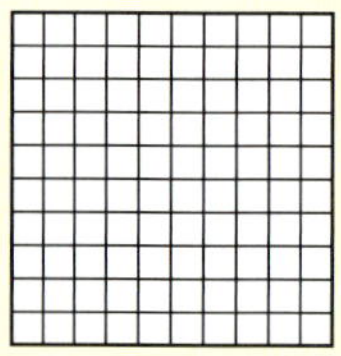

b. Quelle fraction est représentée par la partie non coloriée ?

11 Utiliser des fractions décimales

Recopie et complète.

a. $\frac{70}{100} = \frac{...}{10}$ b. $\frac{80}{10} = ...$

c. $5 + \frac{3}{10} = \frac{...}{10}$ d. $2 + \frac{7}{10} + \frac{5}{100} = \frac{...}{100}$

e. $\frac{25}{10} = ... + \frac{...}{10}$ f. $\frac{750}{100} = ... + \frac{...}{10}$

1 Les fractions égyptiennes

Histoire

Dans un livre d'histoire, Éric lit qu'un scribe a écrit :
« La somme des six fractions symbolisées par l'œil d'Horus est égale à 1 ».

Éric veut vérifier si c'est vrai.

Utilise ce grand carré pour aider Éric. Ce carré représente l'unité et est partagé en 64 petits carrés.

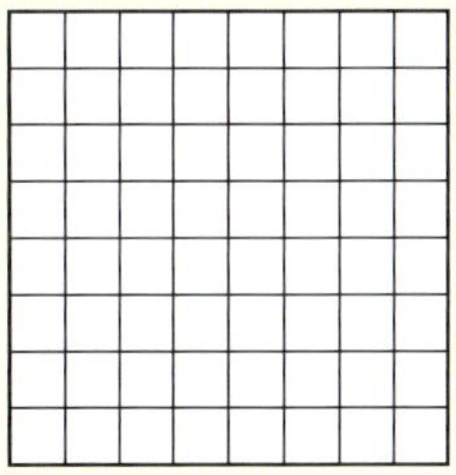

Doc. L'œil d'Horus

Horus était un dieu à tête de faucon et au corps d'homme. L'œil d'Horus figure dans de nombreuses représentations : sarcophages, bijoux, bateaux…

2 Les récifs coralliens

Géographie

Dans la mer, les coraux vivent souvent en colonies appelées les récifs coralliens.

Ces récifs abritent de très nombreuses espèces de poissons, d'étoiles de mer, d'oursins, d'éponges… Aujourd'hui, ils sont menacés par la pollution, la pêche industrielle, le réchauffement climatique.

Sur Internet, Angèle a trouvé le diagramme ci-dessous.

a. Écris la fraction de l'étendue mondiale des récifs coralliens pour :
• l'Australie • l'océan Indien • le Moyen-Orient • l'océan Pacifique • l'Asie du Sud-Est

b. Sur le diagramme, la fraction pour l'océan Atlantique n'est pas indiquée.
Peux-tu connaitre cette fraction ? Si oui, écris cette fraction avec 10 au dénominateur.

Doc. Répartition de l'étendue des récifs coralliens du monde par région

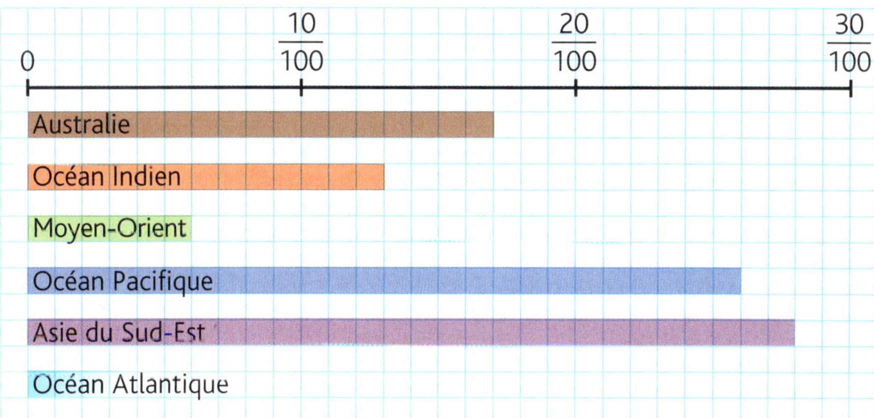

Récif corallien dans l'océan Pacifique

Fractions

Introduire les nombres décimaux

COMPÉTENCE
→ Passer d'une écriture fractionnaire à une écriture à virgule, et réciproquement.

Les fléchettes

Observe la cible. Pour une fléchette :

- la zone jaune rapporte 1 point ;
- la zone rose rapporte $\frac{1}{10}$ de point ;
- la zone bleue rapporte $\frac{1}{100}$ de point.

Emma a lancé six fléchettes sur la cible.

Quel est le score d'Enzo ?

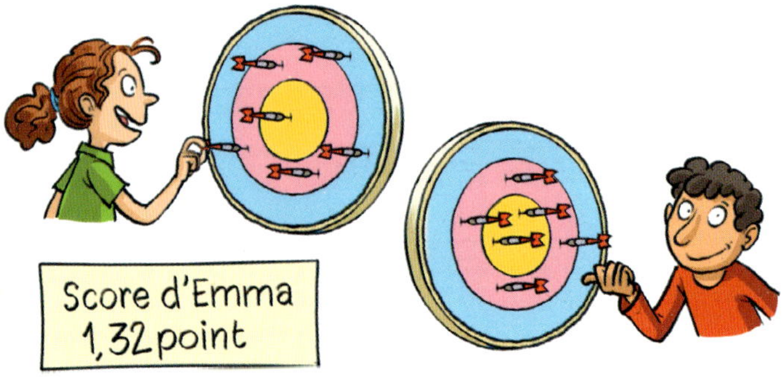

MÉMO

- **Une fraction décimale peut s'écrire avec une écriture à virgule.**

$\frac{47}{10} = 4 + \frac{7}{10}$: le nombre $\frac{47}{10}$ s'écrit aussi **4,7**.

- **L'écriture sous forme de fraction décimale $\frac{47}{10}$ et l'écriture à virgule 4,7 (ou écriture décimale) sont deux écritures du même nombre décimal.**

Fraction décimale	Décomposition	Écriture à virgule	
$\frac{47}{10}$	$4 + \frac{7}{10}$	4,7	« **4** unités **7** dixièmes »
$\frac{163}{100}$	$1 + \frac{63}{100}$ ou $1 + \frac{6}{10} + \frac{3}{100}$	1,63	« **1** unité **63** centièmes » ou « **1** unité **6** dixièmes **3** centièmes »

1 Donne l'écriture à virgule.

a. $9 + \frac{2}{10}$ b. $4 + \frac{1}{10}$ c. $1 + \frac{4}{10}$

d. $7 + \frac{1}{10} + \frac{5}{100}$ e. $12 + \frac{3}{10} + \frac{2}{100}$

2

a. Recopie et complète : $\frac{54}{10} = ... + \frac{...}{10}$.

Donne l'écriture à virgule de $\frac{54}{10}$.

b. Recopie et complète : $\frac{126}{100} = ... + \frac{...}{10} + \frac{...}{100}$.

Donne l'écriture à virgule de $\frac{126}{100}$.

3 Donne l'écriture à virgule.

a. 4 unités 7 dixièmes

b. 5 unités 4 dixièmes 5 centièmes

4 Complète.

Fraction décimale	$\frac{37}{10}$	...	$\frac{425}{100}$	...
Écriture à virgule	...	2,5	...	6,32

5 Donne l'écriture à virgule.

Exemple : $\frac{7}{10}$ c'est $0 + \frac{7}{10}$ c'est-à-dire 0,7.

a. $\frac{4}{10}$ b. $\frac{23}{100}$ c. $\frac{1}{100}$

d. 31 centièmes e. 7 dixièmes 8 centièmes

6 Recopie et complète.

a. $0{,}1 = \frac{...}{10}$ b. $0{,}15 = \frac{...}{100}$ c. $0{,}09 = \frac{...}{100}$

7 Dans chaque cas, recopie l'écriture à virgule qui est exacte.

a. $\frac{3}{10}$	3,0	0,3	0,03
b. $\frac{6}{10} + \frac{8}{100}$	68,0	6,08	0,68
c. $7 + \frac{2}{100}$	7,2	0,72	7,02

8 **À l'oral** Lis en complétant.

a. $4,25 = ... + \frac{...}{100}$ b. $1,06 = ... + \frac{...}{100}$

c. $8,73 = ... + \frac{...}{10} + \frac{...}{100}$

9 Décompose le nombre, puis écris-le comme dans l'exemple.

Exemple : $2,35 = 2 + \frac{3}{10} + \frac{5}{100}$

deux unités trois dixièmes cinq centièmes.

a. 7,3 b. 6,51 c. 15,8 d. 0,75

10 Vrai ou faux ?

a. Amélie : « $4 + \frac{5}{10}$ est égal à 4,5 ».

b. Bachir : « 5,83 est égal à $5 + \frac{3}{10} + \frac{8}{100}$ ».

c. Célia : « 67 dixièmes est égal à 6,7 ».

11 Relie les nombres égaux.

$14 + \frac{3}{10}$	$\frac{34}{10}$	$1 + \frac{4}{10} + \frac{3}{100}$	$\frac{43}{100}$
3,4	0,43	1,43	14,3

12 Écris la fraction décimale repérée par chaque flèche, puis donne son écriture à virgule.

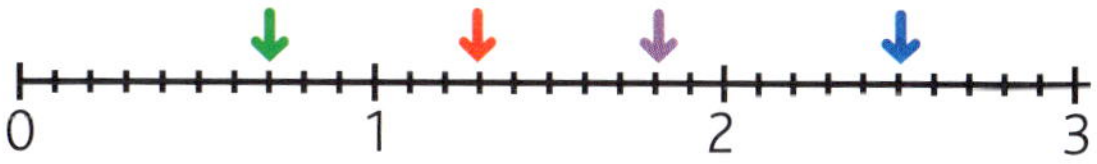

13 Quelle écriture ne désigne pas le même nombre que les autres ?

$5 + \frac{47}{100}$ $5 + \frac{4}{10} + \frac{7}{100}$ $\frac{547}{10}$ 5,47

5 unités 47 centièmes

14 Colorie d'une même couleur les écritures d'un même nombre.

$4 + \frac{1}{10} + \frac{5}{100}$ 0,62 $\frac{200}{100}$ $\frac{415}{10}$

6,2 41,5 $4 + \frac{15}{100}$ $\frac{62}{100}$

$41 + \frac{5}{10}$ 4,15 $6 + \frac{2}{10}$ 2

15 **Problème** a. Le record du monde du saut à la perche est 6 m 16 cm.

Recopie et complète :

1 m = ... cm donc 1 cm est un ... de mètre et

6 m 16 cm = ... m + $\frac{...}{100}$ m.

b. Donne l'écriture à virgule de la hauteur de ce saut, en mètre.

Maths en jeu !

Complète la grille par des nombres, puis complète les définitions verticales.

Un chiffre ou une virgule par case !

HORIZONTALEMENT

1. $\frac{325}{100}$
2. 9 centièmes
3. $\frac{35}{10}$
4. 82 unités 34 centièmes
5. 15 milliers 22 dizaines

VERTICALEMENT

A. • Le double de ... • 9 × ...

B. • *(pas de définition)* • La moitié de ...

C. ... centaines ... unités ... dixièmes

D. ... + $\frac{...}{10}$ + $\frac{...}{100}$

E. ... dizaines

> Corrigés p. 184

Comprendre l'écriture des nombres décimaux

COMPÉTENCE
→ Connaître et utiliser la valeur d'un chiffre selon sa position.

À la librairie

Justine a cassé sa tirelire pour acheter une bande dessinée.
Elle a préparé des pièces pour pouvoir payer exactement le prix indiqué.

8,95 €

Es-tu d'accord avec elle ? Pourquoi ?

MÉMO

- **On étend le tableau de numération en utilisant les groupements par 10 suivants :**

1 unité = 10 dixièmes **1 dixième = 10 centièmes**

- **On repère la valeur de chaque chiffre d'un nombre décimal.**

chiffre des unités — chiffre des dixièmes — chiffre des centièmes

$$6{,}53 = \mathbf{6} + \frac{5}{10} + \frac{3}{100}$$

centaines	dizaines	unités	,	dixièmes	centièmes
c	d	u	,	$\frac{1}{10}$	$\frac{1}{100}$
		6	,	5	3

- **Un nombre décimal peut s'écrire de différentes façons.**

$$6{,}53 = 6 + \frac{53}{100}$$

donc $6{,}53 = \mathbf{6 + 0{,}53}$

6 est la **partie entière**, 0,53 est la **partie décimale** du nombre 6,53.

$$6 + \frac{5}{10} = \frac{65}{10}$$

donc $6{,}53 = \mathbf{\frac{65}{10}} + \frac{3}{100}$

On peut repérer le **nombre de dixièmes** : il y a **65 dixièmes** dans 6,53.

$$\frac{65}{10} = \frac{650}{100}$$

donc $6{,}53 = \mathbf{\frac{653}{100}}$

On peut repérer le **nombre de centièmes** : il y a **653 centièmes** dans 6,53.

1 a. Recopie et complète le tableau de numération avec chaque nombre.

c	d	u	,	$\frac{1}{10}$	$\frac{1}{100}$

9,26 — 315,4 — 406,01 — 20,7 — 5,3

b. Entoure en rouge le chiffre des dixièmes et en bleu le chiffre des centièmes de chaque nombre.

2 **Écris ces nombres dans un tableau de numération et donne leur écriture à virgule.**

a. 57 dixièmes b. 425 centièmes

3 a. Recopie et complète.

$7{,}48 = 7 + \frac{...}{100}$ c'est-à-dire $7{,}48 = 7 + ...$

b. Pour le nombre 7,48 quelle est :
• la partie entière ? • la partie décimale ?

4 Observe ces nombres.

34,3 — 34,25 — 25,34 — 21,25

Recopie ceux qui ont :

a. 34 pour partie entière ;

b. 0,25 pour partie décimale.

5 **Que représente le chiffre 5 pour chaque nombre écrit en rose ?**

a. Le chien d'Éva pèse **10,25** kg.

b. Zoé a une température de **38,5** °C ce matin.

c. Le record du saut en hauteur est de **2,45** m.

6 **À l'oral** Observe ces nombres.

521,46 — 25,63 — 68,42 — 5,62

Cite ceux qui ont :

a. 6 pour chiffre des dixièmes ;

b. 2 pour chiffre des dizaines ;

c. le chiffre des dixièmes double de celui des centièmes.

7 a. **Recopie et complète :**

$3,75 = 3 + \frac{\dots}{10} + \frac{\dots}{100}$

$3,75 = \frac{\dots}{10} + \frac{\dots}{100}$ $3,75 = \frac{\dots}{100}$

b. **Écris :**

- le nombre de dixièmes du nombre 3,75 ;
- le nombre de centièmes du nombre 3,75.

8 **Quel est, pour le nombre 2,34 :**

a. le chiffre des dixièmes ? des centièmes ?

b. le nombre de dixièmes ? de centièmes ?

9 Mickaël : « Je pense à un nombre décimal qui a 5 745 dixièmes et dont le chiffre des centièmes est 8. »

Donne l'écriture à virgule de ce nombre.

10 *$4,0 = 4 + \frac{0}{10}$ c'est-à-dire $4,0 = 4$.*

Écris plus simplement le nombre :

a. 72,0 b. 2,50 c. 8,00

11 **Place une virgule dans l'écriture de chaque nombre pour que la phrase soit vraie.**

Pour répondre, tu peux ajouter ou supprimer un zéro si nécessaire.

a. 3 est le chiffre des dixièmes.

7 3 4 — 1 5 3 0 — 3 5

b. 5 est le chiffre des centièmes.

7 2 6 5 — 7 5 — 1 0 0 5

12 **Problème** Un bloc de 10 post-it pèse 4 g.

Écris la masse d'un post-it en gramme sous forme d'une fraction puis d'un nombre décimal.

13 **Problème** 100 fourmis forment une colonne de 2 m de long.

Donne la longueur en mètre, puis en centimètres d'une de ces fourmis.

LE DÉFI DU JOUR

Quelle est la distance, en kilomètre, entre Paris et New York ?

- C'est un nombre décimal de six chiffres.
- Son chiffre des unités est 7 ; celui des centièmes est 4.
- Son chiffre des dixièmes est le quart de celui des centièmes.
- Son chiffre des dizaines est le triple de celui des dixièmes.
- Son chiffre des centaines est le double de celui des centièmes.
- Son chiffre des milliers est la somme de celui des dixièmes et celui des centièmes.

> *Corrigés p. 184*

Repérer un nombre décimal sur une demi-droite graduée

COMPÉTENCE
→ Repérer et placer un nombre décimal sur une demi-droite graduée.

À la plage

Anne et ses trois cousins font un concours de saut sur la plage.

• Anne saute à 1,2 m ; Brice à 0,9 m et César à 1,6 m.

Sur la demi-droite graduée, les longueurs de leurs sauts sont indiquées par des flèches rouges.

Écris le prénom qui convient au-dessus de chaque flèche.

• Damien a sauté à 2,1 m.

Indique ce saut par une flèche verte.

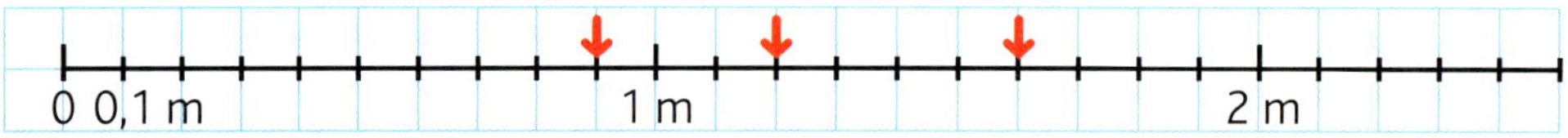

MÉMO

• **Sur cette demi-droite graduée, on a partagé l'unité en dix dixièmes.**

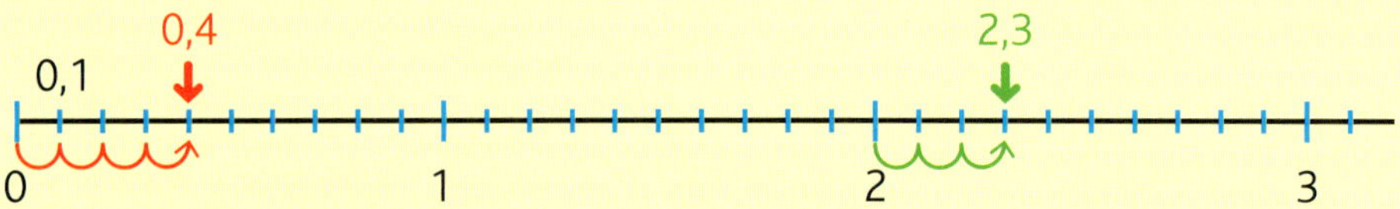

Pour placer le nombre **0,4** on compte 4 dixièmes à partir de 0.

Pour placer le nombre **2,3** on compte 3 dixièmes à partir de 2 : **2,3** = 2 + 0,3

• **Sur cette demi-droite graduée, on a partagé chaque dixième en dix centièmes.**

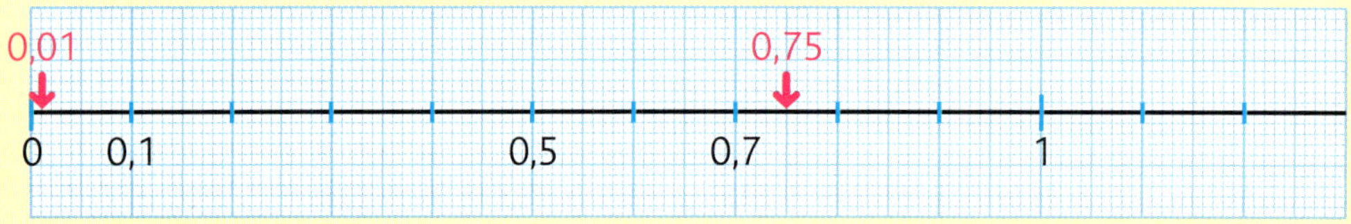

Pour placer le nombre **0,75** on compte 5 centièmes à partir de 0,7 : **0,75** = 0,7 + 0,05

1 Reproduis et place ces nombres.

0,1 0,2 0,5 1,2

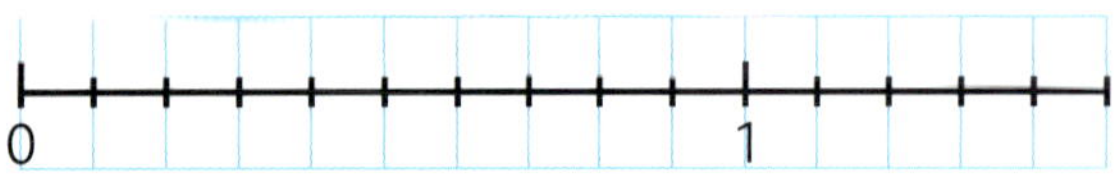

2 Donne l'écriture à virgule du nombre repéré par chaque flèche.

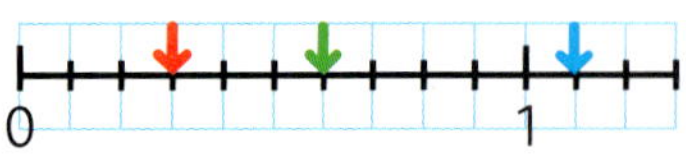

3 Reproduis et place ces nombres.

8,5 7,9 9,2 8,8

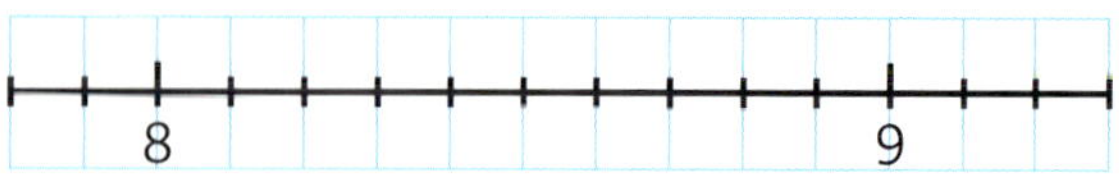

4 Donne l'écriture à virgule du nombre repéré par chaque flèche.

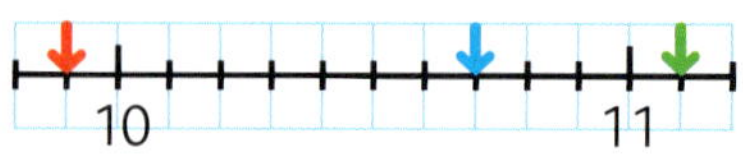

5 • Reproduis et place les nombres :

a. 0,01 b. 0,05 c. 0,09 d. 0,12

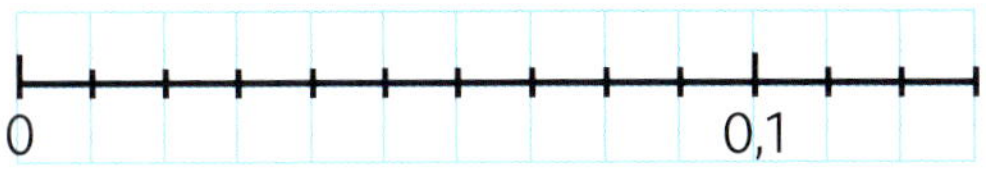

6 • Reproduis et place les nombres :

a. 0,68 b. 0,63 c. 0,59 d. 0,72

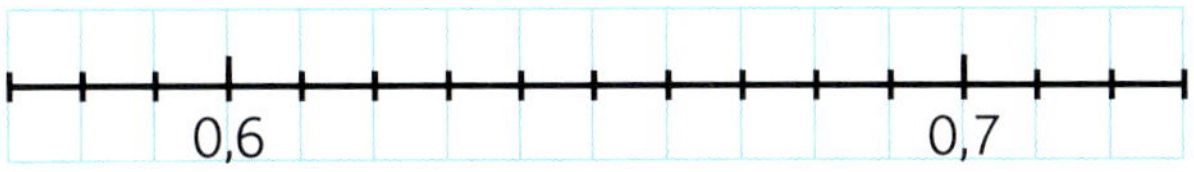

7 • Reproduis et place les nombres :

a. 7,35 b. 7,31 c. 7,41 d. 7,29

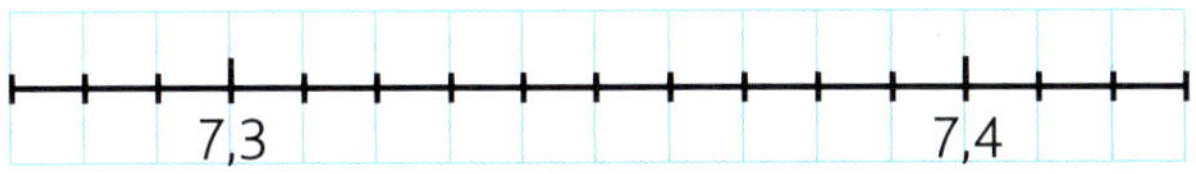

8 • **À l'oral** Lis le nombre repéré par chaque flèche.

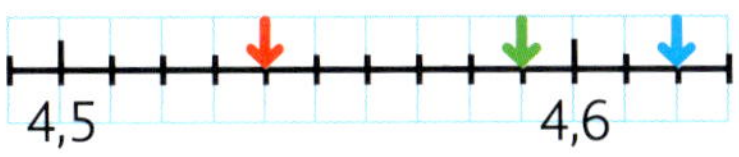

9 • **Donne l'écriture à virgule du nombre repéré par chaque flèche.**

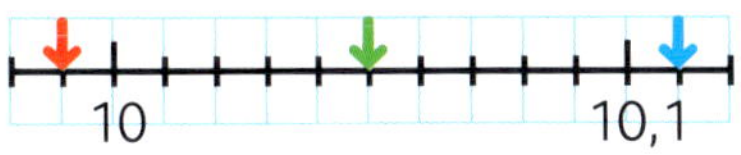

10 •• **Sur cette demi-droite graduée, indique aussi précisément que possible :**

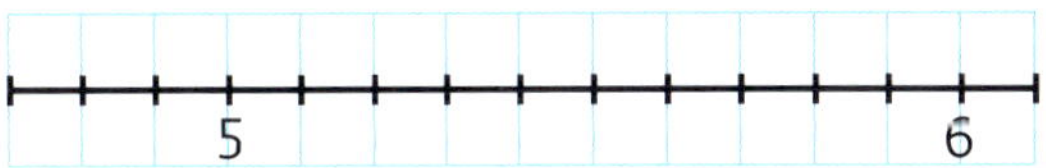

a. par une flèche rouge, le nombre 5,7 ;

b. par une flèche verte, le nombre 4,8 ;

c. par une flèche noire, le nombre 5,95.

11 •• **Donne l'écriture à virgule du nombre repéré par chaque flèche.**

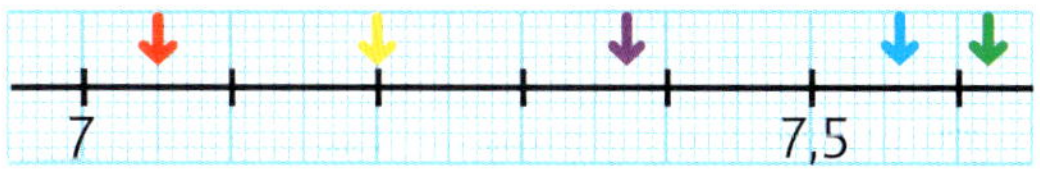

12 •• **Place chaque lettre à son emplacement et tu liras le mot caché.**

A : 3,68 P : 3,92 E : 4,05 H : 3,54 R : 3,8

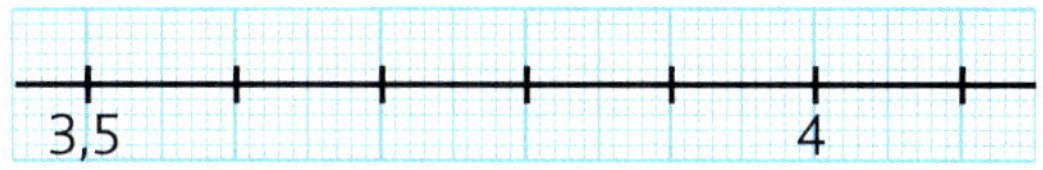

13 •• Voici les hauteurs de sauts réalisés par certains animaux.

Autruche : 1,50 m

Bouquetin : 3,70 m

Chat : 1,80 m

Dauphin : 4,30 m

Puma : 5 m

Singe : 2,50 m

Zèbre : 2,20 m

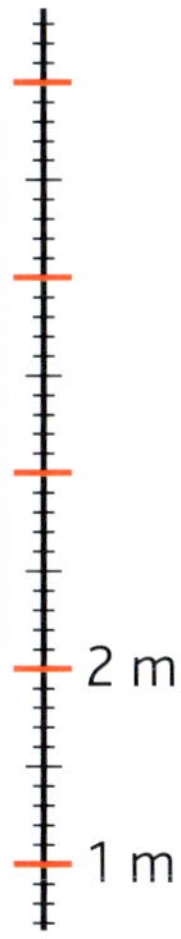

Sur cette demi-droite graduée, indique les hauteurs de ces sauts en notant l'initiale de l'animal.

14 •• Ce tableau donne des températures en °C de villes de France un 8 aout au matin.

Ville	Brest	Lille	Nice	Paris	Tours
Température	18,8	17,3	21,4	19,5	20,7

Note l'initiale de chaque ville à l'emplacement de sa température.

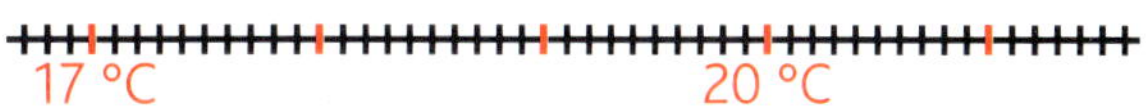

Maths en jeu !

Trois hirondelles viennent se poser sur la ligne des nombres.
Abricot est sur le nombre 1,8 et Bisou sur le nombre 3,4.
Clochette est juste au milieu entre Abricot et Bisou.

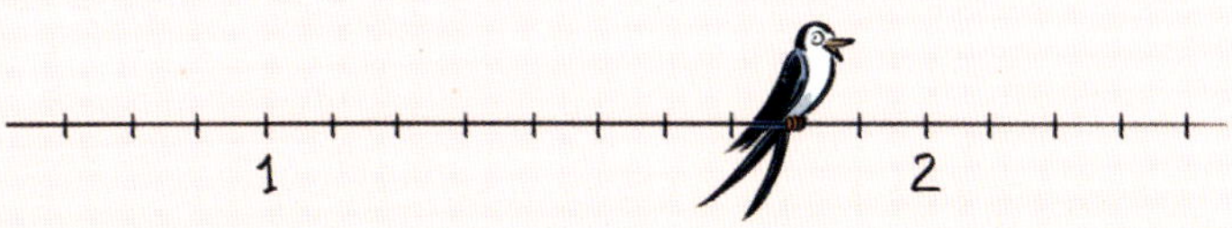

Sur quel nombre Clochette se trouve-t-elle ?

> Corrigés p. 184

Comparer, ranger, encadrer des nombres décimaux

COMPÉTENCE
→ Étendre les règles de comparaison aux nombres décimaux.

Tigrou et compagnie

Cécile est vétérinaire. Aujourd'hui, elle a examiné six chats.

Ce tableau donne leurs masses, en kilogramme.

Range ces masses par ordre croissant.

Tu peux t'aider de la demi-droite graduée ci-dessous.

Nom	Masse
Tigrou	4,5 kg
Caramel	5,3 kg
Minette	5,07 kg
Filou	4,75 kg
Lucky	4,7 kg
Réglisse	4,18 kg

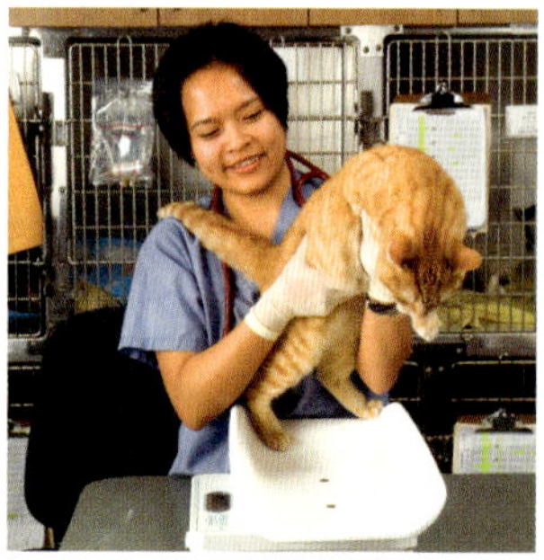

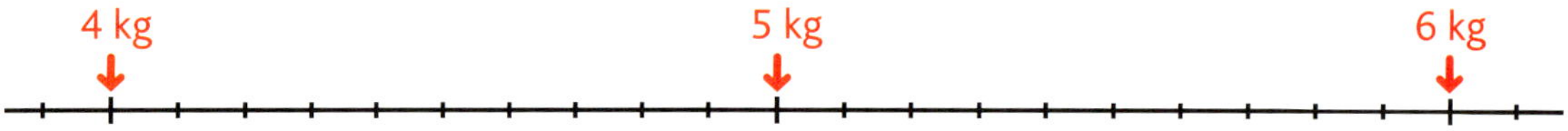

MÉMO

• **Pour comparer deux nombres décimaux en écriture à virgule :**

– **on compare leurs parties entières :** 9,5 > 4,96 car 9 > 4

– **s'ils ont la même partie entière,** on compare leurs chiffres des dixièmes ; 6,35 < 6,7 car 3 < 7

– **s'ils ont le même chiffre des dixièmes,** on compare leurs chiffres des centièmes. 6,35 > 6,32 car 5 > 2

• **Pour encadrer ou intercaler un nombre décimal, on procède ainsi :**

8 < 8,3 < 9 — Le nombre décimal 8,3 est **encadré** par les nombres entiers 8 et 9.

3,5 < 3,52 < 3,6 — Le nombre décimal 3,52 est **encadré** par les nombres décimaux 3,5 et 3,6.

8,3 < 8,36 < 8,4 — On a **intercalé** le nombre décimal 8,36 entre les nombres décimaux **8,3** et **8,4**.

1 Recopie et complète par < ou >.

a. 4,56 ... 7,2 b. 17,4 ... 12,9
c. 32,5 ... 3,25 d. 20,73 ... 2,75
e. 75,3 ... 2,76 f. 10,5 ... 20

2 Recopie, puis entoure les chiffres qui permettent de comparer les deux nombres et complète par < ou >.

a. 81,64 ... 82,5 b. 53,49 ... 53,26
c. 32,57 ... 32,75 d. 29,56 ... 28,81
e. 5,73 ... 5,72 f. 2,5 ... 2,13

3 Recopie et complète par <, > ou =.

a. 15,28 ... 6,82 b. 9,05 ... 9,5
c. 0,5 ... 0,27 d. 14,23 ... 10,75
e. 2,5 ... 2,50 f. 7,03 ... 7,15
g. 3,12 ... 3,4 h. 20,45 ... 20,43

4 a. Donne l'écriture à virgule de chaque nombre.

• 3 unités 45 centièmes
• 3 unités 6 dixièmes 4 centièmes.

b. Quel est le plus grand de ces nombres ?

5 On est qualifié à un jeu si l'on a plus de 75,5 points. Voici les scores de six joueurs.

Paul	Nina	Loïc	Ayoub	Julie	Inès
74,5	75,46	75,8	74,65	77,63	75

Quels joueurs sont qualifiés ?

6 **Range ces nombres par ordre croissant.**

83,14 29,35 51,4 83,09 51,12

7 Voici les tailles de sportives et de sportifs.

Nom	Sport	Taille
Alice Lévêque	Handball	1,82 m
Ian Mahinmi	Basket	2,10 m
Gaël Monfils	Tennis	1,93 m
Wendie Renard	Football	1,87 m
Teddy Riner	Judo	2,04 m

Range ces tailles par ordre décroissant.

8 **Range par ordre croissant les contenances de ces récipients.**

9 **À l'oral** **Intercale un nombre entre les deux nombres écrits.**

a. 9 < ... < 10 b. 12,7 < ... < 12,8
c. 15,9 < ... < 16 d. 34,5 < ... < 40

10 **Encadre chacun de ces nombres par deux nombres entiers qui se suivent.**

15,4 48,51 124,3 76,23 89,03

11 **Compare les deux nombres.** Tu peux t'aider d'un tableau de numération.

a. 1 unité 70 centièmes et 1 unité 7 dixièmes
b. une dizaine et dix dixièmes
c. une dizaine et mille centièmes

12 Félix : « Pour comparer 4,5 et 4,29 je les écris avec deux chiffres après la virgule : 4,50 et 4,29.

450 centièmes > 429 centièmes
donc 4,50 > 4,29. »

Utilise la méthode de Félix pour comparer :

a. 42,53 et 42,6 b. 13,7 et 13,54

13 a. Par quel nombre vas-tu sortir de ce labyrinthe si tu relies chaque fois un nombre à un nombre plus grand ?

b. Et si tu relies chaque fois un nombre à un nombre plus petit ?

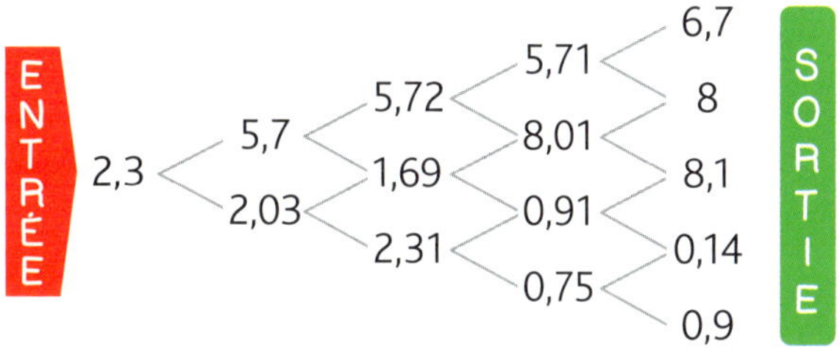

14 **Problème** Des chiffres ont été remplacés par ■.

Recopie et, lorsque c'est possible, complète par < ou >.

a. 5,08 ... 5,■9 b. 194,57 ... 1■3,■■
c. ■,8 ... 3,9 d. 3,■2 ... 3

LE DÉFI DU JOUR

Anaïs veut faire deviner à son ami Joris le prix de son T-shirt.

Quel est le prix du T-shirt ?

> Corrigés p. 184

Utiliser des nombres décimaux lors d'une mesure

COMPÉTENCE
→ Utiliser les nombres décimaux dans les mesures de grandeurs.

On déménage !

Aujourd'hui, on réaménage la salle de classe.
Bastien, Maya, Nino et Lucie sont chargés de mesurer la largeur d'une armoire. Voici ce qu'ils ont noté :

Bastien	Maya	Nino	Lucie
1 m 20 cm	12 dm	1 m 2 cm	1,2 m

Sont-ils tous d'accord ? Explique.

MÉMO

- **Lorsqu'une longueur est donnée en mètre et centimètre, on peut l'exprimer en mètre à l'aide d'un nombre décimal.**

1 dm c'est un dixième de mètre : $1 \text{ dm} = \frac{1}{10} \text{ m}$ $1 \text{ dm} = 0{,}1 \text{ m}$.

1 cm c'est un centième de mètre : $1 \text{ cm} = \frac{1}{100} \text{ m}$ $1 \text{ cm} = 0{,}01 \text{ m}$.

- **On peut utiliser un tableau de mesure de grandeur et une bande-conversion.**

7 m 25 cm = 7 m 2 dm 5 cm

$7 \text{ m } 25 \text{ cm} = 7 \text{ m} + \frac{2}{10} \text{ m} + \frac{5}{100} \text{ m}$

7 m 25 cm = 7,25 m

mètre (m)	décimètre (dm)	centimètre (cm)	millimètre (mm)
7	2	5	
unités	dixièmes	centièmes	
7 ,	2	5	

- **On peut procéder de même avec d'autres grandeurs : masses, contenances…**

1 g 50 cg = 1 g 5 dg 0 cg

$1 \text{ g } 50 \text{ cg} = 1 \text{ g} + \frac{5}{10} \text{ g} + \frac{0}{100} \text{ g}$

1 g 50 cg= 1,50 g ou 1 g 50 cg = 1,5 g

gramme (g)	décigramme (dg)	centigramme (cg)	milligramme (mg)
1	5	0	
unités	dixièmes	centièmes	
1 ,	5	0	

1 Recopie et complète.

a. $3 \text{ m } 62 \text{ cm} = 3 \text{ m} + \frac{\dots}{10} \text{ m} + \frac{\dots}{100} \text{ m} = \dots \text{ m}$

b. $12 \text{ m } 5 \text{ dm} = 12 \text{ m} + \frac{\dots}{10} \text{ m} = \dots \text{ m}$

2 Recopie et complète.

a. $2 \text{ m } 25 \text{ cm} = 2 \text{ m} + \frac{\dots}{10} \text{ m} + \frac{\dots}{100} \text{ m} = \dots \text{ m}$

b. $5 \text{ m } 7 \text{ cm} = 5 \text{ m} + \frac{\dots}{100} \text{ m} = \dots \text{ m}$

c. $4 \text{ g } 5 \text{ dg} = 4 \text{ g} + \frac{\dots}{10} \text{ g} = \dots \text{ g}$

3 Utilise ce tableau pour répondre.

m	dm	cm	mm

a. Exprime 5 m 18 cm en mètre.

b. Exprime 8 cm 5 mm en millimètre.

c. Exprime 15 dm 25 mm en décimètre.

4 Utilise ce tableau pour répondre.

g	dg	cg	mg

a. Exprime 2 g 8 cg en gramme.

b. Exprime 24 cg 7 mg en centigramme.

5 Recopie et complète.

a. 2 m 87 cm = ... m
b. 5 cm 7 mm = ... cm
c. 1 dm 2 cm = ... dm

6 Recopie et complète.

a. 36,12 m = ... m ... dm ... cm
b. 5,08 m = ... m ... cm
c. 10,4 m = ... m ... dm = ... m ... cm

7 **À l'oral** On a mesuré la longueur d'une pince à linge avec un mètre-ruban.
Indique sa longueur à l'aide d'un nombre décimal en précisant l'unité.

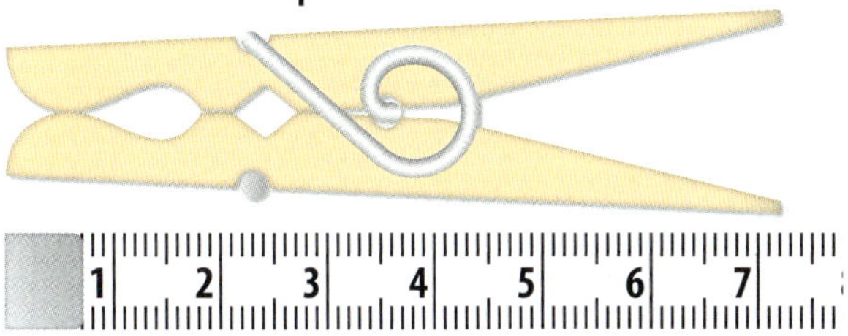

8 **Mesure la longueur de chaque segment et exprime-la en centimètre à l'aide d'un nombre décimal.**

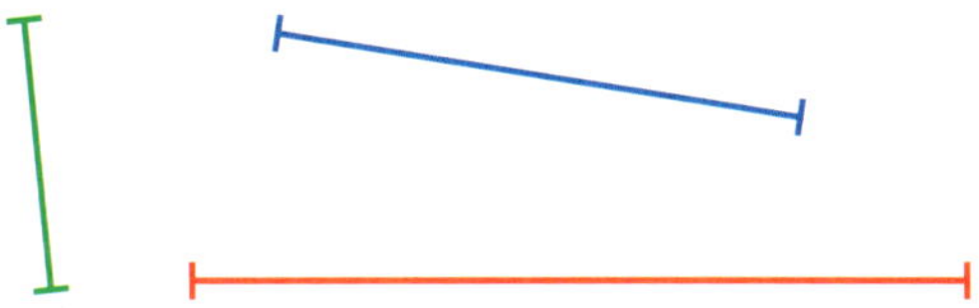

9 Au cours d'un match de tennis, Novak Djokovic a parcouru 8 948,45 m.
Utilise ce tableau pour compléter cette phrase :
« Il a parcouru ... km ... m ... cm. »

km	hm	dam	m	dm	cm	mm

10 **Écris la contenance en litre de chaque bouteille à l'aide d'un nombre décimal.**

11

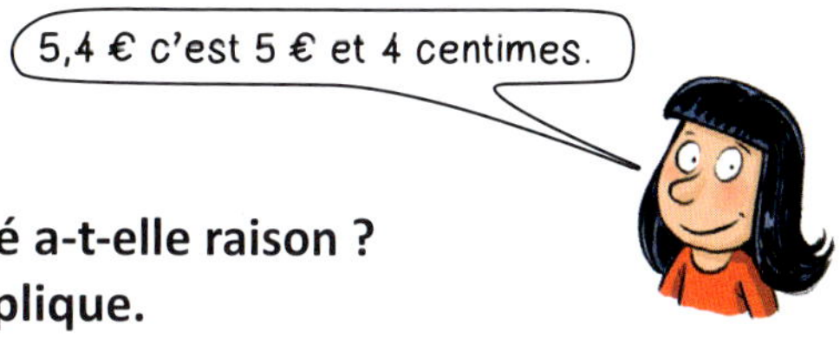

Zoé a-t-elle raison ? Explique.

12 **Indique à l'aide d'un nombre décimal la quantité d'eau, en litre, contenue dans chaque verre doseur.**

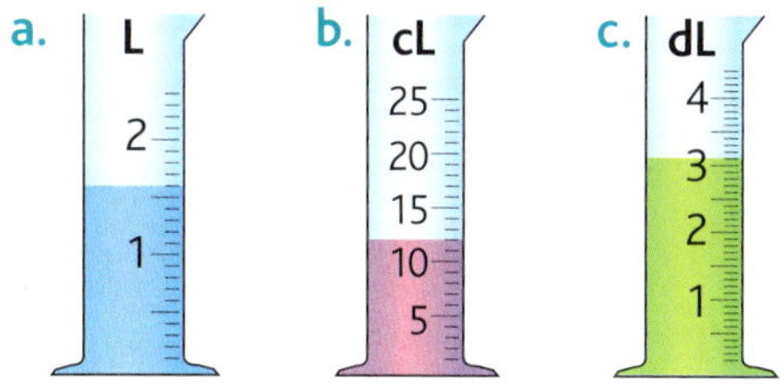

13 **Problème** Une canette contient 0,15 L de jus d'orange.
Écris cette contenance à l'aide d'un nombre entier en précisant l'unité.

14 **Problème** Voici les performances d'élèves de CM1 au lancer de vortex.

15 m 4 cm — 168 dm — 1 623 cm — 1 dam 5 m 20 cm — 16 300 mm

Range-les par ordre croissant.

Maths en jeu !

Trouve le nom d'un animal avec les lettres qui indiquent une longueur égale à 2,5 m.

- I — 250 cm
- L — 25 centièmes de mètre
- N — 2 m + $\frac{5}{100}$ m
- E — 25 mm × 100
- G — 0,25 dam
- A — 2 m 50 cm
- R — 25 dixièmes de mètre
- F — 2 m + $\frac{5}{10}$ m
- O — 2 m 5 cm

> Corrigés p. 184

1 Passer d'une écriture fractionnaire à une écriture à virgule

Dans chaque cas, donne l'écriture à virgule.

a. $5 + \frac{9}{10}$ b. $2 + \frac{1}{10} + \frac{7}{100}$ c. $1 + \frac{4}{100}$

d. $\frac{52}{10}$ e. $\frac{321}{100}$ f. $\frac{15}{100}$

2 Passer d'une écriture à virgule à une écriture fractionnaire

Recopie et complète.

a. $3{,}6 = \frac{\dots}{10}$ b. $5{,}26 = \frac{\dots}{100}$

c. $0{,}84 = \frac{\dots}{100}$ d. $0{,}5 = \frac{\dots}{10}$

3 Écrire, lire des nombres décimaux

1. Donne l'écriture à virgule du nombre.

a. sept unités trois dixièmes

b. six unités un dixième cinq centièmes

c. dix unités soixante-quatorze centièmes

d. trois unités sept centièmes

2. Écris en lettres comme à la question 1.

a. 2,5 b. 4,26 c. 0,75

4 Connaitre la valeur d'un chiffre (1)

Pour chaque nombre, indique ce que représente le chiffre 5.
Tu peux t'aider d'un tableau de numération.

a. 6,5 b. 0,15 c. 523,1

d. 45,8 e. 7,54 f. 58,9

5 Connaitre la valeur d'un chiffre (2)

Parmi ces nombres, recopie ceux qui ont :

a. 7 pour chiffre des dizaines ;

b. 6 pour chiffre des dixièmes ;

c. 4 pour chiffre des centièmes.

274,6 768,04 76,4

63,47 4,67 147,8

402,76 14,7 87,64

6 Se repérer sur une demi-droite graduée

Indique les nombres repérés par les flèches.

a.

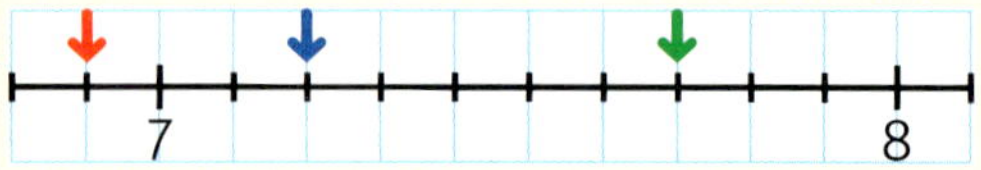

b.

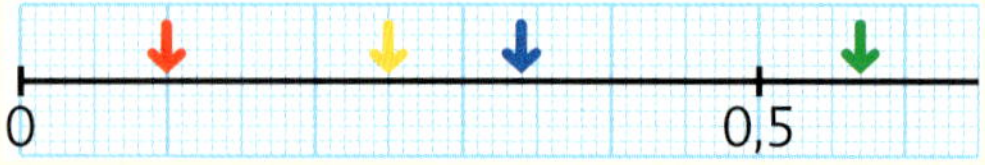

7 Placer un nombre sur une demi-droite graduée

Indique par une flèche le nombre :

• 8,4 (en vert) • 7,9 (en bleu)

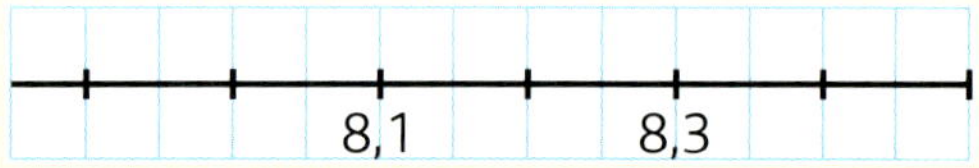

8 Comparer deux nombres décimaux

Recopie et complète avec <, > ou =.

a. 2,74 ... 3,6 b. 5,7 ... 5,2 c. 3,2 ... 3,20

d. 8,54 ... 8,7 e. 2 ... 2,09 f. 4,8 ... 4,72

9 Ranger des nombres décimaux

a. Range ces nombres par ordre croissant.

4,5 5,04 4,85

5 4,9 4,12

b. Range ces nombres par ordre décroissant.

1,89 1,8 2,04

2,02 1,95 1,9

10 Encadrer un nombre décimal

Encadre chaque nombre décimal par deux nombres entiers qui se suivent.

a. 7,2 b. 2,45 c. 0,9

11 Intercaler un nombre décimal

Recopie et intercale un nombre.

a. 4 < ... < 5 b. 6,2 < ... < 6,3 c. 8 < ... < 8,1

12 Exprimer une mesure

1. Complète par un nombre décimal.

a. 5 cm 8 mm = ... cm b. 3 m 50 cm = ... m

c. 4 L 25 cL = ... L d. 8 g 3 dg = ... g

2. Complète par des nombres entiers.

a. 3,2 km = ... km ... hm b. 0,75 L = ... cL

1 L'effort physique

Sciences

Au cours d'une expérience, on a mesuré la température corporelle d'un sportif pendant une course.

a. Combien de temps a duré l'expérience ? Combien de temps a duré la course ?

b. Quelle est la température du sportif :

• avant la course ? • au bout de 6 min d'expérience ? • au bout de 10 min ? • de 20 min ?

c. Complète par des mots ou des nombres.

Au début de la course, sa température ... de ... °C jusqu'à ... °C. Ensuite, elle reste la même pendant ... min. À la fin de la course, elle est de ... °C. Quand le sportif est au repos, après la course, sa température ... jusqu'à ... °C, puis elle remonte à ... °C.

Doc. Le graphique de l'expérience

Ce graphique représente l'évolution de la température du sportif :

- au repos, juste avant le début de la course ;
- pendant la course ;
- et à la fin de la course, après l'effort.

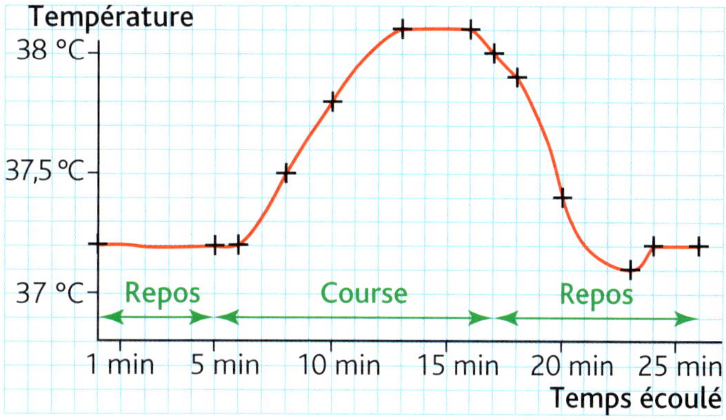

2 Le combiné

EPS

Lors d'une compétition d'athlétisme, Maeva, Érika, Fiona et Kahina ont participé à cinq épreuves : le saut en hauteur, le 600 m, le lancer de balles lestées, le saut en longueur et le 50 m haies.

On attribue 1 point à la fille classée 1re, 2 points à la 2e, 3 points à la 3e et 4 points à la 4e, dans chaque discipline.

Établis le classement pour le combiné des cinq disciplines.

Doc. Les performances

Épreuve	Maeva	Érika	Fiona	Kahina
Saut en hauteur	1,2 m	1,15 m	0,95 m	1,05 m
600 m	2′ 13″	2′ 24″	2′ 06″	2′ 22″
Lancer de balles	14,16 m	17,98 m	17,4 m	18 m
Saut en longueur	3,41 m	3,14 m	3,2 m	3,08 m
50 m haies	9″ 7	9″ 9	9″ 4	10″ 2

Dans les compétitions sportives, on utilise les symboles ′ pour minutes et ″ pour secondes.

Par exemple : 10′ 15″ signifie 10 min 15 s ; 4″ 3 signifie 4 s et $\frac{3}{10}$ s.

Utiliser la calculatrice

COMPÉTENCE
→ Utiliser certaines fonctionnalités de la calculatrice.

Opération Berges propres

De nombreuses communes participent au nettoyage des berges de la Seine.
Ce tableau donne les masses de déchets ramassés par des bénévoles.

Utilise la calculatrice pour calculer la masse totale des déchets collectés.

Bouteilles (plastique, verre)	942 kg
Électroménager	108 kg
Cartons	246 kg
Vélos	159 kg
Textiles	216 kg
Pneus	190 kg
Gravats	572 kg
Divers (métaux, bois...)	1 217 kg

MÉMO

- **La calculatrice permet d'effectuer des calculs ou de vérifier le résultat d'un calcul effectué à la main ou mentalement.**

- **Suite de calculs**

Pour calculer 36 + 37 + 50 avec la calculatrice, on peut procéder de deux façons différentes :

❶ On tape 36 [+] 37 [=] puis on tape [+] 50 [=]

36 + 37 = 73

ANS + 50 = 123

ANS (ou Rép) remplace le résultat précédent, 73.

❷ On tape directement 36 [+] 37 [+] 50 [=]

36 + 37 + 50 = 123

1 Effectue avec la calculatrice.

a. 124 + 672
b. 7 121 – 5 902
c. 548 × 9
d. 356 × 28
e. 549 + 329 +1 578 + 2 375
f. 36 × 54 × 5

2 Affiche le nombre 888 à l'écran de la calculatrice sans utiliser le chiffre 8 ni les signes [+] et [–].

3 Saisis ces touches sur ta calculatrice. Qu'observes-tu ?

[5] [×] [2] [=] [×] [2] [=] [=] [=]

4 **À l'oral** Vérifie avec la calulatrice l'exactitude ou non du résultat donné.

a. 6 771 + 2 627 = 9 398
b. 347 × 26 = 922

5 Sophie a 1 577 points sur sa carte de fidélité d'un magasin. Un nouvel achat lui rapporte 516 points de plus.

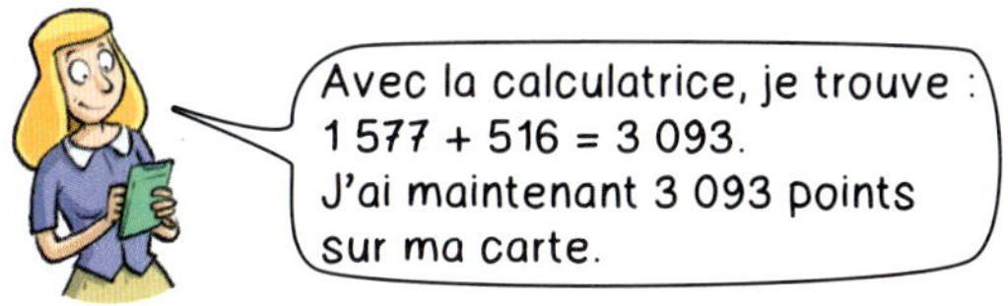

a. Utilise un ordre de grandeur pour expliquer à Sophie qu'elle s'est trompée.

b. Avec la calculatrice, donne le nouveau nombre de points de Sophie.

6 **Choisis de calculer mentalement ou avec la calculatrice. Tu dois répondre le plus vite possible et sans erreur.**

a. 327 + 30 b. 328 + 144
c. 2 257 + 6 345 d. 1 024 + 6
e. 217 × 33 f. 331 – 30
g. 21 × 4 h. 568 – 234

7 **Effectue avec la calculatrice. Que remarques-tu ?**

a. 9 × 8 × 2 9 × 2 × 8 8 × 2 × 9

b. 7 × 5 × 8 × 3 7 × 8 × 5 × 3
3 × 7 × 5 × 8 5 × 3 × 8 × 7

8 Ce schéma indique la situation de l'école, de la mairie et de la maison de Jamila.

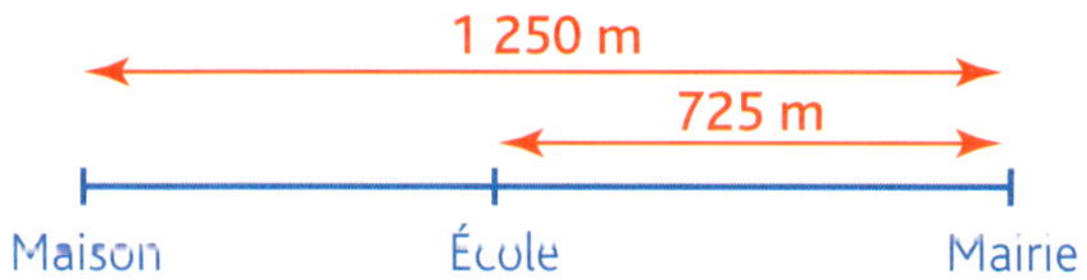

Explique ce que permet de calculer chacun de ces écrans pour cette situation.

1250 – 725 = 525	ANS x 2 = 1050

9 Une directrice d'école commande 16 dictionnaires à 29 € l'un et un atlas géographique. Elle paie 519 € au total.

Utilise la calculatrice pour calculer le prix de l'atlas.

10 Cet été, Cécilia a parcouru l'Est des États-Unis et le Canada.

Voici le programme de son circuit :

Montréal – Boston	498 km
Boston – New York	346 km
New York – Philadelphie	152 km
Philadelphie – Washington	232 km
Washington – Chutes du Niagara	620 km
Chutes du Niagara – Toronto	129 km
Toronto – Montréal	540 km

Calcule avec la calculatrice le nombre de kilomètres parcourus par Cécilia.

11 a. Affiche le nombre 5 817.
Que dois-tu taper pour changer le chiffre 5 en 9 sans changer les autres chiffres ?

b. Affiche le nombre 2 937.
Que dois-tu taper pour que le chiffre 2 devienne 3 et que le chiffre 9 devienne 0 sans changer les autres chiffres ?

c. Affiche le nombre 2 347.
Que dois-tu taper pour doubler 2 et 4 sans changer les autres chiffres ?

12 **Complète ce texte sachant qu'il correspond au calcul ci-contre.**

4 x 13 – 5 = 47

« Malika fait 4 tours d'un circuit de … km en VTT et Minh fait un footing de … km. Malika a couru … km de plus que Minh. »

Maths en jeu !

Yanice a fait tomber sa calculatrice.
Seules fonctionnent les touches visibles ci-contre.
À toi d'obtenir les nombres suivants en moins de 5 min.

6	12	7	15
8	10	20	50

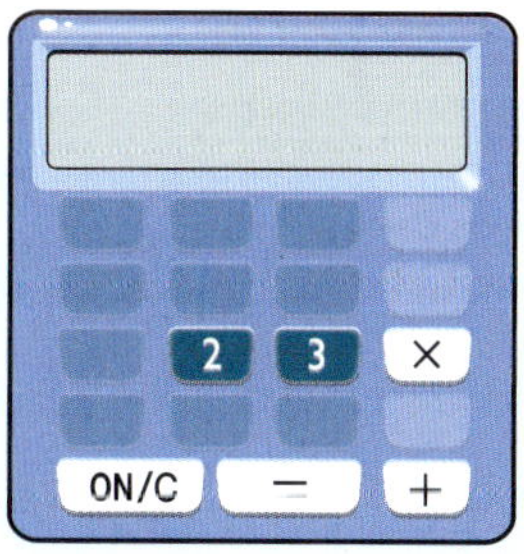

> Corrigés p. 184

Lire et organiser des données : les tableaux

COMPÉTENCES
→ Lire ou compléter un tableau.
→ Communiquer des résultats.

Les gratte-ciel en France

Un groupe d'élèves doit préparer un exposé sur les plus hauts gratte-ciel de France.
Ils se posent les questions ci-contre.

Aide-les à répondre à l'aide du tableau ci-dessous.

❶ Quel est le plus haut gratte-ciel de France ? Quelle est sa hauteur ?
❷ Quelle est la hauteur du plus haut gratte-ciel de Nanterre ?
❸ Le plus grand gratte-ciel de France est-il plus haut que la tour Eiffel (323 m) ?
❹ Combien de ces gratte-ciel dépassent 150 m ?

Plus hauts gratte-ciel français classés par ville

Nom	Tour Bretagne	Tour First	Tour Granite	Tour de Lille	Tour Montparnasse	Tour Part-Dieu	Tour Perret
Ville	Nantes	Courbevoie	Nanterre	Lille	Paris	Lyon	Amiens
Hauteur	144 m	231 m	184 m	116 m	210 m	165 m	110 m

MÉMO

• **Un tableau sert à présenter de nombreuses informations de façon claire et facilement lisible.**

Tableau en colonnes

Durée du trajet entre l'école et la maison

Prénom	Durée
Annabelle	2 min
Sandy	8 min
Karim	5 min

On lit une information dans chaque ligne.
Dans cette ligne, on lit que Sandy va à l'école en 8 min.

Tableau à double entrée

Nombre de médailles obtenues par certains pays aux Jeux olympiques de Londres en 2012

	Or	Argent	Bronze
États-Unis	46	28	29
Chine	38	27	23
Grande-Bretagne	29	17	19

On lit une information dans une case située au croisement d'une ligne et d'une colonne.
Dans cette case, on lit que la Chine a obtenu 27 médailles d'argent.

1 Marco observe des insectes. Ce tableau donne le résultat de ses observations.

a. Combien de fourmis a-t-il observées ?

b. Quel animal a été observé en plus grande quantité ?

Insecte	Nombre
Puceron	2
Coccinelle	4
Sauterelle	7
Fourmi	5

2 On a interrogé des personnes à la sortie d'un concert sur la qualité du spectacle.

Avis	Décevant	Correct	Super	Génial
Nombre de personnes	5	40	30	25

a. Combien de personnes interrogées ont trouvé ce concert super ? Décevant ?

b. Combien de personnes ont été interrogées ?

3 Voici des informations sur les âges des élèves d'une classe de CM1-CM2 à la rentrée.

	Filles	Garçons
8 ans	5	1
9 ans	4	7
10 ans	2	5

a. Combien y a-t-il de filles de 8 ans ? De garçons de 9 ans ? D'élèves de 10 ans ?

b. Combien y a-t-il d'élèves au total dans cette classe ?

4 Maxime souhaite fleurir son jardin.

	Hauteur	Période de floraison
Pensées	15 cm	mars à mai septembre à novembre
Œillets	25 cm	juin à aout
Bégonias	25 cm	juin à octobre

a. Quelles fleurs Maxime peut-il choisir pour que son jardin soit fleuri en été ?

b. Quelle est la hauteur de la plante qui a la plus longue floraison ?

5 **À l'oral** Voici des informations sur les salles de cinéma en France.

Année	2004	2008	2012
Nombre de cinémas	2 100	2 068	2 029
Nombre de salles	5 276	5 389	5 502
Nombre de spectateurs (en millions)	196	190	203

Complète avec les mots « augmente » ou « diminue » :

a. Entre 2004 et 2012, le nombre de cinémas ... et le nombre de salles ...

b. Le nombre de spectateurs ... entre 2004 et 2008, puis ... entre 2008 et 2012.

6 On a fait une enquête sur les loisirs de quelques enfants : on leur a demandé leur âge, le sport qu'ils pratiquent et le nombre de livres qu'ils ont lus cet été.

Rachel : 9 ans, tennis, 2 livres
Candice : 8 ans, aucun, 2 livres
Sam : 9 ans, football, aucun
Fred : 11 ans, rugby, 1 livre
Tarek : 8 ans, natation, 1 livre
Héléna : 10 ans, karaté, aucun
Anne : 8 ans, football, 2 livres
Bastien : 9 ans, escrime, 3 livres
David : 10 ans, aucun, 1 livre
Nina : 8 ans, équitation, 3 livres

Présente ces données dans un tableau tel que celui commencé ci-dessous.

Prénom				
Âge				
Sport				
Nombre de livres lus				

7 **Problème** Luc est fleuriste. Lundi, il a vendu 175 rosiers et 50 lilas. Mardi, il a vendu 187 fleurs au total et deux fois plus de lilas que la veille.

Complète ce tableau avec le nombre de fleurs vendues chaque jour.

	Rosiers	Lilas
Lundi		
Mardi		

LE DÉFI DU JOUR

Retrouve le sport pratiqué par chacun. Tu peux t'aider du tableau ci-contre.

- Driss ne fait pas de judo.
- Morgane ne fait pas de planche à voile.
- Baptiste ne fait pas de gymnastique.
- Driss ne sait pas nager.

	Judo	Gymnastique	Planche à voile
Baptiste			
Morgane			
Driss			

> Corrigés p. 184

Lire et organiser des données : les graphiques

COMPÉTENCES
→ Lire un diagramme, un graphique.
→ Prélever des informations chiffrées.

Le port de Fort-de-France

Élodie est en CM1 à Fort-de-France, en Martinique. Elle a décrit ci-dessous la hauteur d'eau dans le port selon les heures, de minuit à midi. Malheureusement, certains passages se sont effacés.

Retrouve les informations manquantes dans le texte en t'aidant du graphique ci-contre.

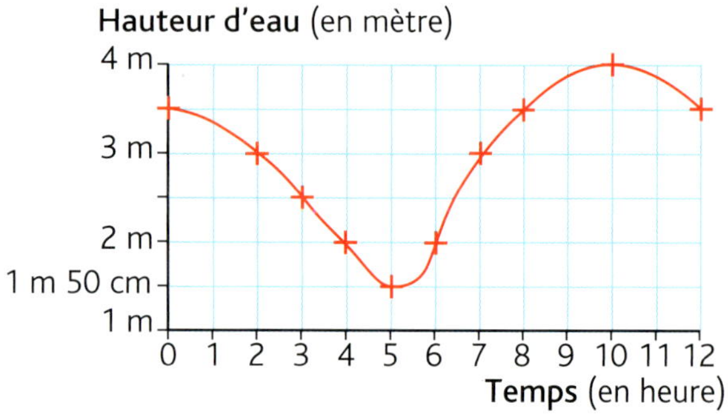

Il y a 1 m 50 cm d'eau dans le port à … h, c'est la hauteur la plus basse de la matinée.
Pour voir la plus grande hauteur d'eau, il faut attendre … h, elle est alors de … m.
À 4 h et à 6 h, la hauteur d'eau est la même, elle est de … m.
Elle atteint aussi la même hauteur de 3 m à … h et à … h.

MÉMO

• **Un graphique permet de représenter clairement des informations.**
Il existe différents types de graphiques ou diagrammes : graphique en courbe (voir ci-dessus), diagramme en barres (voir ci-dessous)...

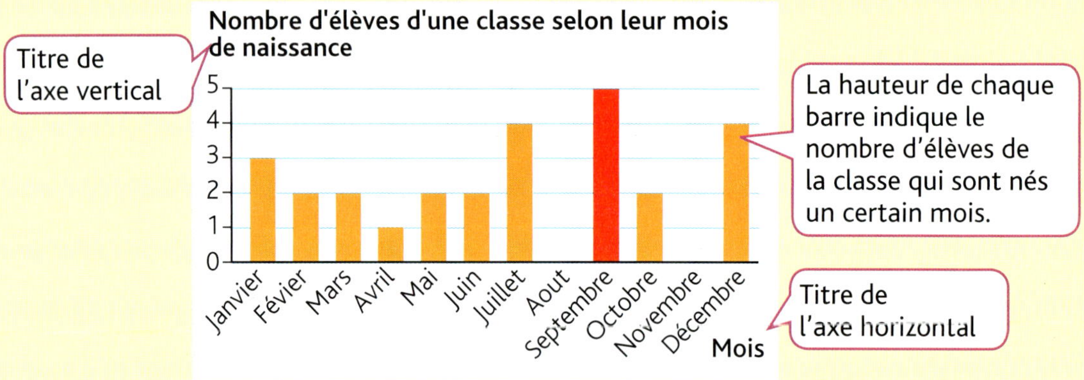

La barre rouge indique que 5 élèves de la classe sont nés en septembre.
On peut lire aussi qu'aucun élève n'est né au mois d'aout ni au mois de novembre.

1 Ce diagramme donne les températures moyennes à Nice selon les saisons.

a. Quelle est la température moyenne à Nice en été ?

b. Fait-il plus chaud à Nice au printemps ou à l'automne ?

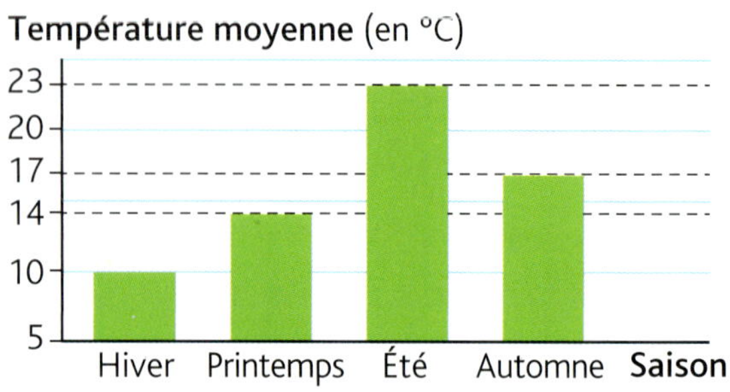

2 • **À l'oral** Ce diagramme représente le nombre de visiteurs à une exposition selon le jour de la semaine. **Quel jour y a-t-il :**

a. le plus de visiteurs ? b. 100 visiteurs ?

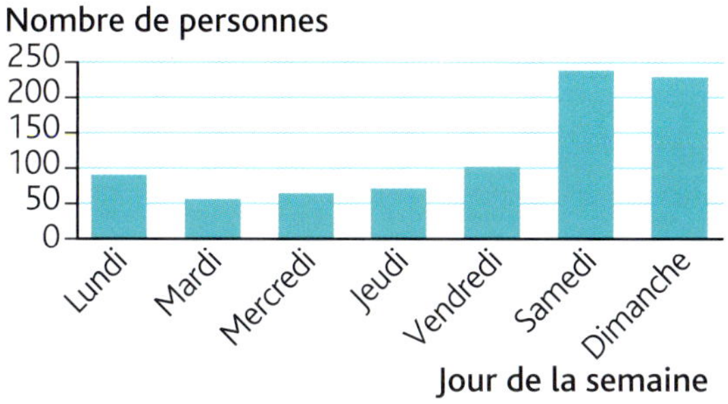

3 • Ce graphique donne la hauteur d'un chêne selon son âge.

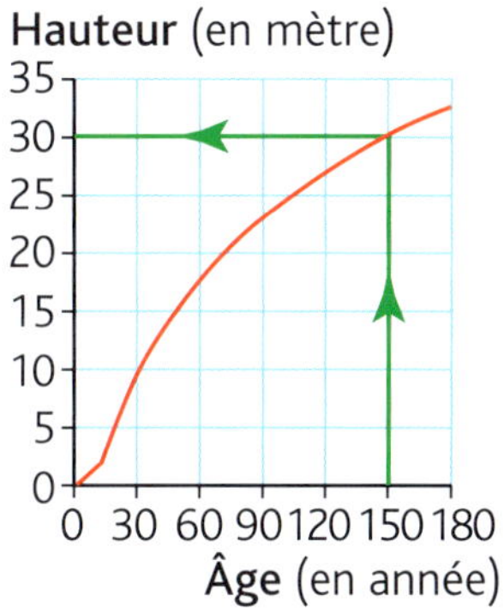

a. Dans quelle unité est exprimée la hauteur du chêne ?

b. Quelle est sa hauteur à 150 ans ?

c. À quel âge un chêne mesure-t-il 10 m ?

4 •• Ce diagramme représente la répartition des sports pratiqués dans un groupe.

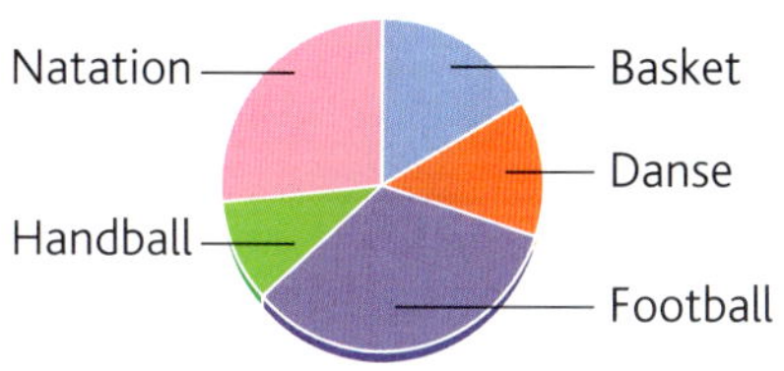

Associe à chaque sport le nombre de personnes qui le pratiquent.

• 40 • 100 • 30 • 80 • 50

5 •• Ce diagramme donne le nombre d'animaux de compagnie chez les élèves d'une école.

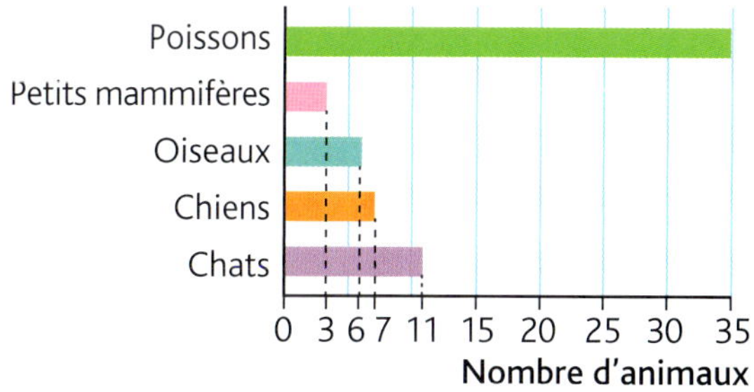

a. Quel animal est le plus courant ?

b. Range ces animaux des plus nombreux aux moins nombreux.

c. Combien y a-t-il d'animaux de compagnie au total chez ces élèves ?

6 ••• Ce graphique représente les résultats d'un sondage sur le type de films qu'ils préfèrent.

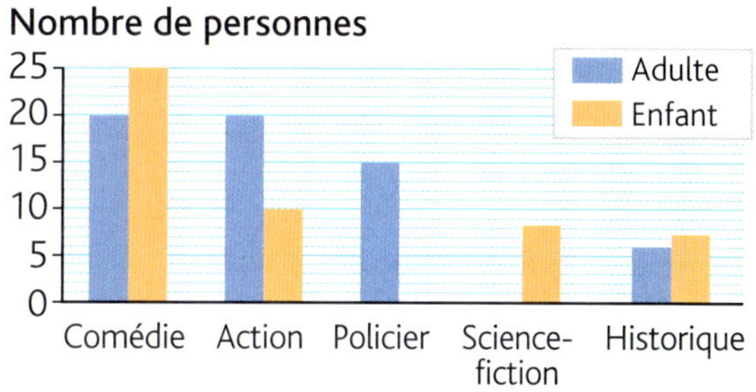

a. Combien d'adultes préfèrent les films historiques ?

b. Combien d'enfants préfèrent les comédies ?

c. Rosa affirme : « 8 enfants préfèrent les films policiers et 10 adultes préfèrent les films de science-fiction. »

Dessine les deux barres manquantes.

Maths en jeu !

Ce diagramme représente la répartition des morceaux de musique téléchargés par Sheima selon le genre musical : Rap, Rock, Pop et RnB.

Complète ce diagramme à partir des informations :

• Sheima a moins de morceaux de Rap que de RnB, mais plus de morceaux de Rap que de Rock.

• Elle a 9 morceaux de Rap et ses morceaux de Pop sont les moins nombreux.

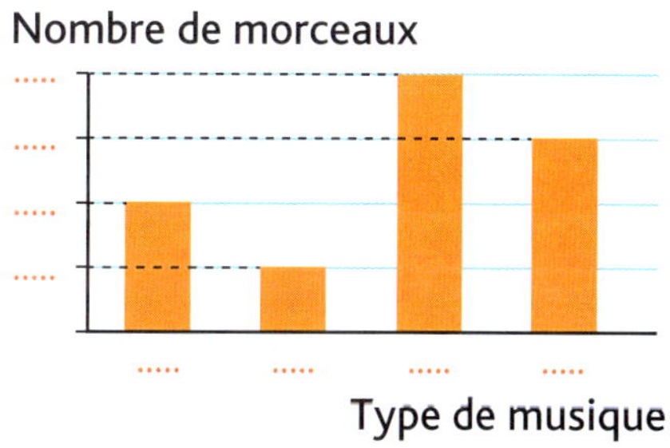

> Corrigés p. 184

Reconnaître une situation additive ou soustractive

COMPÉTENCE
→ Consolider et enrichir le répertoire des résultats mémorisés.

Les collectionneurs

Trois amis collectionnent les figurines cachées dans des œufs en chocolat.

Jules possède 130 figurines.

Nadia en a 20 de plus que Jules.

Marvin en a 15 de moins que Jules.

Combien Nadia a-t-elle de figurines ? Et Marvin ?
Combien en ont-ils à eux trois ?

MÉMO

- **L'addition est l'opération qui permet de calculer la somme de nombres.**

Dans une classe, il y a 14 filles et 12 garçons.

14 + 12 = 26

Au total, il y a 26 élèves dans cette classe.

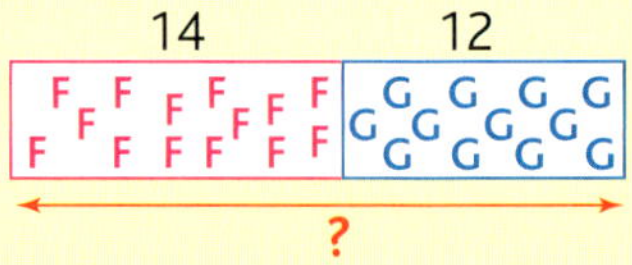

- **On peut modifier l'ordre des nombres pour calculer leur somme.**

14 + 12 = 26 et 12 + 14 = 26

- **La soustraction est l'opération qui permet de calculer la différence de deux nombres.**

Robin a 50 € dans sa tirelire; il achète un stylo à 8 €.

50 – 8 = 42

Après son achat, il reste 42 € à Robin.

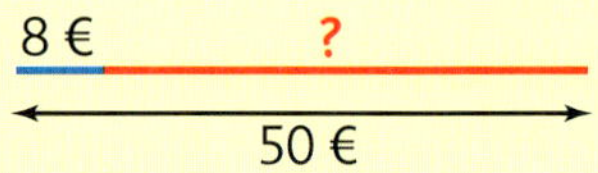

1 Samira a parcouru 500 m pour passer prendre son ami Léo, puis 650 m pour se rendre à l'école.
Quelle distance totale Samira a-t-elle parcourue ?

2 **À l'oral** Zoé achète un livre à 17 € et un classeur à 9 €.
Combien doit-elle payer ?

3 Une salle de cinéma peut accueillir 150 personnes.
45 personnes assistent à la séance de 14 h.
Combien y a-t-il de places non occupées ?

4 Le chien de Maxime pèse 7 kg.
Lorsque Maxime se pèse avec son chien dans les bras, la balance affiche 30 kg.
Combien pèse Maxime ?

5 La maman de Sophie a rempli le réservoir de sa voiture ; il contient 60 L d'essence.
En fin de semaine, elle constate que sa voiture a consommé 49 L d'essence.
Quelle quantité d'essence reste-t-il dans le réservoir ?

6 Au jeu de l'oie, Salma est sur la case 17.
Elle lance les deux dés et obtient 5 et 4.
Sur quelle case Salma arrive-t-elle ?

7 **Quelle réduction est proposée sur le prix de cette tablette ?**

8 Héloïse souhaite acheter un pantalon de ski. Chez Multisports, il coute 45 € et chez Cathlon, il coute 9 € de moins.

Combien coute-t-il chez Cathlon ?

9 Dans l'Hérault, le village de Fraisse-sur-Agout compte 345 habitantes et habitants. Dans l'Aisne, le village de Trosly-Loire en compte 603.

Quel est l'écart entre les populations de ces deux villages ?

10 La Meuse est un fleuve de 950 km de long ; la Loire mesure 62 km de plus.

Quelle est la longueur de la Loire ?

11 **Quel est le prix total de l'équipement de cette joueuse de tennis ?**

12 À un jeu, Lucie a marqué 22 points, soit 7 points de plus que Nabil.

Quel est le score de Nabil ?

13 **Problème** À la fin de l'année, il reste 19 cahiers dans la réserve de la classe.

Durant l'année, la maitresse a distribué 115 cahiers à ses élèves.

Combien y avait-il de cahiers dans la réserve au début de l'année ?

14 **Problème** Khaled, âgé de 24 ans, a 17 ans de moins que Marion.

Quel est l'âge de Marion ?

15 **Problème** Une navigatrice a consulté les hauteurs d'eau dans un port de Bretagne.

L'eau doit monter de 150 cm entre 8 h et 14 h pour atteindre 1 100 cm à 14 h.

Quelle était la hauteur d'eau à 8 h ?

16 **Problème** Ce tableau donne le nombre de voitures entrées dans un parking en fin de semaine.

Vendredi	Samedi	Dimanche	Total
1 500		700	4 250

Combien de voitures sont entrées dans ce parking le samedi ?

17 **Problème** Dans chaque cas, décris la variation totale d'altitude de l'avion.

a. Il descend de 350 m, puis il descend encore de 250 m.

b. Il descend de 400 m, puis remonte de 250 m.

LE DÉFI DU JOUR

Dans cette grille, on a colorié en jaune un carré dont la somme des nombres est égale à 10.

1	5	1	7	5	3	2	1
3	1	7	0	5	0	5	7
8	8	3	2	3	1	0	1
9	2	3	2	0	9	9	0
7	1	6	4	1	0	1	3
7	2	1	9	1	8	9	3

Colorie sept autres carrés de cette grille dont la somme des nombres est encore égale à 10.

> Corrigés p. 184

Additionner des nombres entiers

COMPÉTENCES
→ Reprendre contact avec la technique de l'addition.
→ Évaluer un ordre de grandeur.

Les magiciens

Tu es inscrit-e à l'École de la Magie. Tu as accumulé 500 lumis (points) et tu souhaites les échanger contre des articles du magasin magique.

Choisis une liste d'articles que tu peux te procurer avec ce nombre de points. Compare tes choix avec ceux de tes camarades.

MÉMO

- **Selon les nombres à additionner, on peut procéder de l'une ou l'autre des façons ci-dessous.**

1 On additionne mentalement : 38 + 24.

2 On additionne en ligne : 38 + 24.

38 + 24 = 30 + 8 + 20 + 4
38 + 24 = 30 + 20 + 8 + 4
38 + 24 = 50 + 12
38 + 24 = 62

3 On pose l'addition : 1 077 + 149 + 54.

- On aligne soigneusement et en colonnes les chiffres des unités, des dizaines…
- On positionne correctement les signes +.

	m	c	d	u
		1	2	
	1	0	7	7
+		1	4	9
+			5	4
	1	2	8	0

- On commence par additionner les unités.
- On pense aux retenues (s'il y en a) puis on additionne les dizaines. On continue avec les centaines, etc.

- **On peut évaluer mentalement un ordre de grandeur d'une somme en remplaçant chaque nombre par un nombre proche :** cela permet de repérer certaines erreurs de calcul.

1 077 est proche de **1 100** ; 149 est proche de **150** et 54 est proche **50** donc 1 077 + 149 + 54 est proche de **1 100 + 150 + 50** c'est-à-dire de **1 300**.

1 **À l'oral** Au départ, 28 enfants prennent place dans un bus scolaire.

À l'arrêt suivant, personne ne descend, mais 37 nouveaux enfants montent dans le bus.

Calcule mentalement le nombre total d'enfants dans le bus.

2 **Calcule en ligne.**

a. 54 + 82 + 13
b. 152 + 67 + 13
c. 119 + 26
d. 656 + 25

3 **Change l'ordre des nombres afin de calculer en ligne astucieusement.**

a. 12 + 24 + 8 + 36
b. 25 + 68 + 15 + 102
c. 121 + 32 + 18 + 29
d. 277 + 75 + 23 + 75

4 Effectue l'addition posée.

a.
$$\begin{array}{r} 2\ 8\ 3 \\ +\ 1\ 2\ 5 \\ \hline \end{array}$$

b.
$$\begin{array}{r} 4\ 1\ 1\ 9 \\ +\ \ \ 5\ 1\ 2 \\ \hline \end{array}$$

5 Pose l'addition et calcule.

a. 357 + 532 b. 853 + 247
c. 1 564 + 257 d. 2 356 + 7 586

6 Pose l'addition et calcule.

a. 4 877 + 256 + 54
b. 5 007 + 1 856 + 492

7

a. Sans poser l'addition, explique comment Tanya peut affirmer cela.

b. Pose l'addition et corrige la réponse de Max.

8 Évalue un ordre de grandeur, puis effectue le calcul. Vérifie la cohérence des réponses.

a. 2 087 + 4 989 + 468
b. 4 962 + 3 058 + 1 154 + 97

9 Sans effectuer le calcul, recopie le résultat parmi les quatre propositions.

a. 2 187 + 3 246 + 1 935
5 428 9 935 7 368 3 608

b. 2 046 + 1 937 + 5 158
8 321 9 141 7 739 9 841

10 Invente un problème dont la solution nécessite d'effectuer 1 620 + 5 299 + 975.

11 Recopie et trouve les chiffres qui manquent. N'oublie pas les retenues.

a.
$$\begin{array}{r} 6\ \bullet\ 3\ 8 \\ +\ \bullet\ 8\ \bullet\ \bullet \\ \hline 8\ 5\ 9\ 7 \end{array}$$

b.
$$\begin{array}{r} 6\ 5\ 9\ 4 \\ +\ \bullet\ \bullet\ \bullet\ \bullet \\ \hline 9\ 5\ 4\ 8 \end{array}$$

12 Calcule la distance du trajet routier Strasbourg – Lyon – Marseille.

13 **Problème** Un groupe d'amis a effectué cinq randonnées à VTT en Auvergne.

1re randonnée : La Loge des Gardes	56 km
2e randonnée : Thiers	103 km
3e randonnée : Lac du Chambon	79 km
4e randonnée : Super-Besse	55 km
5e randonnée : La Bourboule	63 km

Calcule la distance totale parcourue.

14 **Problème** Voici le nombre d'entrées dans une salle de cinéma durant la fin de semaine pour voir le film *Planes 2*.

Horaires	Vendredi	Samedi	Dimanche
15 h	880	850	250
17 h	750	546	250
19 h	920	354	111
21 h	1 250	750	290
Total			

a. Complète les cases vides. Que signifient les nombres obtenus ?

b. Calcule le nombre total de spectateurs.

Maths en jeu !

Les seuls chiffres qui figurent dans cette addition sont 1, 2, 3, 4, 6 et 7.
L'addition n'a pas de retenue.
Un même fruit désigne un même nombre.

Retrouve les chiffres cachés derrière les fruits.

> Corrigés p. 184

Soustraire des nombres entiers

COMPÉTENCES
→ Reprendre contact avec la technique de la soustraction.
→ Évaluer un ordre de grandeur.

Science-fiction

Le premier film de la série Star Wars, intitulé *Un nouvel espoir*, est sorti en 1977.

Le 7e film de la série, *Le Réveil de la force*, est sorti en 2015.

Seize ans avant cet épisode était sortie *La Menace fantôme*.

Combien d'années se sont écoulées entre la sortie du film *Un nouvel espoir* et chacun des deux autres films cités ?

MÉMO

- **Selon les nombres à soustraire, on peut procéder de l'une ou l'autre des façons ci-dessous.**

❶ **On soustrait mentalement : 65 – 23.**

65 – 20 = 45
et 45 – 3 = 42

❷ **On soustrait en ligne : 65 – 23.**

65 – 23 = 65 – 20 – 3
65 – 23 = 45 – 3
65 – 23 = 42

❸ **On pose la soustraction : 1 703 – 514.**

- On écrit le plus grand des deux nombres au-dessus.
- On aligne les chiffres des unités, des dizaines…
- On positionne correctement le signe –.

	m	c	d	u
	1	7	10	13
–		5	1	4
		+1	+1	
	1	1	8	9

- On soustrait les unités, puis les dizaines…
- On pense aux retenues.

- **On peut évaluer mentalement un ordre de grandeur d'une différence en remplaçant chaque nombre par un nombre proche** : cela permet de repérer certaines erreurs de calcul.

1 703 est proche de **1 700** et 514 est proche de **500** donc 1 703 – 514 est proche de **1 700 – 500** c'est-à-dire **1 200**.

1 **Calcule en ligne.**
a. 76 – 42 b. 108 – 25 c. 62 – 19

2 Alma a 18 ans et sa mère 44 ans.
a. Calcule leur différence d'âge.
b. Dans 10 ans, quels âges auront Alma et sa mère ?
Quelle sera leur différence d'âge ?

3 **À l'oral** **Pourquoi l'écart entre 98 et 32 est-il le même qu'entre 100 et 34 ?**

4 Gaël affirme : « Pour soustraire 98 à un nombre, je soustrais d'abord 100, puis j'ajoute 2. »
Utilise la méthode de Gaël pour calculer :
a. 657 – 98 b. 1 546 – 96 c. 9 824 – 197

5 a. Observe le procédé de Blanche :

54 —(+ 6)→ 60 —(+ 13)→ 73

73 – 54 = 6 + 13 = 19

b. Calcule comme Blanche : 207 – 186.

6 Effectue la soustraction posée.

a.
$$\begin{array}{r} 7\ 8\ 5 \\ -\ 2\ 6\ 3 \\ \hline \end{array}$$

b.
$$\begin{array}{r} 3\ 2\ 4\ 5 \\ -\quad 7\ 6\ 3 \\ \hline \end{array}$$

7 Effectue la soustraction posée.

a.
$$\begin{array}{r} 2\ 0\ 5\ 6 \\ -\quad 7\ 8\ 1 \\ \hline \end{array}$$

b.
$$\begin{array}{r} 8\ 0\ 0\ 1 \\ -\ 4\ 3\ 5\ 6 \\ \hline \end{array}$$

8 Pose la soustraction et calcule.

a. 7 839 – 2 543 b. 6 153 – 4 129

c. 4 935 – 965 d. 5 087 – 2 913

9 Pour calculer 728 – 254, Jamel procède comme ci-contre.

$$\begin{array}{r} 2\ 5\ 4 \\ +\ \bullet\ \bullet\ \bullet \\ \hline 7\ 2\ 8 \end{array}$$

Effectue cette soustraction à la façon de Jamel.

10

a. Sans poser la soustraction, explique comment Arthur peut affirmer cela.

b. Pose la soustraction et corrige la réponse de Chloé.

11 Évalue mentalement un ordre de grandeur, puis effectue la soustraction.

a. 8 105 – 2 028 b. 6 158 – 2 901

12 Invente un problème dont la solution nécessite d'effectuer 620 – 299.

13 Sans effectuer le calcul, indique le résultat parmi les trois propositions.

a. 8 746 – 2 801

3 945 5 945 7 945

b. 7 897 – 3 255

4 642 4 640 6 642

14 **Problème** L'Everest, le plus haut sommet du monde, a une altitude de 8 842 m. Le point culminant d'Afrique, le Kilimandjaro, mesure 2 951 m de moins que l'Everest.

Calcule l'altitude du Kilimandjaro.

15 **Problème** Pour la kermesse de l'école, les élèves ont vendu les billets de tombola numérotés de 00536 à 00751.

Combien de billets ont-ils vendus ?

16 **Problème** Un blog comptait 6 250 personnes abonnées au 1er janvier 2015.

En 2015, 1 653 de ces personnes ont arrêté leur abonnement et 2 854 nouvelles personnes se sont abonnées.

Calcule le nombre de personnes abonnées à la fin 2015.

17 **Problème** Trois pirates font équipe : Black Caesar, Diabolito et Anne Bonny.

À eux trois, ils ont un trésor de 5 367 pièces d'or. Black Caesar a 270 pièces d'or et Diabolito en a 1 217.

Combien de pièces d'or a Anne Bonny ?

LE DÉFI DU JOUR

Remplis la grille de mots croisés, puis complète les définitions verticales.

A. 8 410 – 4 789

B. 2 000 + 1 952 + 2 090

C. Complément de 22 pour aller à 100. ■ Moitié de 100.

D. Écart entre 8 575 et 4 352.

E. Moitié de 10. ■ Double de 2.

1. Suivant de 2. ■ ... dizaines ... unités.
2. Somme de 6 000 et ...
3. Double de ... ■ Moitié de ...
4. Différence entre 2 000 et ...
5. ... dizaines ■ Moitié de ...

	1	2	3	4	5
A					■
B	■				
C			■		
D					■
E	■	■		■	

> Corrigés p. 184

J'utilise mes compétences — Bilan

1 Lire un tableau

Ce tableau donne les horaires des activités d'un centre de vacances pour les premiers jours de la semaine.

	Lundi	Mardi	Mercredi
8h – 10h30	Trampoline	Initiation au cirque	
10h30 – 12h30	Peinture sur galets		Match de volley
12h30 – 14h	Repas	Pique-nique au lac	Repas
14h – 16h	Visite au château médiéval	Devinettes	Sortie en bateau
16h – 18h		Jeux aquatiques	
18h – 20h	Magie	Jeux de construction	Jeux de rôles

a. Quelle activité est prévue le mardi entre 16 h et 18 h ?

b. À quel moment la visite au château médiéval est-elle prévue ?

c. Durant ces trois jours, y a-t-il un moment où aucune activité n'est proposée ?

2 Lire un graphique

Le boitier électronique placé sur le vélo d'un coureur du Tour de France a produit le graphique suivant.

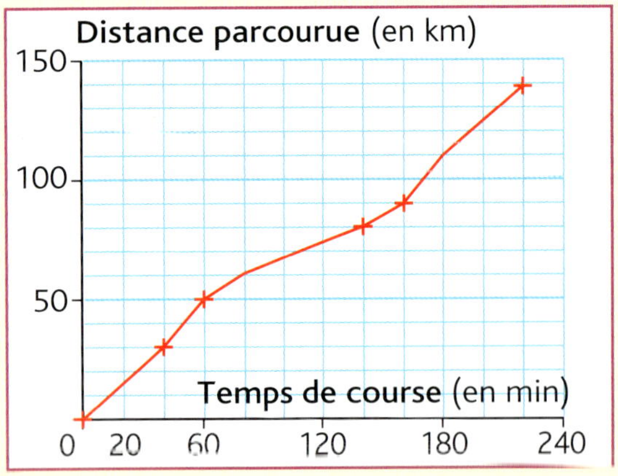

a. Quelle distance a parcouru ce coureur durant les 60 premières minutes ?

b. En combien de minutes a-t-il parcouru 90 km ?

c. Quelle distance totale a-t-il parcourue ?

d. Quelle est la durée totale de sa course ?

3 Maitriser le sens des opérations (1)

À la rentrée, une école comptait 252 élèves. Durant l'année, 15 élèves ont déménagé et quitté l'école.

Combien l'école compte-t-elle d'élèves maintenant ?

4 Maitriser le sens des opérations (2)

Le musée du Louvre-Lens a accueilli 650 personnes le samedi 2 mai.
Cela représente 250 personnes de moins que le samedi 9 mai.

Combien de personnes ont visité le musée le samedi 9 mai ?

5 Calculer avec une stratégie

Calcule en ligne astucieusement.

a. 38 + 75 +22 + 25   b. 1 754 – 198

6 Évaluer un ordre de grandeur

Dans une pépinière, il y a 534 pommiers, 395 poiriers, 203 pruniers, 812 cerisiers, 97 pêchers et 215 abricotiers.

Indique mentalement, parmi les nombres ci-dessous, celui qui est le plus proche du nombre total d'arbres fruitiers.

1 000   1 500   2 200   3 200

7 Poser une opération (1)

La cheffe de cuisine d'un restaurant a acheté une truite de 212 g, une de 189 g, une de 218 g et une dernière de 193 g.

Calcule la masse totale de ses achats.

8 Poser une opération (2)

Voici les indications données par le compteur kilométrique d'une voiture lors d'un trajet.

Au départ 006641

À l'arrivée 007438

Calcule la distance de ce trajet.

1 Charlemagne

Histoire

Charlemagne est le souverain le plus célèbre de la dynastie des Carolingiens.

a. En quelle année est mort Charlemagne ? En quelle année est-il né ?

b. Charlemagne a 26 ans quand il devient roi des Francs.
En quelle année était-ce ?

c. En l'an 800, le jour de Noël, il est couronné à Rome par le pape Léon III.
Quel âge avait-il ?

Doc. Extrait d'un article de journal de janvier 2014

La ville d'Aix-la-Chapelle (Allemagne) organise des expositions consacrées à Charlemagne, décédé dans cette ville, il y a 1 200 ans.

Il avait 72 ans.

2 L'énergie solaire en Bretagne

Développement durable

L'énergie solaire est une énergie renouvelable.
Elle est obtenue grâce à des panneaux solaires qui transforment la lumière du Soleil en électricité.

a. Donne le nombre d'installations dans le département du Finistère au 31 décembre 2013, puis au 31 décembre 2014.
Vérifie qu'il y a eu 322 nouvelles installations en 2014.

b. Complète la case colorée en rose, puis celle colorée en vert.

c. Calcule le nombre total d'installations au 31 décembre 2014.

d. Complète la case colorée en bleu, puis les deux dernières cases.

Panneaux solaires sur le toit du phare des Poulains (Morbihan).

Doc. Tableau (incomplet) des installations solaires des quatre départements de Bretagne

	Côtes-d'Armor	Finistère	Ille-et-Vilaine	Morbihan	Total
Nombre d'installations au 31/12/2013		3 653	6 001		
Nouvelles installations de l'année 2014	235	322	359		1 134
Nombre d'installations au 31/12/2014	3 356	3 975		4 063	

Source : Commissariat général au Développement durable

Reconnaitre une situation multiplicative

COMPÉTENCE
→ Consolider et enrichir le répertoire des résultats mémorisés.

À la manière de Kandinsky

Maeva a réalisé le damier ci-dessous à la manière de Kandinsky. Elle intitule son tableau à l'aide d'un nombre.

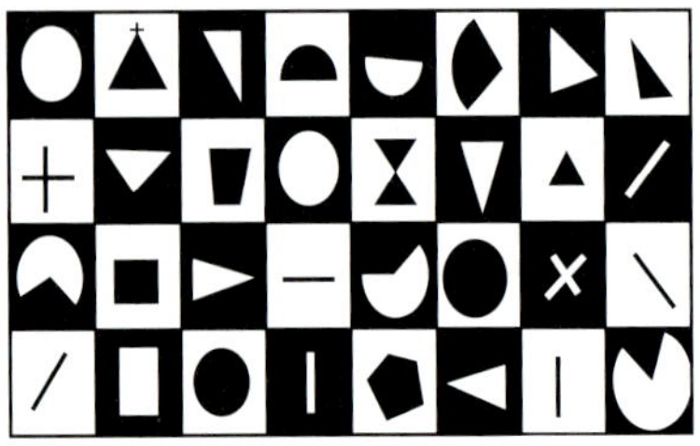

D'après-toi, lequel ? Explique ta réponse.

Trente, Vassily Kandinsky (1937).

MÉMO

• **La multiplication est l'opération qui permet d'additionner plusieurs fois un même nombre. Le résultat d'une multiplication s'appelle un produit.**

Pour connaitre le nombre total de ballons, on peut dire :

$3 \times 4 = 12$ ou **$4 \times 3 = 12$**

3 colonnes de 4 ballons chacune :
4 + 4 + 4.
On effectue 3 fois 4.

4 rangées de 3 ballons chacune :
3 + 3 + 3 + 3.
On effectue 4 fois 3.

Le nombre total de ballons est le **produit** 3×4 (lire « 3 multiplié par 4 ») ou 4×3 (lire « 4 multiplié par 3 »).

$3 \times 4 = 4 \times 3$

• **Il est indispensable de mémoriser les tables de multiplication (voir à la fin du manuel).**

1 **À l'oral** **Combien chaque tablette de chocolat a-t-elle de « carrés » ? Explique.**

a. 

b. 

c. 

d. 

2 **Combien d'objets y a-t-il sur chaque dessin ? Explique.**

a. 

b. 

c. 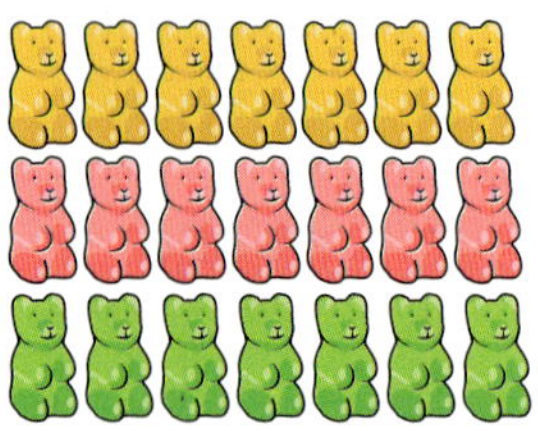

3 **Quand c'est possible, écris le calcul à l'aide d'une seule multiplication. Donne ensuite le résultat.**

a. 6 + 6 + 6 + 6 + 6 b. 8 + 8 + 7 + 8

c. 7 + 7 + 7 + 7 + 7 + 7 + 7 + 7

4 **Relie les nombres dont le produit est 24.**

0	1	4	12	3
2	8	6	24	

5 Rémy achète 8 porte-clés USB.

Chaque porte-clé coute 5 €

Rémy peut-il payer cet achat avec deux billets de 20 € ?

6 **Indique s'il s'agit d'un problème multiplicatif. Si oui, résous-le.**

a. Un groupe de 8 enfants se rend à la patinoire. L'entrée coute 6 €. Combien paie ce groupe ?

b. Une fleuriste dispose 9 roses et 7 tulipes dans un bouquet. Combien y a-t-il de fleurs dans ce bouquet ?

c. Dans la classe, il y a 27 élèves dont 14 filles. Combien y a-t-il de garçons ?

d. À la caisse d'un magasin, Ariane paie avec un billet de 20 €. On lui rend 7 €. Combient devait-elle payer ?

e. Dans une salle de classe, il y a 6 rangées de 9 chaises chacune. Combien y a-t-il de chaises en tout ?

7 Samia a 12 timbres dans son album. Jérémy en a 3 fois plus. **Combien Jérémy a-t-il de timbres dans sa collection ?**

8 **Problème** Pour faire du sport, Franck a 6 T-shirts et 3 shorts.

De combien de façons différentes peut-il s'habiller pour faire du sport ?

9 **Problème** **Résous chaque problème.**

a. Justine mesurait 51 cm à la naissance. Aujourd'hui elle mesure 102 cm. C'est combien de fois plus ?

b. Lors d'un match de basket, l'équipe d'Hugo a marqué 9 points. C'est 5 fois moins que l'équipe de Jane. Combien de points a marqué cette équipe ?

10 **Problème** Pour son anniversaire Inès a apporté 4 cakes à l'école. Le maitre découpe 8 parts dans chaque cake. Le maitre et ses 27 élèves mangent une part chacun.

Combien de parts de cake reste-t-il ?

11 **Problème** **Complète ce bon de commande.**

Article	Prix unitaire (en €)	Quantité	Prix total (en €)
Cahier	2	10	
Adhésif	3	9	
Règle	6		54
Ciseaux	5	8	
TOTAL			

Maths en jeu !

On peut échanger 1 banane contre 3 prunes.

On peut aussi échanger 3 oranges contre 2 bananes.

Combien de prunes obtient-on alors en échange d'une orange ?

> Corrigés p. 184

Multiplier un nombre entier par 10, 100, 1 000, 20…

COMPÉTENCE
→ Dégager des règles pour multiplier mentalement par 10, 100, 1 000…

Drôles de primates !

Le ouistiti pygmée est le plus petit singe au monde. À l'âge adulte, il mesure seulement 17 cm et pèse 160 g.
Le plus grand singe du monde est le gorille. Il mesure 170 cm et pèse 1 000 fois plus que le ouistiti pygmée.

Calcule la masse du gorille.

Recopie et complète la phrase :
« La taille d'un gorille est ... fois plus grande que celle d'un ouistiti pygmée. »

MÉMO

• **Quand on multiplie un nombre entier :**

– par 10, son chiffre des unités devient le chiffre des dizaines.

45 × 10 = 45 dizaines
45 × 10 = 450

m	c	d	u
		4	5
	4	5	0

– par 100, son chiffre des unités devient le chiffre des centaines.

26 × 100 = 26 centaines
26 × 100 = 2 600

m	c	d	u
		2	6
2	6	0	0

– par 1 000, son chiffre des unités devient le chiffre des unités de mille.

7 × 1 000 = 7 milliers
7 × 1 000 = 7 000

m	c	d	u
			7
7	0	0	0

• **Pour multiplier un nombre entier par 20 (ou 500 ou 3 000 ou ...), on utilise une décomposition : 20 = 2 × 10 (ou 500 = 5 × 100 ou 3 000 = 3 × 1 000 ou ...).**

8 × 20 = 8 × 2 × 10
8 × 20 = 16 × 10
8 × 20 = 160

9 × 500 = 9 × 5 × 100
9 × 500 = 45 × 100
9 × 500 = 4 500

4 × 3 000 = 4 × 3 × 1 000
4 × 3 000 = 12 × 1 000
4 × 3 000 = 12 000

1 Calcule.
a. 482 × 10 b. 15 × 100 c. 9 × 1 000

2 Calcule.
a. 5 × 10 b. 100 × 85 c. 67 × 1 000
d. 10 × 210 e. 26 897 × 100

3 Recopie et complète.
a. 100 × ... = 600 b. 100 × ... = 20 600
c. 10 × ... = 90 d. 1 000 × ... = 520 000

4 Recopie et complète.
a. 92 × ... = 9 200 b. 75 × ... = 75 000
c. 1 256 × ... = 125 600
d. 458 × ... = 45 800

5 Relie les nombres égaux.

10 × 10 •	• 100
100 × 100 •	• 1 000
1 000 × 1 000 •	• 10 000
100 × 1 000 •	• 100 000
10 × 100 •	• 1 000 000

6 • Pour un concert, mille billets ont été vendus.
Les places sont toutes au tarif de 12 €.

Quelle est la recette totale ?

7 • Avant une course cycliste, Lucas installe des barrières de 3 m de long.

Quelle longueur obtient-on en mettant bout à bout :

a. 10 barrières ? b. 100 barrières ?

8 • Un stade a deux tribunes couvertes de 1 000 places chacune et cinq gradins de 100 places chacun.

Combien y a-t-il de places dans ce stade ?

9 • **À l'oral** Tu sais que 8 × 4 = 32.

Donne rapidement le résultat de ces opérations.

a. 8 × 40 b. 800 × 40
c. 80 × 400 d. 8 000 × 4

10 • **Calcule.**

a. 12 × 30 b. 8 × 500 c. 6000 × 7
d. 10 × 800 e. 50 × 5 f. 400 × 9

11 • **Parmi ces produits, certains sont égaux à 1 600. Lesquels ?**

60 × 10	90 × 20	80 × 20
40 × 40	20 × 800	80 × 40
20 × 80	16 × 100	4 × 4 × 10

12 • Pour la kermesse, les élèves de l'école Louise Michel ont préparé des étoiles. Ils ont décoré la classe avec 8 guirlandes de 30 étoiles chacune.

Combien d'étoiles ont-ils fabriquées ?

13 •• **Problème** Lors du Printemps du cinéma, Meddy paie sa place pour une séance avec 7 pièces de 50 centimes.

Combien paie-t-il ?

14 •• **Calcule astucieusement.**

a. 5 × 25 × 2 b. 38 × 5 × 2
c. 28 × 50 × 20 d. 200 × 456 × 5

15 •• **Problème** Des élèves ont vendu 82 carnets de tickets de tombola. Chaque carnet contient 5 tickets vendus 2 € l'un.

Quelle somme d'argent ont-ils gagnée ?

16 •• **Problème** Voici le bilan en fin de journée d'un magasin d'informatique : 5 achats à 200 €, 4 achats à 100 €, 10 achats à 50 €, 50 achats à 20 € et 145 achats à 10 €.

Quelle est la recette de ce magasin ?

17 •• **Problème** La directrice d'une école a commandé des paquets de 500 feuilles.
Elle reçoit 8 paquets de feuilles blanches, 5 de feuilles roses, 4 de feuilles jaunes et 3 de feuilles vertes.

Combien de feuilles a-t-elle reçues en tout ?

LE DÉFI DU JOUR

Pour ce carré, on obtient le même résultat lorsqu'on multiplie les trois nombres de chaque ligne ou de chaque colonne ou de chacune des deux diagonales.

Complète ce carré.

> Corrigés p. 184

Multiplier un nombre entier par un nombre à un chiffre

COMPÉTENCE
→ Reprendre contact progressivement avec la technique de la multiplication.

La visite au musée

Un groupe de 20 élèves de CM1 et un groupe de 5 élèves de CM2 visitent un musée d'histoire naturelle. L'entrée au musée coute 7 €.

Combien cette visite coute-t-elle à l'ensemble des élèves ? Est-il possible de trouver cette dépense en effectuant une seule multiplication ?

MÉMO

- **Pour multiplier un nombre entier par un nombre à un chiffre, on peut utiliser une décomposition.**

Calcul de 513 × 6 — On écrit 513 = 500 + 10 + 3

513 × 6 = (500 × 6) + (10 × 6) + (3 × 6)

513 × 6 = 3 000 + 60 + 18

c'est-à-dire **513 × 6 = 3 078**.

×	500	+	10	+	3	
6	3 000	+	60	+	18	= 3 078

- **On peut également poser l'opération.**

– 6 × 3 unités = 18 unités ; on écrit **8** (unités) et on retient 1 dizaine ;
– 6 × 1 dizaine = 6 dizaines, on ajoute la retenue, 6 + 1 = 7, on écrit **7** (dizaines) ;
– 6 × 5 centaines = 30 centaines, on écrit **30** (centaines).

```
    1
  5 1 3
×     6
-------
3 0 7 8
```

1 a. Utilise ce tableau pour calculer 312 × 4.

×	300	+	10	+	2	
4		+		+		=

b. Calcule de la même façon 7 541 × 2.

2 Calcule sans poser l'opération.

a. 30 × 7 — 5 × 7 — 35 × 7

b. 200 × 5 — 40 × 5 — 3 × 5 — 243 × 5

3 **Problème** Dans sa boutique de perles, Alexandre a rangé des bocaux de perles sur 3 étagères. Sur chaque étagère, il y a 62 bocaux.
Combien y-a-t-il de bocaux en tout ?

4 **Problème** Ce matin, Robin court 850 m. Adeline court sur une distance 4 fois plus longue.
Quelle distance parcourt Adeline ?

5 Effectue la multiplication.

a. 24 × 2 — b. 31 × 3 — c. 52 × 4

6 Effectue la multiplication.

a. 25 × 4 — b. 125 × 8 — c. 725 × 6

d. 34 × 5 — e. 428 × 3 — f. 957 × 2

7 **Effectue la multiplication.**
Vérifie le résultat avec la calculatrice.

a.	b.	c.
2 5 6	2 5 6	3 0 7
× 7	× 4	× 9

8 **Pose et effectue la multiplication.**

a. 215 × 3 b. 627 × 5 c. 421 × 8

9 **Pose et effectue la multiplication.**

a. 1 509 × 7 b. 3 640 × 4 c. 9 × 2 361

10 **Calcule en ligne.**

a. 109 × 4 b. 14 × 5 c. 243 × 3

11 **Calcule le double, puis le triple de chaque nombre.**

a. 21 b. 24 c. 53 d. 78 e. 452

12 a. **Calcule 1 254 × 8.**

b. **Sans autre calcul, donne le résultat de ces multiplications.**

- 12 540 × 8
- 125 400 × 8

13 **À l'oral** **Utilise l'affichage de cette calculatrice pour donner le résultat de la multiplication.**

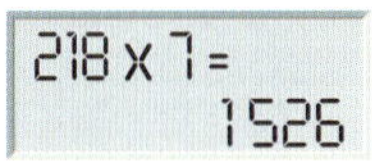

a. 21 800 × 70 b. 2 180 × 7 000

14 Un tour d'une piste d'athlétisme mesure 400 m.

Quelle distance est parcourue après 25 tours ?

15 **Problème** Jean est facteur. Il parcourt 85 km chaque jour du lundi au vendredi et 57 km le samedi.

Calcule la distance totale parcourue par Jean durant la semaine.

16 **Invente un problème dont la solution nécessite d'effectuer 27 × 4 × 2.**

17 **Calcule en ligne astucieusement.**

a. 4 × 27 × 25 b. 25 × 256 × 40
c. 8 × 54 × 125 d. 125 × 40 × 61 × 2

18 **Recopie et complète la multiplication.**

a.	b.	c.
2 ● 1	6 2 4	● 0 ●
× 2	× ●	× 5
4 8 ●	4 9 9 2	1 5 2 0

19 **Problème** Des arbres sont plantés autour d'un terrain comme indiqué ci-contre.

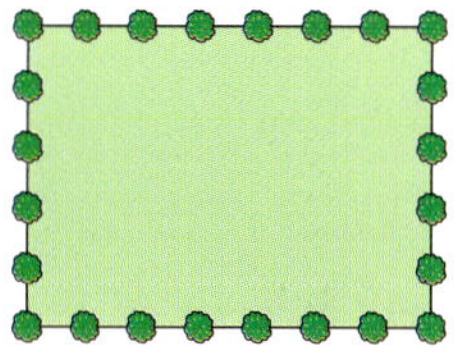

Ils sont régulièrement espacés de 7 m.

Calcule le périmètre de ce terrain.

20 **Problème**

Les élèves du cycle 3 de l'école Georges Brassens participent à un cross pour une action humanitaire.

Chaque kilomètre parcouru rapporte 1 € à l'association.

- 153 élèves ont réalisé chacun un parcours de 2 km ;
- 87 élèves ont couru 3 km ;
- 12 élèves ont couru 4 km.

Combien l'association humanitaire recevra-t-elle d'argent ?

Maths en jeu !

Pour chaque alignement, Sarah a multiplié les deux nombres à un seul chiffre écrits dans les disques verts puis elle a inscrit le résultat dans le carré bleu situé au milieu.

Mais son petit frère Théo a effacé cinq nombres !

Retrouve les nombres que Sarah avait écrits.

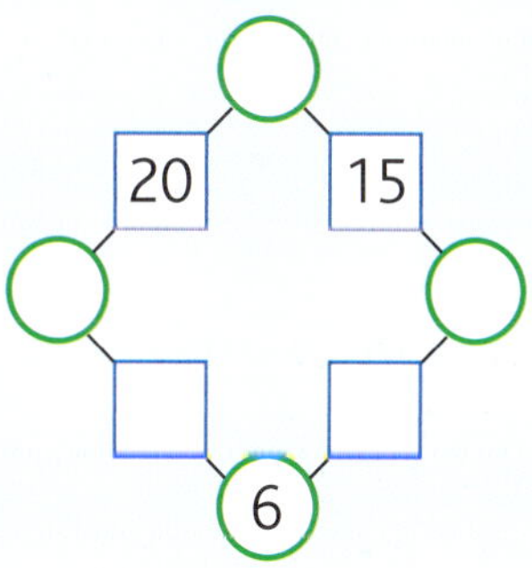

> Corrigés p. 184

Multiplier un nombre entier par un nombre à plusieurs chiffres

COMPÉTENCES
→ Revoir la technique de la multiplication.
→ Utiliser la calculatrice.
→ Estimer un ordre de grandeur

La salle de spectacle

Voici le plan d'une salle de spectacle.

Combien cette salle comporte-t-elle de places ?
Est-il possible de retrouver ce nombre de places en effectuant une seule opération ?

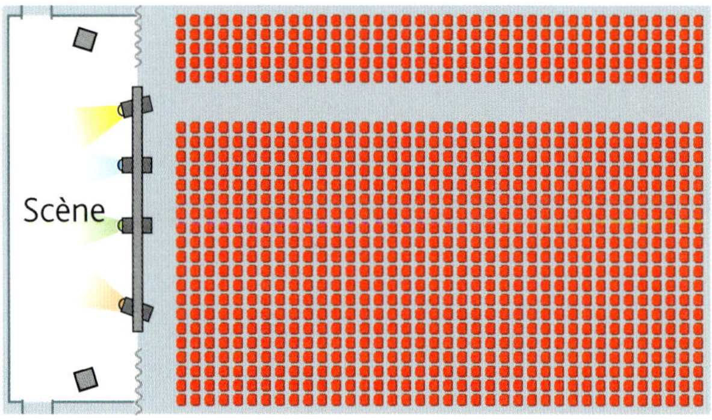

MÉMO

• **Pour multiplier un nombre entier par un nombre à plusieurs chiffres, on peut utiliser une décomposition.**

Calcul de 104 × 21 On écrit 21 = 20 + 1

104 × 21 = (104 × 20) + (104 × 1)

104 × 21 = 2 080 + 104 c'est-à-dire **104 × 21 = 2 184**

×	104
20	2 080
+	+
1	104
	=
	2 184

• **On peut aussi poser l'opération.**
– On écrit le nombre qui a le plus de chiffres au-dessus de l'autre.
– On aligne les unités avec les unités, les dizaines avec les dizaines…

On effectue d'abord 104 × 1 unité.
On effectue 104 × 2 dizaines soit 104 × 20 unités.
On additionne les résultats.

	m	c	d	u
		1	0	4
×			2	1
		1	0	4
	2	0	8	0
	2	**1**	**8**	**4**

• **On peut évaluer mentalement un ordre de grandeur d'un produit en remplaçant chaque nombre par un nombre proche :** cela permet de repérer certaines erreurs de calcul.
104 est proche de **100** et 21 est proche de **20** donc 104 × 21 est proche de **100 × 20** c'est-à-dire de **2 000**.

1 **Calcule 321 × 12 à l'aide de chacune de ces décompositions.**
a. 12 = 10 + 2 b. 321 = 300 + 20 + 1

×	321
10	
+	+
2	
	=

×	12
300	
+	+
20	
+	+
1	
	=

2 **À l'oral** **Lequel de ces nombres est un ordre de grandeur de 697 × 803 ? Explique ton choix.**

5 600 480 000 560 000 1 500

3 Fabrice a calculé 235 × 98.
Voici l'affichage de sa calculatrice.

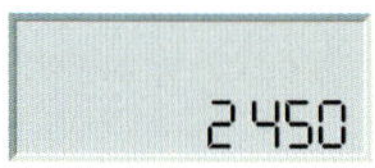

Utilise un ordre de grandeur pour expliquer pourquoi il a dû commettre une erreur.

4 • **Problème** Un club achète 19 ballons de basket à 12 € l'un.

Ce club peut-il payer la facture avec un billet de 200 € ?

5 • **Effectue la multiplication. Vérifie la réponse avec la calculatrice.**

a.
```
    4 5
  × 1 2
```
b.
```
    3 5
  × 2 6
```
c.
```
  5 2 1
  ×  4 2
```

6 • **Recopie et complète la multiplication.**

```
                3 0 8
  ×             5 9 1
  -------------------
                ● ● ●
  308 × 90    ● ● ● ● ●
  308 × 500 ● ● ● ● ● ●
  -------------------
            ● ● ● ● ● ●
```

7 • **Pose et effectue la multiplication.**

a. 27 × 29 b. 340 × 721 c. 307 × 64

8 • Une vipère aspic mesure environ 75 cm de long. Un python réticulé est 14 fois plus long.

Calcule la longueur d'un python réticulé.

9 • **Problème** L'hôtel Bellevue propose des chambres au prix de 39 € par nuit pour 2 personnes. Il faut compter un supplément de 7 € par nuit pour un lit d'enfant. Julie, Paul et leur fils Tom y séjournent pendant 11 nuits. **Combien paieront-ils ?**

10 •• **Problème** Dans un immeuble de 14 étages, il y a 17 appartements par étage. Lors de la rénovation, pour agrandir certains appartements, on en supprime deux par étage.

Après rénovation, combien y aura-t-il d'appartements ?

11 •• **Problème** 247 élèves déjeunent à la cantine de l'école Jules Ferry pendant chacun des 5 jours d'école.

Combien de repas sont servis au cours des 36 semaines d'école ?

12 •• **Problème** Sur un écran de télévision, l'image est formée de points lumineux. Sur l'écran de la famille Lumos, il y a 720 lignes avec 1 280 points par ligne.

Quel est le nombre total de points ?

13 •• a. L'opération posée ci-contre est fausse. Explique pourquoi à l'aide d'un ordre de grandeur.

b. Effectue l'opération correctement.

```
      1 4 3
  ×   1 0 2
  ---------
      2 8 6
    1 4 3
  ---------
    1 7 1 6
```

14 ••• a. Calcule 625 × 703.

b. Voici comment Amélie a procédé pour effectuer ce calcul. Explique son procédé.

```
          6 2 5
  ×       7 0 3
  -------------
        1 8 7 5
  4 3 7 5 0 0
  -------------
  4 3 9 3 7 5
```

c. Utilise la technique d'Amélie pour calculer 815 × 608.

LE DÉFI DU JOUR

Dans la multiplication posée ci-contre, certains chiffres sont remplacés par des points.

Recopie puis complète avec les chiffres manquants.

```
          ● 0 ●
  ×       4 ● 2
  -------------
        ● ● 1 ●
        ● 0 ● 0
    2 0 ● 8 0 0
  -------------
    2 0 ● ● 8 4
```

> Corrigés p. 184

Reconnaitre des multiples et diviseurs d'un nombre

COMPÉTENCE
→ Étudier des multiples et diviseurs de nombres d'usage courant.

Chouquettes chaudes !

Laurent vient de sortir 45 chouquettes du four.
Pour les laisser refroidir, il les aligne en rangées sur la table.
Il veut qu'il y ait le même nombre de chouquettes dans chaque rangée.

Combien de rangées peut-il faire ?
Envisage tous les cas possibles et indique dans chaque cas le nombre de chouquettes par rangée.

MÉMO

- **Quand on compte de 5 en 5 à partir de zéro, on obtient des multiples de 5.**
Les premiers multiples d'un nombre figurent dans sa table de multiplication.

$5 \times 0 = 0$ $5 \times 1 = 5$ $5 \times 2 = 10$ $5 \times 3 = 15$ $5 \times 4 = 20$ $5 \times 5 = 25$ etc.

Les nombres 0, 5, 10, 15, 20, 25... sont des multiples de 5.

- $3 \times 4 =$ **12** donc **12** est un multiple de 3 et un multiple de 4.
On dit aussi que 3 est **un diviseur** de **12** et que **dans la division** de **12** par 3 **le quotient est** 4.
On écrit **12 : 3 = 4**. De même, 4 est un diviseur de **12** et **12** : 4 = 3.

- On reconnait facilement des **multiples** de **2**, de **5** ou de **10**.

Les multiples de 2 se terminent par 0, 2, 4, 6 ou 8.
Exemples : 10, 72, 44, 56, 108...

Les multiples de 5 se terminent par 0 ou 5.
Exemples : 10, 75, 80, 205...

Les multiples de 10 se terminent par 0.
Exemples : 10, 50, 180...

1 **Écris les multiples de 3 qui figurent dans sa table de multiplication.**

2 **Pour chaque nombre, écris cinq multiples qui figurent dans sa table de multiplication.**
a. 4 b. 6 c. 9

3 **Écris cinq multiples de 8 plus petits que 50.**

4 **À l'oral** **Cite un multiple de 7 compris :**
a. entre 10 et 20 b. entre 40 et 50
c. entre 50 et 60 d. entre 65 et 75

5 **Recopie et complète avec les diviseurs qui manquent.**
a. $5 \times ... = 40$ b. $... \times 4 = 28$
c. $9 \times ... = 54$ d. $... \times 6 = 36$

6 **Recopie et complète.**
a. 20 : 4 = ... b. 42 : 6 = ...
c. 24 : ... = 8 d. 72 : ... = 9

7 **Julia a-t-elle raison ?**

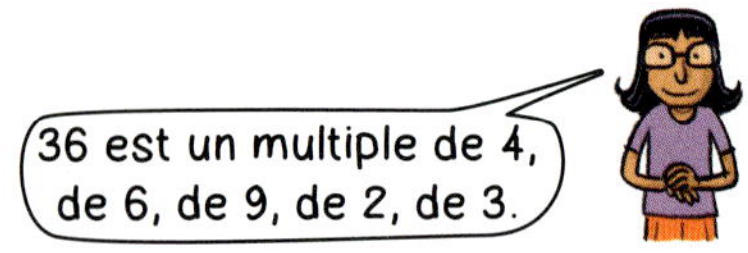

8 À l'oral **Vrai ou faux ? Explique.**

a. Le double de 25 est un multiple de 25.
b. La moitié de 100 est un diviseur de 100.
c. Le tiers de 75 est un multiple de 75.
d. Le triple de 25 est un multiple de 25.

9 **Vrai ou faux ? Explique.**

a. 52 est un multiple de 5.
b. 18 est un multiple de 2.
c. 5 est un diviseur de 25.
d. 1 230 est un multiple de 10.
e. 2 est un diviseur de 81.

10 Voici une liste de nombres :

24	135	650	221	1 234	980
553	75	38	306	5 340	672

a. Recopie les multiples de 2.
b. Recopie les multiples de 5.
c. Recopie ceux qui ont 10 pour diviseur.

11 *30 et 35 sont deux multiples consécutifs de 5 qui encadrent le nombre 34 :*
$5 \times 6 < 34 < 5 \times 7$.

...
$5 \times 5 = 25$
34 $5 \times 6 = 30$
$5 \times 7 = 35$

Trouve deux multiples consécutifs :

a. de 5 qui encadrent le nombre 42 ;
b. de 3 qui encadrent le nombre 13 ;
c. de 10 qui encadrent le nombre 156.

12 **Qui suis-je ?**

Je suis un multiple de 5.
Je suis aussi un multiple de 3.
Je suis compris entre 24 et 34.

13 **Écris les nombres compris entre 10 et 50 qui sont à la fois :**

a. multiples de 4 et de 5 ;
b. multiples de 2 et de 7.

14 Problème Une classe a moins de 30 élèves. Lorsqu'on groupe les élèves par 4 ou par 7, il ne reste pas d'élève seul.

Combien d'élèves compte cette classe ?

15 Problème Au centre aéré, les enfants sont regroupés par 6.

Selon les jours, il y a entre 40 et 80 enfants.

Jeudi, tous les groupes de 6 sont complets.

Combien d'enfants sont présents jeudi ? Trouve toutes les solutions possibles.

16 Problème Voici une carte de loto. Les nombres tirés qui figurent sur cette carte sont des multiples de 2, de 5 ou de 7.

5	14		38	49				
	10	23			56	65		
2			31	42	50		70	

a. Sur quelles cases faut-il mettre un jeton ?

b. Parmi ces nombres, y a-t-il des nombres qui sont à la fois multiples :
• de 2 et de 5 ?
• de 2 et de 7 ?
• de 5 et de 7 ?
• de 2, de 5 et de 7 ?

Maths en jeu !

Trouve comment sortir du labyrinthe.

Règle du jeu

Pour te rendre jusqu'à l'arrivée, tu peux uniquement emprunter, horizontalement et verticalement, les cases occupées par des multiples de 6.

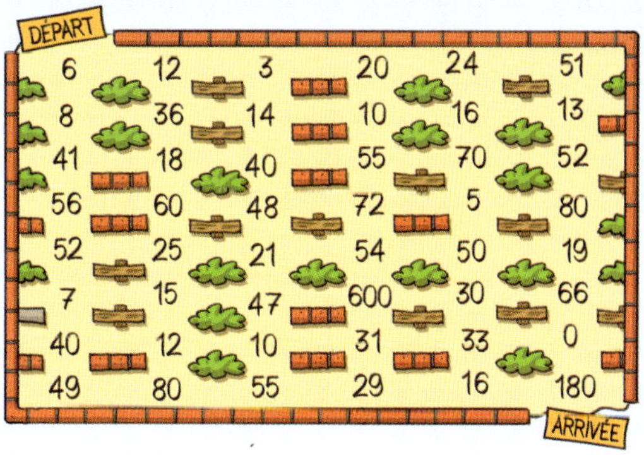

> Corrigés p. 184

Reconnaitre une situation de division

COMPÉTENCE
→ Chercher combien de fois une grandeur en contient une autre, chercher la valeur d'une part.

Des situations de partage

Situation A

Jessy dispose d'une bande de 70 cm de long. Il souhaite la partager en morceaux de 6 cm de long.

Combien de morceaux pourra-t-il faire ? Quelle longueur de bande restera-t-il ?

Situation B

Samia range 70 figurines. Elle fait 6 rangées qui ont le même nombre de figurines de façon à en ranger le plus possible.

Combien y a-t-il de figurines par rangée ? Combien de figurines ne seront pas rangées ?

MÉMO

- **Diviser 32 par 5, c'est répondre aux questions :**
  - **combien de fois y a-t-il 5 dans 32 ?** 6 fois. ($6 \times 5 = 30$; $7 \times 5 = 35$ ← 32)
  - **combien reste-t-il ?** Il reste 2. ($32 - 30 = 2$)

On écrit l'égalité : **$32 = (5 \times 6) + 2$.**

On dit que : dans la division de 32 par 5, **le quotient** est 6 et **le reste** est 2.

- **On utilise une division lors d'un partage en parts égales** (on parle de partage équitable).

Partage de 32 cartes entre 5 personnes
$32 = (5 \times 6) + 2$
Valeur d'une part : 6 cartes par joueur.
2 est le nombre de cartes non distribuées.

Partage de 32 cartes en tas de 5 cartes
$32 = (5 \times 6) + 2$
Nombre de parts : 6 tas obtenus.
2 est le nombre de cartes restantes.

1 Problème Le train fantôme d'un parc d'attraction embarque 75 personnes.

8 personnes peuvent prendre place à bord de chaque wagon.

a. Combien de wagons peuvent être remplis ?

b. Dans ce cas, combien de personnes sont dans un wagon qui n'est pas plein ?

2 Problème Six enfants se partagent 35 images en parts égales. **Combien chacun en reçoit-il ? Combien d'images reste-t-il ?**

3 Problème 30 filles participent à un entrainement de handball. Elles forment des équipes de 7 joueuses.

a. Combien d'équipes forment-elles ?

b. Combien y a-t-il de remplaçantes ?

4 Problème 87 élèves déjeunent à la cantine municipale. Il y a 8 places par table.

a. Combien de tables peut-on remplir ?

b. Dans ce cas, combien d'élèves sont à une table qui n'est pas remplie ?

5 **À l'oral** a. Dans 48, combien de fois 5 ? Combien reste-t-il ?

b. Dans 56, combien de fois 7 ? Combien reste-t-il ?

c. Dans 60, combien de fois 8 ? Combien reste-t-il ?

d. Dans 80, combien de fois 9 ? Combien reste-t-il ?

6 a. Aide-toi de la calculatrice pour compléter par deux nombres entiers qui se suivent :

$15 \times ... < 100 < 15 \times ...$

b. On veut remplir une citerne de 100 L avec des bidons de 15 L.

Combien faudra-t-il de bidons ?

7 **Problème** À la fête foraine, le tour de manège coute 3 €.

Une famille a prévu de dépenser 25 € pour payer des tours de manège à ses enfants.

a. Combien de tours de manège pourra-t-elle acheter ?

b. Combien d'euros lui manque-t-il pour pouvoir acheter un tour supplémentaire ?

8 **Problème** Alexia fabrique des colliers avec des perles de quatre couleurs différentes.

Elle enfile une perle rouge, une jaune, une verte, une bleue et ainsi de suite.

Quelle sera la couleur de la dernière perle posée si son collier a :

a. 27 perles ?

b. 45 perles ?

9 **Invente un problème dont la solution nécessite d'effectuer la division de 58 par 6.**

10 **Problème** Lors d'une sortie, on souhaite distribuer 3 biscuits à chacun des 25 élèves de la classe.

a. Combien doit-on prévoir de biscuits ?

b. Les biscuits sont vendus par paquets de 12 biscuits. Combien de paquets faut-il acheter ? Aide-toi de la calculatrice.

11 **Problème** 1. Dans 51, combien de fois 8 ? Combien reste-t-il ?

2. Réponds à chacune des questions suivantes.

a. Combien de piles de 8 cubes peut-on faire avec 51 cubes ?

b. Avec 51 roses, on fait des bouquets de 8 roses. Combien de roses restera-t-il ?

c. Dans 8 ans, Lucie aura 51 ans. Quel est l'âge de Lucie ?

d. Combien de paquets de 8 serviettes faut-il prévoir pour un repas de 51 personnes ?

e. Dans un train, on répartit 51 voyageurs dans des compartiments de 8 places. Combien restera-t-il de places libres dans le dernier compartiment ?

12 **Problème** Pascal doit préparer des sandwichs pour 28 personnes. Avec une baguette de pain, il fait 3 sandwichs.

Chaque personne aura 2 sandwichs.

Combien de baguettes de pain lui faut-il ?

LE DÉFI DU JOUR

Règle du jeu

10 jetons sont alignés sur la table.
Chacun des deux joueurs peut prendre, à tour de rôle, 1, 2 ou 3 jetons.
Celui qui prend le dernier jeton a perdu.

Joue avec un camarade.
Imagine une stratégie où celui qui commence gagne à coup sûr.

> Corrigés p. 184

Diviser par un nombre entier à un chiffre

COMPÉTENCE
→ Mettre en place la technique de la division euclidienne.

La collection de timbres

Léopold souhaite partager équitablement les 795 timbres de sa collection entre ses petits-enfants Lucas, Matéo, Sandra et Tania.

Comment va-t-il faire ?

MÉMO

- **Pour effectuer une division, on peut utiliser un calcul posé.**

Voici les différentes étapes pour diviser par exemple 284 par 3.

Ordre de grandeur du quotient

$3 \times 10 = 30$
$3 \times 100 = 300$ ← 284

Le quotient est entre 10 et 100, donc il aura 2 chiffres.

```
2 8 4 | 3
      |----
      | ● ●
```

❶ Partage des centaines

On ne peut pas partager 2 centaines en 3.

❷ Partage des dizaines

On partage 28 dizaines.
Dans 28 (dizaines), combien de fois 3 ?
9 fois et il reste 1 (dizaine).

```
  2 8 4 | 3
– 2 7   |----
  ---   | 9 ●
    1   |
```

❸ Partage des unités

On partage 4 unités et la dizaine restante, c'est-à-dire 14 unités.
Dans 14 (unités), combien de fois 3 ?
4 fois et il reste 2 (unités).

```
  2 8 4 | 3
– 2 7 ↓ |----
  ---   | 9 4
    1 4 |
  – 1 2 |
    --- |
      2 |
```

- **Vocabulaire**

$284 = (3 \times 94) + 2$ et $2 < 3$

Dividende (284), Diviseur (3), Quotient (94), Reste (2)

Le **reste** est toujours plus petit que le **diviseur**.

Dividende	Diviseur
Reste	Quotient

1 **Effectue mentalement la division de 43 par 7. Recopie et complète : 43 = (7 × ...) + ...**

2 a. Recopie et complète cette table.

$5 \times 10 = ...$
$5 \times 100 = ...$
$5 \times 1000 = ...$

b. Donne alors le nombre de chiffres du quotient :
- de 82 par 5
- de 774 par 5
- de 2 546 par 5

3 Après avoir effectué la division de 1 053 par 8, Carole écrit 1 053 = (8 × 130) + 13.
Explique pourquoi Carole a commis une erreur dans la division effectuée.

4 Le quotient est 15, le diviseur est 4 et le reste est 2.

Quel est le dividende de cette division ?

5 Rafik divise 1 599 par 4.

Parmi ces nombres lequel est un ordre de grandeur du quotient qu'il obtient ?

10 | 40 | 100 | 400 | 1 000 | 4 000

6 **Recopie et complète chaque division.**

a.

5	0	5	9
− 4	5		● ●
	5	5	
	− 5	4	
		●	

b.

7	8	4	
− ●			1 9
●	8		
− ●	●		
	●		

7 Cette division posée est fausse.

Explique l'erreur et effectue-la correctement.

1	2	2	3
− 1	2		4
	0	2	

8 **Pose et effectue chaque division.**

a. De 87 par 5 b. De 546 par 2

c. De 155 par 3 d. De 2 211 par 7

9 **Pour chaque affirmation, utilise une division pour dire si elle est vraie ou fausse.**

a. 548 est un multiple de 3.

b. 9 est un diviseur de 1 566.

10 **Recopie et complète cette division.**

3	1	4	3
− ●			● ● ●
●	1		
−	●		
	●	4	
−	●	●	
		●	

11 **Problème** Le tigre d'un zoo mange 8 kg de viande par jour. La soigneuse a acheté 139 kg de viande.

Pendant combien de jours pourra-t-elle nourrir le tigre ?

12 **Problème**

La planète Mars tourne autour du Soleil en 687 jours.

Recopie et complète :

« Mars tourne autour du Soleil en ... semaines ... jours. »

13 **Problème** Un groupe d'enfants doit partir en camp de vacances.

Paul est chargé d'acheter des piles pour 26 lampes de poche. Chaque lampe de poche a besoin de 3 piles.

Les piles sont vendues par paquets de 8.

a. Combien de piles sont nécessaires ?

b. Combien de paquets de piles Paul doit-il acheter ?

14 **Problème** Un fermier décide de grillager un champ rectangulaire de 80 m sur 150 m.

Il plante un premier piquet à un coin du champ. Il plante les piquets suivants tout autour du champ en les espaçant de 5 m.

Combien doit-il planter de piquets ?

Maths en jeu !

A, B, C... désignent les fils de la trame de cette toile d'araignée inachevée.

Cette charmante araignée mathématicienne poursuit son travail et sème les nombres entiers tout au long de son parcours.

Sur quel fil sera le nombre 100 ?

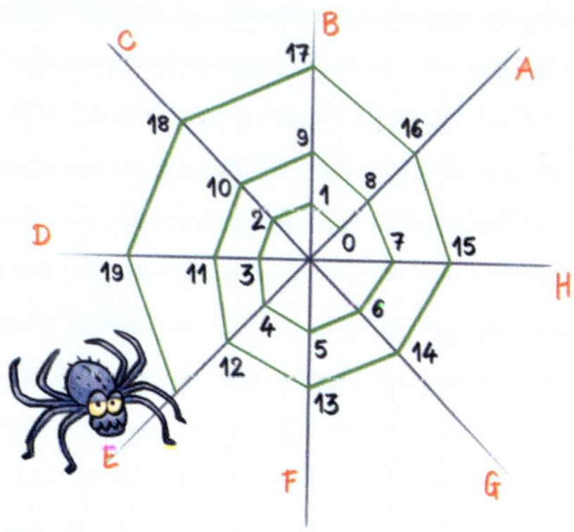

> Corrigés p. 184

Diviser par un nombre entier à deux chiffres

COMPÉTENCES
→ Poursuivre la mise en place de la technique de la division.
→ Utiliser la calculatrice.

Transfert en bus

Un Airbus A380 vient d'atterrir avec 800 passagers à bord. Malheureusement, il n'a pas pu s'approcher suffisamment de l'aérogare pour débarquer ses passagers.
Des bus de 45 places chacun vont transférer les passagers de l'avion à l'aérogare.

Combien faut-il prévoir de bus ?

MÉMO

- Voici les différentes étapes pour diviser par exemple 3 826 par 25.

Ordre de grandeur du quotient

$25 \times 100 = 2\,500$ ← 3 826
$25 \times 1\,000 = 25\,000$

Le quotient est entre 100 et 1 000 donc il aura 3 chiffres.

❶ Partage des centaines

On partage 38 centaines.
Dans 38 (centaines), combien de fois 25 ?
1 fois et il reste 13 (centaines).

```
  3 8 2 6 | 2 5
- 2 5     |------
  ---     | 1 ● ●
  1 3     |
```

Multiples de 25
25 x 1 = 25
25 x 2 = 50
25 x 3 = 75
25 x 4 = 100
25 x 5 = 125
25 x 6 = 150
⋮

❷ Partage des dizaines

On partage 2 dizaines et les 13 centaines restantes c'est-à-dire 132 dizaines.
Dans 132 (dizaines), combien de fois 25 ?

$25 \times 5 = 125$, $25 \times 6 = 150$.

Il y a donc 5 fois 25 et il reste 7 (dizaines).

```
  3 8 2 6 | 2 5
- 2 5 ↓   |------
  -----   | 1 5 ●
  1 3 2   |
- 1 2 5   |
  -----   |
      7   |
```

❸ Partage des unités

On partage 6 unités et les 7 dizaines restantes c'est-à-dire 76 unités.
Dans 76 (unités), combien de fois 25 ?

$25 \times 3 = 75$, $25 \times 4 = 100$.

Il y a donc 3 fois 25 et il reste 1 (unité).

```
  3 8 2 6 | 2 5
- 2 5   | |------
  ----- | | 1 5 3
  1 3 2 | |
- 1 2 5 ↓ |
  -------
      7 6 |
    - 7 5 |
    ----- |
        1 |
```

En conclusion : $3\,826 = (25 \times 153) + 1$ et on vérifie que $1 < 25$.

1 a. Recopie et complète cette table.

12 x 10 = ...
12 x 100 = ...
12 x 1000 = ...
12 x 10000 = ...

b. Donne le nombre de chiffres du quotient :
- de 675 par 12
- de 1 500 par 12
- de 12 500 par 12
- de 1 100 par 12
- de 9 783 par 12
- de 15 487 par 12

2 **Sans effectuer la division, donne le nombre de chiffres du quotient :**
a. de 254 par 17
b. de 6 789 par 57

3 **Donne un ordre de grandeur du quotient dans la division de 2 403 par 40.**

4 •
a. Écris la table de multiplication par 15.
b. Aide-toi de cette table de multiplication pour diviser 648 par 15.

5 •
a. Écris la table de multiplication par 31.
b. Aide-toi de cette table de multiplication pour effectuer chaque division.

198 par 31   2 581 par 31   3 844 par 31

6 •
Recopie et complète chaque division.

a.

	6	5	4	1	2
−	6	0		5	●
		5	●		
−		●	●		
			●		

b.

	3	5	0	4	4	0
−	3	2	0		8	●
	●	●	●			
−	●	●	●			
		●	●			

7 ••
a. Écris les premiers multiples de 47 jusqu'à 47 × 5.
b. Recopie et complète la division :

	4	9	4	6	4	7	
−	●	●			●	●	●
		2	4				
−		●	●				
		2	4	6			
−		●	●	●			
			●	●			

8 ••
Pose et effectue chaque division.
a. De 578 par 24   b. De 784 par 15
c. De 9 744 par 24   d. De 3 480 par 12

9 •• **Problème** 11 pirates et leur chef doivent se partager 198 pièces d'or.

a. Le chef des pirates affirme : « Vous recevrez tous 10 pièces et je prendrai les 88 pièces restantes. »
Que penses-tu de ce partage ?
b. Propose un partage plus équitable aux pirates.

10 •• **Problème** Les places d'un spectacle sont vendues au prix unique de 15 €.
L'organisatrice souhaite que les entrées rapportent au moins 5 000 €.
Quel devra être le nombre minimum de spectateurs pour atteindre cette recette ?

11 •• **Problème** Le voyage sur Mars d'un vaisseau spatial habité pose un problème de durée.
En effet, une telle mission pourrait prendre plus de 6 500 heures.
Exprime cette durée dans des unités plus adaptées.

12 •• Utilise les touches [+] et [×] de la calculatrice pour associer à chaque division son quotient et son reste.

Division			Quotient	Reste
de 1 651 par 23 •		•	72	2
de 2 587 par 86 •		•	30	7
de 4 682 par 65 •		•	71	18

13 ••• **Problème** Christine fait la queue pour prendre le téléphérique. Il y a 135 personnes devant elle.

Une cabine passe toutes les 10 min et elle peut prendre 18 passagers.
Combien de temps Christine va-t-elle attendre avant de pouvoir monter ?

LE DÉFI DU JOUR

Recopie et complète cette division.

	1	*	3	*	5	6	7	
−		*	*			1	8	*
		5	6	*				
−		*	*	*				
			*	8	*			
		−	*	*	*			
			*	*	*			

> Corrigés p. 184

J'utilise mes compétences Bilan

1 Poser une multiplication

Pose et effectue.

a. 387 × 4 b. 952 × 63

2 Choisir les opérations

Dans un verger, on compte 35 rangées de 24 arbres fruitiers chacune.

Parmi ces rangées, 7 sont plantées de poiriers et les autres de pommiers.

Combien y a-t-il de pommiers dans ce verger ?

3 Reconnaitre des multiples d'un nombre

a. Parmi les nombres suivants, recopie les multiples de 6.

0 1 2 6 10 12

b. Écris un multiple de 6 compris entre :

15 et 20 35 et 40 45 et 50

4 Connaitre des critères de divisibilité

183 72 205 94 700

57 310 7 076 827 5 495

a. Recopie les multiples de 2.

b. Recopie les multiples de 5.

c. Recopie les multiples de 10.

5 Encadrer un nombre par des multiples

a. Recopie et complète par des nombres entiers qui se suivent :

4 × ... < 35 < 4 × ...

b. Encadre chaque nombre par deux multiples de 8 qui se suivent.

25 46 70 84 805

6 Comprendre une division

Lisa affirme : « Dans la division de 194 par 7, j'ai trouvé 27 pour quotient et 5 pour reste. »

Sans poser cette division, explique comment vérifier que l'affirmation de Lisa est vraie.

7 Interpréter les résultats d'une division

Sonia doit partager 137 € entre 4 personnes.

Quelles informations sur ce partage donne cette division posée ?

```
  1 3 7 | 4
– 1 2   |----
  ---   | 3 4
    1 7 |
  – 1 6 |
    --- |
      1 |
```

8 Diviser par un nombre à un chiffre

a. Combien de chiffres a le quotient de la division de 357 par 6 ?

```
3 5 7 | 6
      |----
      |
```

Explique ta réponse.

b. Pose et effectue cette division.

9 Diviser par un nombre à deux chiffres

a. Combien de chiffres a le quotient de la division de 4 561 par 25 ? Explique ta réponse.

```
4 5 6 1 | 2 5
        |-----
        |
```

b. Écris les multiples de 25 jusqu'à 8 × 25.

c. Pose et effectue cette division.

10 Reconnaitre un ordre de grandeur

Lequel de ces nombres est un ordre de grandeur du quotient dans la division de 2390 par 8 ?

10 30 100 300 1 000 3 000

11 Calculer le nombre de parts

Rayan ramasse 200 brins de muguet dans la forêt pour les vendre le 1er mai. Il souhaite préparer des bouquets de 15 brins.

Combien Rayan fera-t-il de bouquets ?

12 Calculer la valeur d'une part

Une usine expédie 675 boites de conserve dans 35 grands cartons identiques remplis au maximum et un carton plus petit.

Combien de boites de conserve y a-t-il dans chaque grand carton ?

1 Randonnée en Cévennes

Géographie

Le chemin de Stevenson est la randonnée qu'a effectuée l'écrivain Robert Louis Stevenson (auteur de l'*Ile au trésor*), à la fin du XIXe siècle, avec pour seule compagne son ânesse Modestine.

1. La randonnée d'Alain

Alain part le 1er juin du Puy-en-Velay et suit le chemin de Stevenson jusqu'à Saint-Jean-du-Gard.

a. Quelle est la longueur totale du chemin de Stevenson ?

b. Exprime la durée totale de marche d'Alain en jours, heures et minutes.

c. Alain a fait étape le soir dans chacun des lieux indiqués ci-contre. À quelle date est-il arrivé à Saint-Jean-du-Gard ?

2. La randonnée d'Évelyne

Évelyne a effectué le même trajet qu'Alain mais elle a décidé de parcourir 15 km par jour.

Combien d'étapes de 15 km a-t-elle effectuées ? Quelle distance lui restera-t-il à parcourir lors de la dernière étape ?

Doc. Itinéraire

2 Construction écologique

Développement durable

Un agriculteur souhaite isoler le toit de son hangar avec des bottes de paille.

Chaque pan du toit est un rectangle de longueur 1 500 cm et de largeur 500 cm.

L'agriculteur envisage deux dispositions possibles des bottes de paille.

Aide-le à choisir celle qui nécessite le moins de bottes de paille entières.

Doc. Données techniques

Dimensions d'une botte de paille

Deux dispositions des bottes (vues de dessus) sur un pan de toit

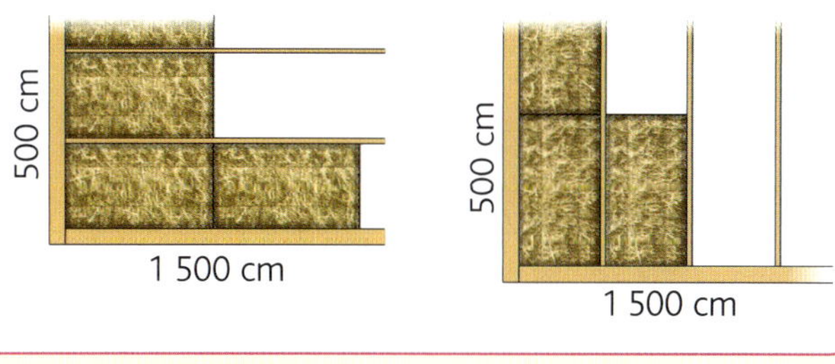

Additionner des nombres décimaux

COMPÉTENCE
→ Étendre l'addition aux nombres décimaux (sens, technique).

Un peu de déco !

Pour décorer un mur de sa chambre, Rémi colle bout à bout deux bandes d'une frise.

La première bande mesure 2,45 m de long et la seconde 1,8 m.

Quelle est la longueur totale de sa frise ?

MÉMO

• **Selon les nombres à additionner, on peut procéder de l'une ou l'autre des façons ci-dessous.**

❶ On additionne mentalement : 0,4 + 0,5.

❷ On additionne en ligne : 0,6 + 0,4.
0,6 + 0,4 = 6 dixièmes + 4 dixièmes
0,6 + 0,4 = 10 dixièmes
0,6 + 0,4 = 1

❸ On pose l'addition : 15,9 + 7,35

– **On aligne les chiffres** des unités, les virgules, les chiffres des dixièmes, des centièmes.
– **On procède comme pour les nombres entiers.**
– **On place la virgule** au résultat sous les autres virgules.

	d	u	,	$\frac{1}{10}$	$\frac{1}{100}$
	1	1			
	1	5	,	9	0
+		7	,	3	5
	2	3	,	2	5

9 dixièmes c'est 90 centièmes.

• **On peut contrôler le résultat :**

– **mentalement avec des ordres de grandeur :** 15,9 est proche de **16** et 7,35 est proche de **7** donc 15,9 + 7,35 est proche de **16** + **7** c'est-à-dire de **23**.

– **avec une calculatrice :** on utilise la touche [•] pour taper la virgule.

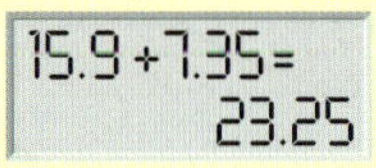

1 **À l'oral** Julie parcourt 0,3 km pour passer prendre son amie Emma puis 0,5 km pour se rendre à leur club de judo.
Calcule mentalement la distance parcourue par Julie.

2 Nils veut acheter un pain au chocolat.
Il a 0,75 € mais il lui manque 0,20 €.
Calcule mentalement le prix du pain au chocolat.

3 Un panier vide pèse 0,35 kg.
Félix met 4,5 kg de pommes à l'intérieur du panier.
Combien pèse alors le panier ?

4 **Calcule en ligne.**

a. 1,5 + 0,3 b. 6,4 + 2
c. 0,5 + 2,5 d. 3,5 + 5,24
e. 2,35 + 3,4 f. 1,8 + 2,4

5 • **Change l'ordre des nombres pour calculer astucieusement et mentalement.**

a. 0,4 + 3 + 0,6   b. 0,2 + 15 + 1,8
c. 8,5 + 2,2 + 1,5   d. 0,9 + 6,7 + 6,1

6 • **Relie les nombres afin que leur somme soit égale à 4.**

1,6	0,7	2,5	2,1	3,5
3,3	1,9	0,5	1,5	2,4

7 • **Effectue l'addition.**

a.
```
  875,28
+  73,74
```
b.
```
  825,80
+ 576,37
```

8 • **Effectue l'addition et vérifie avec la calculatrice.**

a.
```
  1564,41
+  532,85
```
b.
```
  5642,75
+ 4568,30
```

9 •

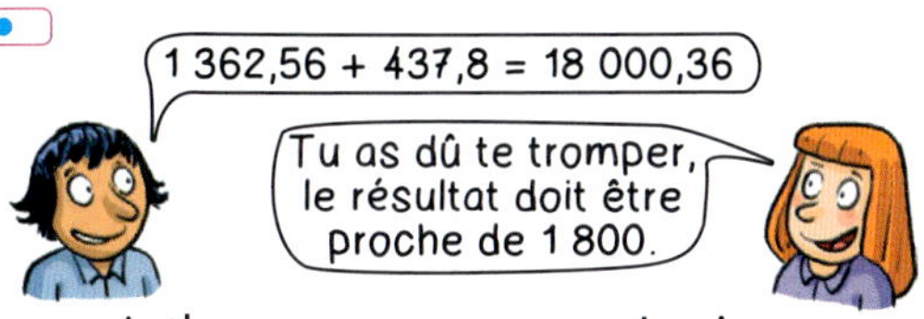

a. Sans poser l'addition, explique comment Louise peut affirmer cela.

b. Pose l'addition et corrige la réponse d'Arthur.

10 • **Affiche chaque nombre avec la calculatrice et utilise une addition pour changer le 8 en 2 et le 1 en 3 sans changer les autres chiffres.**

a. 7,18   b. 12,85   c. 31,82

11 • **Pose et effectue l'addition. Vérifie avec des ordres de grandeur.**

a. 407 + 129,3 + 37,96
b. 158,4 + 74,8 + 0,85

12 • **Pose et effectue l'addition. Vérifie avec la calculatrice.**

a. 13,7 + 25,08 + 14,5   b. 15 + 35,98 + 24,12

13 •• **Problème** Sgrabouilla prépare une potion magique.
Elle utilise :
- 0,75 L de jus de limace,
- 0,2 L de bave de crapaud,
- 0,5 L de larmes de crocodile.

Peut-elle préparer sa potion dans un flacon de 1,5 L ? Explique.

14 •• Armel se rend en voiture de Brest au Mont Saint-Michel.

Calcule la distance parcourue avec la calculatrice.

15 •• **Problème** Célia veut s'acheter une tenue de danse. Elle possède 57 €.

Pantalon	T-shirt	Legging	Top	Sac
17,45 €	13,90 €	14,99 €	8,50 €	15,95 €

Quels accessoires peut-elle acheter ? Cherche toutes les solutions possibles.

Maths en jeu !

Trouve toutes les façons d'entourer trois nombres horizontaux ou verticaux dont la somme des deux premiers est égale au troisième.

Par exemple : 8,2 + 8,3 = 16,5.

3,5	13	6	8,2	6,4	13,6	5,4	19	1,5	17,3
1	2,7	3,7	8,3	4,6	5	4	2,5	0	2,5
14	1,2	5,3	16,5	11	27,3	7	9,5	1	9,5
6	8,7	10	0	3,5	2,7	2	0,5	7	6,5
0,5	11,5	9,5	21	1	30	6,5	10	4,5	15

> Corrigés p. 184

Soustraire des nombres décimaux

COMPÉTENCE
→ Étendre la soustraction aux nombres décimaux (sens, technique).

Biscotte sur la balance

Le club dans lequel Mathilde monte son poney Biscotte est équipé d'une balance.
Mathilde se pèse avec tout son équipement ; la balance affiche 31,45 kg.
Puis elle monte sur son poney et la balance affiche alors 185,6 kg.

Combien pèse Biscotte ?

MÉMO

- **Selon les nombres à soustraire, on peut procéder de l'une ou l'autre des façons ci-dessous.**

❶ On soustrait mentalement : 0,5 – 0,2.

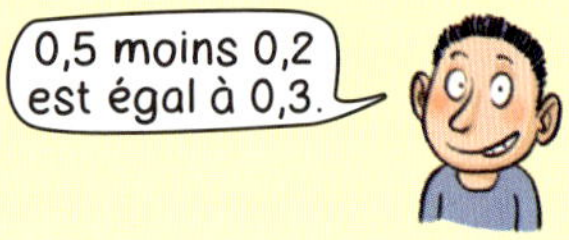

❷ On soustrait en ligne : 1 – 0,4.
1 – 0,4 = 10 dixièmes – 4 dixièmes
1 – 0,4 = 6 dixièmes
1 – 0,4 = 0,6

❸ On pose la soustraction : 59,8 – 14,52

– **On écrit le plus grand des deux nombres au-dessus.**
– **On aligne les chiffres** des unités, les virgules, les chiffres des dixièmes, des centièmes.
– **On procède comme pour les nombres entiers.**
– **On place la virgule au résultat** sous les autres virgules.

	d	u	,	$\frac{1}{10}$	$\frac{1}{100}$
	5	9	,	8	$_1$0
–	1	4	,	5	2
				+1	
	4	5	,	2	8

- **On peut contrôler le résultat :**

– **mentalement avec des ordres de grandeur :**
59,8 est proche de **60** et 14,52 est proche de **15** donc 59,8 – 14,52 est proche de **60** – **15** c'est-à-dire de **45**.

– **avec une calculatrice :**

59.8–14.52 =
45.28

1 **À l'oral** Adrien a 0,85 kg de farine. Il en utilise 0,20 kg pour faire un gâteau.
Calcule mentalement la masse de farine restante.

2 **Problème** Martin doit 1,50 € à Théo mais il n'a pas de pièces. Il lui donne un billet de 5 €.
Calcule mentalement combien Théo doit rendre à Martin.

3 Lucie mesure 1,34 m.
Elle mesure 0,07 m de moins que Clémence.
Lucie affirme :
« Pour calculer la taille de Clémence, j'effectue 1,34 m – 0,07 m. »
Qu'en penses-tu?

4 **Calcule en ligne.**

a. 1,7 – 0,3
b. 5,6 – 3,4
c. 6,4 – 1,2
d. 9,7 – 2,5
e. 8 – 2,3
f. 10 – 3,5

5 **Effectue la soustraction.**
Vérifie avec la calculatrice.

a.
```
   7 8 , 9 6
 – 4 6 , 4 2
```
b.
```
   1 9 , 8 0
 –     7 , 3 5
```
c.
```
   3 5 0 , 4
 – 1 9 3 , 0
```
d.
```
   6 2 , 1 9
 – 1 7 , 6 0
```

6 Pauline a effectué une soustraction.

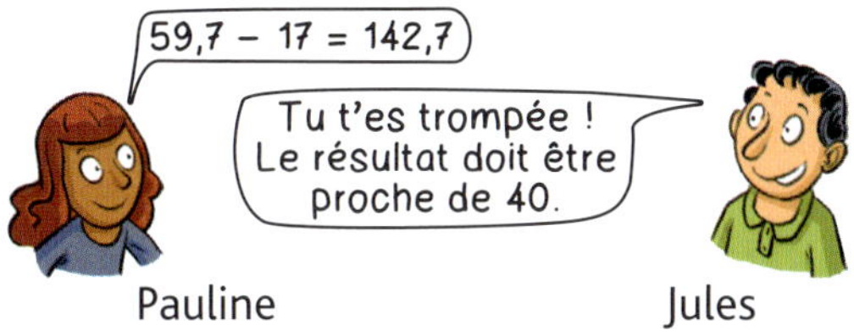

a. Sans poser la soustraction, explique comment Jules peut affirmer cela.

b. Pose la soustraction et corrige la réponse de Pauline.

7 **Pose et effectue la soustraction.**
Vérifie avec des ordres de grandeur.

a. 121,5 – 39,21 b. 283 – 47,7

8 **Pose et effectue la soustraction. Vérifie avec la calculatrice.**

a. 62,4 – 4,8 b. 107,43 – 23,57
c. 9,43 – 8,45 d. 87,4 – 25,59

9 **Affiche 27,8 à l'écran de la calculatrice sans utiliser les touches 2, 7, 8 et en effectuant une seule opération.**

10 **Trouve le nombre sous la tache.**

a. 27,5 + ■ = 64,3 b. ■ + 42,7 = 95,2
c. 43,4 – ■ = 16,7 d. ■ – 79,8 = 15,6

11 Alix constate qu'il a fait 11,5 °C ce matin et qu'il fait 21 °C à 14 h.
Quel est l'écart entre ces températures ?

12 **Quel sera le prix de chaque article après réduction ?**

Jean	39,90 €
Sweat	22 €
T-shirt	15,75 €
Blouson	45 €

Réduction de 9,90 € sur tous les articles

TOUT DOIT DISPARAITRE

13 **Problème** Gaël a versé 1,4 L de jus d'orange dans un pichet de contenance 2,15 L.
Quelle quantité de jus de citron peut-il ajouter ?

14 **Problème** Léa a donné un billet de 10 € pour payer les achats ci-dessous.
Elle vérifie la monnaie qu'on lui a rendue et trouve 1,88 €.
Elle pense avoir perdu une pièce. Laquelle ?

Pain	1,17 €
Fouace	3,50 €
Quiche	2,45 €

15 Tom veut télécharger sur sa clé USB le film *Dragons* (1,34 Go).
Voici la capacité de stockage de sa clé USB.

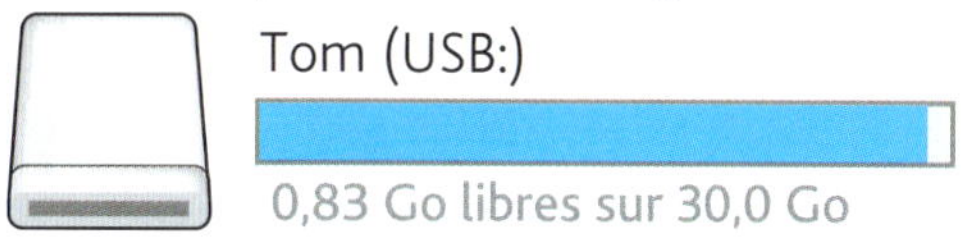

Tom a-t-il assez d'espace libre sur sa clé ?
Si oui, explique.
Si non, combien d'espace doit-il libérer ?

LE DÉFI DU JOUR

Myrtille a posé et effectué une soustraction.
Sa petite sœur a découpé son opération en morceaux.
Reconstitue la soustraction en utilisant tous les morceaux.

> Corrigés p. 184

Découvrir des situations de proportionnalité

COMPÉTENCE
→ Étudier des situations qui relèvent ou non de la proportionnalité.

La fête au village

Hugo a conçu une affiche pour annoncer le programme de la fête qui sera organisée dans son village.
Il souhaite en faire 100 photocopies. Pour cela, il hésite entre deux magasins.

Aide-le à choisir.

Copy Net
12 centimes la photocopie

Repro Rapid	
De la 1re à la 30e	20 centimes pièce
À partir de la 31e	10 centimes pièce

MÉMO

- Au marché, **1 kg** de raisin est vendu 4 €.

3 kg de raisin, c'est 3 fois plus que 1 kg, donc on paie 3 fois plus, c'est-à-dire 3 × 4 € soit 12 €.

Un demi-kilogramme de raisin, c'est 2 fois moins que 1 kg, donc on paie 2 fois moins, c'est-à-dire **4 € : 2** soit 2 €.
On dit que **le prix payé (en €) est proportionnel à la masse (en kg)** de raisin achetée.

- Karim a 6 ans et sa sœur a 10 ans.

Dans 6 ans, Karim aura 12 ans, il sera 2 fois plus âgé, mais sa sœur aura 16 ans et ne sera pas 2 fois plus âgée.
L'âge de Karim n'est pas proportionnel à l'âge de sa sœur.

1 Dans un jeu de cartes, une carte Fée vaut 3 cartes Sorcière.
Combien donnes-tu de cartes Sorcière à Sarah si elle te donne :
a. 2 cartes Fée ?
b. 4 cartes Fée ?

2 Un jardinier remplit des arrosoirs à un robinet. En 1 min, il s'écoule 3 L d'eau.
Combien s'écoulera-t-il d'eau s'il laisse ce robinet ouvert :
a. 2 min ? b. 8 min ? c. 10 min ?

3 Laure achète des tickets de bus à l'unité. Pour un ticket, elle paie 2 €.
Combien paierait-elle pour :
- **4 tickets ?**
- **6 tickets ?**
- **10 tickets ?**

4 Voici une recette de gâteau.

Ingrédients pour 8 personnes
6 œufs
1 sachet de levure
1 sachet de sucre vanillé
50 cL de lait
300 g de sucre en poudre
350 g de farine
2 verres d'huile

Quelle quantité de chaque ingrédient faudrait-il prévoir pour :
a. 4 personnes ? b. 12 personnes ?

5 Ce matin, à 10 h, la température extérieure était de 18° C.
Ce soir, à 20 h, elle est de 12° C.
Est-ce que la température extérieure est proportionnelle à l'heure ? Explique.

6 **Réponds à la question lorsque cela te parait possible.**
a. Une équipe de football a marqué 2 buts en première mi-temps. Combien en marquera-t-elle durant tout le match ?
b. À 11 ans, Alban chausse du 39.
Quelle sera sa pointure à 22 ans ?
c. Annabelle a acheté un paquet d'enveloppes. 12 de ces enveloppes pèsent 240 g.
Combien pèsent 2 de ces enveloppes ?

7 **Problème** Delphine prépare une boisson en mélangeant 4 cL de sirop avec 10 cL de limonade.
Pour obtenir une boisson qui a le même gout :

a. avec quelle quantité de limonade Marie doit-elle mélanger 20 cL de sirop ?
b. quelle quantité de sirop Samy doit-il mélanger avec 100 cL de limonade ?

8 **Problème** Une pièce de 2 € pèse 8 g et a une épaisseur de 2 mm.
a. Combien pèsent 10 pièces de 2 € ?
b. Une pile de pièces de 2 € pèse 176 g.
Combien contient-elle de pièces ?
Quelle est la hauteur de cette pile?

9 **Problème** On a relevé les quantités d'eau contenues dans deux pots de fromage blanc d'une même marque.

pot de 200 g
eau : 16 cL

pot de 1 kg
eau : 80 cL

Pour ces deux pots, la quantité d'eau est-elle proportionnelle à la masse du pot ?

10 **Problème** **Le tarif pratiqué par ce manège est-il proportionnel au nombre de tours ?**

11 **Problème** On fabrique des piles de même hauteur avec les cubes ci-contre : une de cubes jaunes et l'autre de cubes bleus.

a. On place 45 cubes jaunes.
Combien faut-il de cubes bleus ?
b. On place 28 cubes bleus.
Combien faut-il de cubes jaunes ?

12 **Problème** On réalise un escalier avec des barres de bois comme ci-contre.
Avec 3 marches l'escalier pèse 300 g.

Combien pèserait un tel escalier s'il avait 6 marches ?

Maths en jeu !

Règle du jeu
On ne peut passer d'une pièce à une autre que :
- si ces pièces se touchent par un côté ;
- si elles ont des dimensions proportionnelles.

Trouve le chemin pour aller de l'entrée du labyrinthe à la sortie.

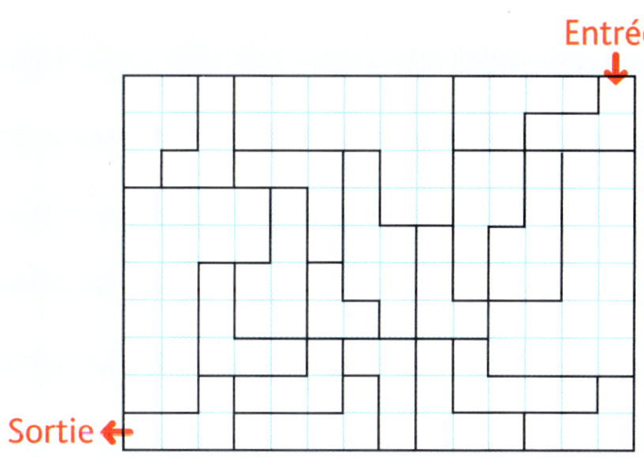

> Corrigés p. 184

Utiliser les propriétés de la proportionnalité

COMPÉTENCE
→ Utiliser les propriétés de linéarité (additive et multiplicative) de la proportionnalité.

Les battements de cœur

En EPS, chaque élève mesure son pouls en début de séance.

- Ludo : « J'ai pris mon pouls pendant 15 secondes et j'ai compté 17 battements de cœur. »
- Dylan et Maria proposent chacun une méthode pour calculer le nombre de battements de Ludo pendant une minute.

Dylan : « Je calcule d'abord le nombre de battements en 45 secondes et ensuite je n'ai qu'une addition à faire. »

- Maria : « Moi, je peux le trouver facilement avec une seule multiplication. »

Utilise les méthodes de Dylan et Maria.

MÉMO

- **Pour répondre à des questions de proportionnalité, on peut utiliser deux techniques.**

Un satellite fait 6 tours de la Terre en 24 h.

❶ La multiplication d'une quantité par un nombre

Pour faire 2 fois, 3 fois… plus de tours, le satellite met 2 fois, 3 fois… plus de temps.

Pour faire 2×6 tours, il met 2×24 h.

Le satellite fait 12 tours en 48 h.

Pour faire 3×6 tours, il met 3×24 h.

Le satellite fait 18 tours en 72 h.

❷ L'addition (ou la soustraction) de quantités

Le satellite fait 12 tours + 18 tours en 48 h + 72 h.

Le satellite fait 30 tours en 120 h.

1 Arthur joue un morceau de musique en essayant de donner la même durée à chaque mesure. Il met 4 secondes pour jouer 10 mesures.

Quel temps mettra-t-il pour jouer un morceau qui comprend :

a. 5 mesures ? b. 15 mesures ?

2 Un paquet de 500 feuilles a une épaisseur de 54 mm.

Quelle serait l'épaisseur d'un paquet de :

a. 1 000 feuilles ? b. 250 feuilles ?

c. 1 250 feuilles ? d. 750 feuilles ?

3 Ayant un rendez-vous, une tortue pressée parcourt 30 m en 10 min.

À cette allure-là, quelle distance parcourt la tortue en :

a. 5 min ? b. 1 min ? c. 6 min ? d. 4 min ?

4 En pressant 3 pamplemousses, on obtient 40 cL de jus.

Si tous les pamplemousses donnent la même quantité de jus :

a. quelle quantité de jus obtient-on avec 12 pamplemousses ?

b. combien de pamplemousses faut-il pour obtenir 200 cL de jus ?

5 **Problème** Dans l'eau de mer, la masse de sel est proportionnelle à la quantité d'eau.
12 L d'eau de la mer Méditerranée contiennent 420 g de sel.

a. Quelle masse de sel est contenue dans :
- 2 L d'eau de mer ?
- 1 L d'eau de mer ?

b. Quelle quantité d'eau de mer contient :
- 490 g de sel ?
- 350 g de sel ?

6 **Problème** À vélo, le nombre de tours de pédalier effectués est proportionnel à la distance parcourue. Avec 4 tours de pédalier, Jade parcourt 14 m.

a. Quelle distance parcourt-elle lorsqu'elle effectue :
- 2 tours de pédalier ?
- 50 tours ?
- 52 tours ?
- 48 tours ?

b. Combien de tours de pédalier doit-elle effectuer pour parcourir 700 m ?

7 **Problème** Max pose un récipient sur une balance ménagère. Le cadran indique alors 520 g.

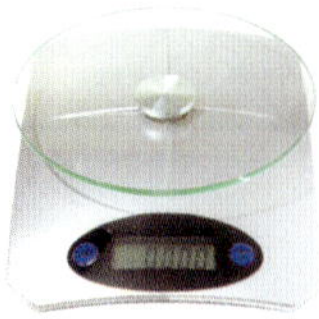

Max ajoute 6 cuillerées de farine dans le récipient. Le cadran indique alors 600 g.

a. Max ajoute encore 3 cuillerées de farine. Qu'indique le cadran de la balance ?

b. Combien doit-il ajouter encore de cuillerées pour que la balance indique 800 g ?

8 **Problème** Un cross se court sur un même circuit pour toutes les catégories d'âge.

Sans effectuer de division, mais en expliquant ta démarche, calcule la distance parcourue sur ce circuit lorsqu'on effectue :

a. 8 tours
b. 2 tours
c. 7 tours
d. 10 tours

9 Un transporteur propose les tarifs suivants :

Distance	100 km	150 km	200 km	250 km
Prix	86 €	129 €	164 €	205 €

Chez ce transporteur, le prix payé est-il proportionnel à la distance parcourue ? Explique ta réponse.

10 **Problème** Ce rectangle est un assemblage de deux carrés par un côté.

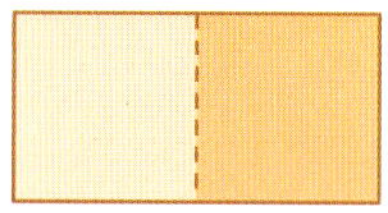

Le périmètre de ce rectangle est 90 m.

Peux-tu calculer le périmètre de l'un des carrés ?

11 **Problème**

En cet instant, quelle heure devrait-il afficher en réalité ?

LE DÉFI DU JOUR

Deux poules pondent deux œufs en deux jours.
Combien d'œufs pondent dix poules en dix jours ?

> Corrigés p. 184

J'utilise mes compétences Bilan

1 Maitriser le sens des opérations (1)

Lucas remplit son cartable avec 1,5 kg de livres et de cahiers.
Le cartable vide pèse 0,9 kg.

Combien pèse son cartable rempli ?

2 Maitriser le sens des opérations (2)

Ce matin, Éva était souffrante. Sa température était de 38,7 °C. C'est 0,4 °C de plus qu'à 17 h.

Quelle est sa température à 17 h ?

3 Effectuer une opération posée

Recopie et effectue l'opération.

a.
```
   1 4 6 , 7
+    3 8 , 6
-----------
```

b.
```
   6 9 , 2
 – 2 5 , 4
----------
```

4 Poser une opération

Pose et effectue l'opération.
Vérifie avec ta calculatrice.

a. 6,52 + 1,8 b. 35,6 + 42,85
c. 72 – 8,4 d. 45,2 – 24,25

5 Calculer avec une stratégie

Calcule astucieusement.

a. 2,5 + 4 + 0,5
b. 15 + 0,3 + 0,7
c. 1,7 + 3,8 + 1,2
d. 5,4 + 4 + 0,6 + 3

6 Repérer une erreur

Alicia effectue 436,87 + 339,95 + 120,54.

Voici ce qu'affiche sa calculatrice : 2520.36

Comment peut-elle se rendre compte qu'elle s'est trompée ?

7 Choisir l'opération (1)

Voici les hauteurs de pluie relevées pendant trois mois de l'année 2015 à Nantes.

Janvier	Février	Mars
106,6 mm	76,8 mm	37,8 mm

Quelle est la hauteur totale de pluie tombée pendant ces trois mois ?

8 Choisir l'opération (2)

Un marin pêcheur vend 42,5 kg de poissons à une personne puis 29,4 kg à une autre.

Quelle masse de poissons a-t-il vendue ?

9 Choisir l'opération (3)

Une vétérinaire a pesé un manchot empereur et un grand pingouin sur la banquise.

Le manchot pèse 28,4 kg et le pingouin 4,6 kg.

Quel est leur écart de poids ?

10 Choisir l'opération (4)

Martin participe à une épreuve de ski de fond de 7,5 km de long. À midi, il lui reste encore 2,75 km à parcourir.

Quelle distance a-t-il déjà parcourue ?

11 Reconnaitre une situation de proportionnalité

Réponds par oui ou par non.
Si oui, écris le résultat.

a. Une place de cinéma Enfant coute 4 €.
Peut-on calculer le prix de 5 places Enfant ?

b. Djibril a 8 ans. Il mesure 125 cm.
Peut-on connaitre sa taille à 16 ans ?

c. À vélo, Stacy avance de 60 m en 10 tours de pédalier.
Peut-on calculer la distance qu'elle parcourt en 5 tours de pédalier ?

12 Étudier une situation de proportionnalité

Voici les ingrédients d'une recette pour faire 15 crêpes.

Quelles quantités doit-on prévoir pour préparer 60 crêpes ?

1 Le mont Blanc

Géographie

Le mont Blanc est le plus haut sommet des Alpes et d'Europe de l'Ouest.
Pendant le XXe siècle, son altitude officielle était de 4 807 m.
Les techniques de mesures évoluent ; depuis 2001, on mesure le mont Blanc tous les deux ans.

a. Quelle est la différence entre l'altitude officielle du XXe siècle et celle mesurée en 2001 ?

b. Quel est l'écart d'altitude entre 2011 et 2013 ?

c. En 2007, les experts ont montré que l'altitude du mont Blanc a augmenté de 2,15 m par rapport à 2005.
Quelle était son altitude en 2007 ?

d. En 2015, on a observé que le mont Blanc a perdu 1,67 m depuis 2001.
Quelle est son altitude en 2015 ?

Doc. Relevés de l'altitude du mont Blanc

Ce tableau présente les relevés jusqu'en 2013. Il est incomplet.

2001	2003	2005	2007	2009	2011	2013	2015
4 810,4 m	4 808,45 m	4 808,75 m	....	4 810,45 m	4 810,44 m	4 810,02 m	....

2 Le dessin animé

Arts plastiques

La technique du dessin animé s'appuie sur la projection d'images fixes.

a. On projette 8 images par seconde. Combien d'images projette-t-on :
- en 10 secondes ?
- en 30 secondes ?

b. Avec une autre vitesse, 300 images sont projetées en 25 secondes et 420 images en 35 secondes.
À cette vitesse, combien d'images sont projetées en 60 secondes ?

c. Le mur rectangulaire d'une écurie a 12 m de long et 3 m de haut. Pour le représenter sur une image, on dessine un rectangle de 1 cm de haut.
Quelle est alors la longueur du mur de l'écurie sur cette image ?

Doc. Technique du dessin animé

Les dessinatrices et dessinateurs créent des images fixes : elles sont ensuite projetées les unes après les autres pour donner l'illusion du mouvement.
Pour faire courir un cheval, on a créé ici une suite de 8 dessins tous un peu différents.
En projetant cette suite de 8 images en une seconde, on donne l'illusion que le cheval galope.

Comparer, mesurer des longueurs

COMPÉTENCES
→ Comparer des longueurs avec ou sans recours à la mesure.
→ Estimer, mesurer une longueur.
→ Utiliser des instruments de mesure.

Les crayons

Yann est bien ennuyé : son professeur lui a demandé de ranger ces crayons du plus court au plus long mais il ne trouve plus son double-décimètre ! Dans sa trousse, il a un stylo, un bout de ficelle, une gomme, une bande de papier à petits carreaux et un compas.

Comment peut-il s'y prendre pour faire le travail demandé ?

MÉMO

• Pour comparer deux longueurs, on peut procéder de plusieurs façons.

❶ Utiliser une bande

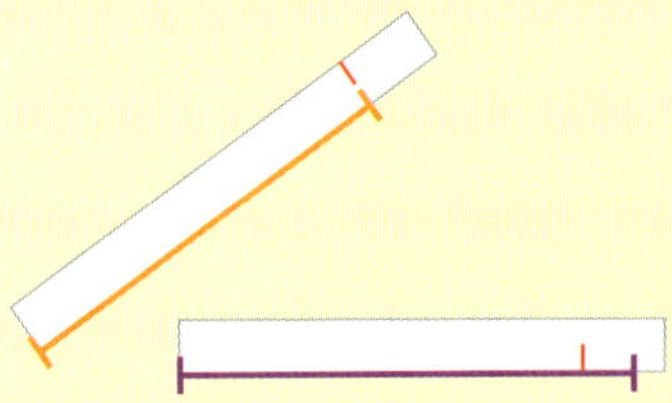

Le segment violet est plus long que le segment orange.

❷ Utiliser un compas

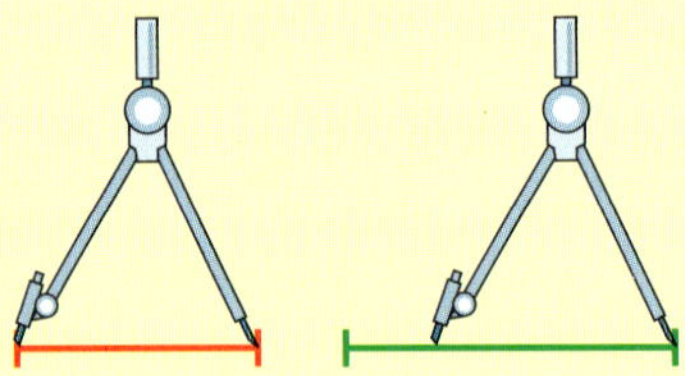

On reporte la longueur du segment rouge.
Elle est plus petite que celle du segment vert.

❸ Mesurer

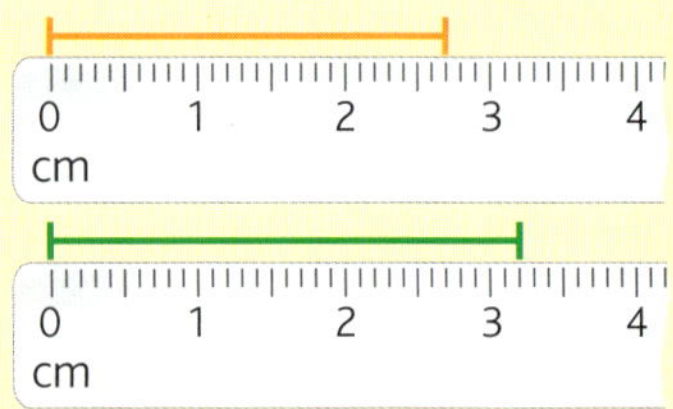

2 cm 7 mm < 3 cm 2 mm
Le segment orange est plus court que le segment vert.

1 **À l'oral** Utilise une bande de papier à bord droit pour dire quel clou est le plus court.

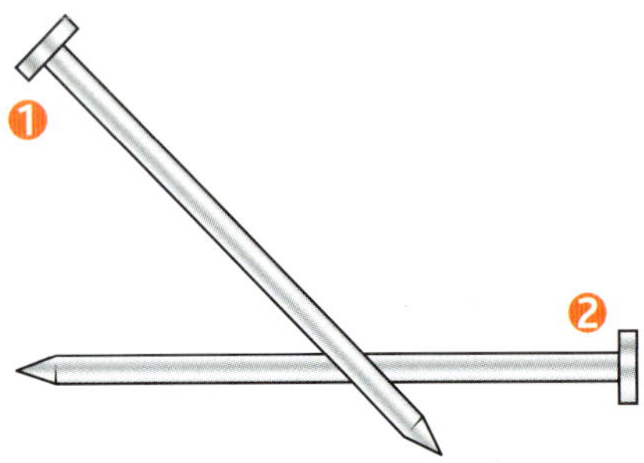

2 Avec ton compas, compare les longueurs des deux segments. Dans chaque cas, dis quel segment est le plus long.

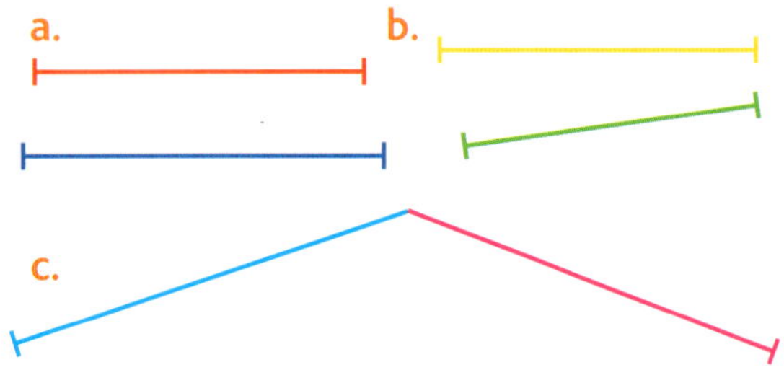

3 **Avec ton compas, compare les longueurs de ces trois bâtonnets de couleurs. Puis range-les du plus court au plus long.**

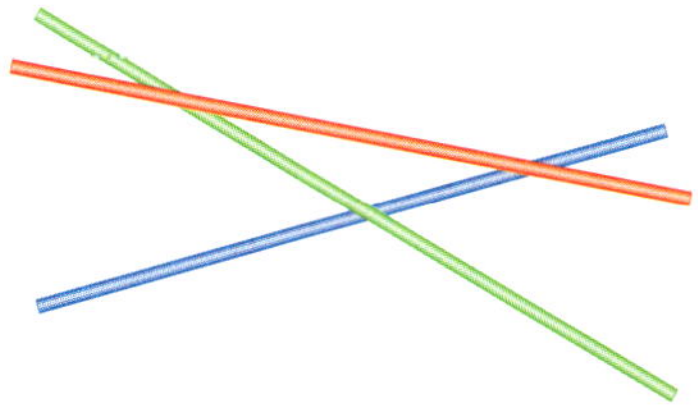

4 **Écris la longueur.**

a.

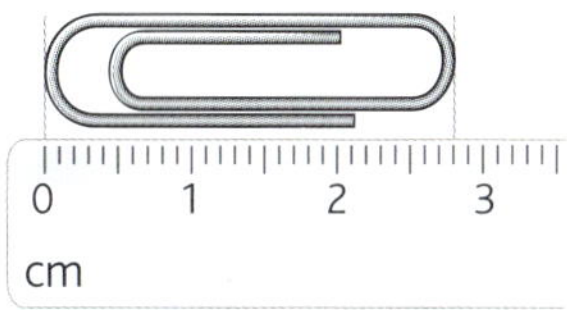

b.

5 **La longueur de cette chenille est-elle plus grande que 6 cm ?**

6 **Trace sur ton cahier :**

a. un segment de longueur 12 cm ;

b. un segment de longueur 6 cm 3 mm.

7

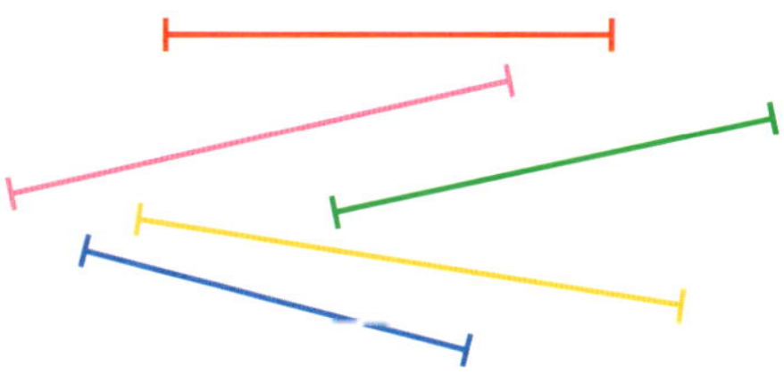

a. Quels segments sont plus longs que le segment rouge ?

b. Quel segment a la même longueur que le segment rouge ?

8 **Quelle mesure lis-tu :**

a. sur ce pluviomètre ? b. sur cette toise ?

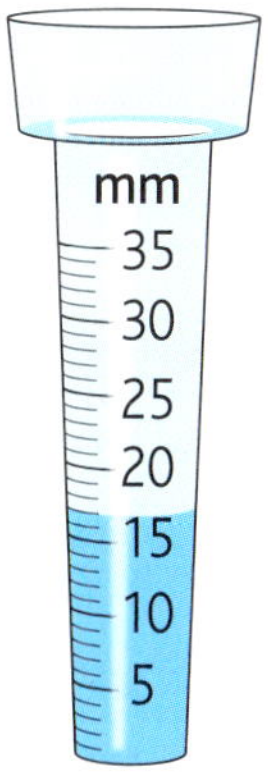

c. sur ce pied à coulisse pour coquillages ?

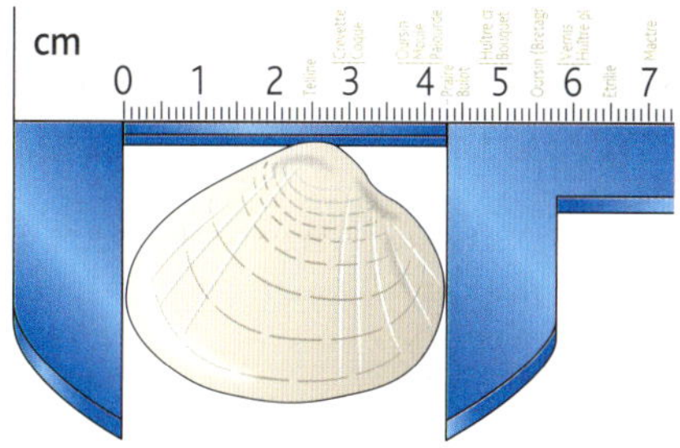

9 Voici un segment.

Sur ton cahier, trace :

a. un segment de même longueur ;

b. un segment dont la longueur est le double de celle du segment rouge.

10 **Problème** **Avec le compas et la règle, mais sans mesurer, trace sur ton cahier un segment qui a pour longueur la somme des longueurs de ces segments.**

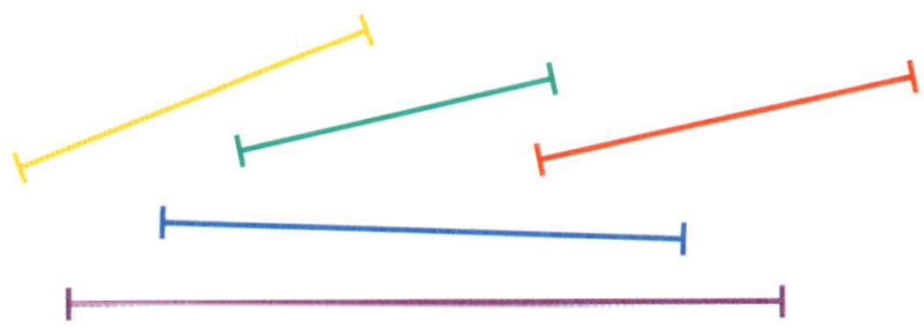

Maths en jeu !

Maxence doit se rendre à l'école, mais il est en retard !

Il a le choix entre trois chemins : le rouge, le bleu ou le vert.

Aide Maxence à trouver le chemin le plus court.

> Corrigés p. 184

Utiliser les unités de mesure de longueurs

COMPÉTENCE
→ Compléter les unités de longueurs et mettre en évidence leurs relations.

Les haricots magiques

Ziad et Flore ont acheté des haricots magiques. Ils les ont plantés dans le jardin. Au bout d'un jour, ils ont pu compléter ce tableau :

	cm	mm
Ziad	4	2
Flore	1	9

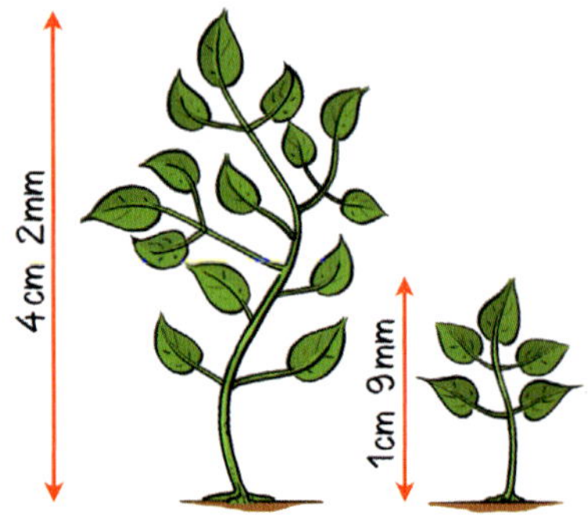

Au bout de dix jours, le haricot de Ziad est 10 fois plus grand et celui de Flore est 100 fois plus grand.
Quelle est alors la hauteur du haricot de Ziad ? de celui de Flore ?
Construis un tableau adapté à la hauteur de chaque haricot.

MÉMO

- **Le mètre est l'unité principale de mesure de longueur.**

kilomètre	hectomètre	décamètre	mètre	décimètre	centimètre	millimètre
km	hm	dam	m	dm	cm	mm
1	0	0	0			
			1	0	0	0

- **Relations entre unités :**

1 km = 10 hm = 100 dam = 1 000 m

1 m = 10 dm = 100 cm = 1 000 mm

- **Ordres de grandeur :**

Longueur du trajet Brest-Rennes : 246 km

Longueur de la cour de l'école : 45 m

Longueur d'un cahier de brouillon : 22 cm

Épaisseur d'un spaghetti : 1 mm

1 **À l'oral** **Lis la phrase en la complétant.**

a. Je suis une centaine de mètres, je suis ….

b. Je suis une dizaine de millimètres, je suis ….

c. Je suis 100 fois plus grand que le millimètre, je suis ….

d. Je suis 1 000 mètres, je suis ….

e. Je suis un millier de millimètres, je suis ….

f. Je suis 10 millimètres, je suis ….

2 **Dans chaque cas, recopie la bonne longueur.**

a. Une promenade à pied
40 km | 4 km | 4 m

b. Un trajet Paris-Lyon
390 m | 3 km 90 m | 390 km

c. La hauteur d'un sapin adulte
17 m | 70 cm | 107 m

3 Fais les bonnes associations.

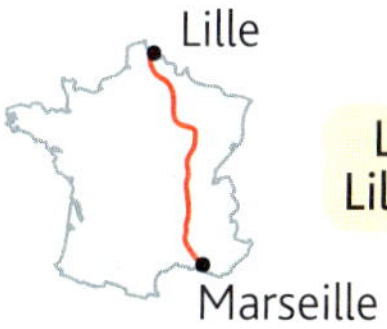

La longueur d'un stylo •	• 134 cm
La distance Lille-Marseille •	• 13 cm
La longueur d'un bus •	• 5 mm
La taille d'un enfant de 9 ans •	• 12 m
L'épaisseur d'un téléphone •	• 1 003 km

4 **Recopie et complète par l'unité qui convient pour dire à combien tu estimes la distance parcourue en 10 min par :**

a. une voiture : 15 ... b. un escargot : 60 ...
c. un avion : 150 ... d. un piéton : 600 ...

5 **Combien de fois y a-t-il :**

a. 1 cm dans 1 m ?
b. 1 hm dans 1 km ?
c. 1 dam dans 1 km ?
d. 1 dm dans 1 dam ?

6 **Écris la longueur en cm.**

a. Une clé USB
Longueur réelle : 50 mm.

b. Un tabouret
Hauteur réelle : 5 dm 40 mm.

7 **Quelle longueur maximale en mètre peut-on mesurer avec un décamètre ?**

8 **Colorie d'une même couleur les étiquettes qui affichent la même longueur.**

25 dm	2 m 5 cm	2 500 cm
250 dm	2 500 mm	25 m
205 cm	250 cm	2 m 5 dm

9 **Problème** Un renard part chasser.

a. Il parcourt 120 m dans une prairie et 220 m dans la forêt.
515 m plus loin, il attrape un lièvre.

Quelle distance a-t-il parcourue avant d'attraper le lièvre ?

b. Pour retourner à son terrier, il longe une route sur 1 hm puis parcourt encore 20 dam.

Calcule la longueur totale de sa sortie, en m, puis sous la forme ... km ... m.

10 **Problème** Adèle a gagné des jetons pour faire avancer son auto-tamponneuse.

Un jeton rouge la fait avancer de 30 m et un jeton vert de 50 dm.

Quelle distance, en m, sa voiture pourra-t-elle parcourir avec tous ces jetons ?

11 Voici un tableau avec d'anciennes unités de longueurs, des unités anglo-saxonnes toujours utilisées et leur valeur approximative dans notre système métrique.

Range-les dans l'ordre croissant.

Le pied	305 mm	La lieue	4 288 m
Le yard	91 cm	La perche	6 496 mm
Le mile	1 609 m	Le pouce	25 mm

LE DÉFI DU JOUR

Quand Pinocchio ment, son nez s'allonge de 5 cm.
Quand il dit la vérité, son nez raccourcit de 20 mm.
Son nez mesurait 1 dm avant qu'il ne dise quatre mensonges et trois phrases vraies.

Combien son nez mesure-t-il maintenant ?

> Corrigés p. 184

Comparer, mesurer des périmètres

COMPÉTENCES
→ Comparer des périmètres avec ou sans recours à la mesure.
→ Mesurer des périmètres.

La course en forêt

La maitresse de Nassim prépare une course en forêt pour la classe.
Elle hésite entre les deux parcours ci-contre ; elle choisira celui qui est le plus long.

Quel parcours est le plus long ?

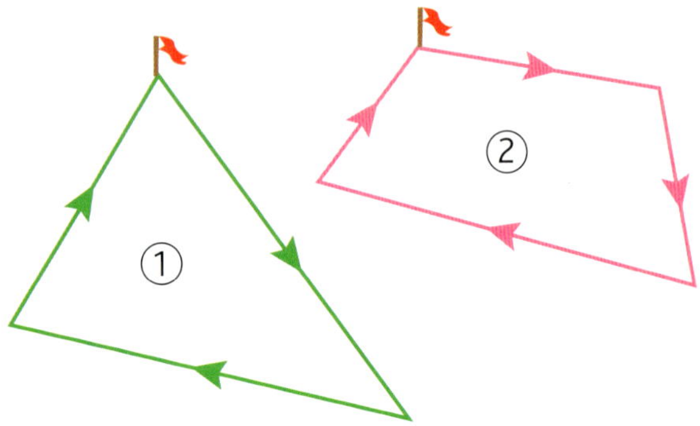

MÉMO

- **Le périmètre d'une figure est la longueur de son contour.**
- **Pour calculer le périmètre d'un polygone, on additionne les longueurs de ses côtés (exprimées dans la même unité).**

4 cm + 2 cm + 3 cm + 1 cm = 10 cm
Le périmètre du polygone ci-contre est 10 cm.

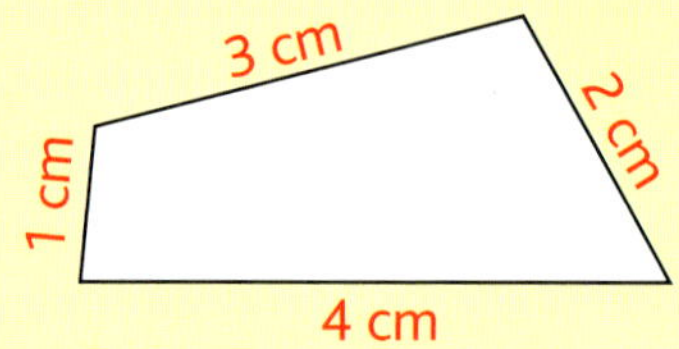

- **On peut comparer les périmètres de deux polygones en reportant les longueurs des côtés avec le compas sur une droite.**

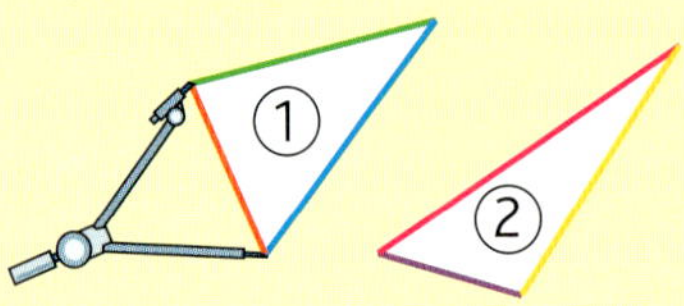

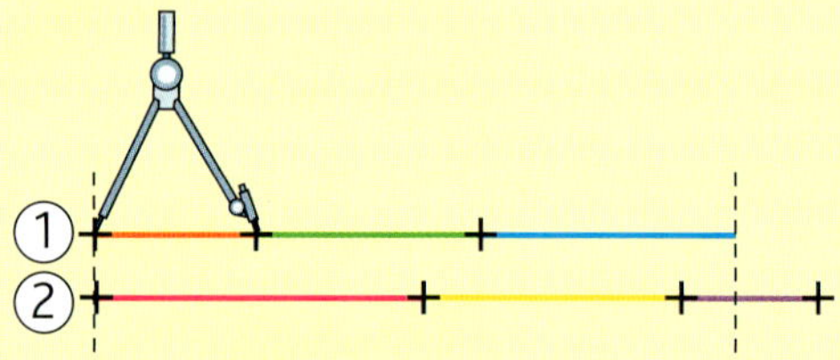

Le périmètre du triangle ① est plus petit que celui du triangle ②.

1 **Avec le compas, trace sur ton cahier un segment de la longueur du périmètre de ce triangle.**

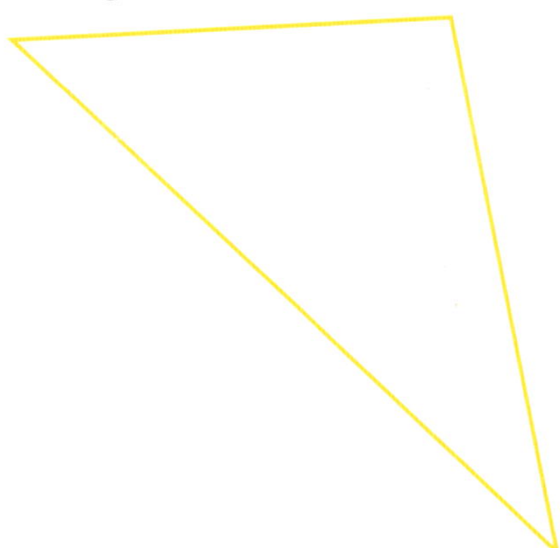

2 **Reproduis ces deux polygones sur du papier épais puis découpe-les.**
Fais une marque comme indiqué.
Trace une droite sur ton cahier et fais tourner chaque polygone sur cette droite à partir d'un même point jusqu'à revenir à la marque de départ.
Quel polygone a le plus grand périmètre ?

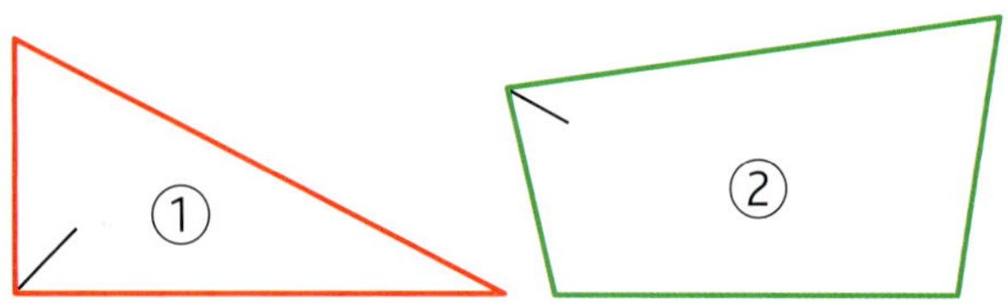

3 Avec le compas, trouve lequel de ces polygones a le plus petit périmètre.
Tu peux tracer des droites sur ton cahier.

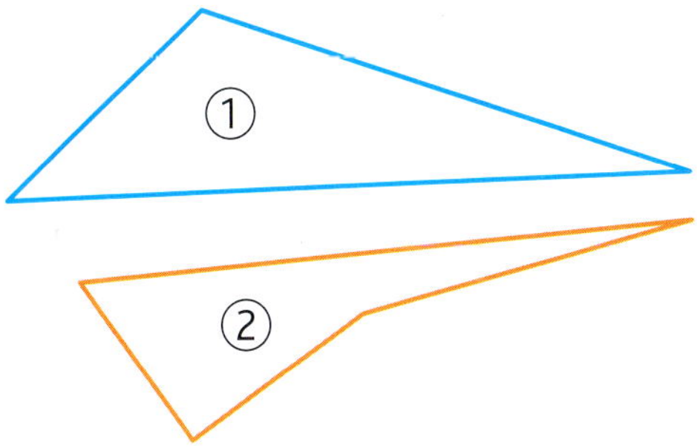

4 Calcule le périmètre de ce triangle.

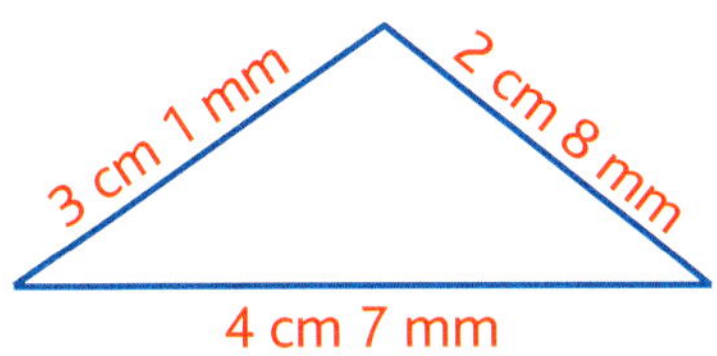

5 Calcule le périmètre de ce polygone.

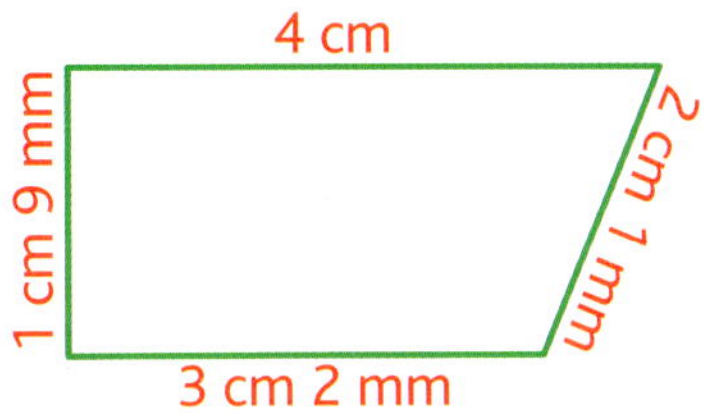

6 Calcule le périmètre de chaque quartier.

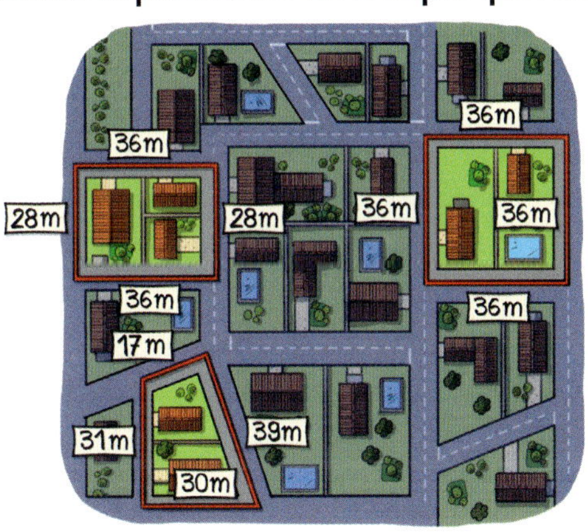

7 **À l'oral** Sans faire de mesure, compare puis range les périmètres de ces polygones du plus petit au plus grand.

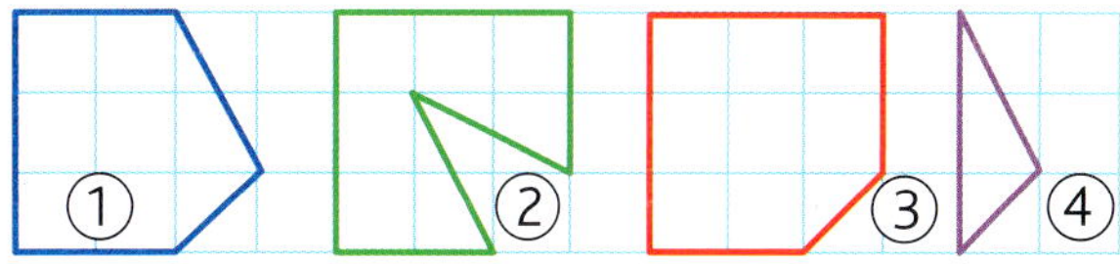

8 a. Calcule le périmètre de ce polygone.

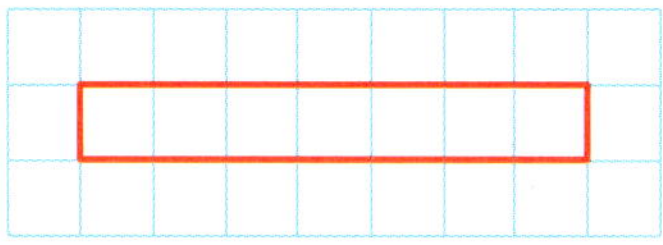

b. Construis sur ton cahier deux polygones différents ayant le même périmètre.

9 **Problème** Calcule la longueur totale des lignes blanches à repeindre.

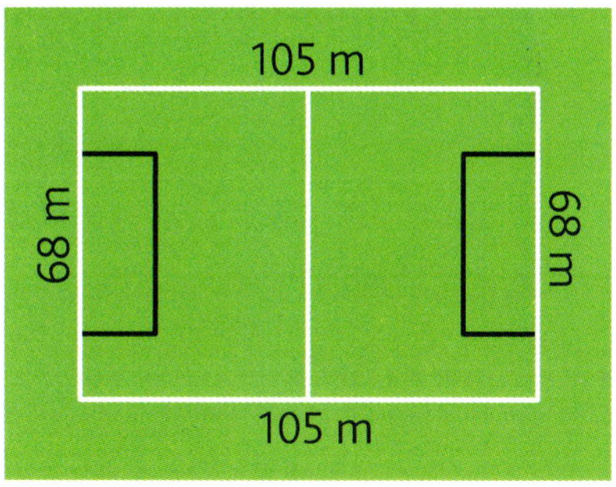

10 **Problème** Compare les périmètres de ces polygones. Que remarques-tu ?

Maths en jeu !

AVIS DE RECHERCHE
On recherche les trois types de polygones qui ont 4 côtés et dont le périmètre mesure 8 unités.
Leurs sommets doivent être des points du réseau.

Trace ces trois types de polygones.

> Corrigés p. 184

Utiliser les unités de mesure de masses

COMPÉTENCE
→ Compléter les unités de masses et mettre en évidence leurs relations.

L'étagère de Rosie

Rosie a fixé une étagère pour y ranger des livres et des revues.
Chaque livre pèse 1 kg, chaque revue pèse 100 g.

Sur l'emballage de l'étagère, elle lit : 

- **Combien de livres Rosie peut-elle poser sur son étagère si elle n'y met que des livres ?**
- **Combien de revues peut-elle placer sur son étagère si elle n'y pose que des revues ?**
- **Combien de revues, combien de livres, peut-elle disposer sur son étagère si elle y met autant de revues que de livres ?**

MÉMO

- **Le gramme (g) est l'unité principale de mesure de masse.**

kilogramme	hectogramme	décagramme	gramme	décigramme	centigramme	milligramme
kg	hg	dag	g	dg	cg	mg
			1	0	0	0

Pour des objets très lourds, on peut aussi utiliser **la tonne** (t).

- **Relations entre unités :**

1 t = 1 000 kg **1 kg = 10 hg = 100 dag = 1 000 g** **1 g = 10 dg = 100 cg = 1 000 mg**

- **Ordres de grandeurs :**

camion : 14 t

fruits et légumes : 3 kg

figurine : 5 g

fourmi : 15 mg

1 À l'oral À ton avis, quel objet est le plus lourd ? Comment peux-tu en être sûr-e ?

a. Un mouchoir en papier et une bille.
b. Une trousse et un dictionnaire.
c. Une paire de ciseaux et une gomme.

2 Quelle briquette est la plus légère ?

3 Dans chaque cas, recopie la bonne masse.

a. 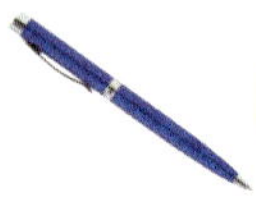 7 kg 7 g 7 mg

b.  300 t 300 g 300 mg

c.  1 t 1 kg 1 g

d. 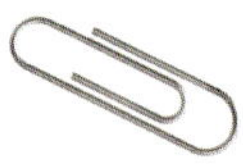 1 t 1 kg 1 g

4 Fais les bonnes associations.

	Une bille	1 t
	Une tablette	23 mg
	Un buffle	4 g
	Un grain de riz	6 kg
	Un chat	720 g

5 **Dans chaque cas, recopie et complète par l'unité qui convient : t, kg, g ou mg.**

450 ...

10 ...

100 ...

3 ...

70 ...

200 ...

6 Sur une boite contenant 10 gourdes de compote, on lit « 1 kg ».

Est-ce exact ? Explique.

7 Un cylindre  pèse 1 g.

Dix cylindres pèsent autant qu'un pavé 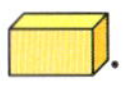.

Dix pavés ont la même masse qu'un cube .

Écris la masse de :

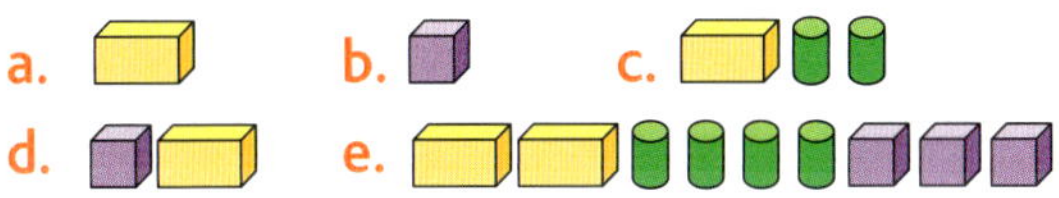

8 **Associe chaque balance avec l'échelle de pesée appropriée.**

Un pèse-lettre 		0 à 20 kg
Un pèse-personne 		0 à 1 kg
Un pèse-bébé 		5 à 150 kg

9 a. Donne la masse de chaque vêtement en gramme.

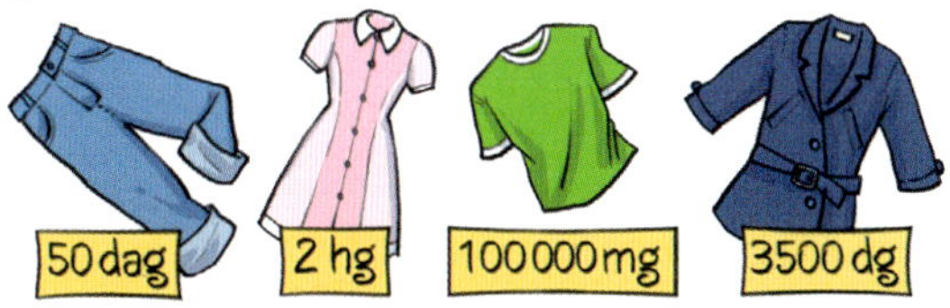

b. Range ces masses par ordre croissant.

10 **Colorie d'une même couleur les étiquettes qui affichent la même masse.**

12 dg	120 hg	12 t
12 g	12 kg	1 g 2 dg
120 cg	12 000 kg	12 000 mg

11 **Problème** Voici les tarifs proposés par La Poste pour l'envoi de courriers.

Masse	Nombre de timbres
< 20 g	1
20 g à 100 g	2
100 g à 250 g	4
250 g à 500 g	6

Luc envoie deux courriers à ses cousins : un qui pèse 320 g à Noé et un qui pèse 85 g à Tom.

Combien de timbres doit-il acheter ?

LE DÉFI DU JOUR

Iris emménage ; elle utilise l'ascenseur pour monter ses meubles au 4e étage.

Sur la porte, elle lit : Charge maximale 200 kg

Aide Iris à organiser ses voyages pour en faire le moins possible.

Attention, pense qu'Iris monte avec ses meubles ! Elle pèse 50 kg.

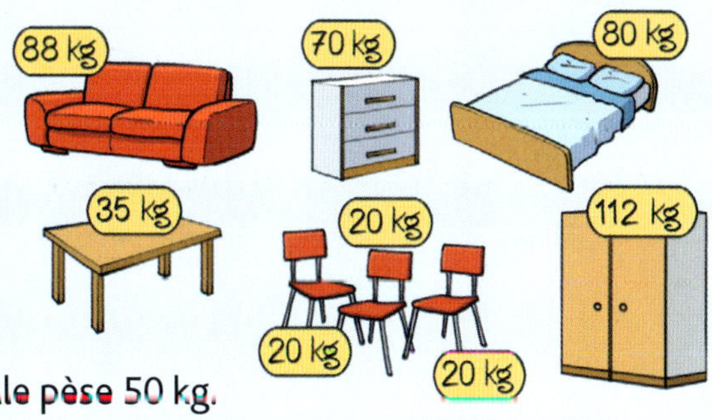

> Corrigés p. 184

1 Estimer une longueur

Associe la taille de chaque objet avec la longueur qui convient.

La hauteur d'un livre 	•	• 5 m 60 cm
La largeur entre les poteaux de rugby 	•	• 50 m
La longueur d'une piscine olympique 	•	• 30 cm

2 Comparer des longueurs

Avec le compas, compare les longueurs des deux segments.
Indique la couleur du segment le plus long.

a. **b.**

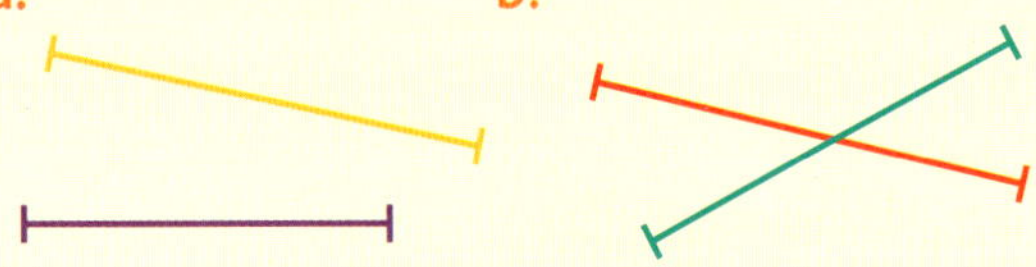

3 Mesurer la longueur d'un segment

Mesure la longueur de chaque segment.
N'oublie pas d'indiquer les unités.

a. **b.**

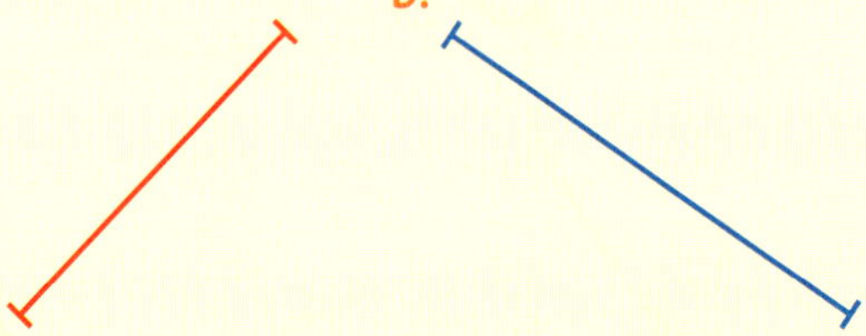

4 Tracer un segment de longueur donnée

Trace sur ton cahier :

a. un segment de longueur 8 cm 2 mm ;
b. un segment de longueur 4 cm 9 mm.

5 Connaitre les relations entre unités de longueurs

Écris ces longueurs en mètre.

a. La distance Marseille-Toulon : 65 km.
b. La hauteur d'une armoire : 20 dm.
c. La longueur de la Seine : 776 km.
d. La longueur du Pont Neuf à Paris : 24 000 cm.
e. La longueur d'une piste d'athlétisme : 4 hm.

6 Utiliser des mesures de longueurs

Voici le chemin que prend Claire pour aller à l'école.

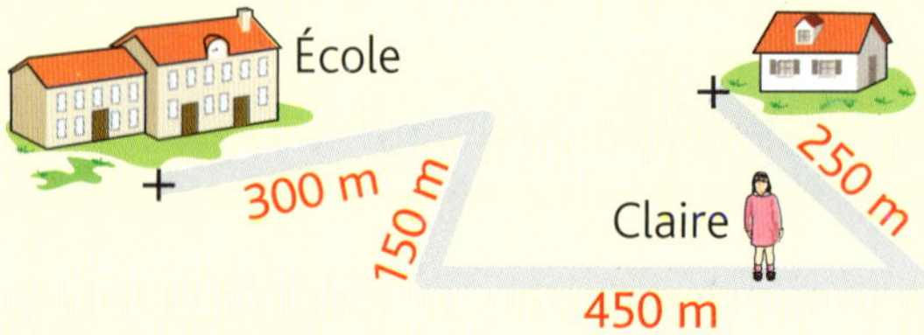

Parcourt-elle plus d'un kilomètre ? Explique.

7 Calculer le périmètre d'un polygone

Calcule le périmètre de ce polygone.
Chaque carreau a 1 cm de côté.

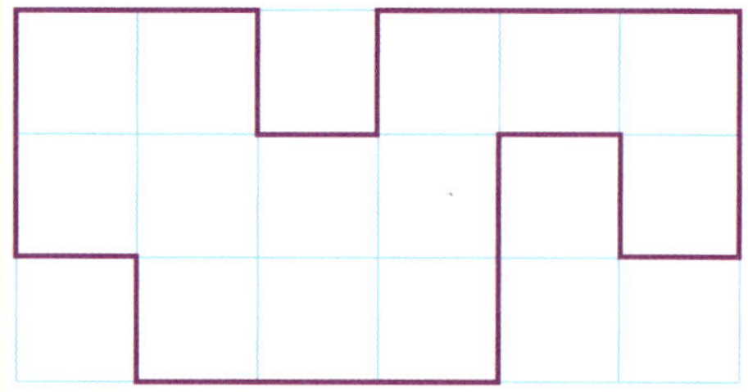

8 Comparer des périmètres

Compare les périmètres de ces deux triangles.

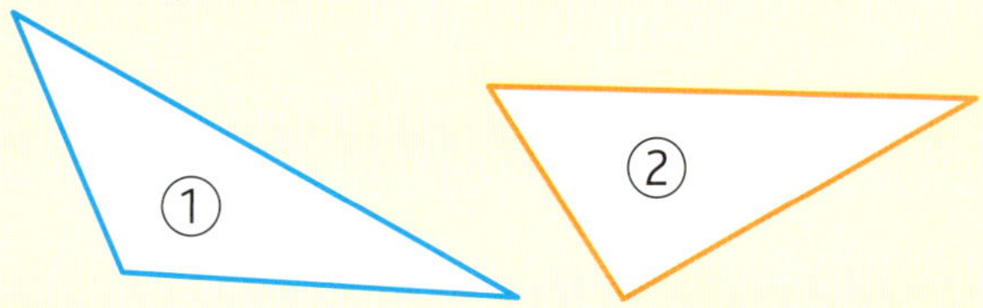

9 Estimer une masse

Dans chaque cas, recopie et complète par l'unité qui convient : t, kg, g ou mg.

700 ...

7 000 ...

70 ...

70 ...

10 Connaitre les relations entre unités de masses

Colorie d'une même couleur les étiquettes qui affichent la même masse.

8 t	8 kg	8 000 mg
8 g	8 000 kg	8 000 g

J'utilise mes compétences — Problèmes

1 Le relais

EPS

Anatole n'est pas content ! Il participe avec son équipe à un relais autour des deux terrains de basket juxtaposés. Pendant ce temps, l'équipe de Louise fait un relais autour du terrain de handball. Chaque coureur fait un tour complet.
Anatole affirme :

« Je suis sûr que le tour des deux terrains de basket est plus long qu'un tour du terrain de handball ! »

Anatole a-t-il raison ? Explique.

Doc. Les dimensions des terrains

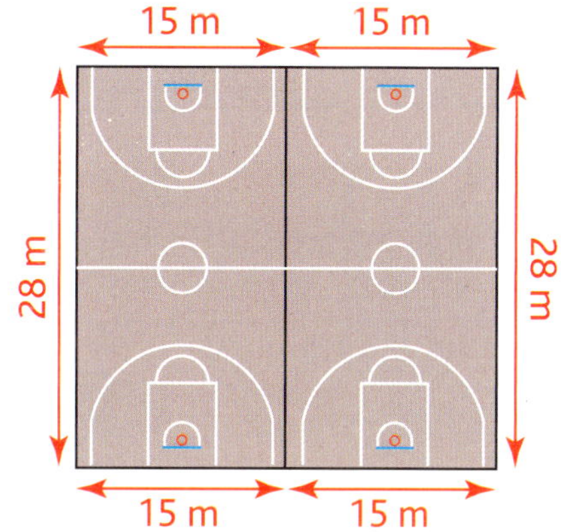

Les deux terrains de basket

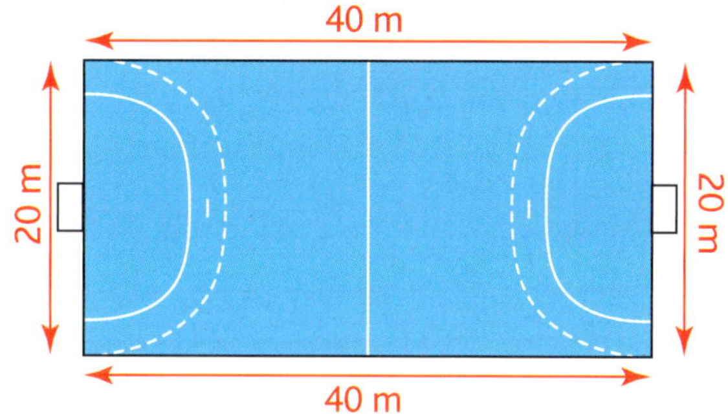

Le terrain de handball

2 Le tournoi

Histoire

Au Moyen Âge, des tournois de joute opposaient des chevaliers.
Les chevaux se lançaient l'un vers l'autre.
Les chevaliers, armés d'une lance, tentaient de désarçonner leur opposant.
Le gagnant remportait l'armure de l'adversaire, parfois la main d'une noble dame.
L'équipement du chevalier rouge comprend une lance en bois, une targe, une armure de plates, un haubert et un heaume.
Celui du chevalier bleu comporte une lance en bois, une armure de plates, un caparaçon, un haubert et un heaume.

Combien pèse l'équipement du chevalier rouge ? celui du chevalier bleu ?

Doc. L'équipement des chevaliers au Moyen Âge

Heaume ❶	Haubert ❷	Armure de plates	Targe ❸	Caparaçon ❹	Lance de bois
3 kg	9 kg	25 kg	3 kg	34 kg	5 kg

❶ casque ❷ cotte de mailles ❸ bouclier ❹ armure du cheval

Comparer les angles d'une figure

COMPÉTENCES
→ Identifier des angles dans une figure géométrique.
→ Comparer des angles avec un gabarit.

Le puzzle géométrique

Complète la figure de départ avec les trois pièces de puzzle données en respectant la règle ci-dessous.

Poser une pièce du puzzle de façon que deux de ses côtés touchent deux côtés de la figure de départ, sans créer de trou.

Figure de départ

Autres pièces du puzzle

MÉMO

- **Un angle est délimité par deux côtés issus d'un même point appelé le sommet de l'angle.**

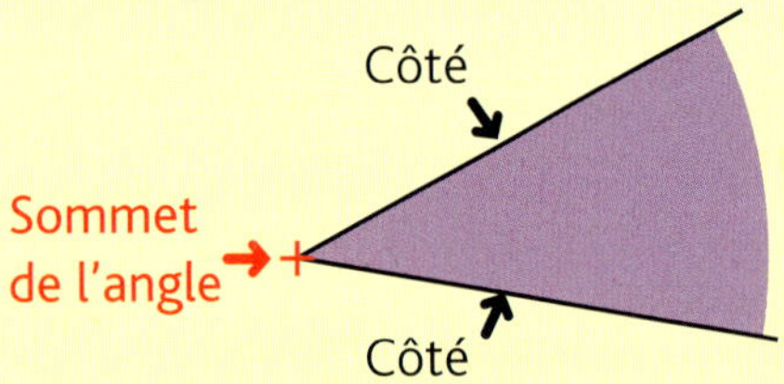

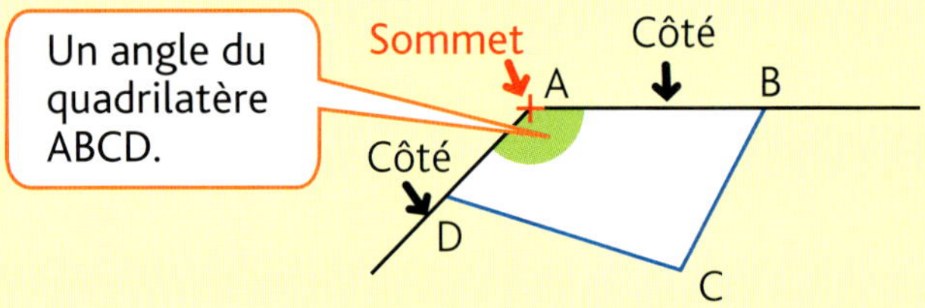

- **Pour comparer deux angles, on peut utiliser un des angles comme gabarit : on le découpe ou on le décalque.**

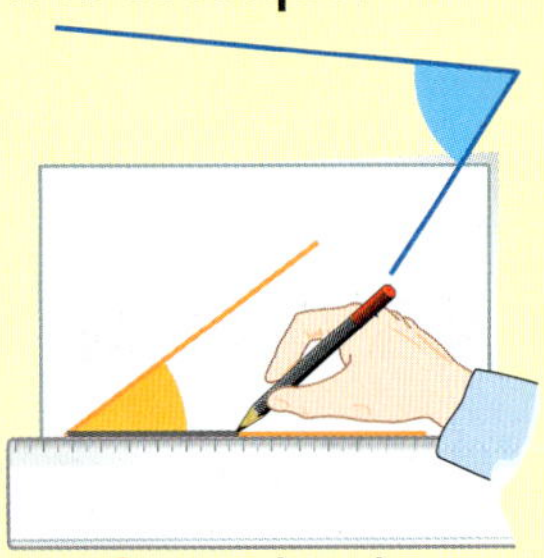

❶ On décalque l'angle orange.

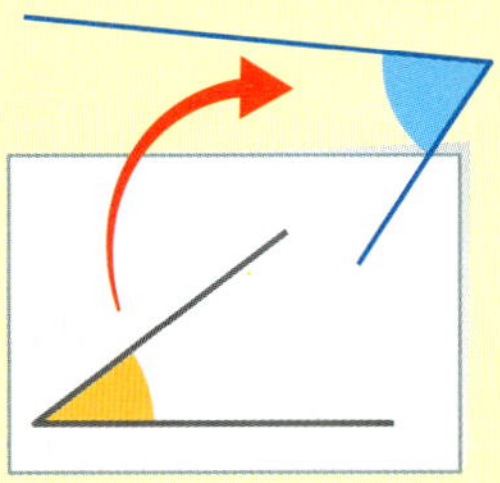

❷ On pose le gabarit sur l'angle bleu.

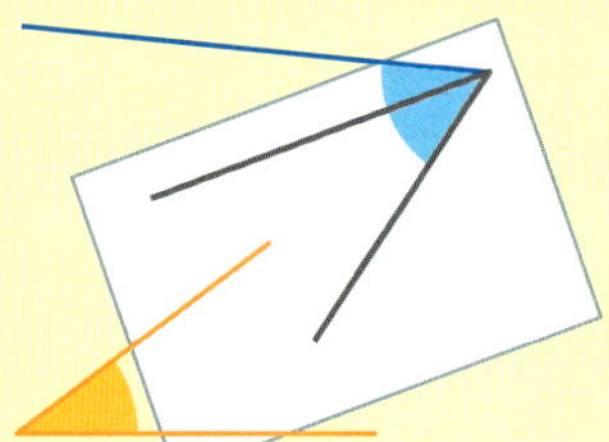

❸ On constate que l'angle bleu est plus grand que l'angle orange.

1 Marque en rouge :

a. l'angle de sommet A de ce triangle.

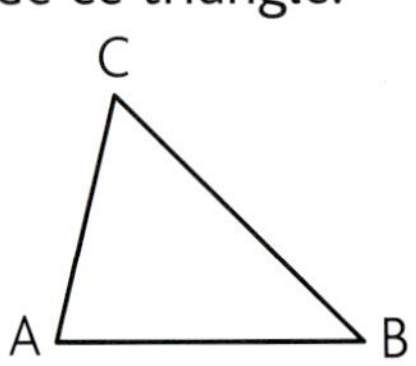

b. l'angle de sommet D de ce quadrilatère.

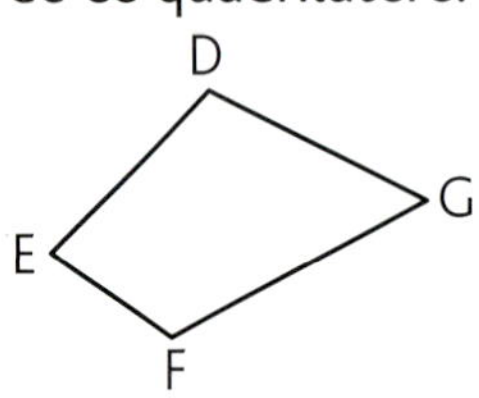

2 **Utilise un gabarit pour dire si l'un des angles rose ou vert est égal à l'angle ci-contre.**

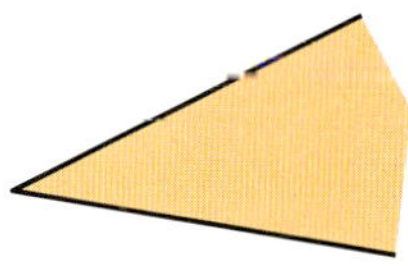

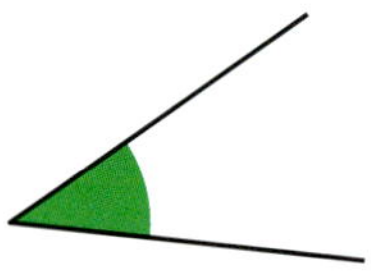

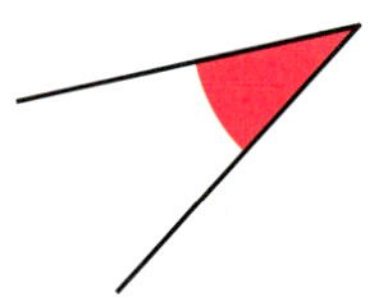

3 Utilise un gabarit pour dire si l'un des angles bleu ou orange est égal à l'angle ci-contre.

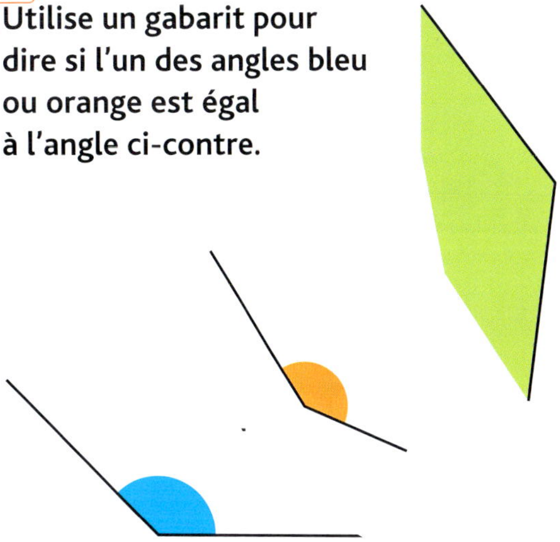

4 **À l'oral** Observe ces images vues au-dessus d'une porte qui s'ouvre.

Replace dans l'ordre chronologique l'ouverture de la porte.

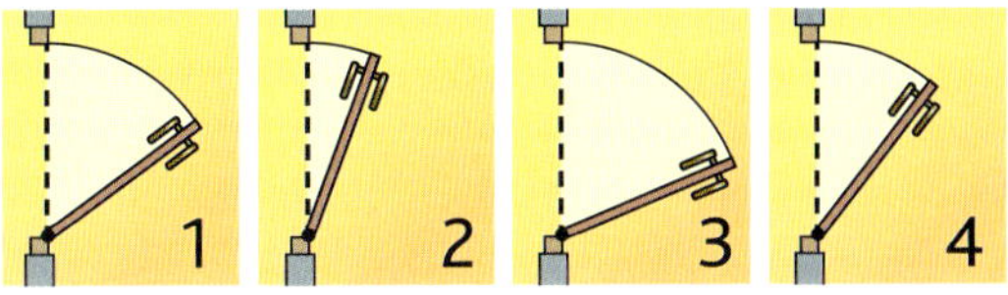

5 **Utilise un gabarit pour dire si l'un des angles de ce triangle est égal à cet angle rose.**

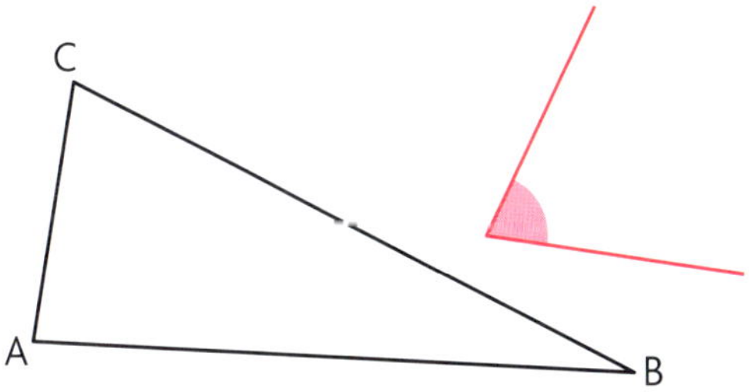

6 Voici une tablette posée sur un support.

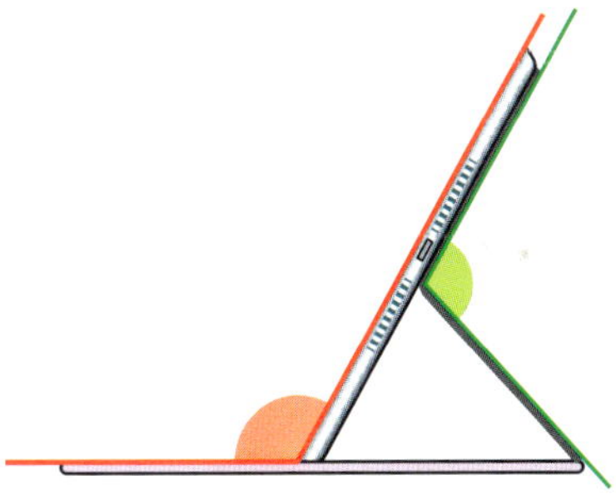

Utilise un gabarit pour dire lequel des deux angles rouge ou vert est le plus grand.

7 **Parmi ces angles, quel est le plus petit ?**

8 **Range ces quatre angles du plus petit au plus grand.**

9 **Problème**

Qu'en penses-tu ?

Maths en jeu !

Lola observe un panneau publicitaire.

Sur un calque de la figure, colorie la partie de son champ de vision que cache le panneau publicitaire.

> Corrigés p. 184

Reconnaitre qu'un angle est droit, aigu, obtus

COMPÉTENCE
→ Estimer et vérifier avec l'équerre qu'un angle est droit, aigu, obtus.

La vue panoramique

Prune est en vacances dans les Alpes. Elle a dessiné les sommets qu'elle voit de sa fenêtre. Chaque montagne est représentée par un angle.

Aide Prune à colorier les angles droits en marron, les angles plus petits que l'angle droit en jaune et ceux plus grands que l'angle droit en vert.

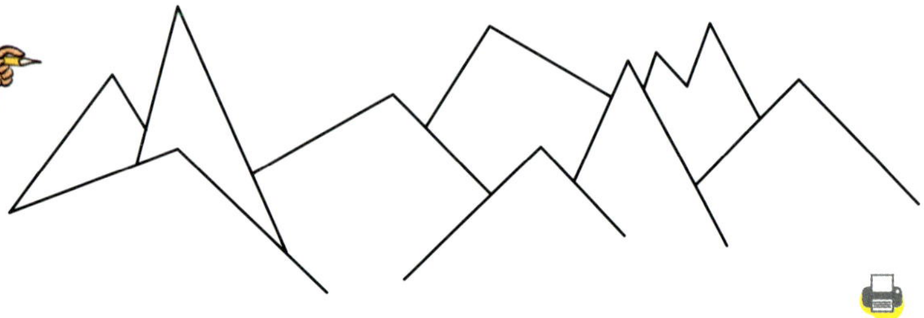

MÉMO

- **Pour savoir si un angle est droit, aigu ou obtus on peut utiliser une équerre.**

angle aigu : plus petit qu'un angle droit

angle droit

angle obtus : plus grand qu'un angle droit

1 **À l'oral** Pour chaque angle, estime à vue d'œil, s'il est droit, aigu, obtus.

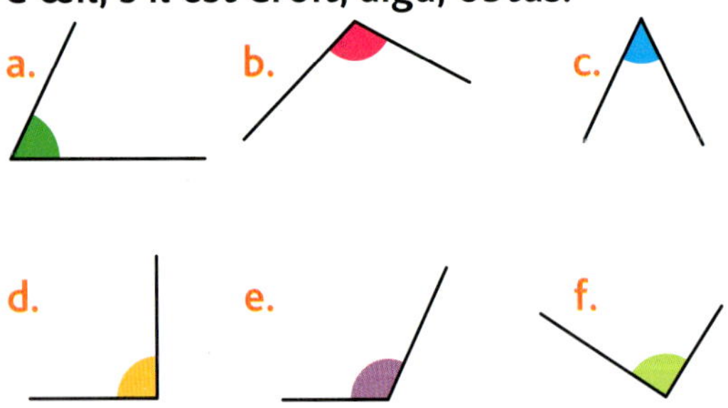

2 Pour chacun des quatre angles de ce quadrilatère, utilise l'équerre pour dire s'il est droit, aigu, obtus.

3 Sur papier quadrillé, reproduis en rouge un angle égal à l'angle aigu, en bleu un angle égal à l'angle droit et en vert un angle égal à l'angle obtus.

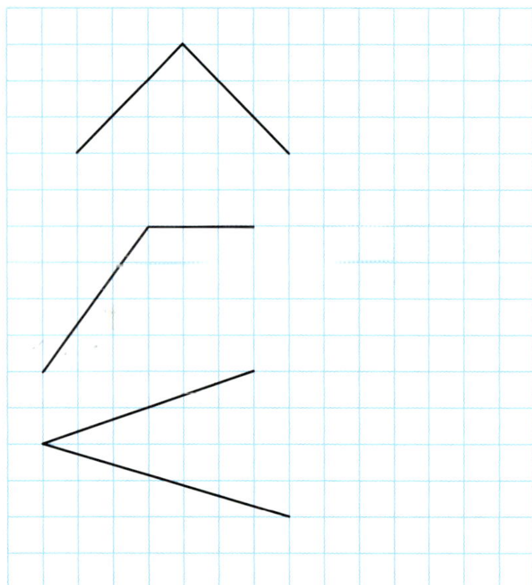

Angles

4 Sur cette figure, on a juxtaposé deux angles : ils ont le même sommet et ils sont de part et d'autre d'un côté commun.

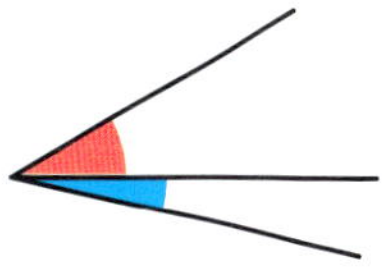

Juxtapose les angles ci-dessous deux par deux de façon à obtenir un angle droit.

Tu peux utiliser du papier calque et l'équerre.

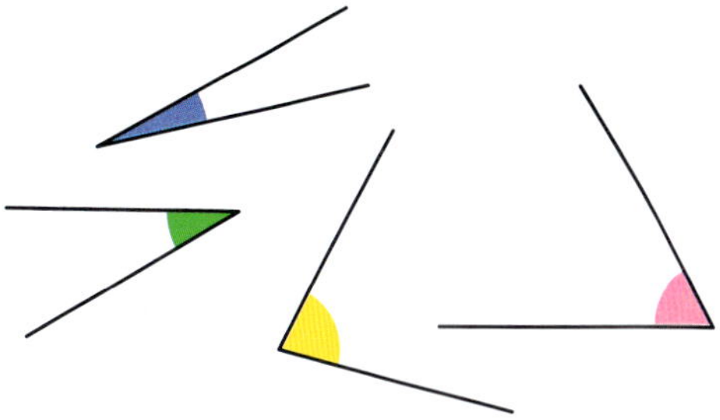

5 **Dans chaque cas, juxtapose les deux angles aigus du triangle rectangle.**
Que remarques-tu ?

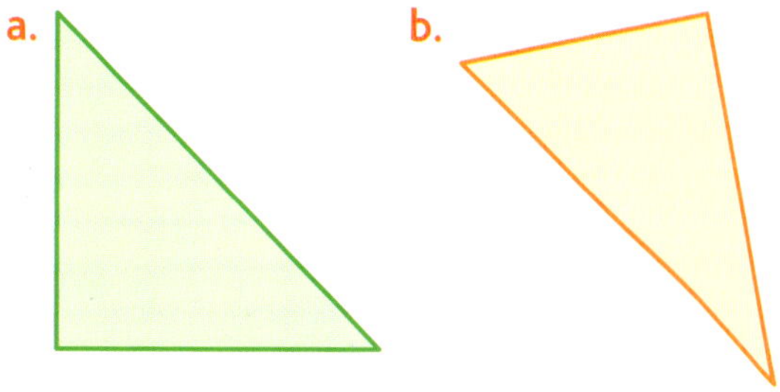

6 **Au minimum, combien d'angles égaux à celui-ci dois-tu juxtaposer pour obtenir un angle obtus ?**

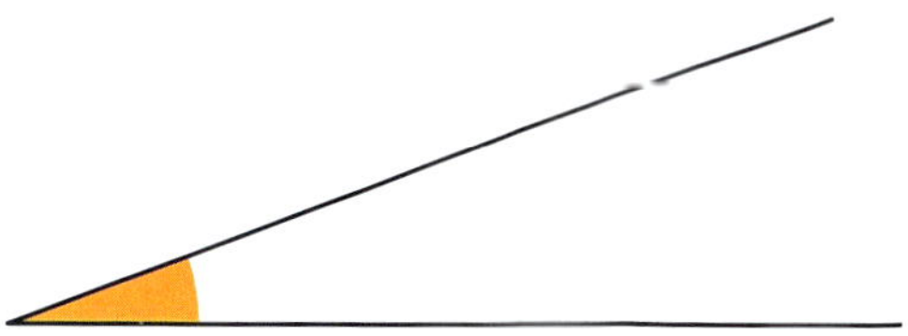

7 Voici les deux tours KIO de Madrid.

a. Décris l'angle que fait chacune de ces tours avec le sol.

b. Connais-tu une autre tour penchée dans le monde ?

8 **Problème** Voici le champ de vision d'un-e automobiliste selon sa vitesse.

a. Pour chaque champ de vision, utilise l'équerre pour dire si son angle est droit, aigu, obtus.

b. Utilise du papier calque pour indiquer les personnes sur les trottoirs qui ne seront pas vues par l'automobiliste selon sa vitesse de conduite.

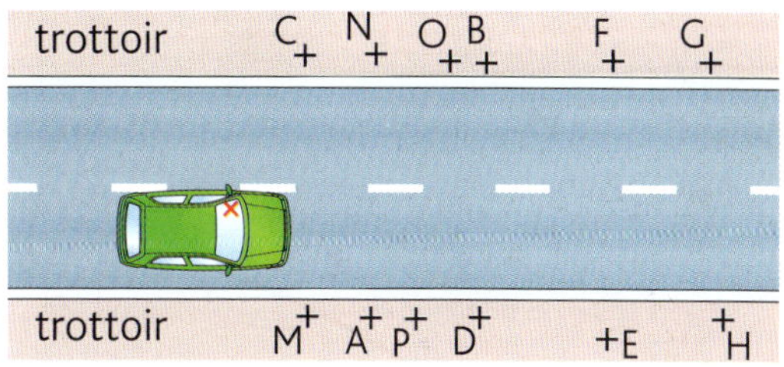

c. Pourquoi les limitations de vitesse sont-elles importantes en ville ?

LE DÉFI DU JOUR

Chaque triangle représente un miroir.
Il renvoie la lumière qu'il reçoit à angle droit.

Dans quelle case de la ligne jaune faut-il placer le miroir pour éclairer la souris blanche à l'autre extrémité ?

Tu peux poser du papier calque sur le dessin.

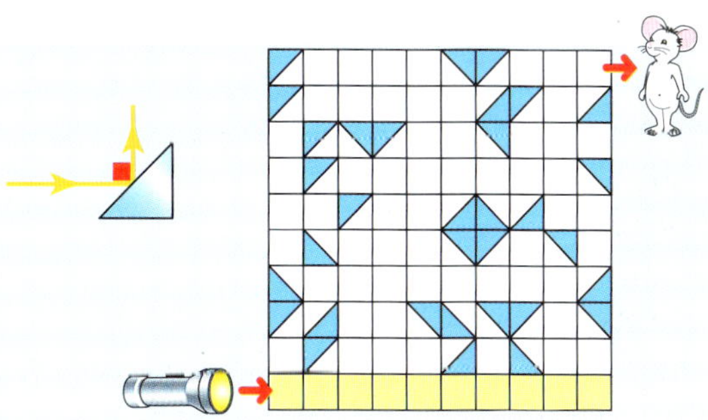

> Corrigés p. 184

Consolider les unités de mesure de durées

COMPÉTENCES
→ Consolider la lecture de l'heure et les relations entre unités de mesure de durées.
→ Comparer des durées.

[illegible]hrono !

L[illegible]on, des enfants participent à un relais cycliste.
Voic[illegible]ées de course de certains participants :

Solène : 40 min 50 s	Étienne : 3 620 s	Tessy : 2 440 s
Romane : 1 h 4 min 55 s	Bastien : 65 min	Sami : 1 h 3 min

Range ces durées de course par ordre croissant.

MÉMO

- **Durant la journée**, on utilise les heures (h), les minutes (min) et les secondes (s).
  - 1 jour = 24 h
  - 1 h = 60 min
  - 1 min = 60 s
- **Durant l'année**, on utilise les mois, les semaines, les jours.
  - 1 an = 12 mois
  - 1 an = 365 (366) jours
  - 1 mois = 28 (29), 30 ou 31 jours
  - 1 semaine = 7 jours
- **En histoire**, on utilise les millénaires, les siècles, les années.
  - 1 millénaire = 1 000 ans
  - 1 siècle = 100 ans

1 **À l'oral** **Lis l'heure indiquée durant la matinée par chaque pendule.**

a. b. c.

2 **Lis l'heure indiquée dans l'après-midi par chaque pendule, puis écris cette heure.**

a. b. c.

3 **Lis l'heure indiquée dans la soirée par chaque pendule, puis écris cette heure.**

a. b. c.

4 **Recopie et complète.**

a. 2 min = ... s
b. 5 min = ... s
c. 4 h = ... min
d. 1 h = ... s
e. 2 jours = ... h
f. 1 semaine = ... h

5 **Recopie et complète.**

a. 45 s + ... s = 1 min
b. 1 min 35 s + ... s = 2 min
c. 1 h 20 min + ... min = 2 h
d. 22 h 30 min + ... h ... min = 1 jour

6 **Recopie et complète.**

a. 65 min = ... h ... min
b. 30 h = ... jour ... h
c. 150 s = ... min ... s
d. 601 s = ... min ... s

7 Quelle est la durée la plus courte : une demi-journée ou 700 min ?

8 **Relie les étiquettes qui représentent la même durée.**

80 s •	• 900 s
80 min •	• 1 min 20 s
9 min •	• 4 min 15 s
15 min •	• 540 s
255 s •	• 1 h 20 min

9 En mars 1999, Bertrand Piccard et Brian Jones ont effectué le premier tour du monde en ballon en trois semaines.

Exprime cette durée en jour, puis en heure.

10 **Dans chaque cas, dis qui a été le plus rapide. Explique.**

a. Marie a fait le tour du stade en 1 min 30 s et Katia en 80 s.

b. Karim a fait une randonnée en 7 h 20 min et François en 435 min.

11 a. Un match de tennis a été interrompu après 2 h 50 min de jeu.

Exprime cette durée en minute.

b. Le vainqueur du raid « Tour de la Vanoise » a mis 5 jours 9 heures.

Exprime cette durée en heure.

c. En 2012, Yannick Agnel a amélioré le record du monde du 400 m nage libre avec un temps de 3 min 32 s.

Exprime cette durée en seconde.

12 Pendant la semaine, Glenn a neuf récréations d'un quart d'heure chacune.

Exprime la durée totale de ces récréations en heure et minute.

13 Ethan dort 9 heures par nuit.

Exprime en jour et heure la durée de son sommeil pendant une semaine.

14 Priscilla joue dans un club de basket. Elle s'entraine 3 fois par semaine lors de séances d'une heure et demie chacune.

Exprime la durée hebdomadaire de son entrainement en heure et minute.

15 Une usine produit des pâtes alimentaires. La chaine de fabrication met 15 s à remplir et fermer un paquet de pâtes.

En combien de temps produit-elle 240 paquets de pâtes ?

16 Une chaine de télévision a diffusé une série en huit épisodes, de 52 min chacun.

Kendji décide de regarder ces épisodes en replay, sans interruption.

Combien de temps, en heure et minute, doit-il prévoir ?

17 **Combien de minutes y a-t-il dans :**

a. $\frac{1}{2}$ h ? b. $\frac{1}{[illegible]}$ h ? c. $\frac{1}{3}$ h ? d. $\frac{1}{10}$ h ?

18 **Qu'est-ce q[illegible]**

a. $\frac{1}{60}$ h ? b. $\frac{1}{60}$ min ?

19 **Problème** L'année 2016 est une année bissextile, elle compte donc un 29 février.

Combien de jours se sont écoulés entre le début du XXIe siècle le 1er janvier 2001 et le 31 décembre 2016 ?

Maths en jeu !

Une personne peut-elle vivre :

- un milliard de secondes ?
- un million d'heures ?
- un million de jours ?

> Corrigés p. 184

Se repérer dans le temps

COMPÉTENCE
→ Estimer et calculer des durées, déterminer un instant.

Les anniversaires

Dimanche 4 septembre 2016, Lola a fêté ses dix ans en compagnie de Camille et de Yoann.

Quel jour Camille a-t-elle fêté son anniversaire ?
Dans combien de temps Yoann fêtera-t-il le sien ?
Quelle est l'année de naissance de Lola ?

2016

Août	Sept.	Oct.	Nov.
L 1	J 1	S 1	M 1
M 2	V 2	D 2	M 2
M 3	S 3	L 3	J 3
J 4	D 4	M 4	V 4
V 5	L 5	M 5	S 5
S 6	M 6	J 6	D 6
D 7	M 7	V 7	L 7
L 8	J 8	S 8	M 8
M 9	V 9	D 9	M 9
M 10	S 10	L 10	J 10
J 11	D 11	M 11	V 11
V 12	L 12	M 12	S 12
S 13	M 13	J 13	D 13
D 14	M 14	V 14	L 14
L 15	J 15	S 15	M 15
M 16	V 16	D 16	M 16
M 17	S 17	L 17	J 17
J 18	D 18	M 18	V 18
V 19	L 19	M 19	S 19
S 20	M 20	J 20	D 20
D 21	M 21	V 21	L 21
L 22	J 22	S 22	M 22
M 23	V 23	D 23	M 23
M 24	S 24	L 24	J 24
J 25	D 25	M 25	V 25
V 26	L 26	M 26	S 26
S 27	M 27	J 27	D 27
D 28	M 28	V 28	L 28
L 29	J 29	S 29	M 29
M 30	V 30	D 30	M 30
M 31		L 31	

MÉMO

- **Un instant est le moment précis où un évènement se produit.**

Un horaire

Une date

- **Une durée est le temps qui s'écoule entre deux instants.**
On l'exprime avec les **unités de mesure de durées.**
En 2016, les vacances de Noël durent 17 jours.

Début	Fin
17 décembre 2016	2 janvier 2017

Durée : 17 jours

1 **Associe chaque évènement à sa durée.**

La durée du Moyen Âge •	• 15 minutes
La durée d'un cours d'EPS •	• 10 siècles
La durée d'une récréation •	• 2 semaines
La durée des vacances d'été •	• 2 mois
La durée des vacances d'hiver •	• 1 heure

2 Florent participe à un match de handball qui comporte deux mi-temps de 20 min chacune et une pause de 10 min.

Quelle est la durée totale du match ?

3 **À l'oral** **Parmi les durées, choisis celle qui te semble la plus réaliste.**

a. Courir un 100 m.

10 h | 10 s | 10 min

b. Allumer un ordinateur.

1 h | 1 min | 1 s

c. Bâtir une maison.

1 mois | 1 siècle | 1 an

4 Amine débute les cours à 8 h 30. Il a trois heures de classe le matin.

À quelle heure se termine sa matinée de cours ?

5 Il est 17 h 30, Paul rentre chez lui d'une sortie à vélo. Son compteur indique qu'il a pédalé pendant 2 h.

Quelle heure était-il quand il est parti ?

6 Lana termine son année de CM2 le 5 juillet 2016. Elle n'a jamais redoublé.

En quelle année est-elle entrée au CP ?

7 En 2015, la Coupe du monde de rugby a débuté le 18 septembre.

Elle a duré 44 jours.

Quel jour a-t-on joué la finale pour la clôture de cette Coupe du monde ?

8 Zoé voit cette affiche sur la porte d'un magasin.

a. Combien de jours par semaine ce magasin est-il ouvert ?

b. Pendant combien de temps ce magasin reste-t-il ouvert dans la journée ?

c. Zoé pénètre dans le magasin à 18 h 30. Combien de temps a-t-elle pour faire ses courses ?

9 Un ferry part de Marseille à 21 h et arrive le lendemain matin à Bastia à 10 h.

Quelle a été la durée de la traversée ?

10 Anissa et Chris font une randonnée en montagne. Ils quittent le camp de base un mardi à 8 h du matin. Ils y reviennent le jeudi de la même semaine à 17 h.

Quelle a été la durée de leur randonnée en jour et heure ?

11 Alex est parti en vacances le 25 juillet au matin. Il revient le 8 aout au soir.

Combien de jours est-il parti ?

12 Voici des horaires de départ de trains de la gare de Dijon. Le trajet pour Zurich en TGV dure 2 h 25 min et le trajet pour Clermont-Ferrand en TER dure 4 h 25 min.

Écris l'heure d'arrivée :

a. **à Zurich ;**

b. **à Clermont-Ferrand.**

13 **Problème** Le roi Louis XIV est décédé le 1er septembre 1715.
Quatre jours après sa mort, il aurait eu 77 ans. Il a commencé à régner à l'âge de 5 ans.

a. **Quelle est sa date de naissance ?**

b. **En quelle année a débuté son règne ?**

LE DÉFI DU JOUR

Jules vient de traverser ce labyrinthe du point rouge jusqu'au point vert sans jamais revenir en arrière. Il se déplace en suivant les lignes du quadrillage bleu.

Il met une minute pour parcourir le côté d'un carreau. Tu peux lire l'heure à laquelle il sort.

À quelle heure est-il entré dans le labyrinthe ?

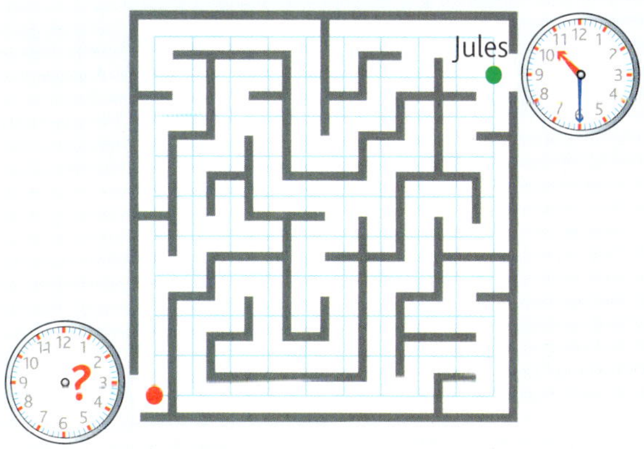

> Corrigés p. 184

1 Comparer des angles

Range ces angles du plus petit au plus grand.
Tu peux utiliser des gabarits ou un calque.

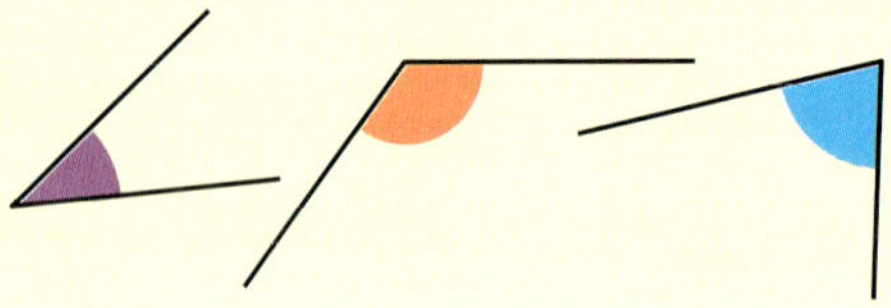

2 Vérifier si un angle est droit, aigu ou obtus

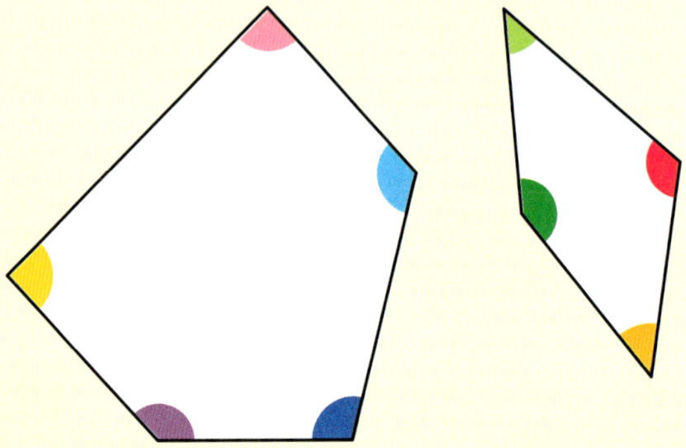

Classe les angles de ces polygones dans le tableau ci-dessous. *Tu peux utiliser une équerre.*

Angle droit	Angle aigu	Angle obtus

3 Lire l'heure sur une horloge

Écris en lettres l'heure indiquée durant la journée par chaque pendule.
Pour les questions b. *et* c.*, il y a plusieurs façons de répondre.*

4 Comprendre l'heure

Place les aiguilles sur ces cadrans de pendules pour indiquer les heures ci-dessous.

a. 10 h 20 b. 13 h 55 c. 8 heures et quart d. 9 heures moins 25

5 Connaitre les unités de mesure de durées

- Recopie et complète en heure.

a. 1 jour = ... h
b. 1 semaine = ... h

- Recopie et complète en minute.

c. 1 h = ... min
d. 1 jour = ... min
e. 1 heure et demie = ... min
f. 2 h = ... min

- Recopie et complète avec un nombre.

g. 1 min = ... s
h. 360 s = ... min

6 Estimer une durée

Associe chaque évènement à sa durée.

a. Observer un éclair
b. Partir en week-end
c. Regarder un match de football
d. Préparer son cartable

1. 2 jours
2. 2 secondes
3. 2 minutes
4. 2 heures

7 Lire un horaire

a. Quel est l'horaire d'embarquement pour aller à Londres ?
b. Quelles sont les destinations des embarquements qui ont lieu à partir de 13 h ?

Départs

Destination	Embarquement
BERLIN	12:13
PARIS	12:22
LONDRES	12:53
NEW YORK	13:03
TOKYO	13:12

8 Déterminer un instant, calculer une durée

Le départ du Tour de France cycliste 2015 a été donné le 4 juillet et l'arrivée a eu lieu le 26 juillet.

a. Combien de jours a duré la course ?
b. Les coureurs ont eu 2 journées de repos, le 10e jour et le 17e jour.
Quelles sont les dates des jours de repos ?

9 Calculer une durée

Une séance de cinéma commence à 14 h 30 et se termine à 16 h 45.
Quelle est la durée de cette séance ?

1 La galerie des glaces

Sciences

Nawfel joue avec son pointeur laser sur les façades des placards d'une pièce qui sont toutes des miroirs (en bleu sur le plan ci-dessous).

a. Continue de tracer le parcours du rayon laser. Tu as besoin d'une règle, de papier calque et d'une paire de ciseaux.

b. Que remarques-tu ?

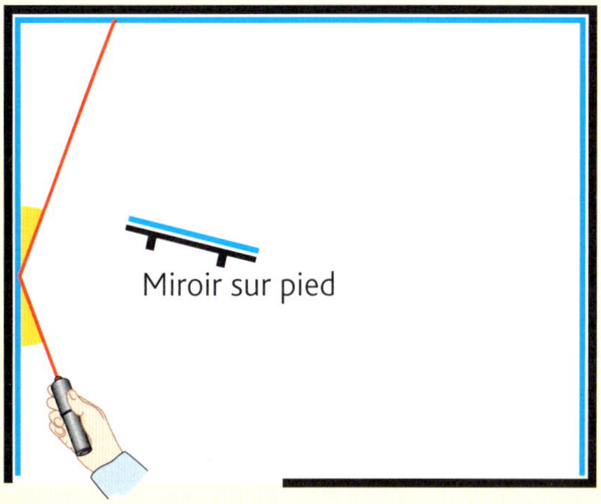

Doc. Le trajet du rayon lumineux

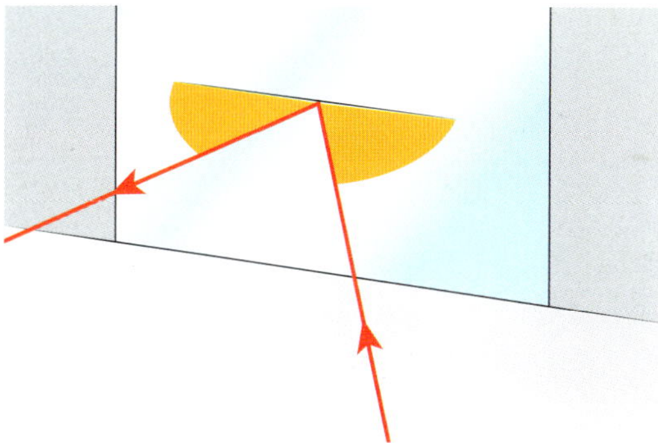

Les rayons lumineux se déplacent en ligne droite.
Les angles d'arrivée et de retour des rayons avec la surface du miroir sont identiques (en orange ci-dessus).

2 La route du Rhum

Géographie

La Route du Rhum se déroule de Saint-Malo à Pointe-à-Pitre en Guadeloupe. Le départ a été donné à Saint-Malo le 2 novembre 2014 à 14 h précises.

a. Quelle a été la durée de navigation *(en jour et heure)* de Loïck Peyron ?

b. Yann Guichard a mis 14 h 10 min de plus que le vainqueur. À quelle heure est-il arrivé ?

c. Quelle durée sépare les arrivées de Yann Eliès et de Sébastien Josse?

d. Quelle durée de navigation *(en heure)* Yann Eliès a-t-il eu de plus que Loïck Peyron ?

Doc. Les performances des trimarans de la catégorie « Ultime »

	Nom du bateau	Skipper	Date d'arrivée	Heure d'arrivée
1	BANQUE POPULAIRE VII	Loïck Peyron	10/11/2014	5 h 00
2	SPINDRIFT 2	Yann Guichard	10/11/2014	
3	EDMOND DE ROTHSCHILD	Sébastien Josse	11/11/2014	5 h 00
4	PRINCE DE BRETAGNE	Lionel Lemonchois	11/11/2014	8 h 00
5	MUSANDAM – OMAN SAIL	Sidney Gavignet	11/11/2014	9 h 00
6	IDEC SPORT	Francis Joyon	11/11/2014	19 h 00
7	PAPREC RECYCLAGE	Yann Eliès	11/11/2014	20 h 00

Découvrir la notion d'aire

COMPÉTENCE
→ Comparer, classer, ranger des surfaces (superposition, découpage, recollement).

Maisons à vendre

Voici les plans de trois maisons. Emma voudrait acheter la maison qui a la plus grande surface au sol.

Aide Emma à choisir sa maison en les rangeant de la plus petite à la plus grande. Utilise du papier calque et une paire de ciseaux.

MÉMO

- **Des surfaces différentes peuvent avoir la même aire (la même étendue).**

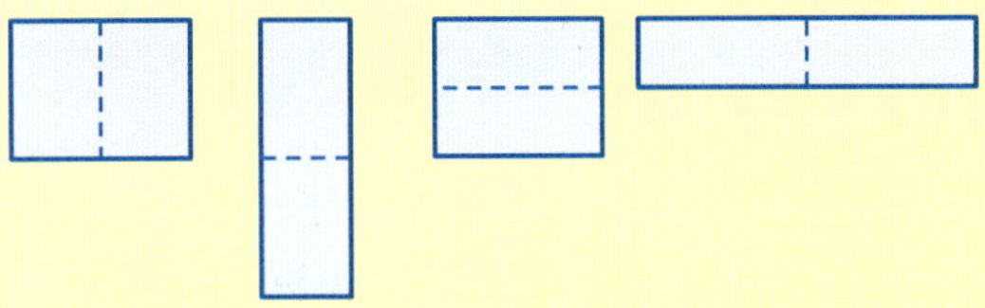

- **Pour comparer l'aire de deux surfaces, on peut procéder de différentes façons.**

❶ On fait glisser une surface sur l'autre. Celle qui contient l'autre est celle qui a la plus grande aire.

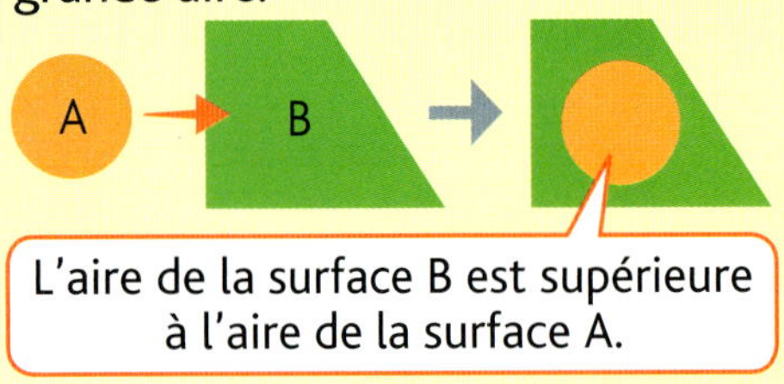

❷ On découpe une des deux surfaces et on recolle les morceaux autrement.

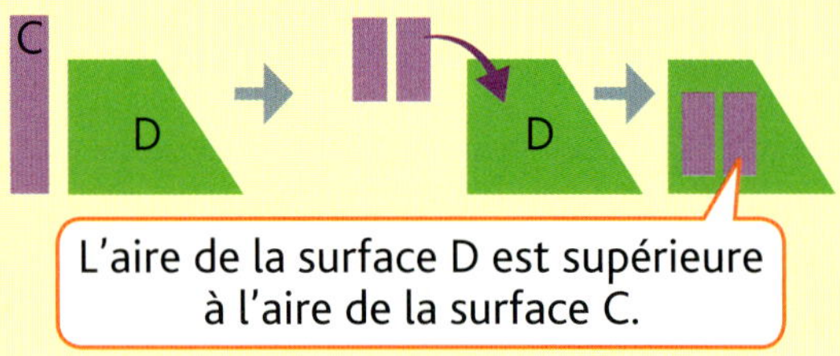

1 **À l'oral** Compare les aires de ces trois surfaces.

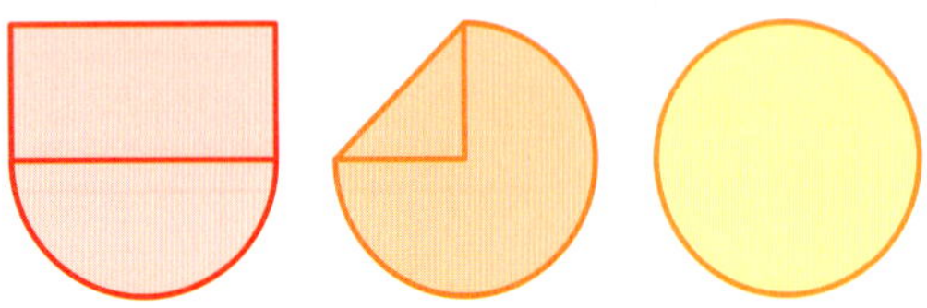

❶ ❷ ❸

2 Compare les aires de ces quatre surfaces.

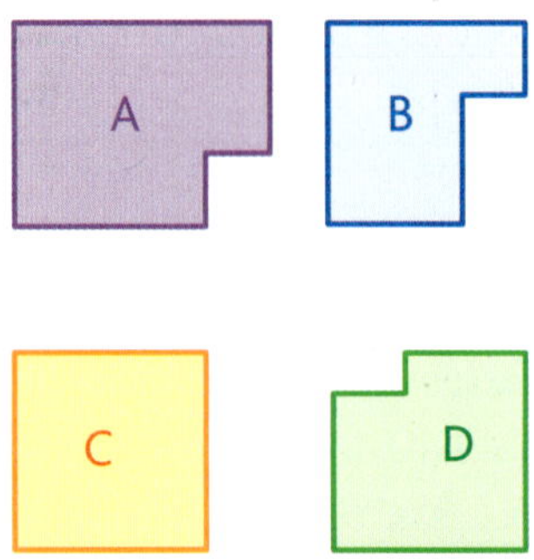

3 Pour comparer les aires des deux surfaces, Hugo a prévu d'effectuer le découpage ci-dessous.

Qu'en penses-tu ?

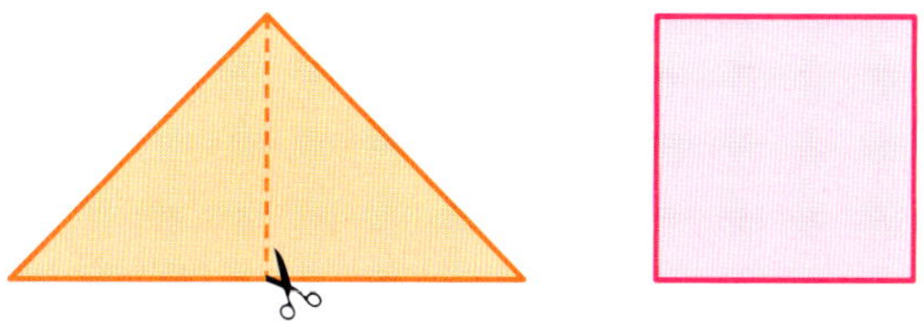

4 Le champ de Marcel est représenté en jaune et celui de Fernande est en rouge. Ils affirment avoir le plus grand champ.

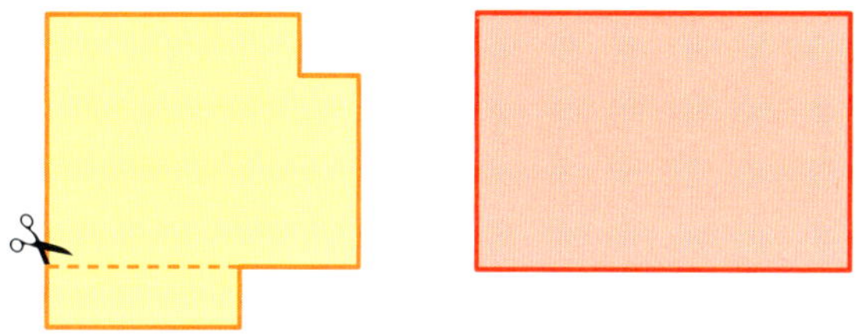

Utilise le découpage proposé pour les départager.

5 **Regroupe les surfaces qui ont la même aire.**

6 **Décalque et découpe ces surfaces pour les ranger dans l'ordre croissant : de la plus petite à la plus grande aire.**

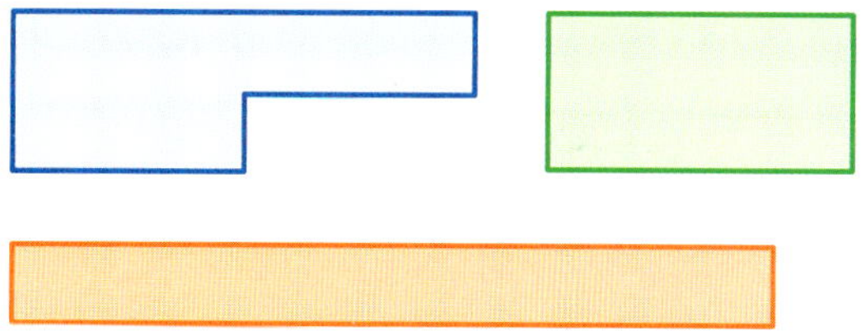

7 Le gâteau au chocolat de Manon a été découpé en quatre parts.

Compare les aires des parts de chacun.

8 **Problème** **Compare les aires des différentes parties du rectangle et range-les dans l'ordre croissant.**

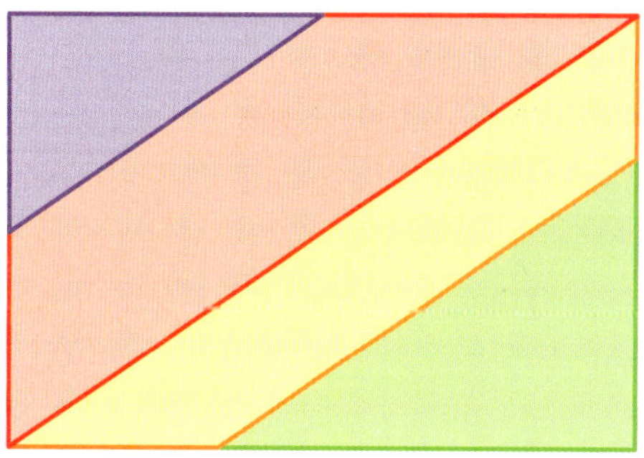

Maths en jeu !

Voici deux pizzas. Amira doit partager chaque pizza en 4 parts de même aire.

Elle a déjà donné un coup de couteau dans chacune des pizzas.

Elle peut encore en donner deux dans chaque pizza.

Aide-la à faire son découpage.

> *Corrigés p. 184*

Mesurer ou estimer une aire

COMPÉTENCE
→ Mesurer ou estimer l'aire d'une surface à partir d'un pavage simple.

Des dalles pour la terrasse

Élena et Joseph sont voisins.
Ils veulent carreler la terrasse de leur maison.
Ils doivent poser des dalles carrées, chacun sur leur terrasse.

Qui doit poser le plus de dalles ?

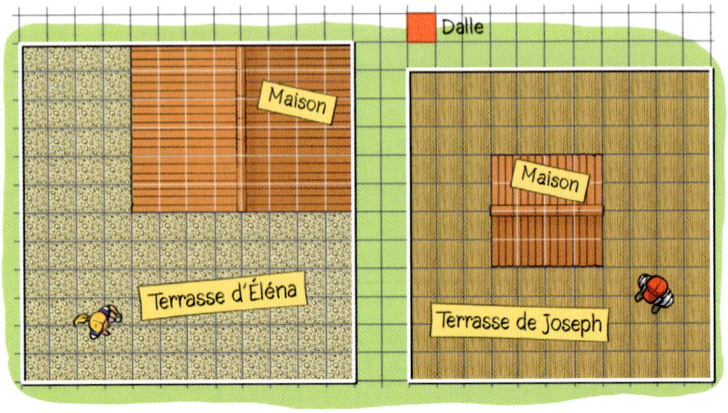

MÉMO

- **Pour mesurer une aire, on se donne une unité d'aire et on compte le nombre d'unités.**

L'aire de la surface bleue est 5 unités.
L'aire de la surface verte est aussi 5 unités.

- **Quand on mesure l'aire d'une surface, on doit faire attention à l'unité d'aire.**

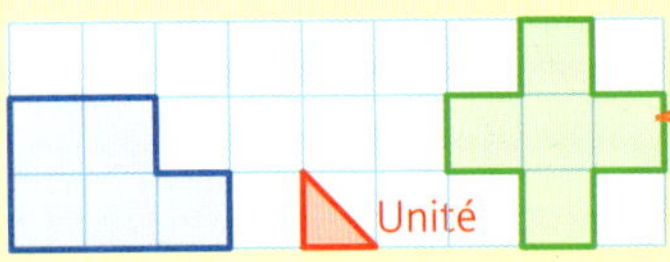

Avec cette nouvelle unité, l'aire de chacune des deux surfaces est maintenant 10 unités.

- **Quand on ne peut pas mesurer précisément une aire, on en donne une estimation.**

L'aire de la surface délimitée par la ligne noire est de plus de 7 unités et de moins de 23 unités.

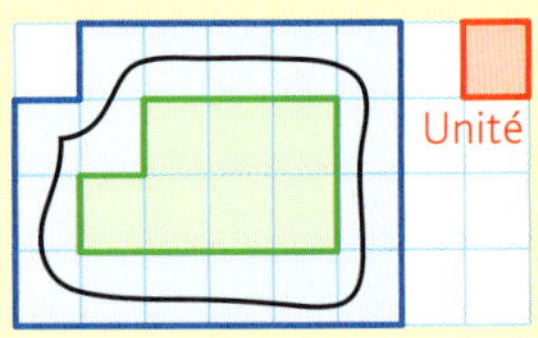

1 Dans l'unité d'aire indiquée, quelle est :

a. l'aire de la surface violette ?

b. l'aire de la surface verte ?

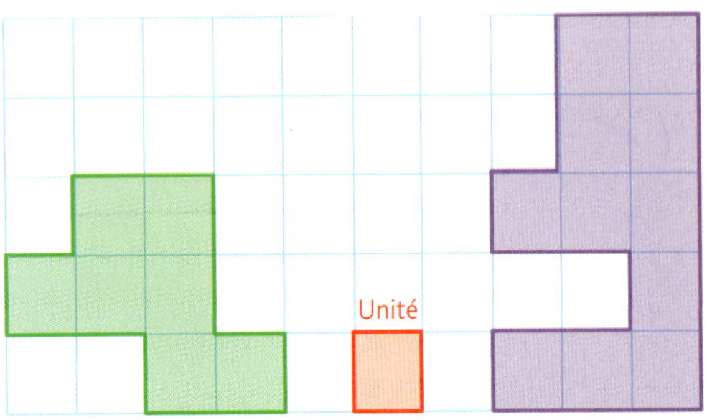

2 **Quelle est l'aire de la surface bleue dans cette unité d'aire ?**

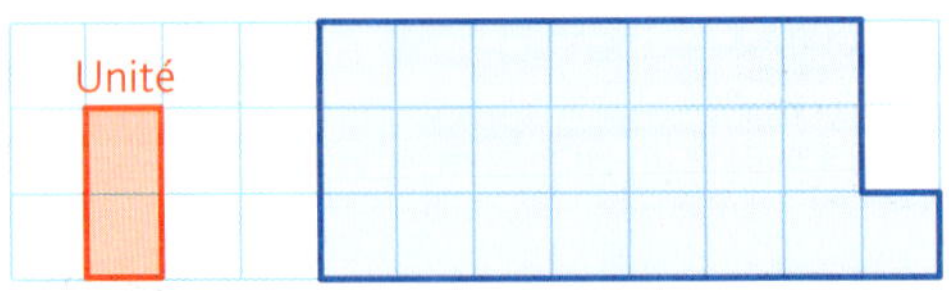

3 **Quelle est l'aire de la surface verte dans cette unité d'aire rouge ?**

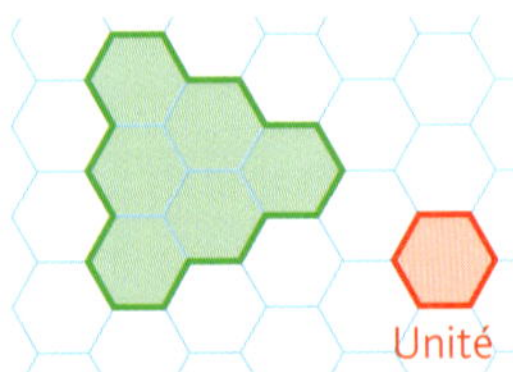

4 **Compare les aires du carré et du rectangle.**

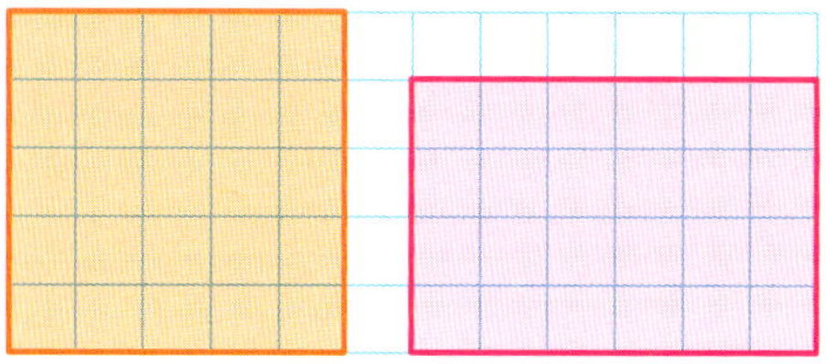

5 Observe la figure.

a. Quelle est l'aire de la surface bleue en prenant pour unité l'aire :
- du triangle ?
- du carré ?

b. Que remarques-tu ?

6 **Quelle est l'aire de la surface verte dans cette unité d'aire ?**

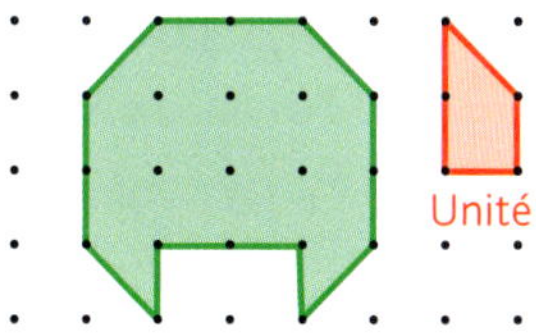

7 Dessine un carré de côté un carreau et colorie-le en rouge. C'est l'unité d'aire.
Dessine un carré dont le côté mesure 2 carreaux.

a. Quelle est l'aire de ce carré ?

b. Recopie et complète ce tableau.

Longueur du côté du carré en carreaux	Aire
2	
3	
4	
9	
50	

8 a. Tim dit que l'aire du rectangle bleu est 10 unités.
Es-tu d'accord ?

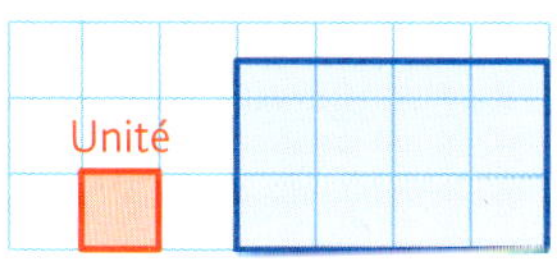

b. On a effacé une partie du rectangle vert.

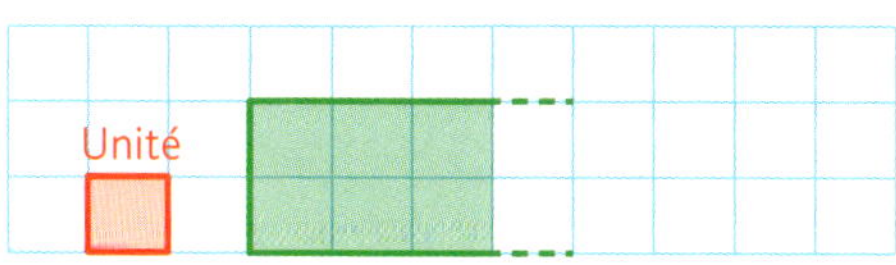

Peux-tu le redessiner, sachant que son aire est de 11 unités ?

9 **Quelle est l'aire de la surface jaune ?**

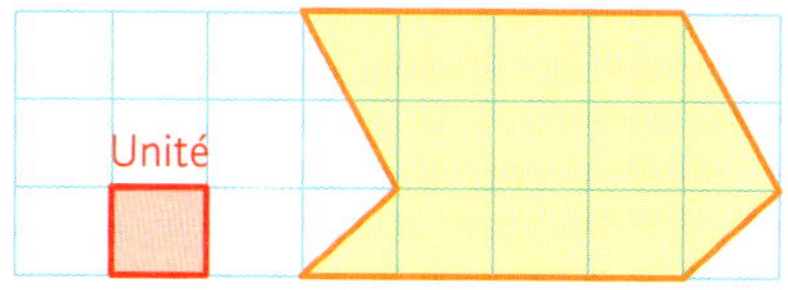

10 **Problème** Ramasse une feuille d'arbre. Place-la sur une feuille à petits carreaux et traces-en le contour au crayon.

Écris un encadrement de l'aire de la feuille d'arbre en petits carreaux.

11 Voici un plan de la cour de récréation de l'école du Port à Nice.

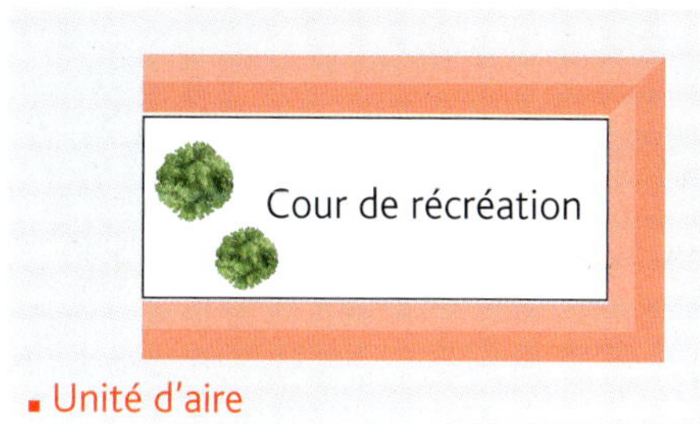

L'aire de la cour est-elle :
- **plutôt de 6 unités ?**
- **plutôt de 60 unités ?**
- **plutôt de 600 unités ?**
- **plutôt de 6 000 unités ?**

LE DÉFI DU JOUR

Quelle est l'aire de chacun de ces carrés dans cette unité d'aire ?

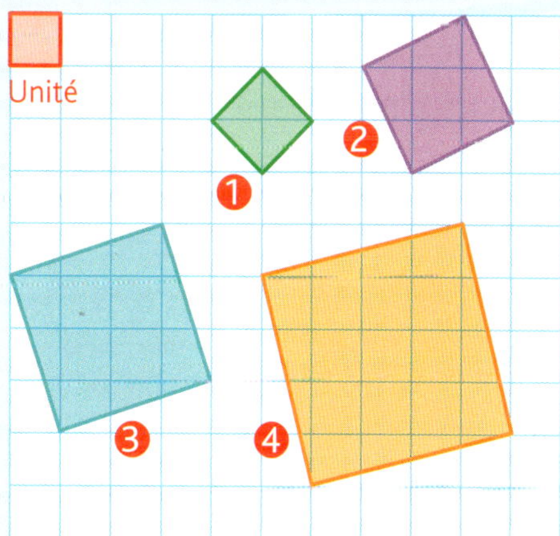

> Corrigés p. 184

Distinguer aire et périmètre

COMPÉTENCE
→ Construire des surfaces dont l'aire ou le périmètre est donné.

Les champs

Les champs d'Albert et de Bernard sont assez mal découpés. Albert propose à Bernard de redécouper leurs champs : « Nous aurons la même aire mais nous poserons moins de clôture ».

Aide Albert à faire ce redécoupage.

MÉMO

- **Pour une surface donnée, il ne faut pas confondre son aire et son périmètre.**

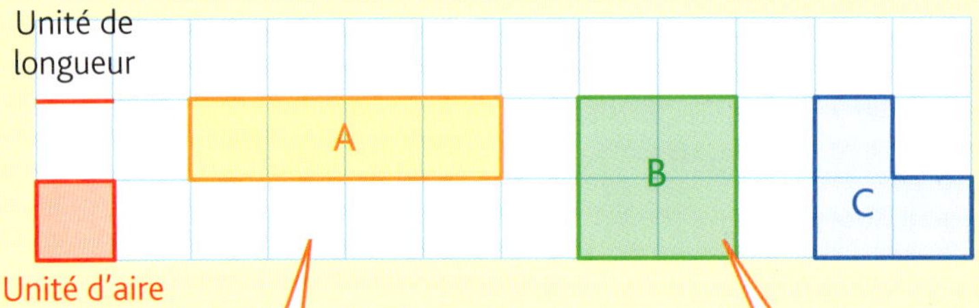

Les aires des surfaces A et B sont égales toutes les deux à 4 unités mais leurs périmètres sont différents (10 unités pour A et 8 pour B).

Les périmètres des surfaces B et C sont égaux tous les deux à 8 unités mais leurs aires sont différentes (4 unités pour B et 3 pour C).

1 **À l'oral** **Donne le périmètre et l'aire de chaque surface.**

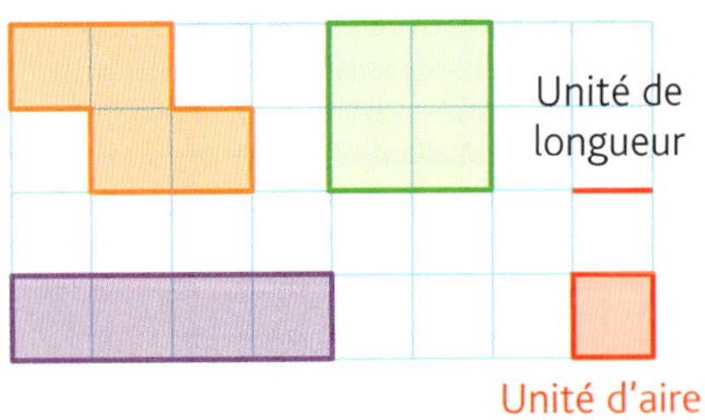

2 **Écris le périmètre et l'aire de chaque surface.**

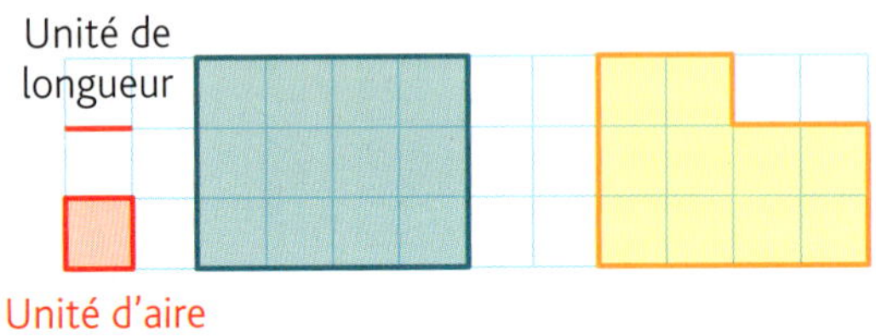

3 Voici trois surfaces.

a. Vérifie qu'elles ont la même aire.

b. Range leurs périmètres dans l'ordre croissant.

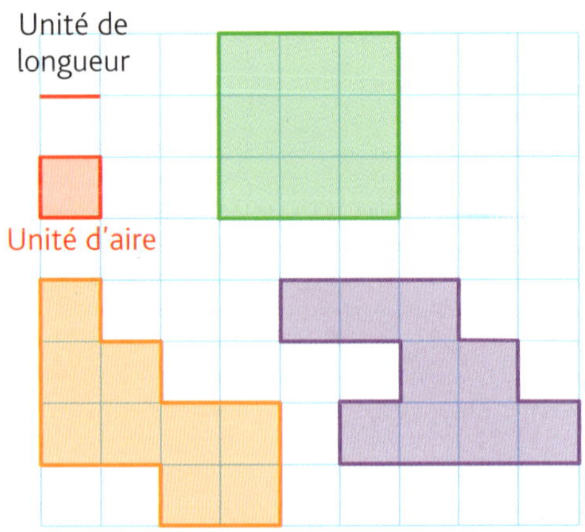

4 Voici trois surfaces.

a. Vérifie qu'elles ont le même périmètre.

b. Range leurs aires dans l'ordre croissant.

5 **Écris l'aire et le périmètre de l'étoile.**

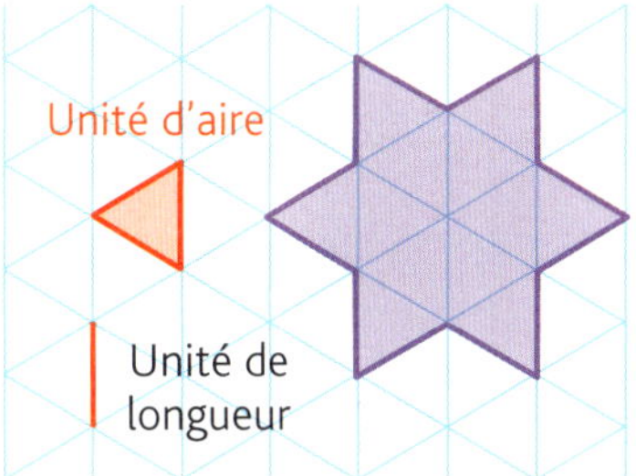

6 **Complète la surface orange pour obtenir un polygone dont l'aire est 8 unités et le périmètre 14 unités.**

7 On prend pour unité d'aire le carreau de ton cahier et pour unité de longueur le côté d'un carreau.

a. Dessine un carré dont l'aire est supérieure à 20 unités et le périmètre est inférieur à 22 unités.

b. Dessine un rectangle dont l'aire est égale à 24 unités et le périmètre est égal à 22 unités.

8 **Problème**

Qui a raison ?

9 **Problème** Voici deux piscines.

Est-il possible d'en faire une troisième qui ait la même aire que B et le même périmètre que A ?

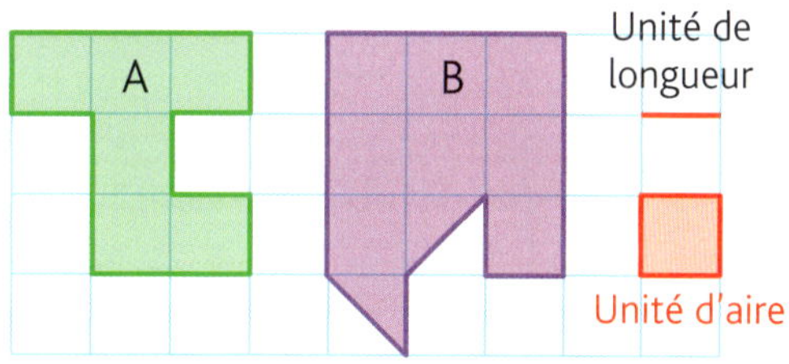

10 **Problème** Voici un rectangle.

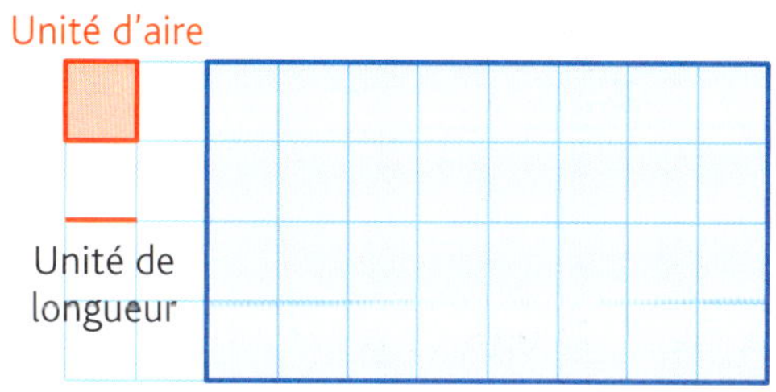

a. Quels sont le périmètre et l'aire de ce rectangle ?

b. Enlève deux unités d'aire à ce rectangle de telle sorte que le périmètre augmente de 4 unités.

Maths en jeu !

Voici un carré. Son aire mesure 25 unités et son périmètre mesure 20 unités.

Dessine un polygone dont le périmètre est de 20 unités et l'aire la plus petite possible.

Attention, toutes les lignes doivent être sur le quadrillage !

> Corrigés p. 184

Comparer ou mesurer des contenances

COMPÉTENCE
→ Comparer des contenances sans mesurer ou grâce à un dénombrement.

Attention aux gouttes !

Pamela a rempli complètement quatre récipients A, B, C et D avec un petit vase V rempli d'eau. Elle a fait une marque à chaque fois qu'elle a vidé son vase dans un récipient.

Range les quatre récipients A, B, C et D par ordre croissant de leur contenance.

MÉMO

• Pour comparer les contenances de deux récipients de formes différentes, on peut procéder de différentes façons.

❶ On transvase l'un dans l'autre.

La contenance de la bouteille est inférieure à celle du pichet.

❷ On transvase l'un puis l'autre dans un même récipient appelé **étalon**. (On vide l'étalon entre les deux opérations.)

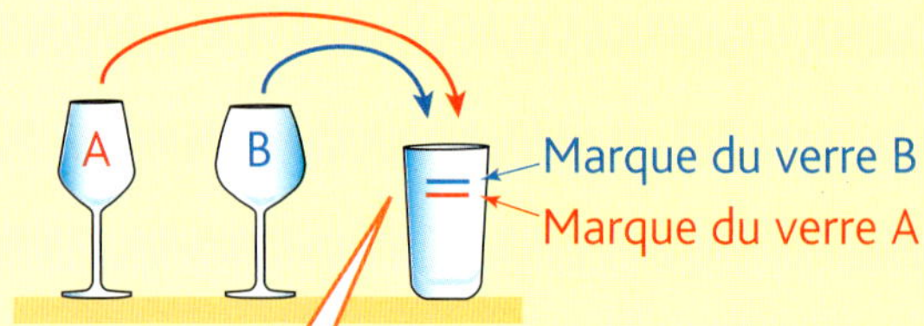

Le niveau de la marque du verre B est plus haut que celui de la marque du verre A.
La contenance du verre B est donc supérieure à celle du verre A.

1 **À l'oral** **Propose plusieurs procédés pour savoir lequel de ces verres contient le plus d'eau.**

Verre A

Verre B

2 **Adrien a rempli un verre A puis il l'a vidé dans un verre C. Il a fait de même avec un verre B.**

a. Des verres A et B, lequel a la plus grande contenance ?

b. Range les verres A, B et C par ordre croissant, selon leur contenance.

3 ● **On remplit à ras bord deux cuillères avec la même pipette.**

Quelle cuillère a la plus petite contenance ? Explique.

4 ● Ali et Chloé remplissent des gobelets identiques.
Ali vide une brique de jus d'orange.
Chloé vide une brique de jus d'ananas.

Quelle brique a la plus grande contenance ? Explique.

5 ●● Lundi, Panoramix a rempli 12 gourdes identiques en vidant un chaudron de potion magique.
Mardi, il n'a rempli que 6 de ces gourdes avec la potion d'un autre chaudron entièrement rempli.

Recopie et complète :
« La contenance du chaudron utilisé lundi est le ... de celle du chaudron de mardi. »

6 ●● Il faut vider trois cuillères à café pour remplir une cuillère à soupe.

Recopie et complète :
« La contenance d'une cuillère à café est le ... de celle d'une cuillère à soupe. »

7 ●● Julien verse six fois la bouteille A dans la bassine B pour la remplir.
Swanny verse quatre fois le pichet C dans la bassine B pour la remplir.

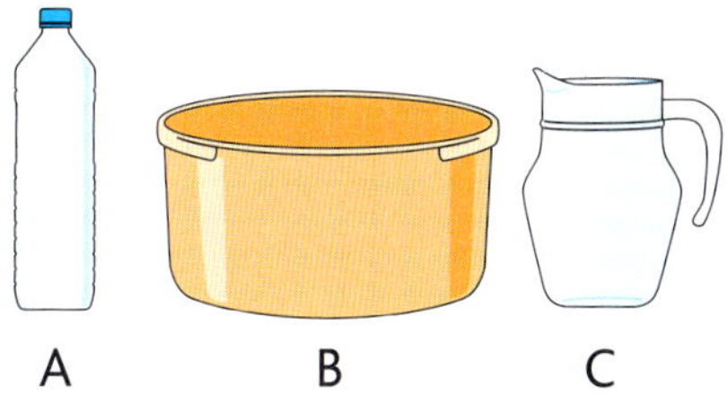

Range les trois récipients par ordre croissant de contenance.

8 ●● Meï remplit une bouteille d'eau et la verse dans le vase A jusqu'à ras bord. Elle fait de même pour les vases B et C.

Range les trois vases par ordre croissant de contenance.

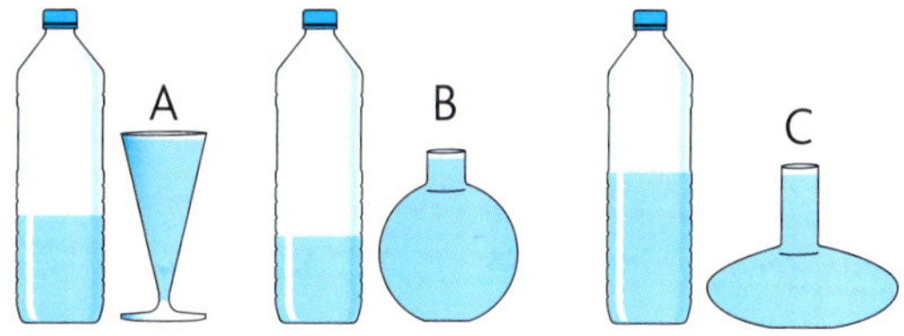

9 ●●● **Problème** Voici trois moules à gâteaux.
Les moules vert et noir ont la même hauteur. On ne connait pas la hauteur du moule rouge.

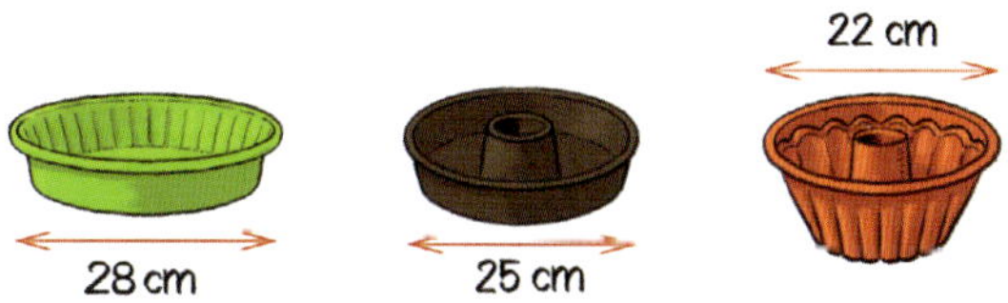

Comment peux-tu t'y prendre pour trouver le moule qui peut contenir le plus de pâte ?

LE DÉFI DU JOUR

Myriam et Théo ont mesuré six récipients (la tasse, le pot de yaourt, le vase, la verseuse, le pichet, la casserole) avec le bol ou avec le verre. Ils ont reporté les contenances.

Range les récipients de celui qui contient le moins à celui qui contient le plus.

> Corrigés p. 184

Utiliser des unités usuelles de contenance

COMPÉTENCE
→ Utiliser les unités : L, dL, cL, mL et leurs relations.

Le cocktail

Pour son anniversaire, Victor a trouvé sur Internet une recette de cocktail. Il utilise un pichet de contenance 1 litre (1 L). Il possède une tasse et une pipette.

Indique à Victor :
– s'il utilise la tasse ou la pipette pour mesurer chaque ingrédient,
– combien de fois il doit la remplir avant de la vider dans son pichet.

MÉMO

- **Le litre (L) est l'unité principale de mesure de contenance.**
- **Pour des contenances inférieures à 1 litre, on utilise le décilitre (dL), le centilitre (cL) et le millilitre (mL).**

Brique de lait : 1 L

Verre : 1 dL

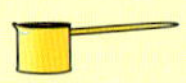
Dosette : 1 cL

Compte-goutte : 1 mL

- **Relations entre unités et lien avec le nom des unités :**

litre	décilitre	centilitre	millilitre
L	dL	cL	mL
1	0	0	0

1 L = 10 dL   1 dL = 10 cL   1 cL = 10 mL

1 litre = 10 décilitres
1 L = 10 dL

1 litre = 100 centilitres
1 L = 100 cL

1 litre = 1 000 millilitres
1 L = 1 000 mL

1 **À l'oral** **Réponds par oui, non ou « je ne sais pas ».**

a. Une personne peut-elle boire un litre d'eau par jour ?

b. Un pigeon peut-il boire un litre d'eau par jour ?

c. Peux-tu prendre un bain dans un litre d'eau ?

d. Un poisson rouge peut-il nager dans un litre d'eau ?

2 Dans chaque cas, recopie la bonne contenance.

a.  5 cL | 5 mL | 5 dL

b.  2 L | 20 L | 2 dL

c.  1 dL | 1 L | 1 cL

d.  15 cL | 15 dL | 15 mL

3 a. Combien de verres de contenance 1 dL peut-on remplir avec une brique de jus de clémentine de 1 L ?

b. Combien de compte-gouttes de 1 mL faut-il vider dans une tasse de 1 dL pour la remplir ?

c. Combien de pipettes de contenance 1 cL peut-on remplir avec 1 dL de coulis de fraise ?

4 Lucas offre du jus de fruits pour son anniversaire. Avec sa bouteille, il a versé 20 gobelets de 10 cL à ses camarades.

Combien de litres contenait sa bouteille ?

5 Axelle a acheté un pack de 6 briquettes de 20 cL de jus d'orange.

A-t-elle acheté plus ou moins d'un litre de jus d'orange ? Explique.

6 Cyril a acheté un pack de 4 briquettes de 250 mL de jus de pomme. Il dit :

Est-ce exact ? Explique.

7 **Range ces contenances par ordre croissant.**

3 dL 2 cL 12 dL 5 mL 1 L

8 **Recopie et complète par <, > ou =.**

a. 250 mL ... 25 cL b. 50 cL ... 5 L

c. 1 L 5 dL ... 15 cL d. 600 mL ... 60 dL

9 **Colorie de la même couleur les contenances égales.**

30 cL	30 dL	300 cL
3 L	3 000 mL	300 mL

10 a. Vérifie si l'information en vert ci-contre est exacte. Sinon, corrige-la.

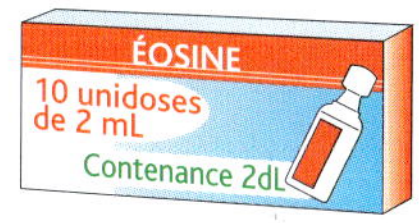

b. On trouve aussi en pharmacie de l'éosine en petite bouteille de 1 dL.

À combien d'unidoses de 2 mL cette contenance correspond-elle ?

11 **Dans chaque cas, indique quel conditionnement de boisson gazeuse a la plus grande contenance. Explique.**

a.

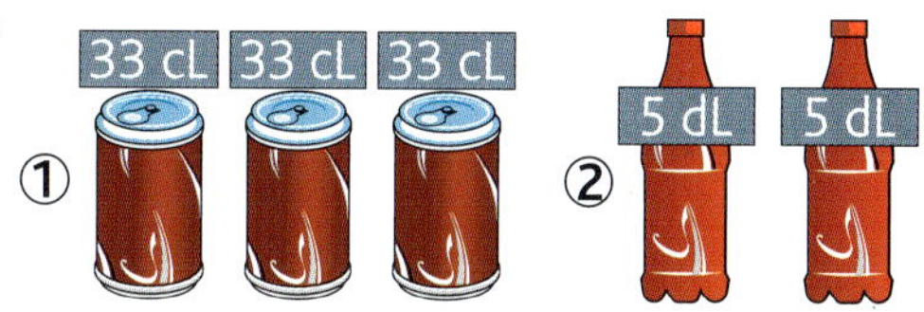

b.

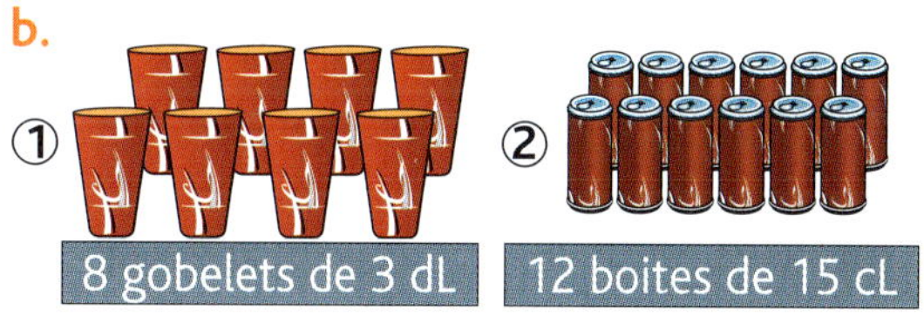

12 **Problème** Younis est au milieu d'un lac et sa barque prend l'eau. Elle se remplit d'eau au rythme de 25 L par heure. Heureusement, il a avec lui une bouteille qui lui permet de vider 50 cL par minute.

Sa barque coulera-t-elle ?

Maths en jeu !

Retrouveras-tu ton chemin dans ce labyrinthe ?

Règle du jeu

On passe d'une pièce à une autre en choisissant toujours la plus grande contenance possible.

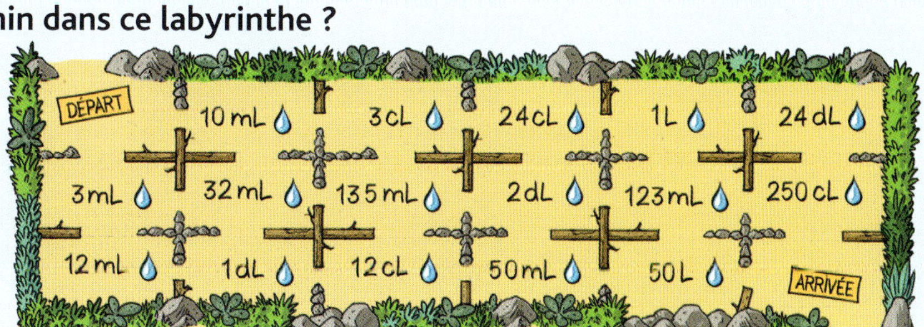

> Corrigés p. 184

J'utilise mes compétences Bilan

1 Comparer des surfaces selon leurs aires

Dans chaque cas, compare les aires des surfaces A et B.

Tu peux utiliser un calque ou un découpage.

a.

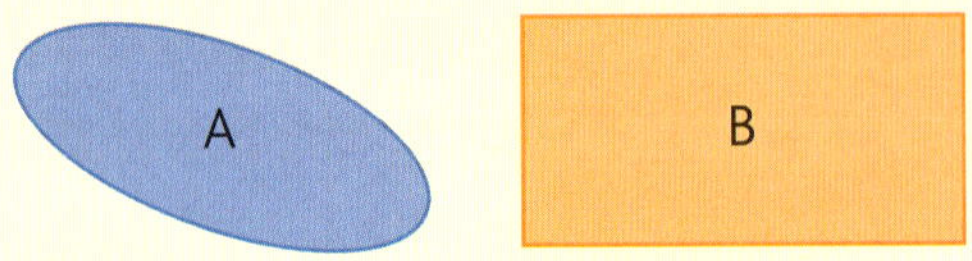

b.

c.

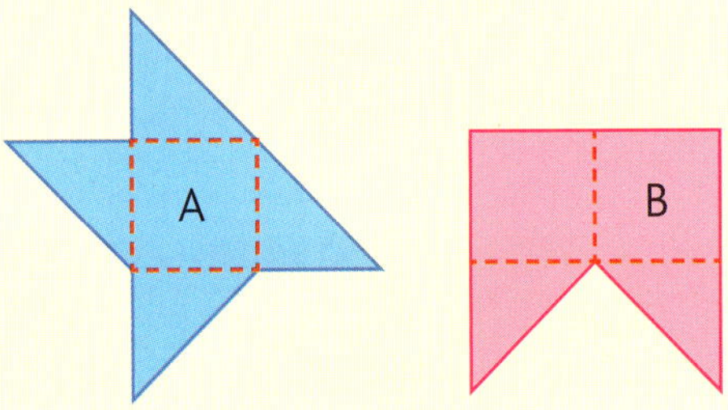

2 Mesurer l'aire d'une surface

Dans chaque cas, mesure l'aire de la surface colorée à l'aide de l'unité d'aire.

a.

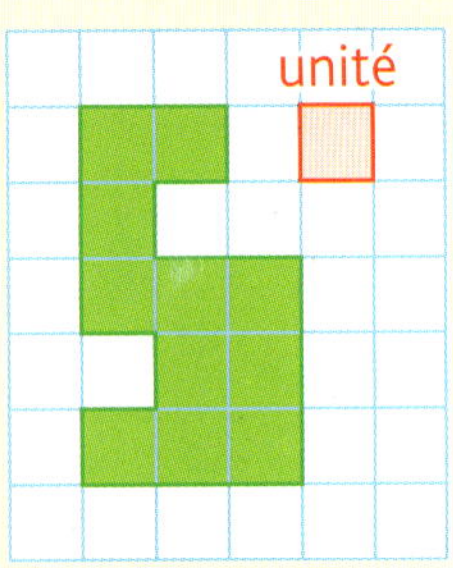

b.

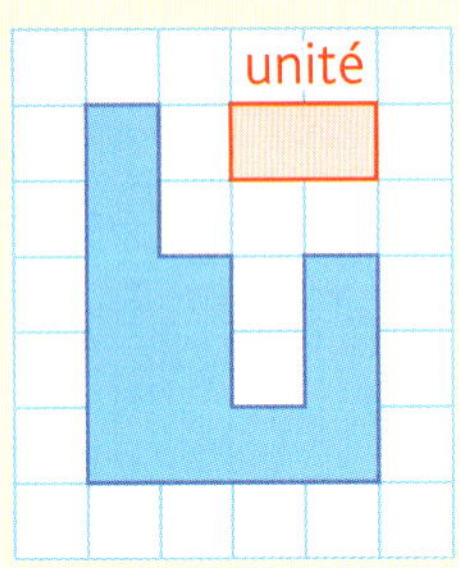

c.

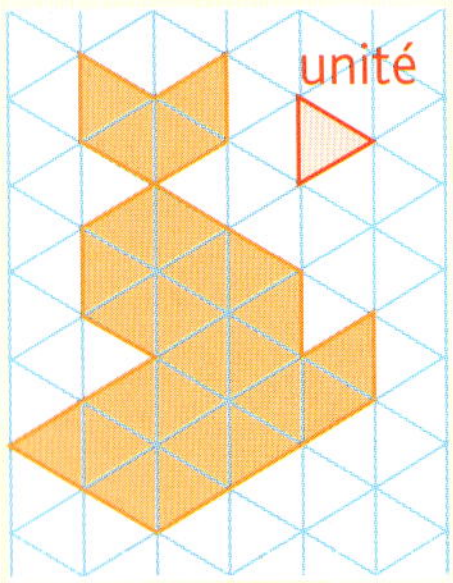

d.

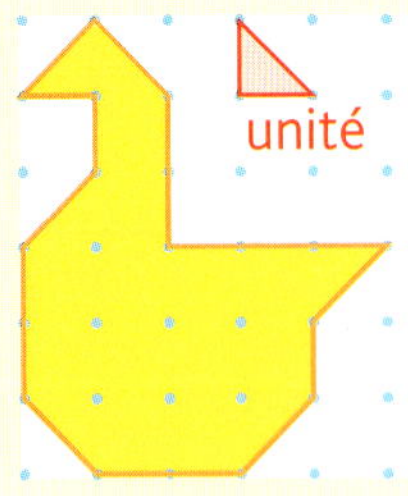

3 Comparer des aires à l'aide d'un pavage

Quelle surface a la plus grande aire ?

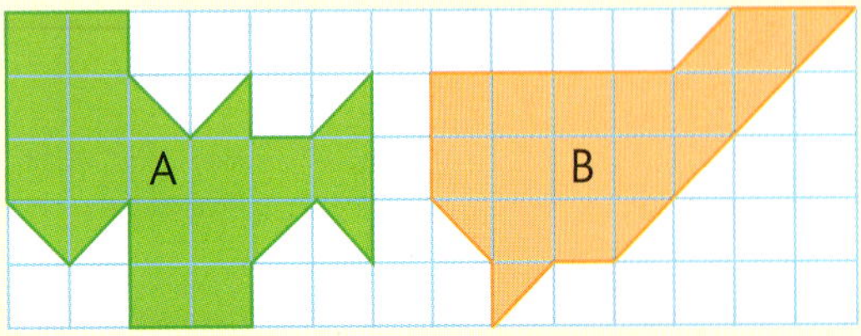

4 Différencier aire et périmètre d'une surface

a. Indique le périmètre et l'aire de chaque surface.

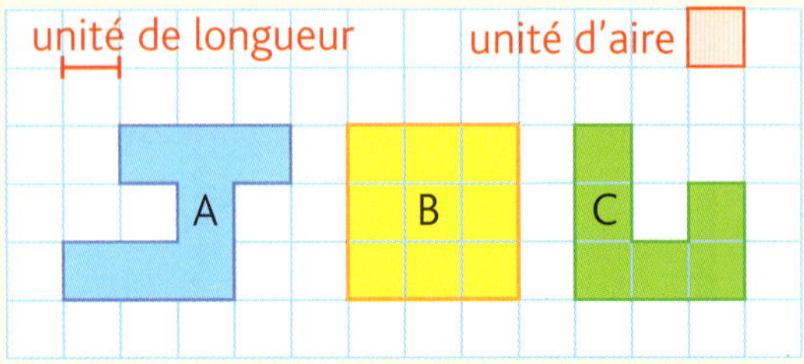

b. Range les trois surfaces par ordre croissant :
- de périmètre,
- d'aire.

5 Comparer des contenances (1)

Tao a rempli un verre A et l'a vidé dans un verre C. Il a fait de même avec un verre B.

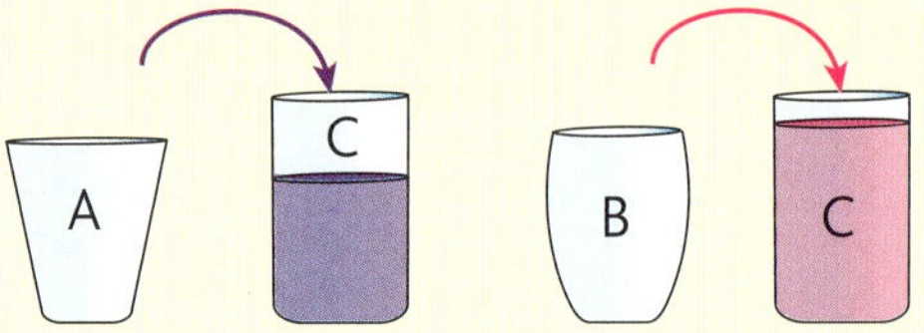

Des verres A et B, lequel a la plus grande contenance ?

6 Comparer des contenances (2)

a. Quelle dosette de sérum physiologique a la plus petite contenance ?

b. Recopie et complète : « La contenance de la dosette A est la ... de celle de B ».

7 Connaitre les unités de contenance

Associe chaque objet à sa contenance.

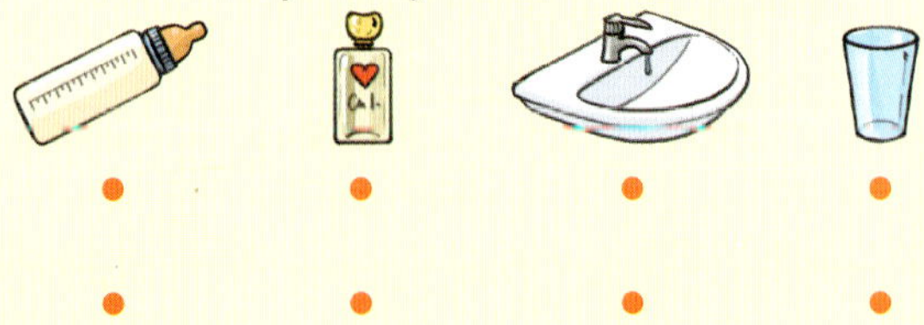

25 cL — 1 dL — 35 mL — 8 L

8 Connaitre les relations entre unités

Recopie et complète.

a. 1 L = ... cL b. 1 L = ... mL c. 1 dL = ... cL

J'utilise mes compétences — Problèmes

1 Le stage de planche à voile (EPS)

Héloïse et les élèves de sa classe font un stage de planche à voile, du lundi 4 juin au jeudi 7 juin.
Les moniteurs posent un cordon flottant pour délimiter la zone dans laquelle les élèves peuvent évoluer.
Chaque jour, la forme de la zone change.

- Lundi, elle a la forme indiquée ci-dessous.
- Mardi, la longueur du cordon flottant est la même que lundi, mais l'aire de la zone d'évolution est plus grande.
- Mercredi, l'aire de la zone d'évolution est la même que lundi, mais la longueur du cordon flottant est plus grande que lundi.
- Jeudi, la longueur du cordon flottant est plus petite que lundi, mais l'aire de la zone d'évolution est plus grande que lundi.

Propose une zone d'évolution pour mardi, une pour mercredi et une troisième pour jeudi.

Doc. **La zone d'évolution de planche à voile**

2 Une expérience (Sciences)

Les élèves de la classe de Pablo doivent nettoyer l'eau sale qu'ils ont rapportée de leur visite dans l'estuaire de la Loire et qui est contenue dans un bidon de 3 L.
Pour cela, ils filtrent plusieurs fois leur eau à travers une passoire, des filtres à café, du coton…
La professeure demande aux élèves d'obtenir 2 L 75 cL d'eau claire dans une bassine.

Au moment de verser l'eau dans la bassine, comment vont-ils s'y prendre pour utiliser le minimum de récipients ?

Doc. **Les récipients vides disponibles**

Un bocal de 150 mL

Un bocal de 35 cL

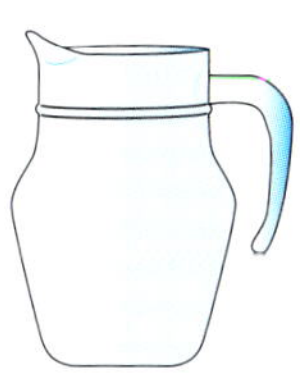
Un pichet de 1 L

Un gobelet de 1 dL

Une bassine de 5 L

Se repérer dans l'espace

COMPÉTENCES
→ Se repérer sur une carte, un plan ou un réseau.
→ Prendre appui sur différents repères.

Autour d'un plan

Béa, Charlie et Axel observent le plan du centre de Toulouse avec des points de vue différents.

• Charlie dit : « La place du Capitole est à gauche de la mairie. »

• Axel dit : « La place du Capitole est derrière la mairie. »

• Béa dit : « La place du Capitole est à l'ouest de la mairie. »
Elle ajoute : « La Poste est située en B2. »

Pour chaque affirmation, indique si elle est vraie ou fausse pour les deux autres enfants.

MÉMO

• **Le repérage d'un objet par rapport à un autre dépend de la position de l'observateur.**
Pour Léo, le terrain de sport est derrière la cantine, alors que pour Lilou il est devant la cantine.

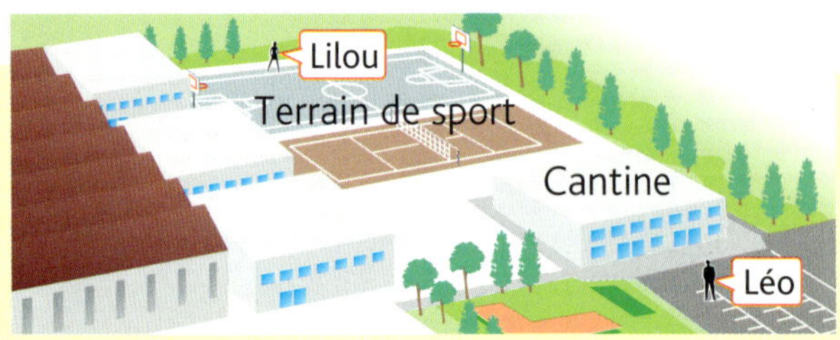

• **Certains repères, comme les points cardinaux, sont fixes. Ils ne dépendent pas de la position de l'observateur.**
La ville de Nantes est située au sud de la ville de Rennes.

• **Pour se repérer sur une carte, on peut utiliser un quadrillage.**
La ville de Brest est dans la case A1 et la ville de Lorient dans la case B2.

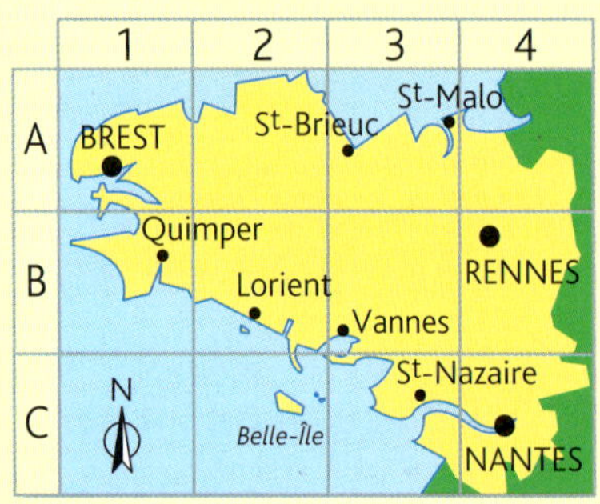

1 **À l'oral** **Le château de Chenonceau.**
Cette photographie a-t-elle été prise depuis A, B, C ou D ?

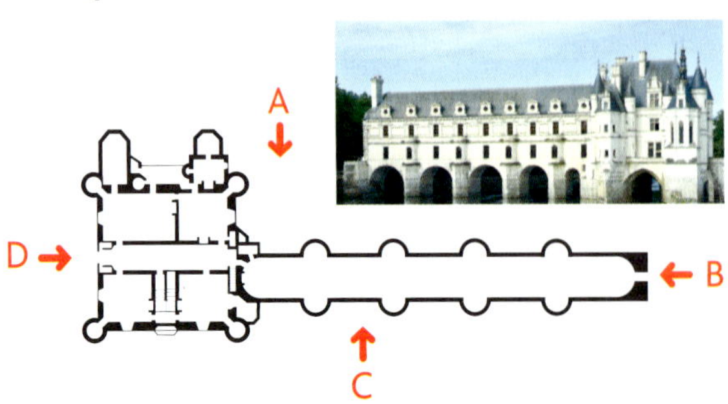

2 Imagine que tu observes ces blocs depuis la position indiquée par la flèche.
Laquelle de ces dispositions vois-tu ?

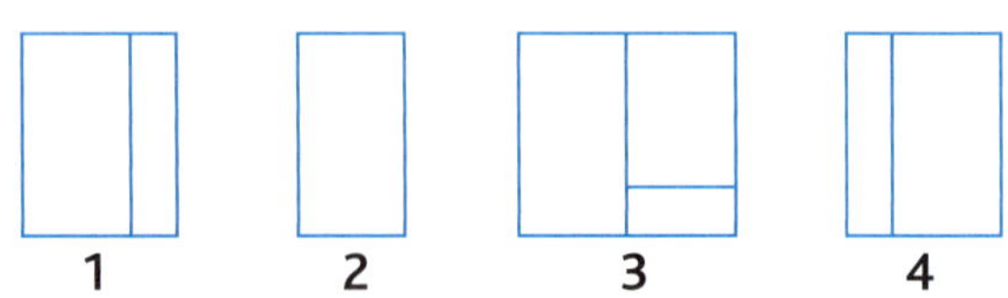

3 Observe cet assemblage de blocs.

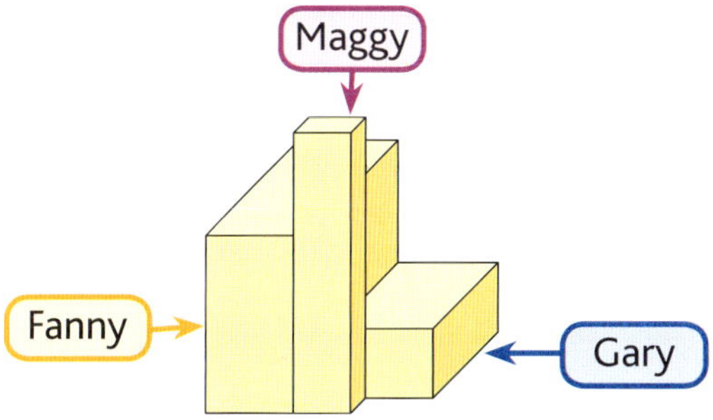

En voici trois vues (A, B et C). **Indique celle que voit chacun des trois observateurs.**

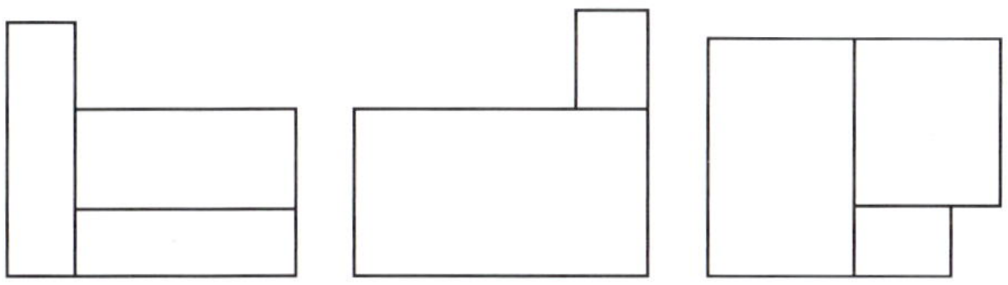

A B C

4 Observe le plan en 3D de cette maison.

Recopie et complète chaque phrase.

- Par l'intérieur, pour accéder au salon en venant du garage, tu dois traverser … .
- La façade de la maison où se trouve la porte du garage est au Nord. La porte-fenêtre du coin repas est sur la façade … et les fenêtres des chambres 1 et 2 sont sur la façade … .

5 **Voici le plan d'une bibliothèque.**

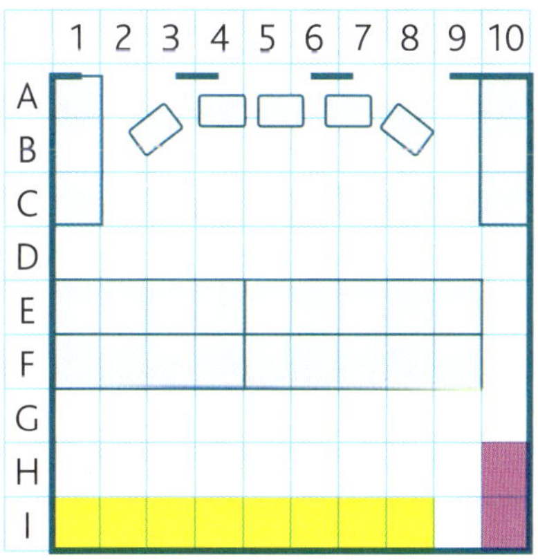

a. Les romans sont sur l'étagère rose et les bandes-dessinées sur l'étagère jaune. Donne les noms des cases qui composent ces étagères.

b. Colorie avec des couleurs différentes les étagères qui contiennent :

- les documentaires en A10, B10, C10 ;
- les albums en E5, E6, E7, E8, E9 ;
- les livres de loisirs créatifs en F1, F2, F3, F4 ;
- les magazines en A1, B1, C1.

6 **a.** Sur cette carte, quelle est la première ville à l'ouest de Toulouse sur l'A64 ?

b. Imagine quatre questions qui ont pour réponse l'une des villes indiquées.

Maths en jeu !

Place les points suivants et relie-les dans l'ordre pour voir ce qui attire le dauphin.

E1, E7, F6, F3, E1, A4, E4, E6, B4

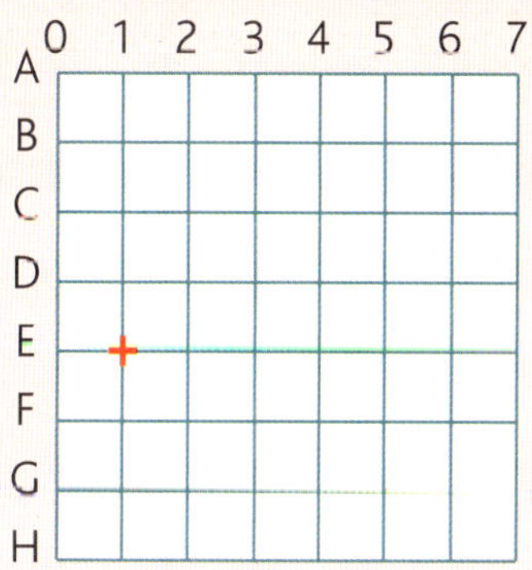

> Corrigés p. 184

Effectuer des déplacements

COMPÉTENCE
→ Accomplir, décrire, coder des déplacements dans des espaces familiers.

Jeu de piste à la campagne

Les concurrents d'un jeu de piste disposent du plan ci-contre.
Des bornes sont placées à des nœuds du quadrillage.
Voici le codage qu'a reçu Thomas pour se rendre du départ jusqu'à la borne n° 1.

Aide Thomas à terminer son jeu de piste à l'aide du message ci-dessous. Place les différentes bornes.

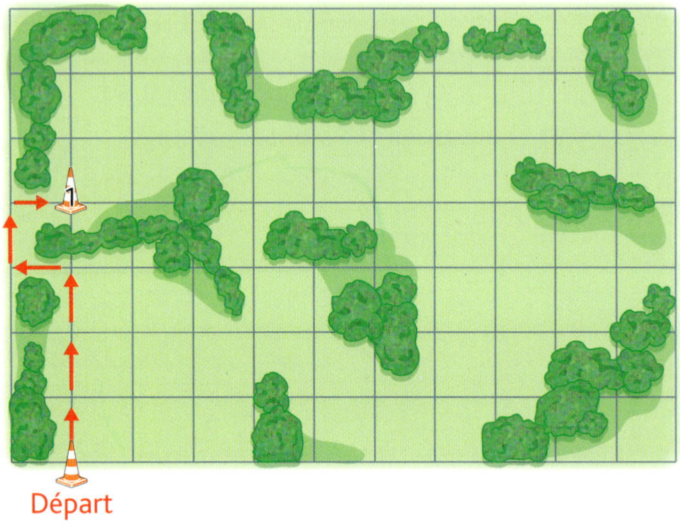

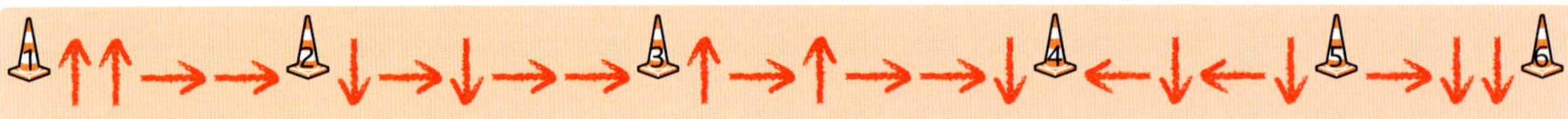

MÉMO

• **Pour indiquer un déplacement à effectuer, les instructions peuvent être codées de différentes façons.**

Ce déplacement en jaune peut se coder : B1, B2, B3, A3.

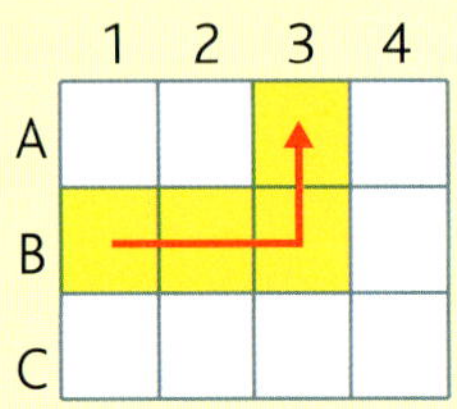

Ce déplacement en rouge peut se coder : ↑↑→↓←←

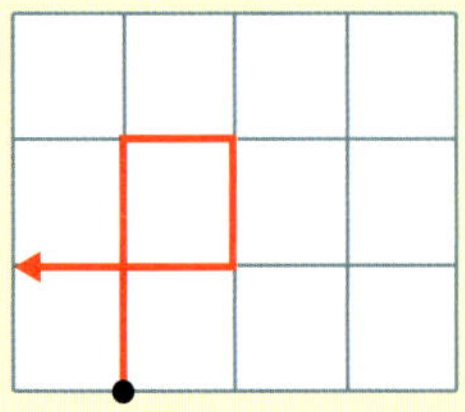

1 Colorie le parcours du chat et dessine la balle après laquelle il court dans la dernière case.

C2, C3, C4, D4, D5, E5, E6, E7, D7, C7, B7, B8.

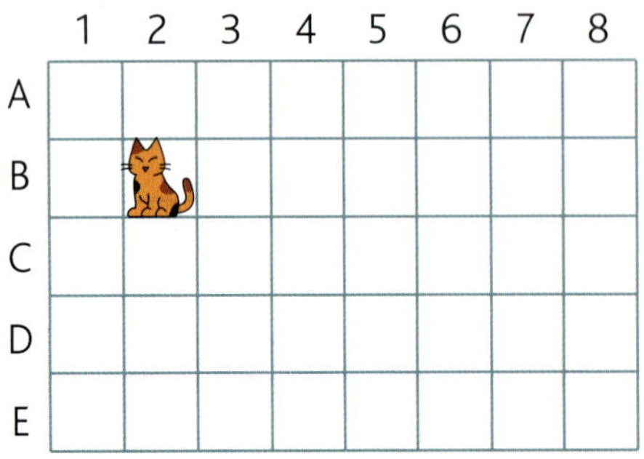

2 Dans un jeu vidéo, un agneau veut rentrer à la bergerie en évitant les loups.
Complète son trajet :

F1, F2, E2, E3...

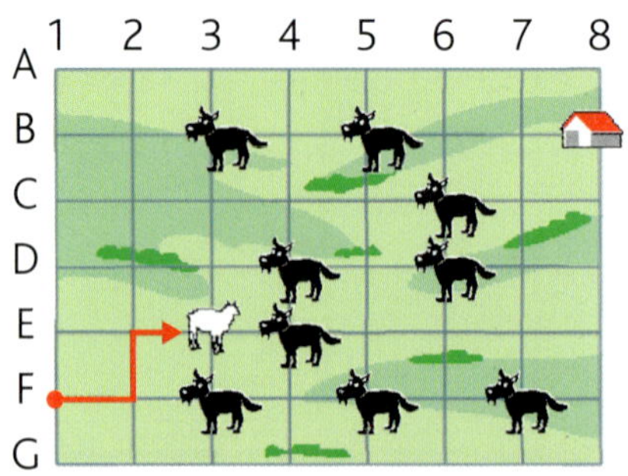

3 Abel est dans sa voiture et se rend chez lui. Il prend la première rue à gauche, puis la deuxième à droite et la première rue à gauche. Sa maison est la deuxième sur la droite.

Colorie son parcours, entoure sa maison.

4 Saori se déplace dans une ville dont les rues sont représentées par les lignes de ce quadrillage. Elle recherche son chien.

Dessine le trajet qu'elle doit suivre d'après les instructions suivantes.

- Avance de 3 cases.
- Tourne à droite à angle droit.
- Avance de 2 cases.
- Tourne à gauche à angle droit.
- Avance de 3 cases.
- Tourne à gauche à angle droit.
- Avance de 2 cases.
- Tourne à droite à angle droit.
- Avance de 1 case.

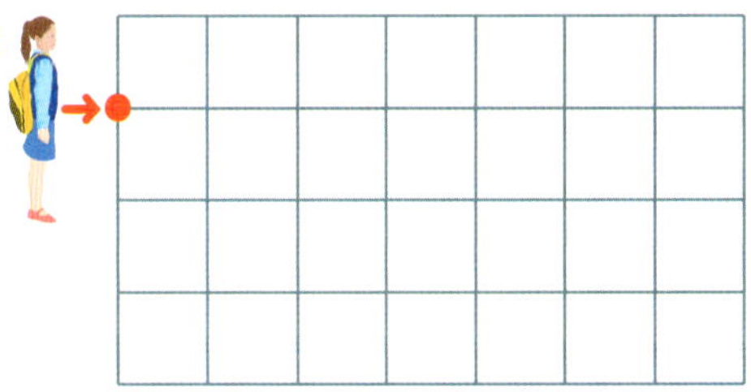

5 **À l'oral** Imagine que tu te déplaces sur un quadrillage et que tu effectues quatre fois la consigne suivante :

Tourne à droite sur place à angle droit et avance de 4 mètres.

Où te retrouves-tu ?

6 Voici une partie du plan du métro de Paris. Alice vient de visiter le musée du Louvre. À la sortie, elle prend le métro à la station *Musée du Louvre* pour se rendre le plus rapidement possible à la tour Eiffel.

Indique la couleur des lignes qu'elle peut prendre et le nom des stations où elle va devoir effectuer un changement.

7 Tu vas piloter le déplacement d'une tortue sur les lignes d'un quadrillage.

Instructions

- **td** (ou **tg**) : tourne à droite (ou à gauche) d'un angle droit.
- **av...** : avance de ... carreaux.

Exécute le programme suivant :

td, av3, td, av1, td, av2, tg, av1, tg ,av1, td, av1, td, av1, tg, av1, td, av1, td, av4.

LE DÉFI DU JOUR

La souris est entrée par l'une des portes. Puis :

- elle a avancé de 2 carreaux,
- elle s'est dirigée sur sa droite de 2 carreaux,
- elle est repartie sur sa gauche en avançant de 2 carreaux,
- elle s'est déplacée de 2 carreaux sur sa gauche,
- elle a dévoré le fromage.

Par quelle porte est-elle entrée ?

> Corrigés p. 184

Programmer des déplacements

COMPÉTENCE
→ S'initier à la programmation des déplacements d'un personnage.

Dans le labyrinthe

Dans un jeu vidéo, Élisa doit aider Flappy à sortir d'un labyrinthe. Sa grande sœur lui avait programmé le trajet que devait suivre le robot. Malheureusement, une partie du programme s'est effacée.

Aide Élisa à retrouver la suite du programme.

- Avance de 1 carreau.
- Tourne à gauche d'un angle droit.
- Avance de 2 carreaux.
- Tourne à gauche d'un angle droit.
- Avance de 3 carreaux.

...

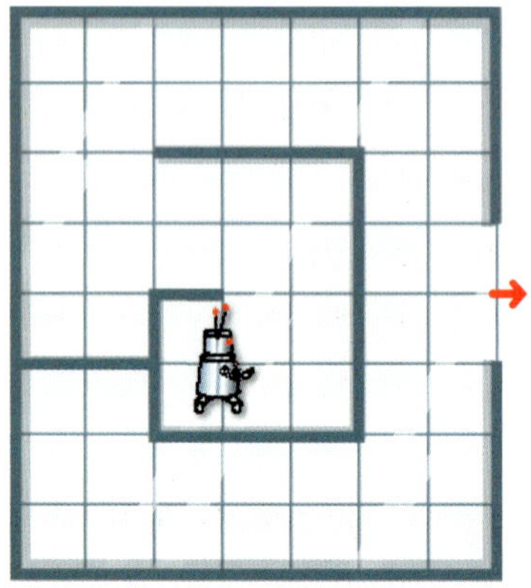

MÉMO

- **GéoTortue et Scratch sont deux logiciels de géométrie qui permettent de programmer des déplacements.**

Action	Instruction GéoTortue	Instruction Scratch
Avancer de 100 pas.	av 100	avancer de 100
Tourner à droite d'un angle droit.	td 90	tourner ↻ de 90 degrés
Tourner à gauche d'un angle droit.	tg 90	tourner ↺ de 90 degrés

Voici le déplacement de la tortue de GéoTortue obtenu avec ce programme.

> av 100
> td 90
> av 100
> tg 90
> av 25

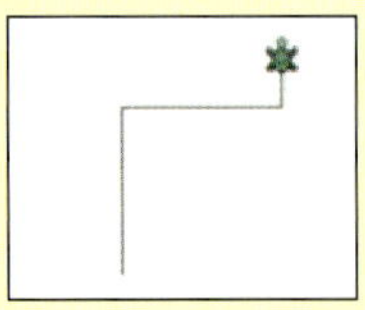

Voici le déplacement du chat de Scratch obtenu avec ce programme.

avancer de 100
tourner ↻ de 90 degrés
avancer de 100
tourner ↺ de 90 degrés
avancer de 25

1 **À l'oral** Sur ce quadrillage, un pas correspond à un carreau.

Lequel de ces programmes GéoTortue donne le déplacement en rouge ?

> av 1	> av 1	> av 1
> tg 90	> tg 90	> td 90
> av 1	> av 1	> av 1
> tg 90	> td 90	> tg 90
> av 1	> av 1	> av 1

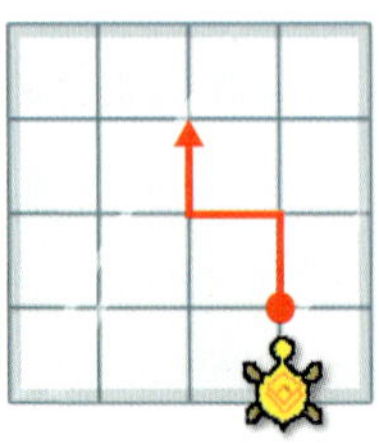

2 Sur ce quadrillage, 100 pas correspondent à un carreau.

Dessine le trajet effectué par le chat avec ce programme Scratch.

avancer de 200
tourner ↻ de 90 degrés
avancer de 100
tourner ↺ de 90 degrés
avancer de 100

3 Sur ce quadrillage, 100 pas correspondent à un carreau. La tortue part du point rouge.

Par lesquels de ces points ne passe-t-elle pas lorsqu'elle effectue ce programme GéoTortue ?

> **av** 700
> **tg** 90
> **av** 100
> **tg** 90
> **av** 200
> **tg** 90
> **av** 600
> **td** 90
> **av** 200

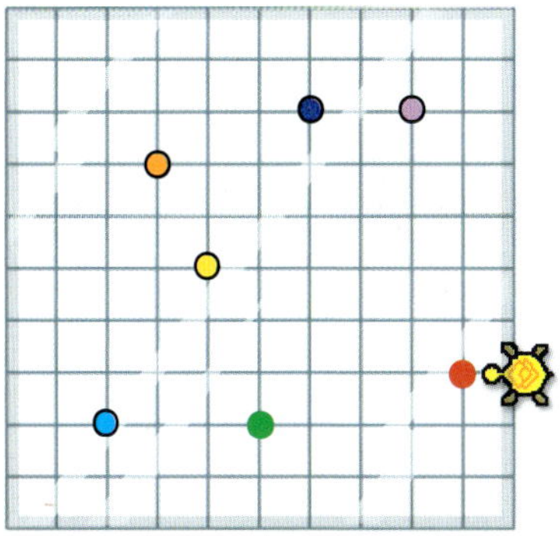

4 Sur ce quadrillage, 50 pas correspondent à un carreau. Maëlys a programmé le déplacement du pingouin avec GéoTortue. Elle a obtenu le trajet rose ci-dessous.

Écris le programme qu'elle avait saisi.

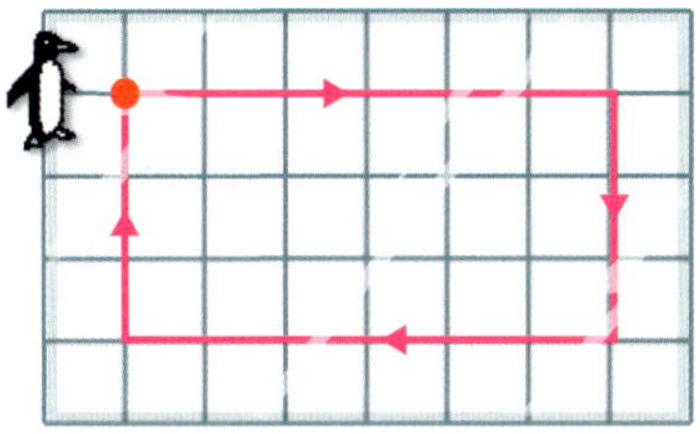

5 Sur ce quadrillage, 50 pas correspondent à un carreau. Marco a programmé le déplacement violet avec Scratch. **Retrouve les trois instructions qui ont été effacées.**

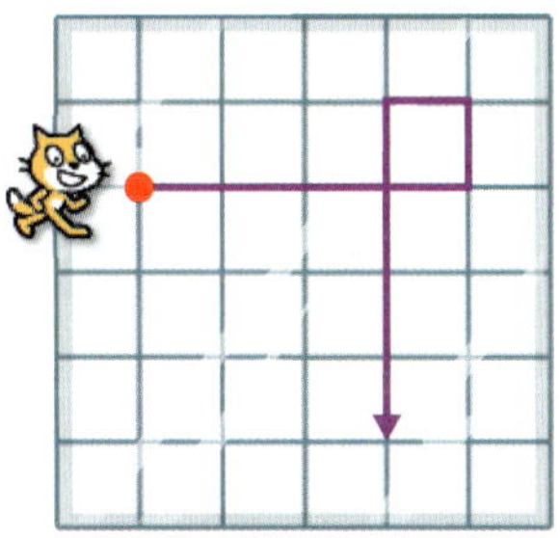

6 **Problème** La tortue se déplace sur les lignes du quadrillage. Chaque carreau correspond à 10 pas. **Écris un programme GéoTortue afin que la tortue parcoure ce circuit jusqu'à la ligne d'arrivée.**

7 **Problème** Voici le début du programme Scratch qui amène l'écureuil jusqu'au point ● sachant que chaque carreau correspond à 50 pas.

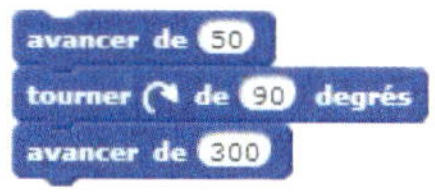

Complète ce programme pour amener l'écureuil jusqu'à la noisette en faisant le moins de pas possible.

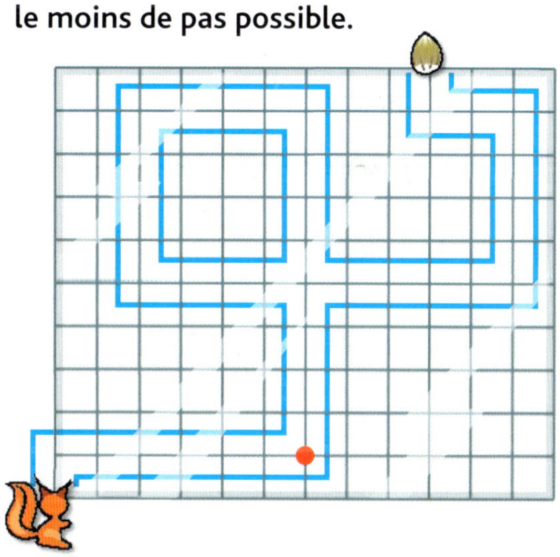

Maths en jeu !

Place dans le bon ordre ces six instructions pour que le dinosaure se retrouve à la fin du parcours au même endroit et dans la même position qu'au départ.

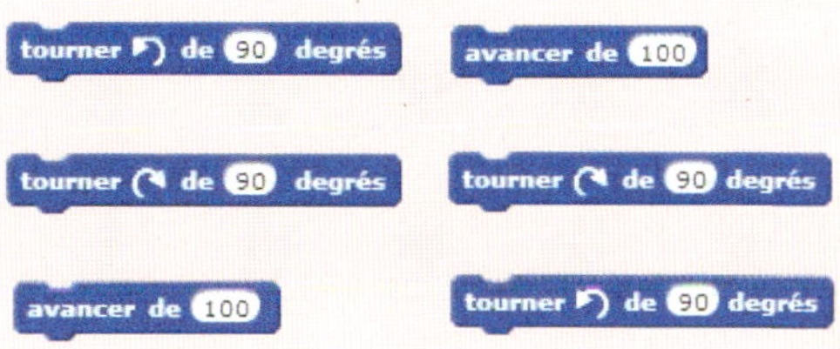

Il y a plusieurs solutions possibles. Tu peux vérifier avec Scratch.

> Corrigés p. 184

J'utilise mes compétences Bilan

1 Se repérer dans l'espace

Voici la maquette d'un immeuble.

Associe chaque silhouette de cette maquette avec la bonne position d'observation.

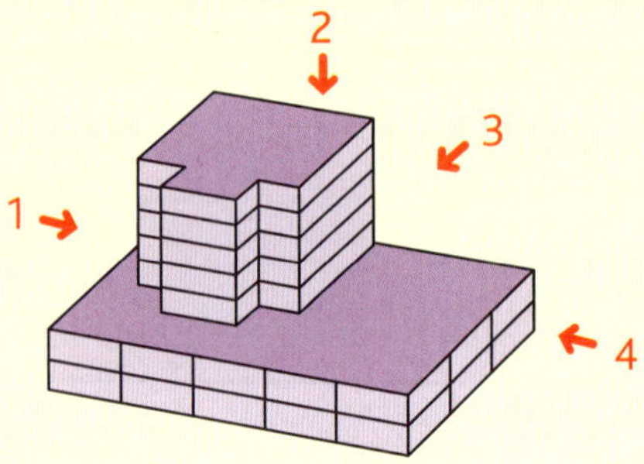

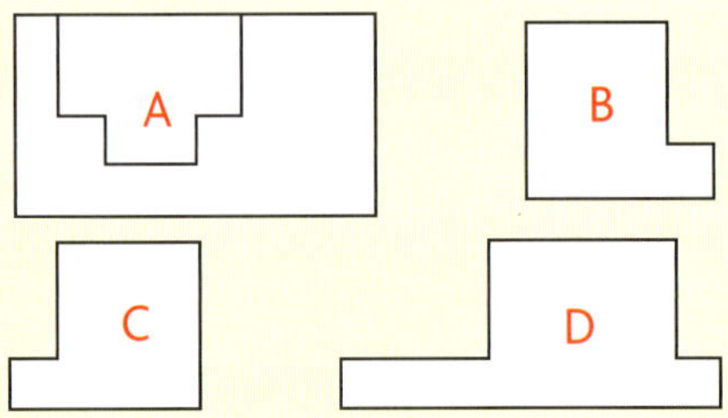

2 Se repérer sur une carte

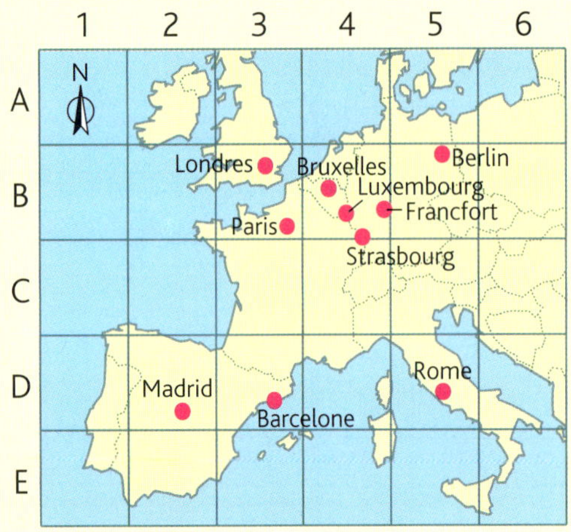

1. Complète chaque phrase.

a. Dans la case B3, il y a les capitales … et … .

b. Madrid est dans la case … .

c. En D2, D3 et D5 on trouve dans l'ordre les villes de …, …, et … .

2. Complète avec *nord*, *sud*, *est* ou *ouest*.

a. Par rapport à Barcelone, Londres est au …, Rome est à l'… et Madrid est à l'… .

b. Par rapport à Berlin, Londres est à l'… et Rome est au … .

3 Effectuer un déplacement

> av 2
> **td** 90
> **av** 1
> **tg** 90
> **av** 1
> **td** 90
> **av** 2
> **tg** 90
> **av** 2
> **td** 90
> **av** 1

Avec ce programme GéoTortue écrit par Amélie, le renard rentre-t-il à son terrier ou part-il en chasse ?

4 Coder un déplacement

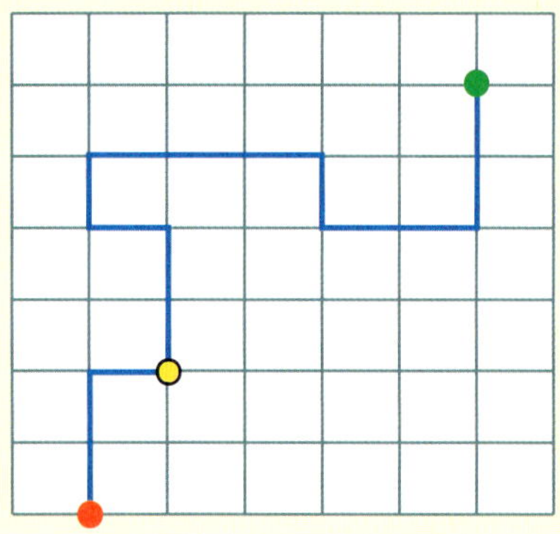

Romain a codé ainsi le déplacement du point rouge au point jaune par le trajet bleu :

av 2, td 90, av 1

À ton tour de coder le déplacement du point jaune au point vert par le trajet bleu.

5 Programmer un déplacement

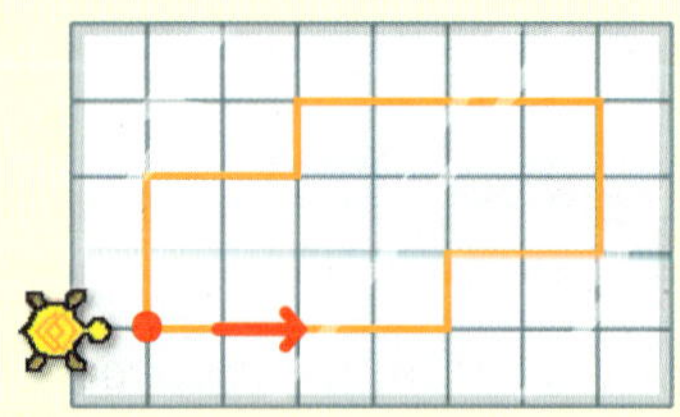

Programme avec GéoTortue le déplacement de la tortue, à partir du point rouge, le long du trajet orange sachant qu'un carreau correspond à 100 pas.

1 À la manière de — Arts plastiques

Prad Morrison est un artiste qui conçoit des sculptures (comme ci-contre) en assemblant des solides géométriques.

Zouhir a assemblé les quatre pavés droits ci-dessous pour créer sa propre sculpture.

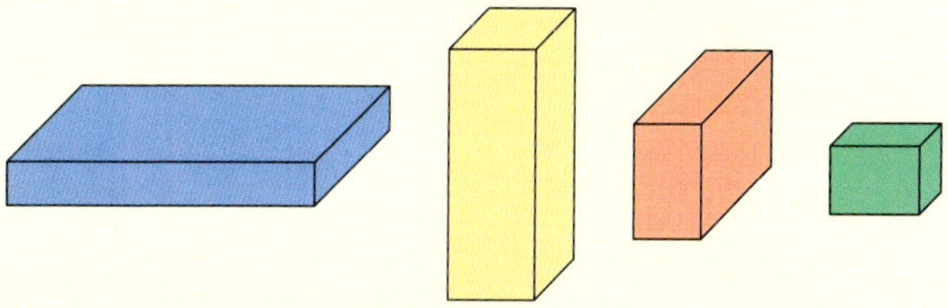

Plusieurs réponses aux questions suivantes sont possibles.

a. Dessine la vue depuis le nord de l'assemblage de Zouhir.

b. Dessine la vue depuis l'ouest de l'assemblage de Zouhir.

c. Dessines-en une vue de dessus et précise de quel côté tu l'observes (nord, sud, est, ouest).

Doc. Vues de l'assemblage de Zouhir

Vue de l'assemblage depuis le sud.

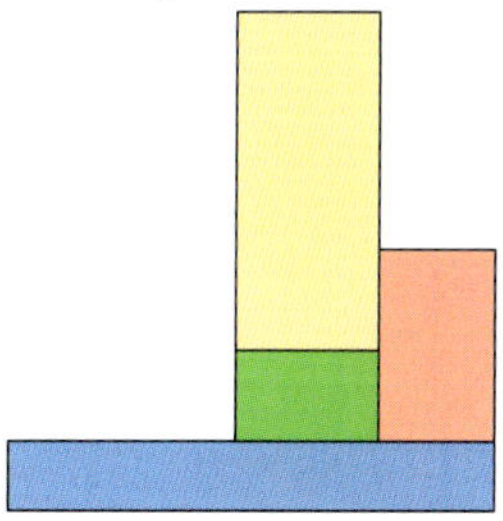

Vue de l'assemblage depuis l'est.

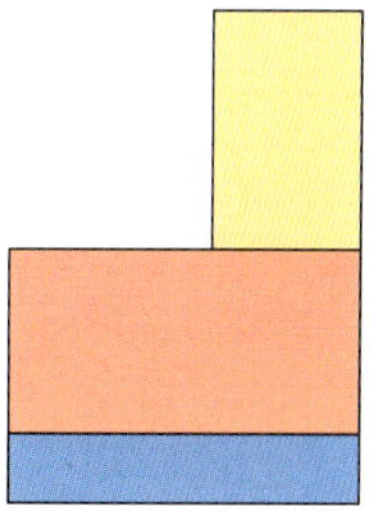

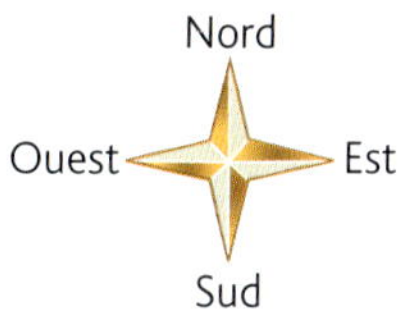

2 La course d'orientation — EPS

En séance d'E.P.S., les élèves doivent se déplacer sur les lignes de ce quadrillage tracé au sol.

On estime que pour se déplacer sur le côté d'un carreau il faut 1 seconde.

Programme un parcours pour récolter le plus de quilles possible en sachant que l'épreuve sera arrêtée au bout de 20 secondes.

Combien de quilles as-tu ramassées ?

Doc. Instructions de programmation

- av 1 (avancer pendant une seconde)
- tg 90 (tourner à gauche d'un angle droit)
- rq (ramasser une quille)
- av 2 (avancer pendant 2 secondes)
- td 90 (tourner à droite d'un angle droit)

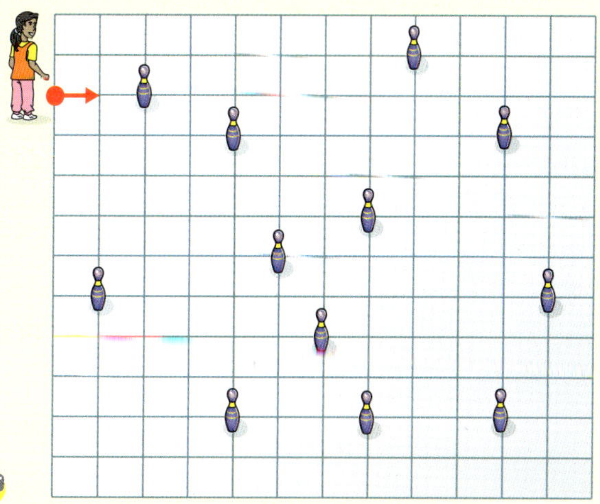

Reconnaitre des polygones

COMPÉTENCES
→ Identifier un polygone convexe ou non.
→ Utiliser le vocabulaire.

Des polygones en couleurs

Marion a réalisé ce « tableau géométrique ».
Elle demande de le colorier de la façon suivante :
« Colorie en vert clair les triangles, en bleu clair les polygones à 4 côtés, en vert foncé les polygones à 5 côtés, en bleu foncé les polygones qui ont 6 côtés ou plus et laisse en blanc ceux qui ne sont pas des polygones. »

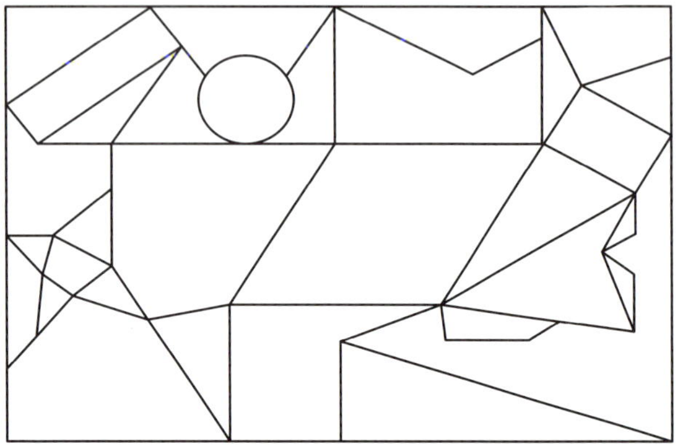

MÉMO

• **Un polygone est une ligne brisée fermée.**
Il est composé uniquement de segments et peut donc être tracé à la règle.

Voici un polygone.

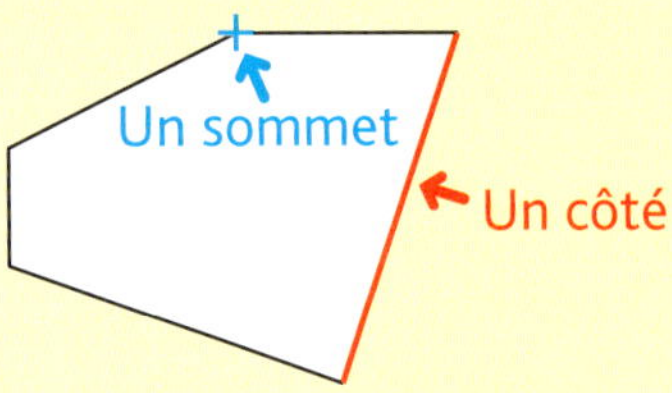

Ces figures **ne sont pas** des polygones.

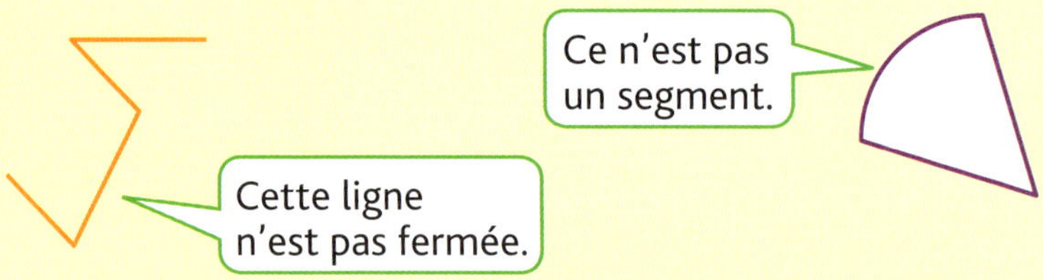

• **Les polygones portent des noms différents selon leur nombre de côtés (ou de sommets).**

Triangles : 3 côtés — Quadrilatères : 4 côtés — Pentagones : 5 côtés — Hexagones : 6 côtés

1 **À l'oral** **La figure tracée en rouge est-elle un polygone ? Si oui, quel est son nom ?**

a. Stade de France (Saint-Denis, France)

b. Département de la Défense (Washington, États-Unis)

c. Piazza Grande (Palma Nova, Italie)

2 • **À quelle(s) figure(s) correspond chaque description ?**

a. « Je ne suis pas un polygone. »

b. « Je suis un polygone à 3 sommets. »

c. « Je suis un polygone à 4 côtés. »

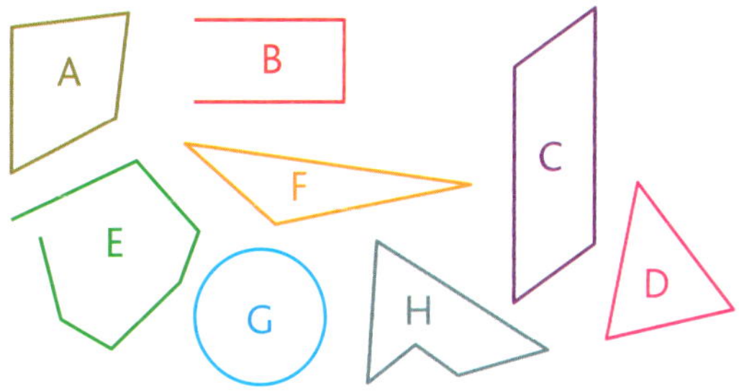

3 • **Pour chaque polygone, écris son nombre de côtés et son nombre de sommets.**

a. Un octogone

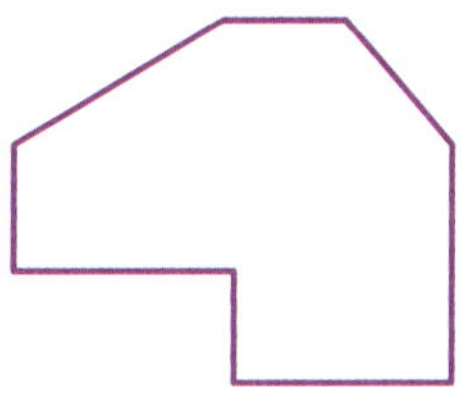

b. Un décagone

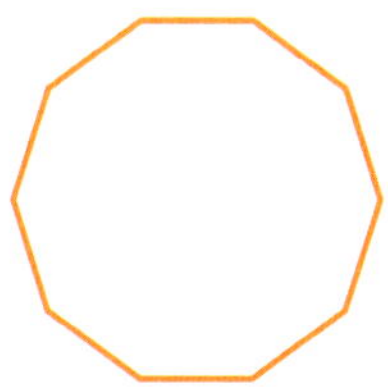

4 • **Recopie et complète ces tableaux par les noms des figures ci-dessous.**

Non polygone	
Triangle	
Quadrilatère	

Pentagone	
Hexagone	
Octogone	

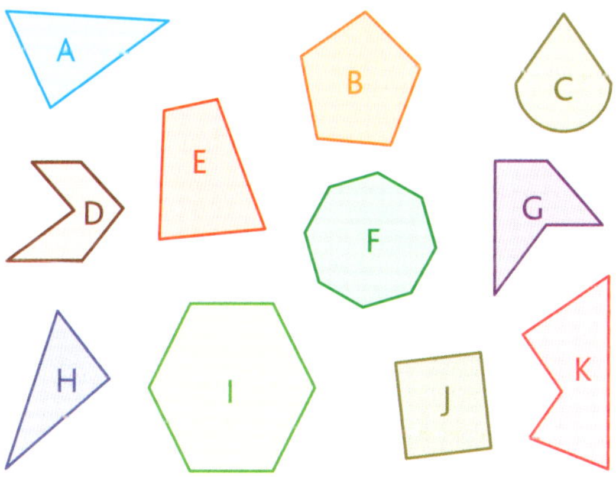

5 •• **Dans chaque cas, construis en vert un quadrilatère qui a pour sommets les trois points bleus et le point rouge.**

a.

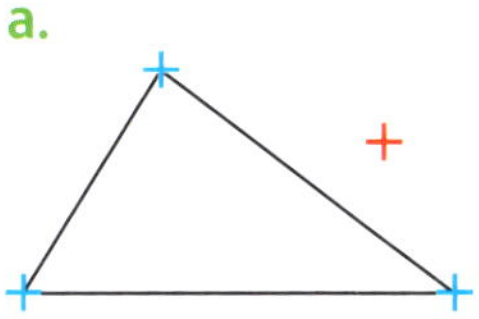

b.

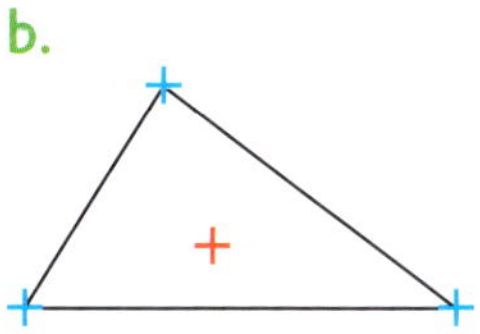

6 •• Sophie a assemblé cinq pièces d'un puzzle ; ce sont des polygones.

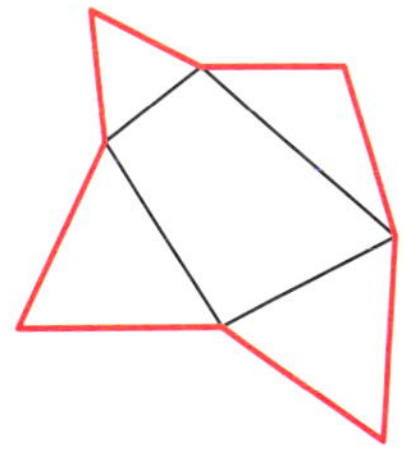

a. Décris ces polygones.

b. Elle a formé un grand polygone rouge. Sous quel nom le connais-tu ?

7 •• **Problème** a. Sur papier quadrillé, trace ces polygones puis découpe-les.

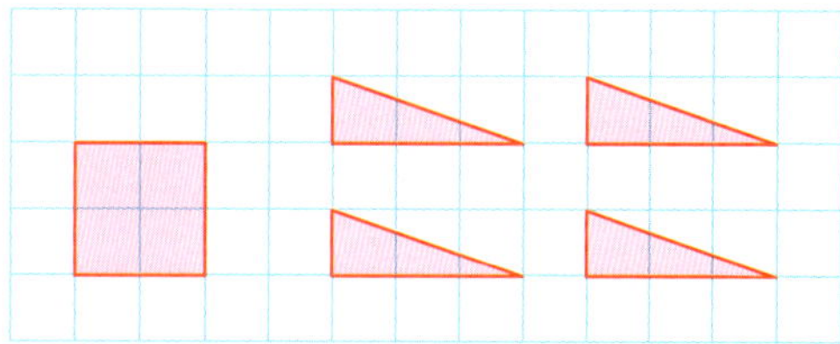

b. Assemble ces cinq pièces de façon à obtenir un grand quadrilatère. Plusieurs solutions sont possibles.

8 ••• **Problème** **Découpe les sept polygones qui forment cette maison. Assemble-les de façon à obtenir ce personnage assis.**

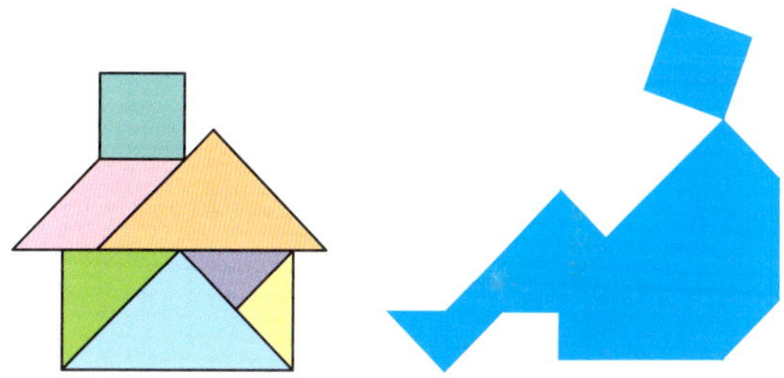

Maths en jeu !

Une souris se déplace dans cette maison en passant uniquement dans les pièces triangulaires.

Indique par quelle porte (a, b, c, d) elle va sortir de la maison.

> Corrigés p. 184

Comprendre et utiliser le vocabulaire de la géométrie

COMPÉTENCE
→ Identifier des relations entre objets géométriques : alignement, appartenance, égalité de longueurs.

Obélix et les menhirs

Obélix a lancé des menhirs dans un champ.

Chacun est représenté par une croix.

Vérifie si Obélix a réussi à faire des alignements de trois menhirs ou plus.

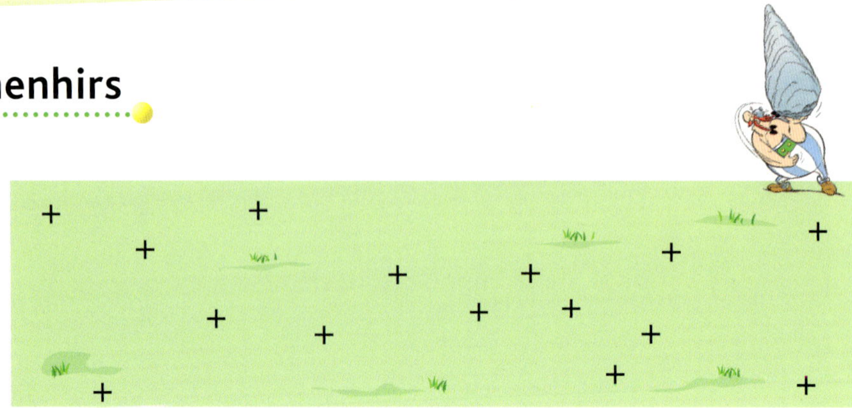

MÉMO

• On peut représenter un point par une croix. On peut coder chaque point par une lettre.

• Lorsqu'on joint deux points à la règle, on dit que l'on trace un segment.

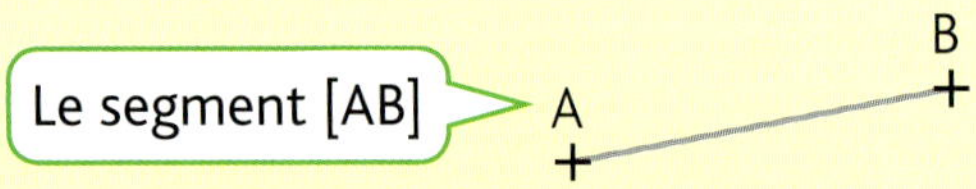

• Lorsqu'on trace à la règle le support d'un segment, on dit que l'on trace une droite.

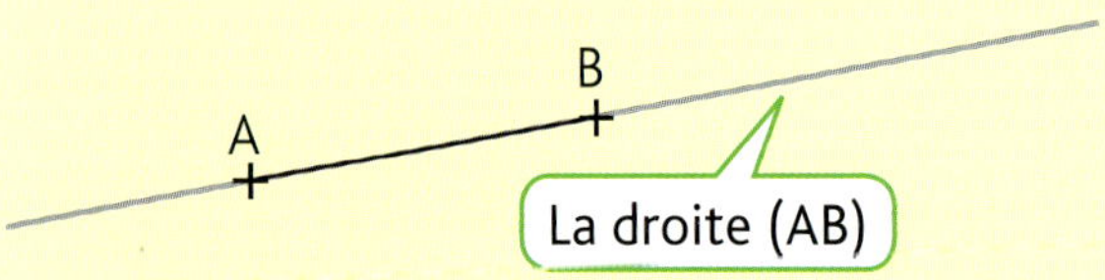

• Trois points ou plus sont alignés si l'on peut tracer une droite qui passe par tous ces points.

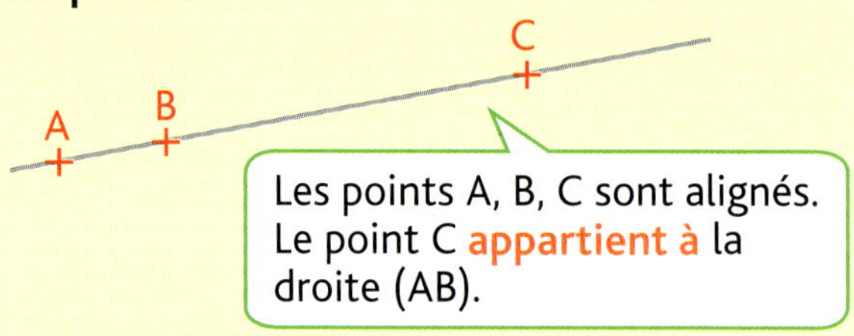

• Le milieu d'un segment est le point qui partage ce segment en deux segments de même longueur.

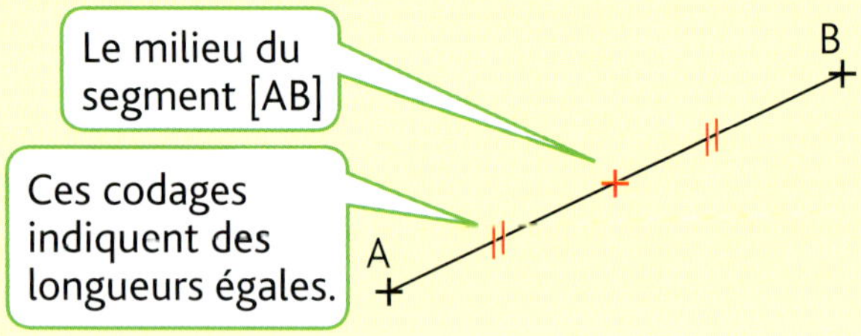

Toutes les figures des exercices 1 à 9 sont à imprimer.

1 Trace :
- le segment [AB]
- le segment [AD]
- le segment [BC]
- le segment [DC]
- le segment [BE]
- le segment [EC]
- le segment [GH]
- le segment [FG]
- le segment [HI]

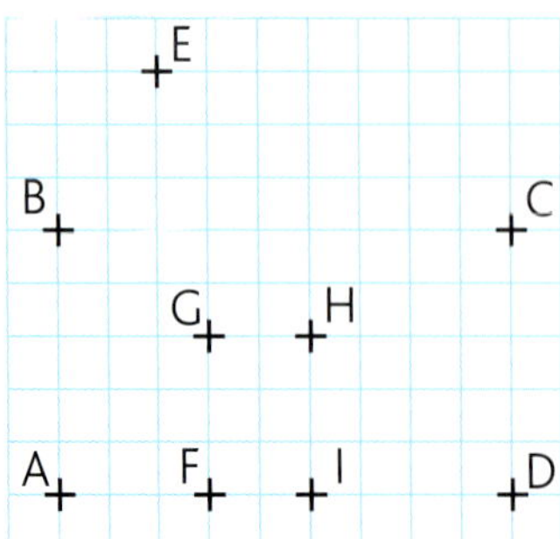

2 a. Trace la droite (MO), la droite (ON) et la droite (NM).

b. Marque un point I qui appartient au segment [OM].

c. Marque un point B qui appartient à la droite (ON), mais pas au segment [ON].

3 **À l'oral** **Décris chaque dessin.**

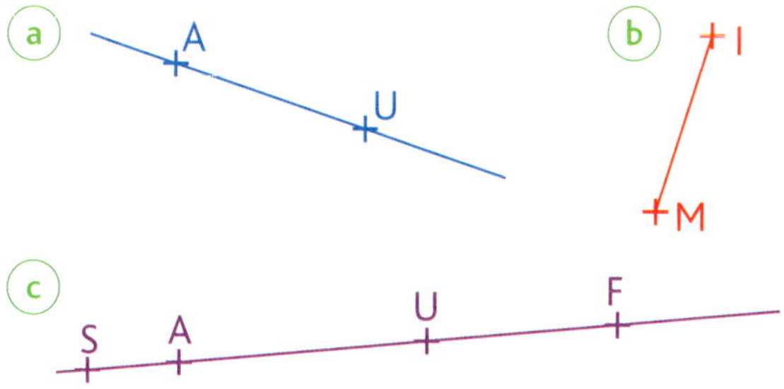

4 **Marque le milieu de chaque segment.**

5 **Marque :**

a. le milieu I du segment [AB],
b. le milieu J du segment [BC],
c. le milieu K du segment [IJ],
d. le milieu L du segment [AC].

6 **Vrai ou faux ?**

a. Les points A, G, C sont alignés.
b. Le point E appartient à la droite (AF).
c. Le point H appartient au segment [DG].
d. Les points H, G, D sont alignés.
e. Le point E n'appartient pas à la droite (DG).

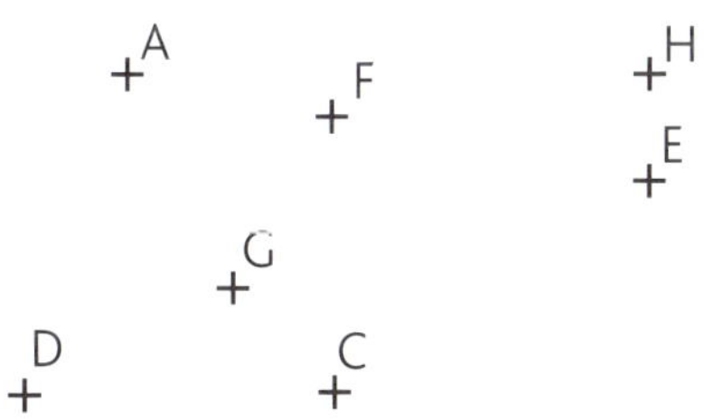

7 **Marque le milieu de chaque segment.**

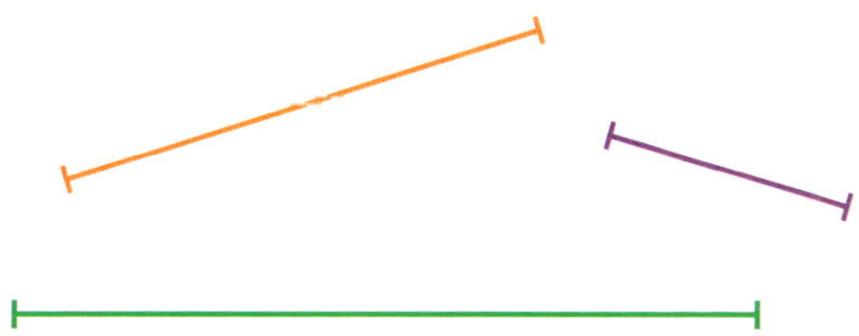

8 Ces points représentent les positions de trois animaux de la savane.

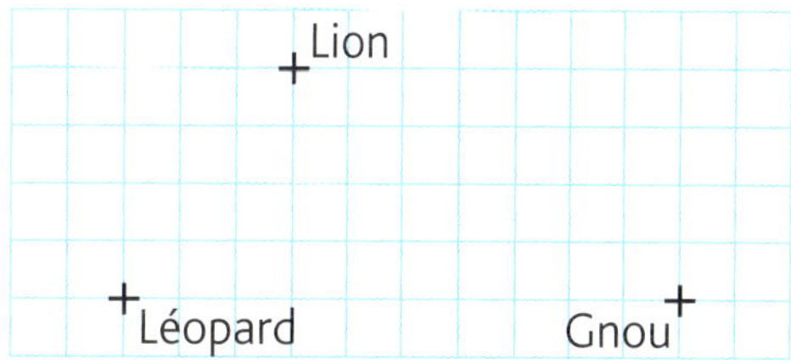

a. Trace les droites qui passent par deux de ces points.

b. Le point d'eau P est aligné avec le lion et le gnou mais il n'est pas entre ces deux animaux.
Marque un emplacement possible de P.

9 **Problème** Ces points représentent les positions de quatre enfants sur une plage.

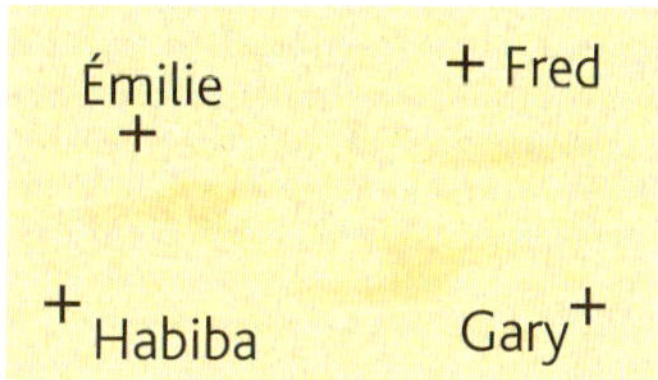

a. Trace les six droites qui passent par deux de ces points.

b. Un ballon B est aligné avec Émilie et Fred, mais aussi avec Habiba et Gary.
Marque l'emplacement de B.

10 **Problème** Jérémy ne voit pas cette figure.

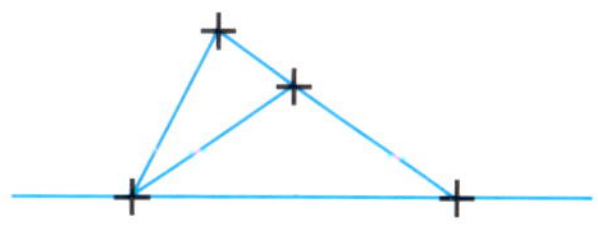

Imagine la consigne à transmettre à Jérémy par téléphone pour qu'il trace une telle figure.

LE DÉFI DU JOUR

Les quatre bâtons représentent une pelle à tarte contenant une part de gâteau.

Déplace deux bâtons pour que le gâteau soit à l'extérieur de cette pelle à tarte.

> Corrigés p. 184

Identifier des droites perpendiculaires et parallèles

COMPÉTENCES
→ Identifier ou tracer des droites perpendiculaires.
→ Identifier des droites parallèles.

Un plan de ville

Le Havre est une ville située à l'embouchure de la Seine, c'est le deuxième port de France. Voici un extrait du plan de cette ville.

Identifie des rues perpendiculaires et des rues parallèles parmi celles coloriées.

Quel(s) instrument(s) de géométrie utilises-tu ?

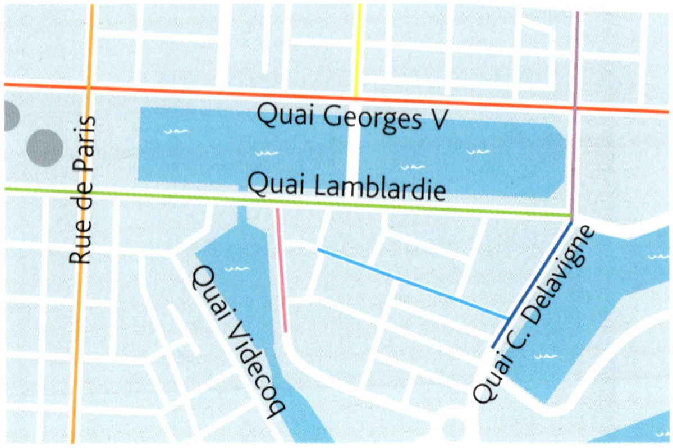

MÉMO

• **Deux droites sont perpendiculaires lorsqu'elles se coupent à angle droit. L'équerre permet d'identifier des droites perpendiculaires.**

• **On utilise l'équerre et la règle pour tracer une droite perpendiculaire à une droite donnée.**

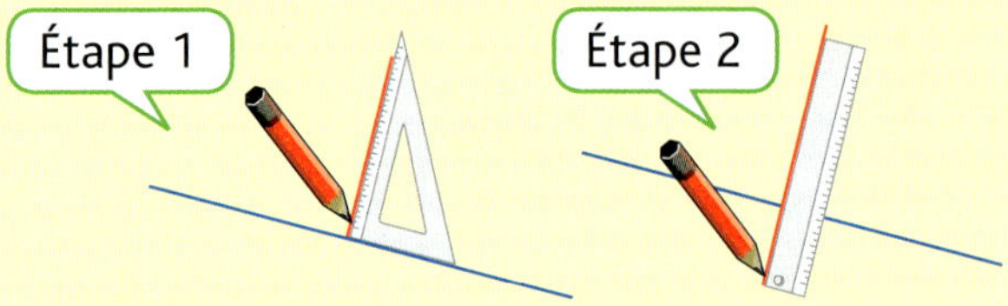

• **Les supports de deux côtés opposés d'un rectangle sont des droites parallèles.**
Les deux droites rouges sont parallèles et les deux droites bleues sont parallèles.

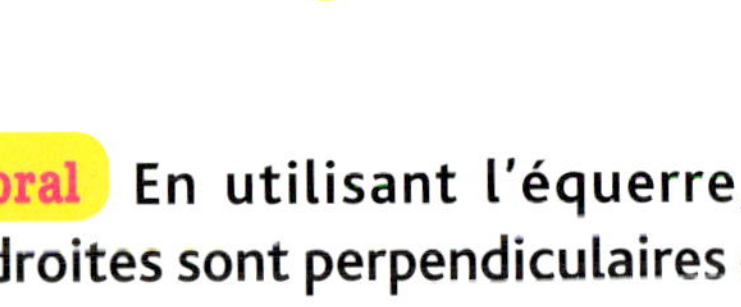

• **Deux droites parallèles ne se coupent pas** (même en prolongeant leurs tracés) ; **elles ont toujours le même écartement.**

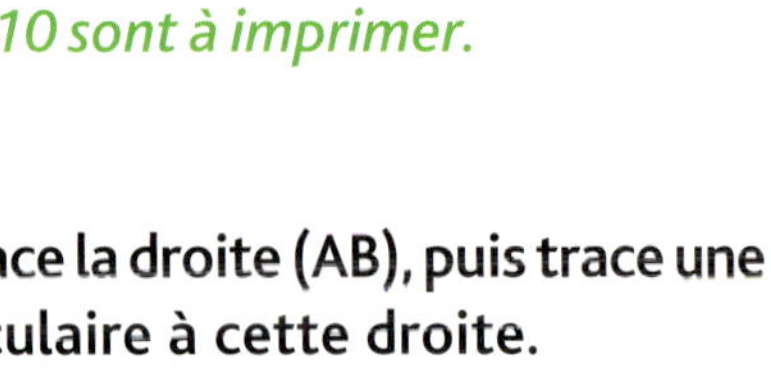

Toutes les figures des exercices 2 à 10 sont à imprimer.

1 **À l'oral** En utilisant l'équerre, dis si les droites sont perpendiculaires ou non.

a.

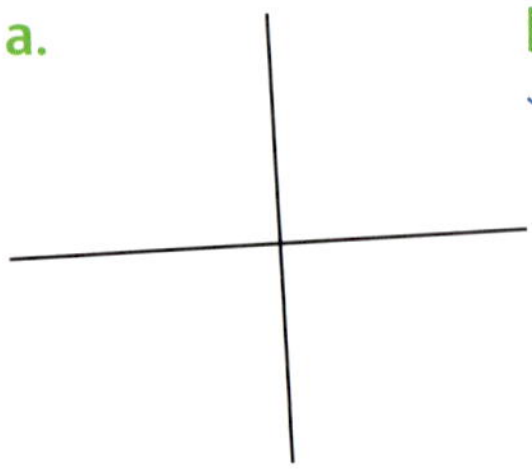

b.

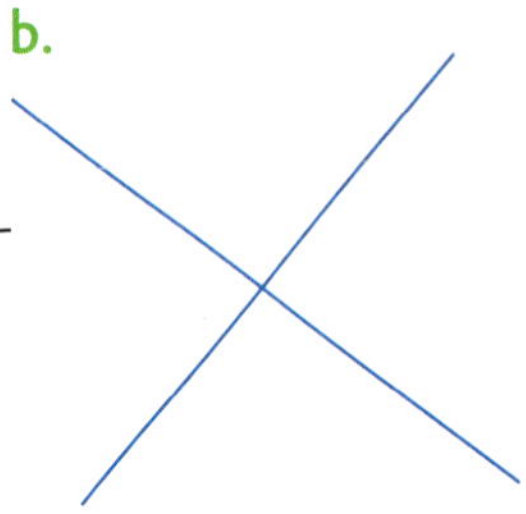

2 Trace la droite (AB), puis trace une perpendiculaire à cette droite.

a.

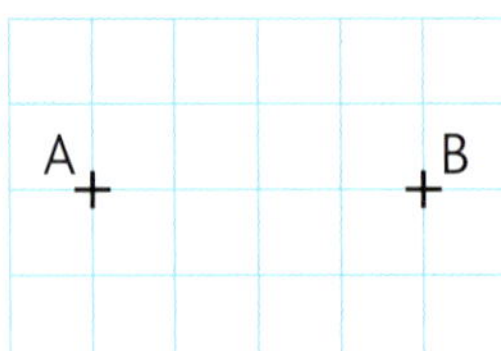

b.

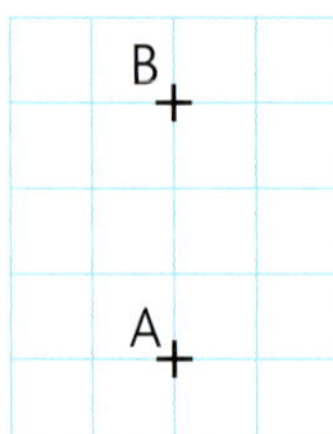

3 Dans chaque cas, trace une droite perpendiculaire à la droite donnée.

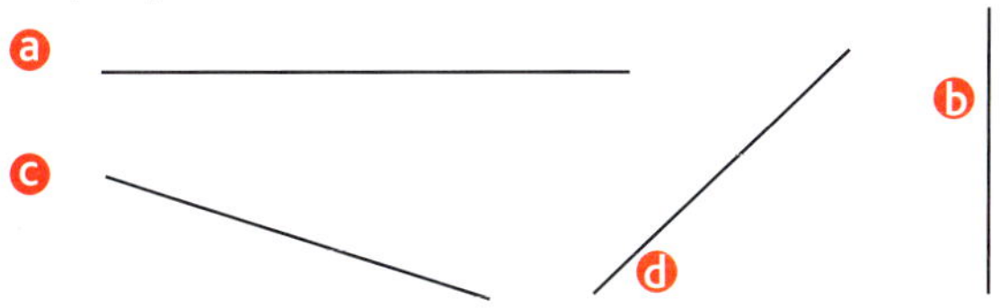

4 Peux-tu identifier des parallèles sur chacun de ces objets ?

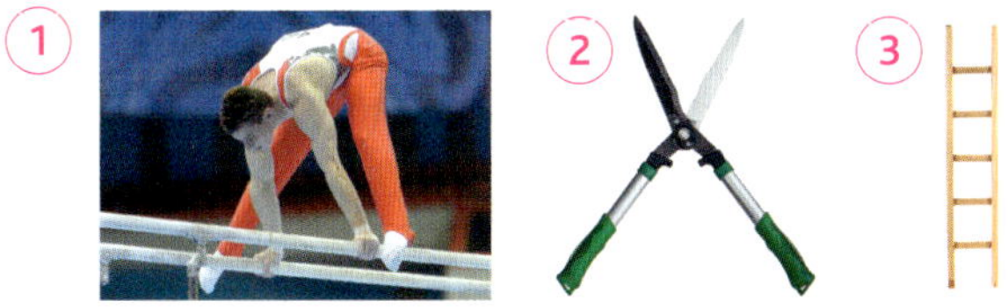

5 Voici une dalle carrée.

Que peux-tu dire des droites qui portent :

a. les côtés violet ?

b. les côtés verts ?

c. un côté violet et un côté vert ?

6 **Prolonge les tracés de ces droites et vérifie si elles sont perpendiculaires ou non.**

7 **Les deux droites sont-elles parallèles ? Explique ta réponse.**

8 **Utilise les mots *droites*, *perpendiculaires*, *parallèles* pour décrire ce que tu observes ci-dessous.**

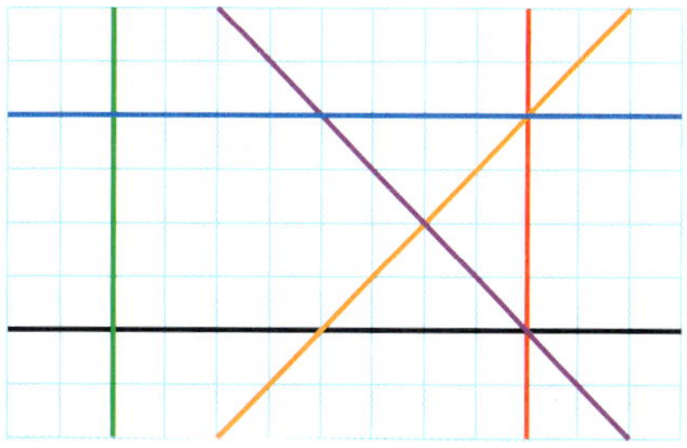

9 **Identifie des droites perpendiculaires.**

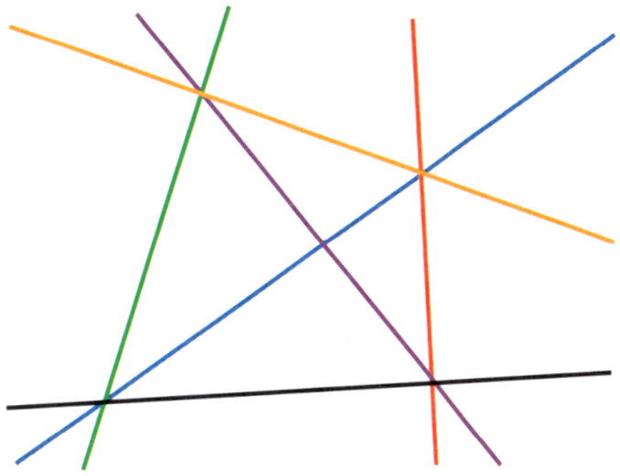

10 **Problème** Un trésor est caché sur cette île déserte.

La pirate Camille Fleuret indique :

« Le trésor est aligné avec le cactus et le palmier.

Tu le trouveras en partant du rocher et en te dirigeant perpendiculairement à la ligne Cactus – Palmier. »

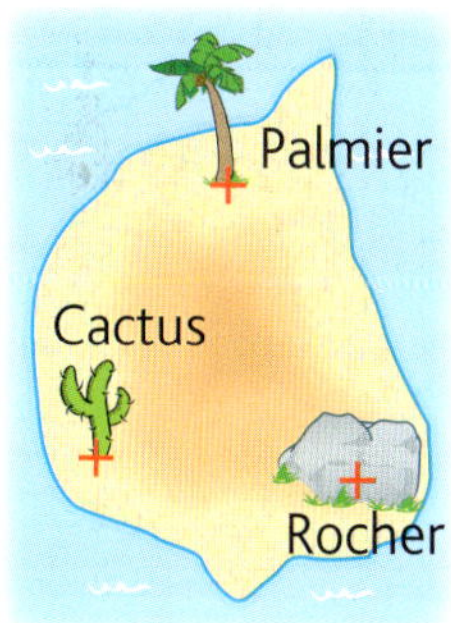

Trouve l'emplacement T de ce trésor.

Maths en jeu !

Dans chaque cas, penses-tu que les droites rouges sont parallèles ?

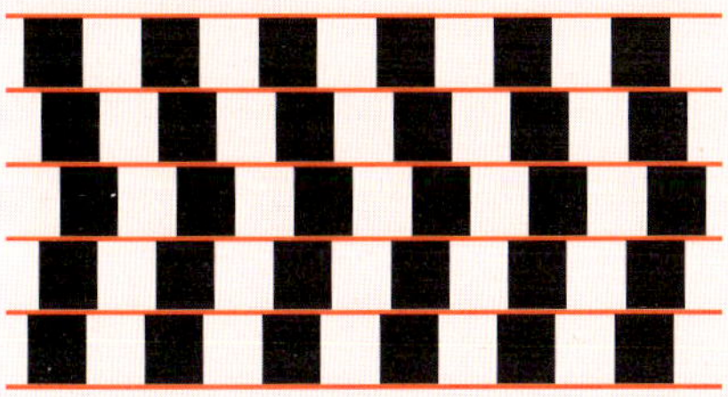

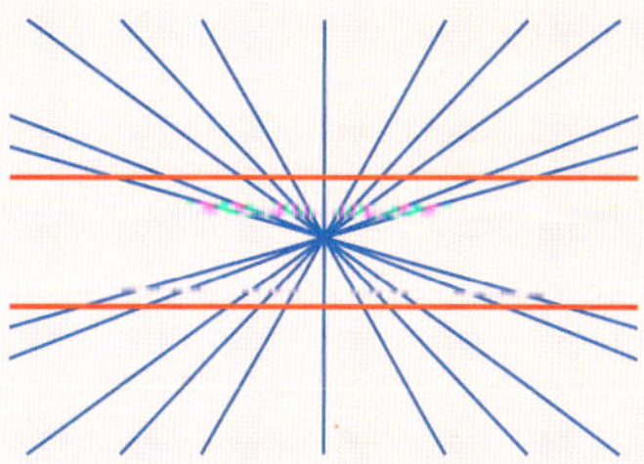

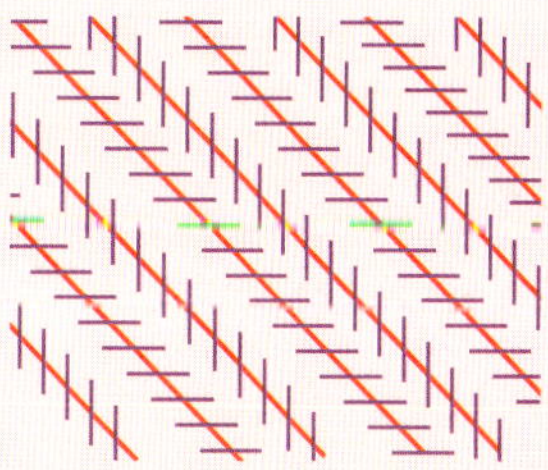

> Corrigés p. 184

Identifier des triangles

COMPÉTENCE
→ Enrichir le répertoire des propriétés qui permettent de reconnaitre des triangles particuliers.

Le puzzle

Ces cinq triangles sont les pièces d'un puzzle.
Chacun d'eux a une particularité.
Utilise les instruments de géométrie pour trouver cette particularité.
Découpe ensuite ces cinq pièces et assemble-les de façon à obtenir un grand triangle dont les trois côtés ont la même longueur.

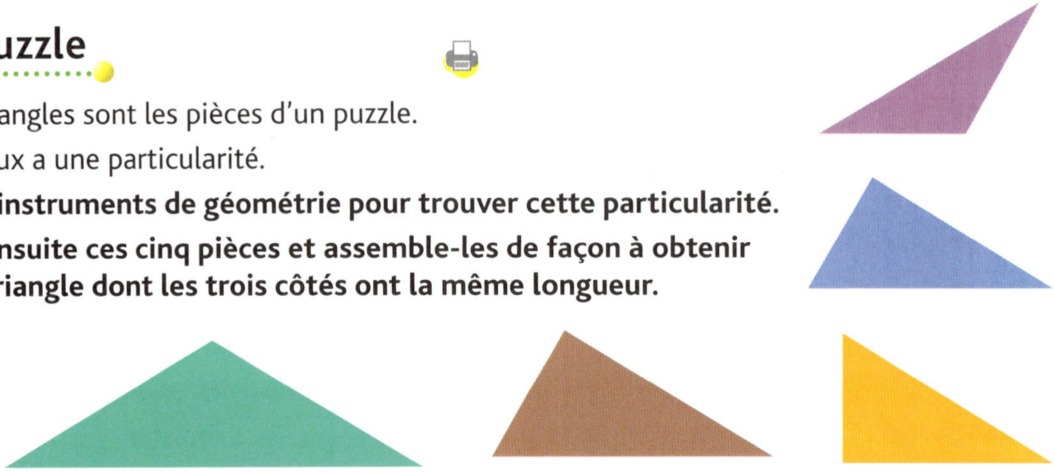

MÉMO

- **Pour désigner un triangle, on peut coder chaque sommet à l'aide d'une lettre.**
Les sommets de ce triangle sont les points A, B, C ;
on parle du triangle ABC.
Ses côtés sont les segments [AB], [AC], [BC].

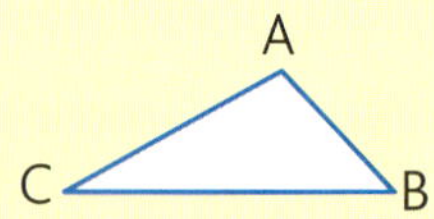

- **Un triangle rectangle est un triangle qui a un angle droit.**

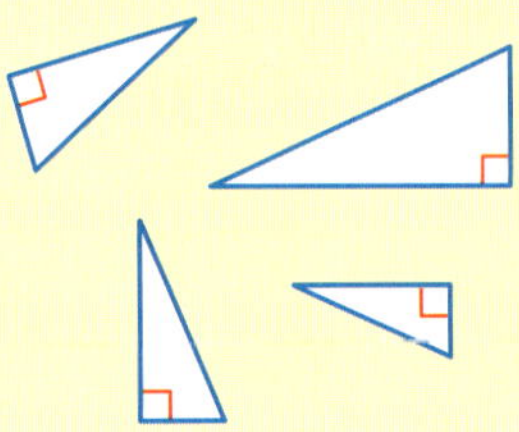

- **Un triangle isocèle est un triangle qui a deux côtés de même longueur.**

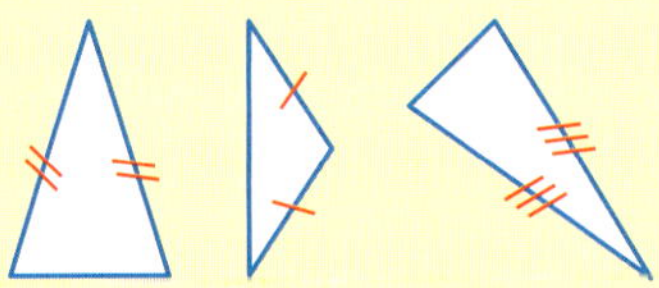

- **Un triangle équilatéral est un triangle qui a trois côtés de même longueur.**

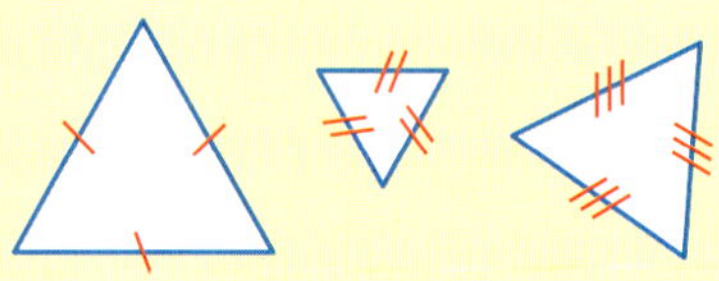

1 Trace chacun des triangles.

ABC ACD BDE DEF ACF

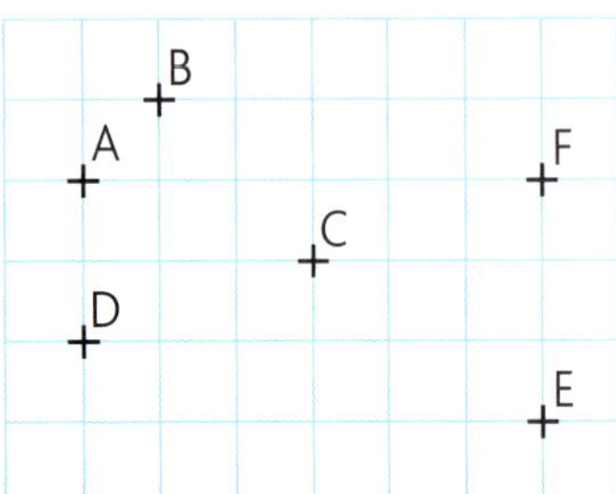

2 Utilise les instruments de géométrie pour identifier la particularité du triangle.

a. b.

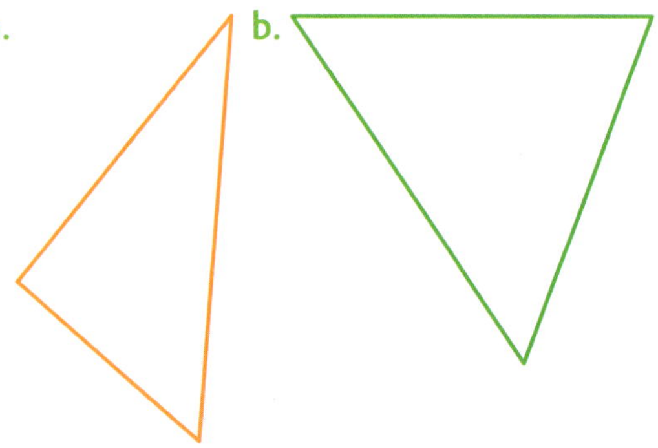

3 • **Utilise les instruments de géométrie pour identifier la particularité du triangle.**

a. b. c.

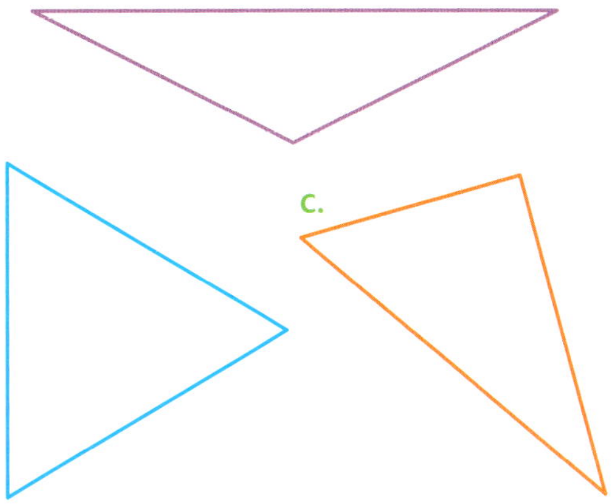

4 • **Trouve parmi ces points le troisième sommet d'un triangle isocèle de côté [AB]. Vérifie avec les instruments de géométrie.**

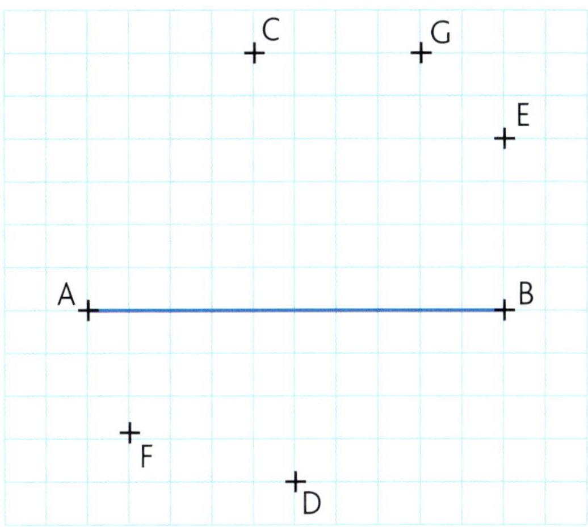

5 • Emma affirme : « Les trois triangles ABC, ABD et ABF sont rectangles. » **Vérifie avec l'équerre si Emma a raison.**

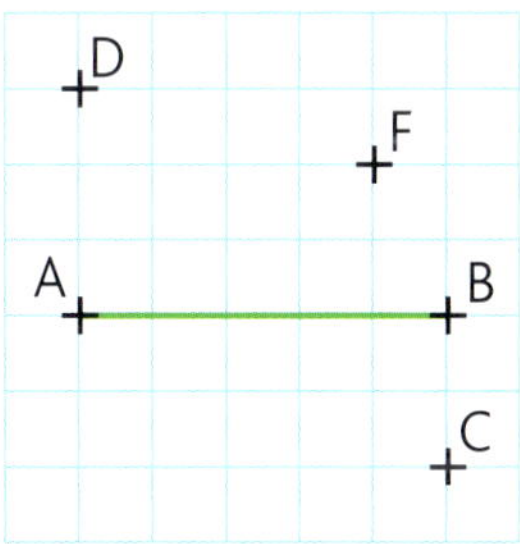

6 •• a. Vérifie que ce triangle est rectangle.

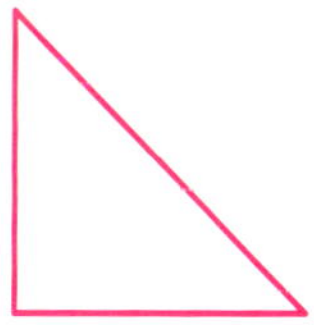

b. Ce triangle a une autre particularité. Laquelle ?

c. Découpe deux exemplaires de ce triangle.

Assemble-les par un côté afin d'obtenir des figures différentes.

7 •• **Donne la couleur du triangle décrit.**

a. « Mes côtés ont la même longueur. »

b. « J'ai un angle droit et un côté de longueur 2 cm. »

c. « J'ai deux côtés de même longueur et un côté de longueur 5 cm ».

8 ••• **À l'oral** De nombreux logos de sociétés utilisent des assemblages de triangles particuliers. **Identifie ces triangles avec les instruments de géométrie.**

a.

b.

Maths en jeu !

Complète cette frise.

> Corrigés p. 184

Identifier des quadrilatères

COMPÉTENCE
→ Consolider et enrichir le répertoire des propriétés qui permettent de reconnaître des quadrilatères particuliers.

La foire aux quadrilatères

Chaque élève d'une classe de CM1 doit choisir un quadrilatère parmi ceux ci-dessous.

En utilisant les instruments de géométrie, dis quel(s) quadrilatère(s) a pu choisir chaque élève.
Que constates-tu ?

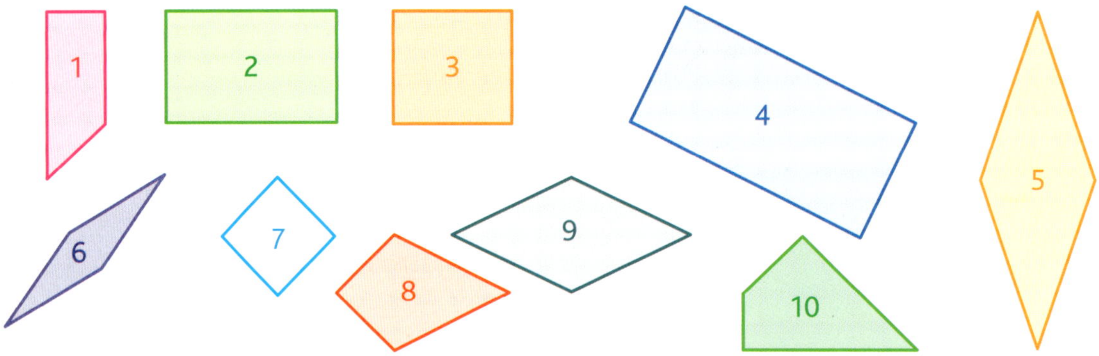

MÉMO

- Un **rectangle** est un quadrilatère qui a **quatre angles droits**.

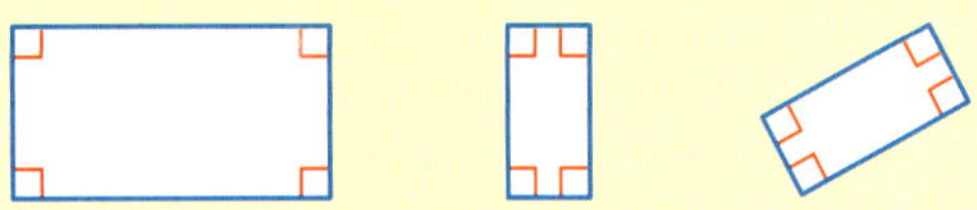

Un **quadrilatère** qui a :
– ses **côtés opposés de même longueur**,
– un **angle droit**,
est un **rectangle**.

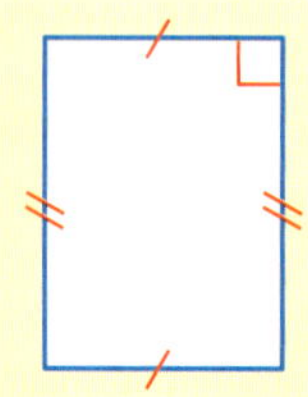

- Un **losange** est un quadrilatère qui a **quatre côtés de même longueur**.

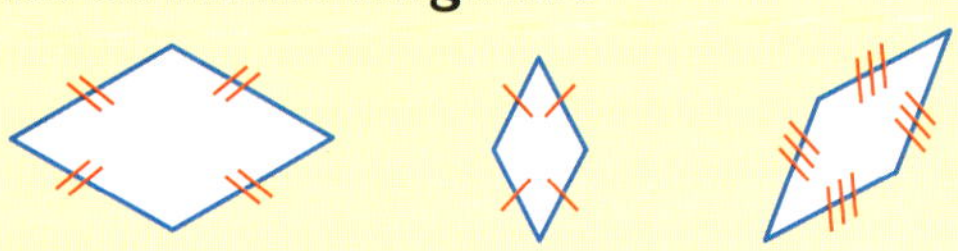

- Un **carré** est un quadrilatère qui a **quatre angles droits et quatre côtés de même longueur**.

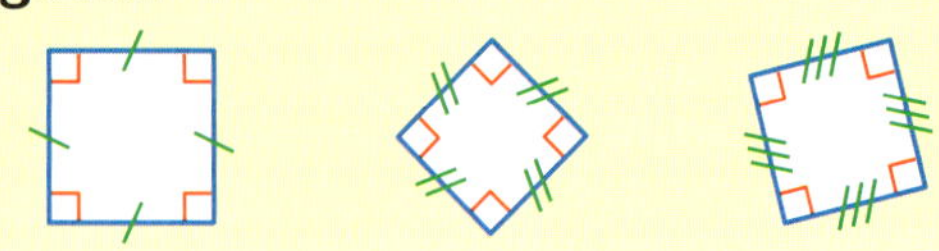

1 Utilise les instruments de géométrie pour savoir si cette ardoise a la forme d'un rectangle. Indique ce que tu vérifies.

2 Utilise les instruments de géométrie pour savoir si ce quadrilatère est un losange. Indique ce que tu vérifies.

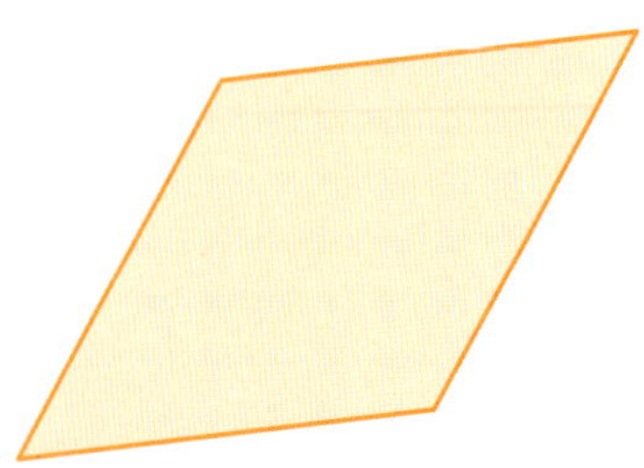

3

Qu'en penses-tu ?
Utilise les instruments de géométrie.

4 **Qui suis-je ?**

a. « J'ai 4 côtés de même longueur et je n'ai pas d'angle droit ».

b. « Mes côtés opposés sont de même longueur et j'ai 4 angles droits ».

c. « J'ai 4 angles droits et mes côtés ont la même longueur ».

5 **À l'oral** **Justifie chaque affirmation.**

a. Ce quadrilatère n'est pas un rectangle.

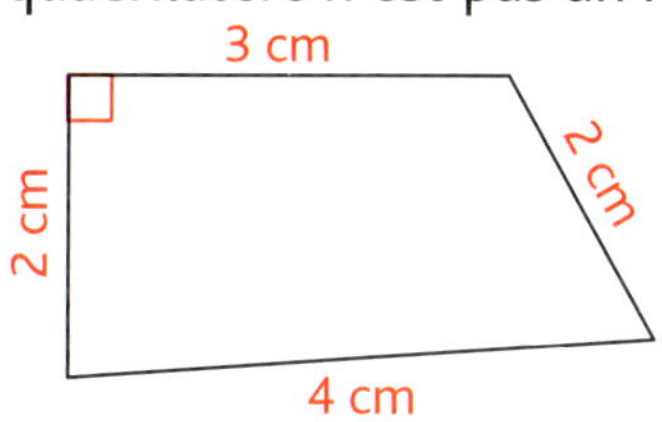

b. Ce quadrilatère n'est pas un losange.

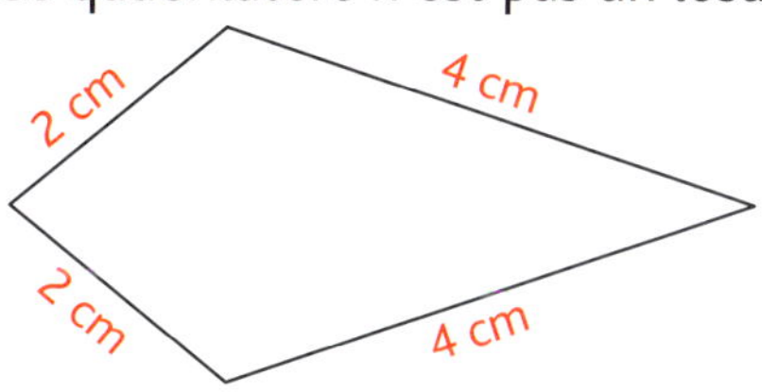

c. Ce quadrilatère n'est pas un carré.

6 Ce papier a pour mailles des triangles équilatéraux.

Quelle est la couleur du quatrième sommet du losange dont deux côtés sont les segments [AB] et [BC] ?

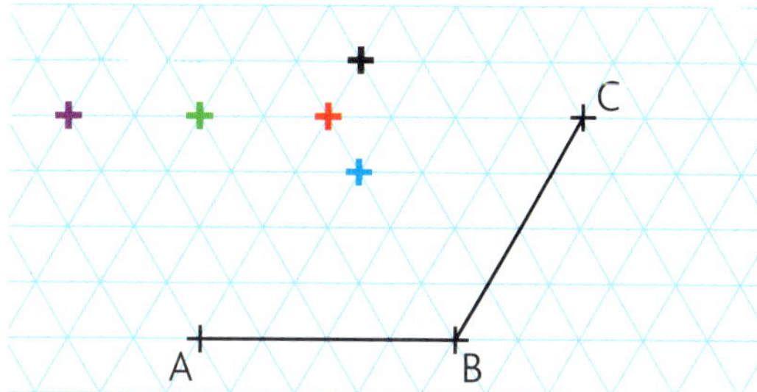

7 Ce papier a pour mailles des carrés.

Quelle est la couleur du quatrième sommet du carré dont deux côtés sont les segments [MN] et [NO] ?

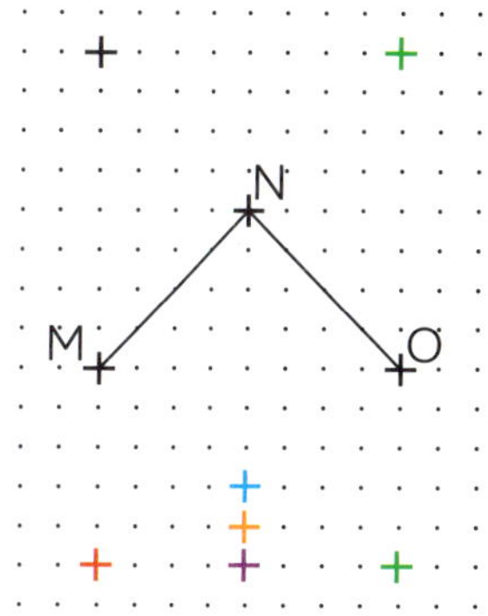

8 **Problème** a. Trace ces quatre rectangles sur papier quadrillé, puis découpe-les.

b. Assemble ces quatre rectangles pour former un carré.

LE DÉFI DU JOUR

Ces figures s'assemblent deux par deux pour former des carrés. Sauf une ; laquelle ?

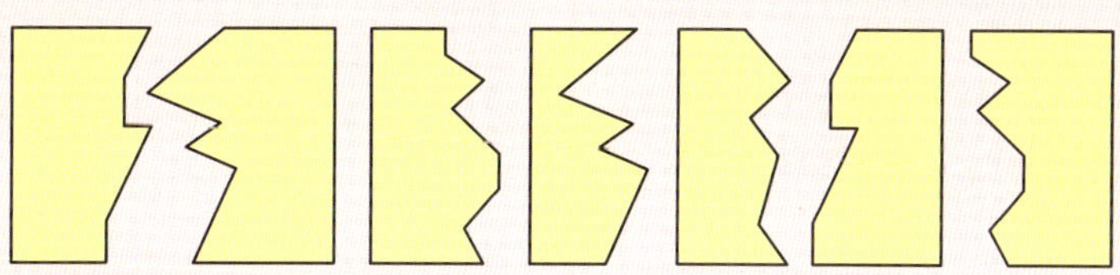

0 1 2 3 4 5 6

> Corrigés p. 184

Connaitre le cercle, le disque

COMPÉTENCES
→ Identifier un cercle, un disque.
→ Construire des cercles.
→ Utiliser le vocabulaire.

Le flocon de neige

Simon a réalisé une rosace qui imite la forme de ce flocon de neige vu au microscope.

Réalise cette rosace : place la pointe du compas aux points rouges pour tracer les cercles.
Tu peux prendre 5 cm pour l'écartement du compas.

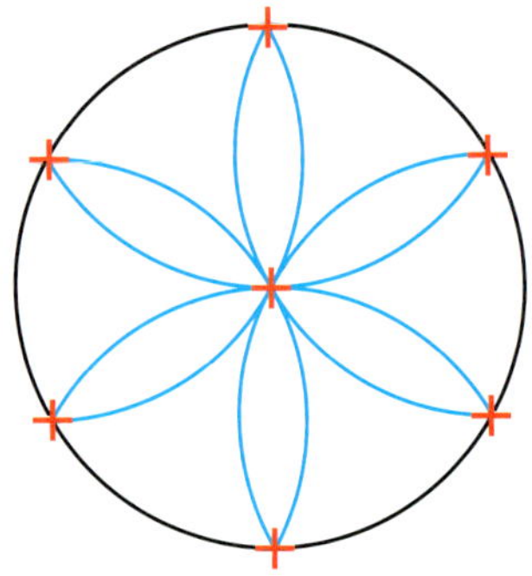

MÉMO

• **Tous les points d'un cercle sont à une même distance de son centre.**
Le cercle rouge ci-contre a pour **centre** O et pour **rayon** 2 cm.
Les points A, B, C appartiennent au cercle.
Les points O, D et E n'appartiennent pas au cercle.

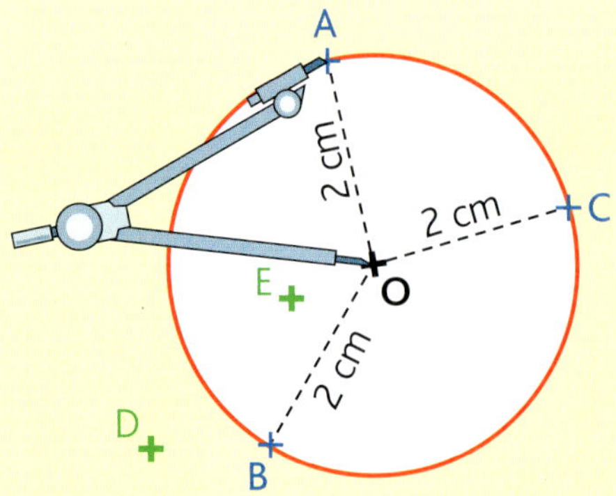

• **Le diamètre est le double du rayon.**
– Le segment [OA] (ou sa longueur OA) est un rayon.
– Le segment [MN] (ou sa longueur MN) est un diamètre.
Son milieu est le centre O du cercle.

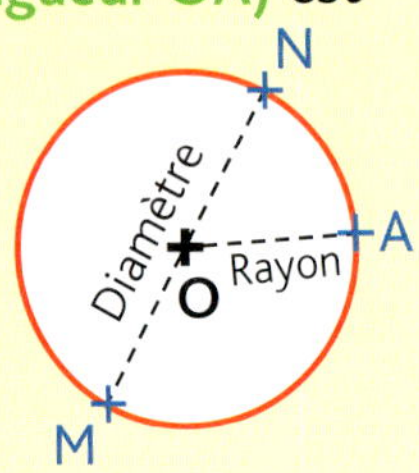

• **Un disque est une surface formée par :**
– **un cercle**
– **l'intérieur de ce cercle.**

La surface orange est un **disque** de centre O et de rayon 1 cm 5 mm.

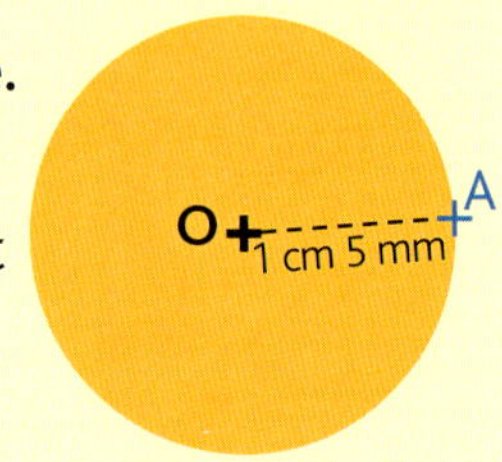

1 a. Quelle est la couleur du cercle dont le rayon est de 2 carreaux ? Quel est son centre ?

b. Quel est le centre du cercle vert ? Quel est son diamètre ?

c. Cite un point qui appartient au cercle noir, puis un point qui appartient au cercle vert.

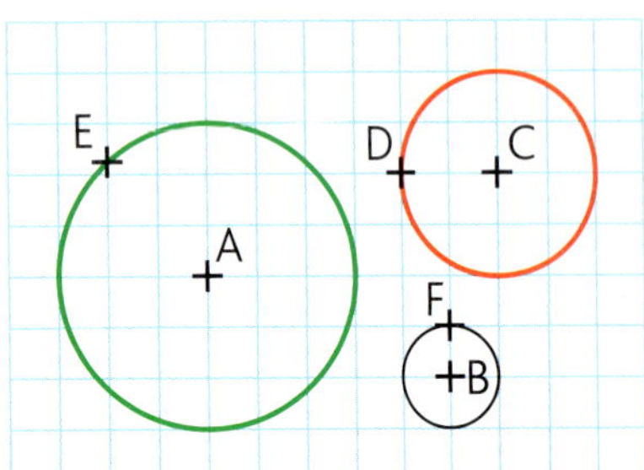

2 **Complète ce tableau qui donne dans chaque colonne le rayon et le diamètre d'un cercle.**

Rayon	8 cm		3 cm	
Diamètre		3 cm		50 cm

3 a. Marque un point E puis trace le cercle de centre E et de rayon 4 cm.

b. Trace deux rayons [EM] et [EN].

c. Trace un diamètre [FG]. On dit que les points F et G sont diamétralement opposés.

d. Place le point P diamétralement opposé au point M.

4 **À l'oral** **Complète chaque phrase.**

a. Ce cercle a pour rayon ... cm et pour centre ... .

b. Le diamètre de ce cercle est ... cm.

c. Le segment [AB] est un ... de ce cercle.

d. Un diamètre de ce cercle est le segment ... .

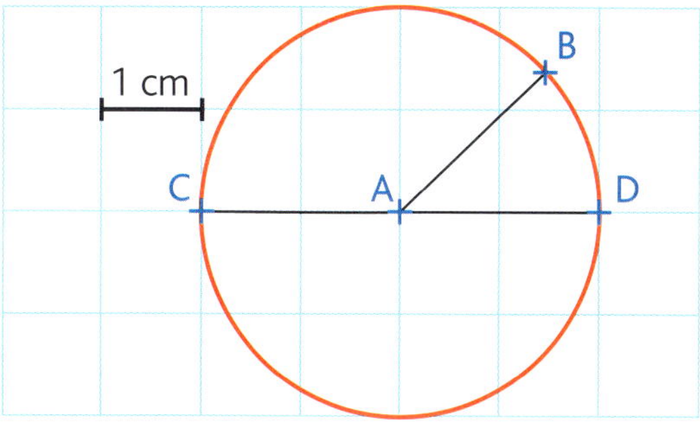

5 Une goutte de pluie dessine des cercles **concentriques** (de même centre) à la surface de l'eau.

Marque un point A et trace des cercles de centre A et de rayons 3 cm, 4 cm, 6 cm.

6 a. Marque un point M et place :
- des points A, B, C à 3 cm de M,
- un point D à 5 cm de M,
- un point E à 2 cm 5 mm de M,
- un point F à 1 cm de M,
- un point G à 4 cm 3 mm de M.

b. Parmi ces points, lesquels appartiennent au disque de centre M et de rayon 3 cm ?

c. Colorie en jaune le disque de centre M et de rayon 3 cm. Vérifie ta réponse précédente.

7 a. Marque deux points A et B distants de 3 cm.

b. Trace le cercle de centre A et de rayon 5 cm.

c. Trace le cercle de centre B et qui passe par le point A.

8 a. Marque un point O. Trace le cercle de centre O et de diamètre 12 cm.

b. Trace un diamètre [AB] de ce cercle. Quel est le milieu de ce segment ?

c. Trace le cercle de diamètre [OA] puis le cercle de diamètre [OB].

9 Noémie a visité l'Assemblée Nationale. Elle a fait un croquis de cette salle.

Reproduis-le.

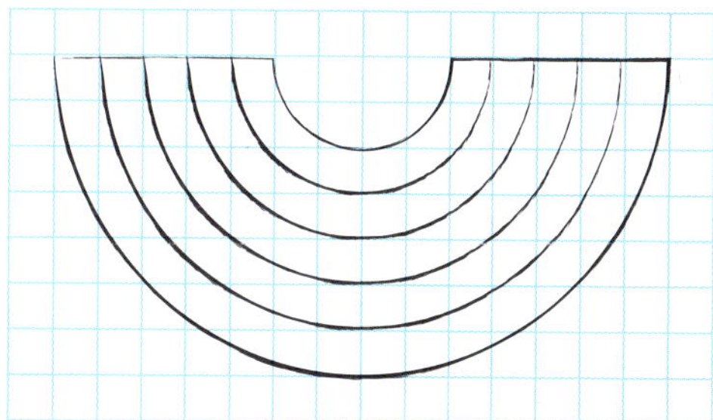

10 Une chèvre est attachée à un piquet (point P) par une corde de 3 m de long.

Colorie tous les points qu'elle peut atteindre. Tu peux représenter 1 m dans la réalité par 1 cm.

Maths en jeu !

Lors de la course du Rhum à la voile, un bateau est en perdition.

Sur la carte, il est :
- à moins de 2 cm de Casablanca (point C),
- à moins de 2 cm 5 mm de Madère (point M),
- à plus de 3 cm 5 mm de Santa-Cruz (point S).

Colorie la zone dans laquelle se trouve le trimaran.

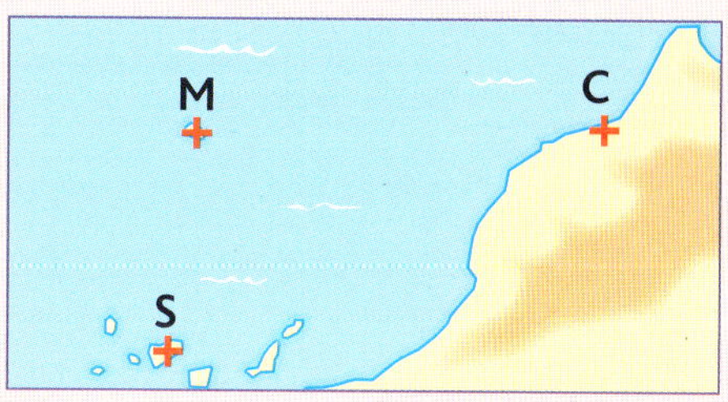

> Corrigés p. 184

Identifier un axe de symétrie

COMPÉTENCE

→ Identifier un ou des axes de symétrie d'une figure par pliage ou avec du papier calque.

L'atelier de pliage

Quatre élèves affirment avoir tracé en rouge un axe de symétrie de la figure qu'ils ont tracée.

Vérifie qui a raison par pliage ou avec du papier calque.

Pour ceux des quatre élèves qui se sont trompés, indique si leur figure admet malgré tout des axes de symétrie.

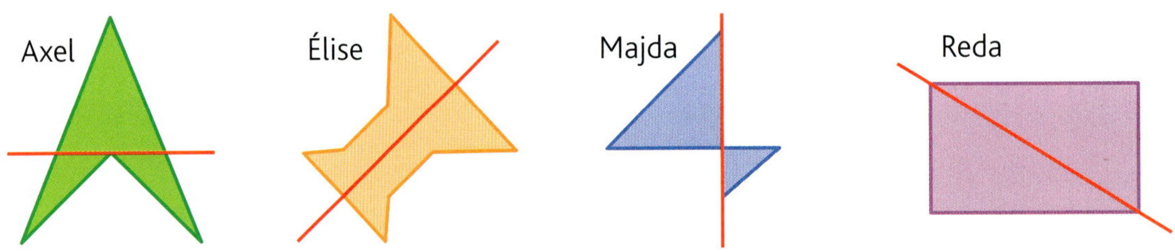

MÉMO

• **Un axe de symétrie d'une figure est une droite qui la partage en deux parties superposables par pliage autour de cette droite.**

1 Plie chaque figure autour de la droite rouge et vérifie si cette droite est un axe de symétrie de la figure.

a.

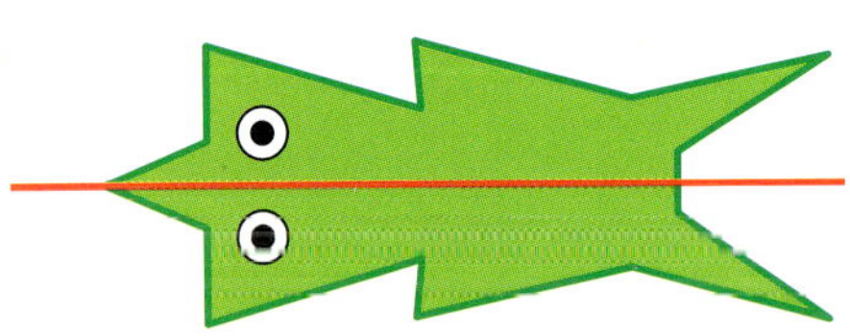

b.

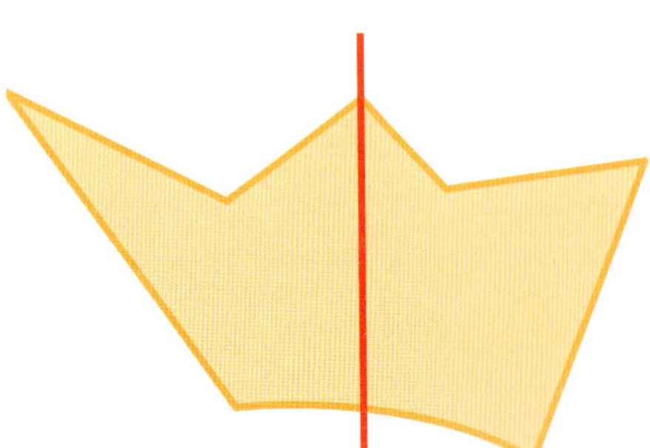

2 Pour chaque figure, utilise un pliage pour savoir si elle a un axe de symétrie ou non.

a.

b.

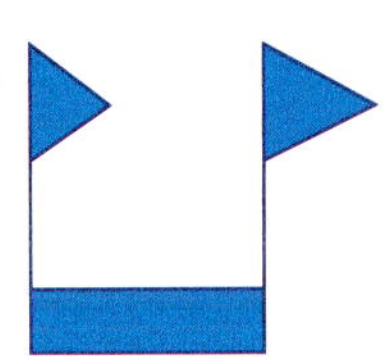

c.

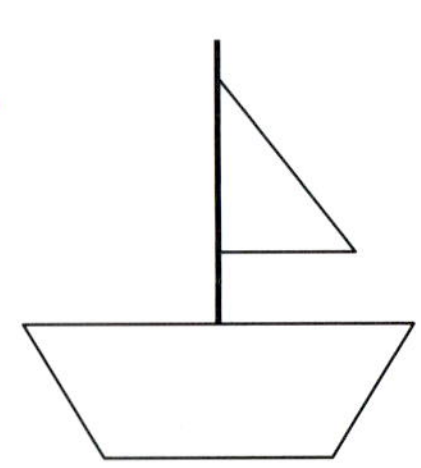

d.

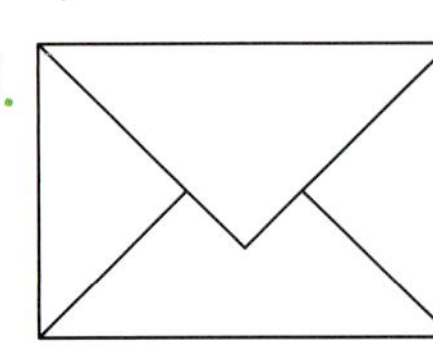

3 **À l'oral** **Indique si la figure a un axe de symétrie ou non.**

a.

b.

c.

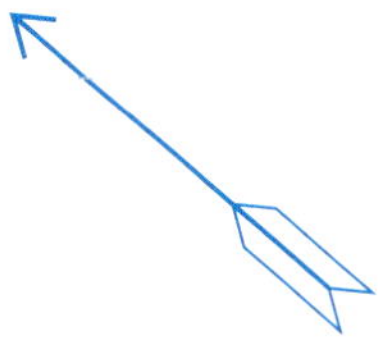

d.

4 **Lis ce dialogue et, à l'aide de pliages, indique qui a raison.**

5 a. Lesquelles de ces lettres ont un axe de symétrie ? Trace ces axes en rouge.

b. Propose une lettre majuscule qui a deux axes de symétrie. Trace ces axes en rouge.

6 Voici des panneaux de signalisation.

Réalise un tableau comme ci-dessous, avec une ligne par panneau, et complète-le.

Numéro du panneau	Nombre d'axes de symétrie
①	

7 **Indique le nombre d'axes de symétrie de la figure. Trace-les en rouge.**

Tu peux t'aider de pliages.

a.

b.

c.

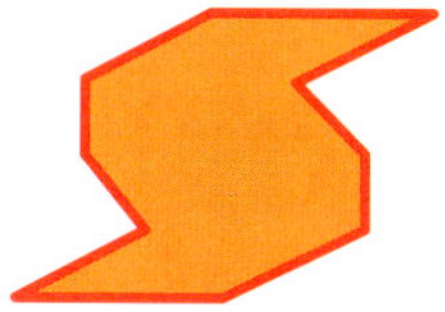

d.

8 **Problème** Aurélie a découpé une figure puis l'a pliée autour d'un axe de symétrie. Voici ce qu'elle a obtenu.

Retrouve la figure découpée par Aurélie.

(Plusieurs réponses sont possibles.)

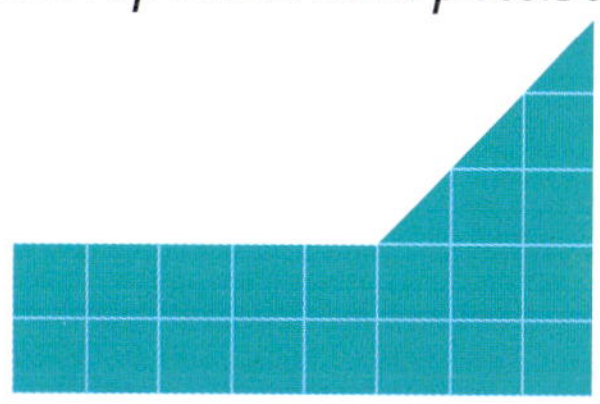

LE DÉFI DU JOUR

Noircis le moins de cases possible de cette grille afin qu'elle admette un axe de symétrie.

> Corrigés p. 184

Compléter une figure par symétrie axiale

COMPÉTENCES
→ Compléter une figure par symétrie axiale.
→ Tracer ou compléter la figure symétrique d'une figure.

Dans le miroir

Seda a réalisé un montage en Lego, puis elle l'a placé devant un miroir pour en observer le reflet.
Mais ce reflet a été effacé sur la photographie.

Imagine ce reflet et essaie de le dessiner.

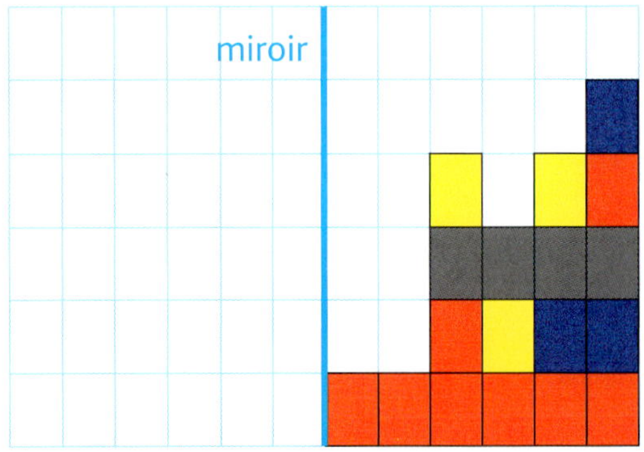

MÉMO

• **Pour compléter une figure par symétrie sur papier quadrillé :**
❶ On place quelques points en comptant les carreaux perpendiculairement à l'axe.
❷ On relie ces points.

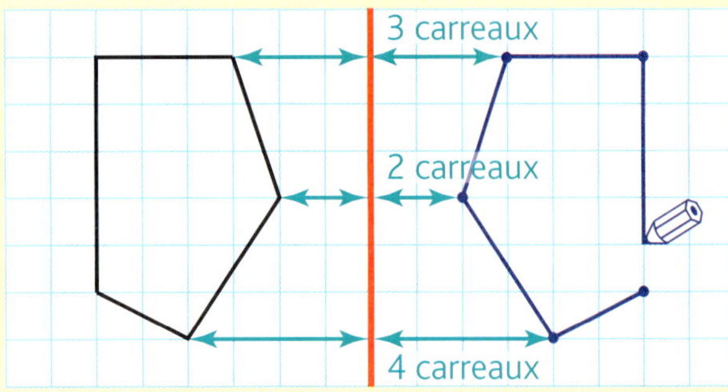

• Pour compléter une figure par symétrie **sur papier uni** :

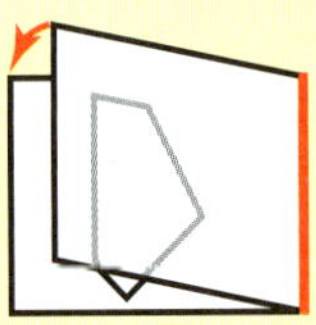

❶ On plie la feuille suivant la droite.

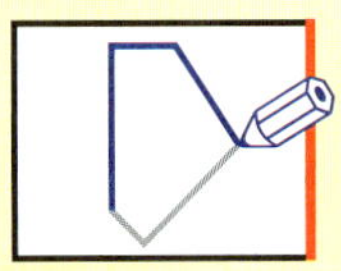

❷ On repasse sur la figure par transparence.

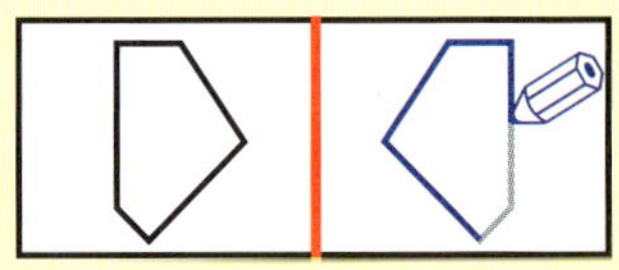

❸ On déplie et on repasse la figure au crayon.

Toutes les figures des exercices sont à imprimer.

1 Complète la figure par symétrie par rapport à la droite rouge.

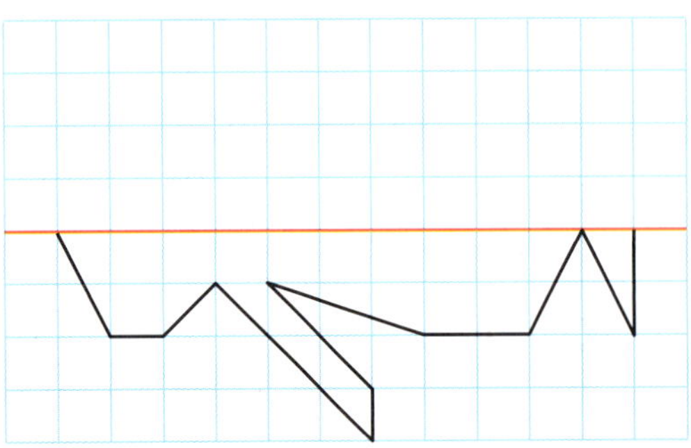

2 Complète la figure par symétrie par rapport à la droite rouge.

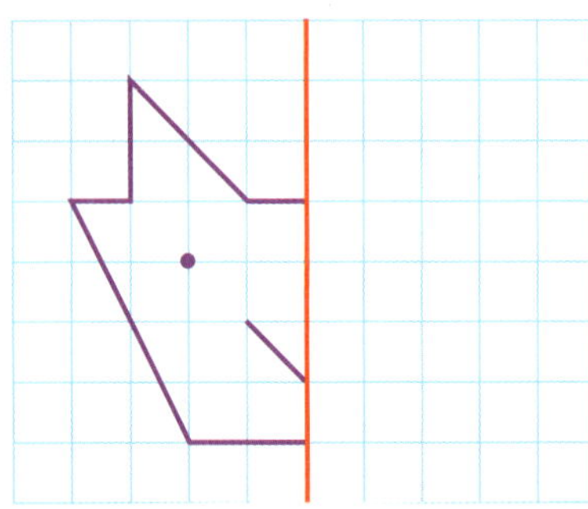

3 **À l'oral** Quel mot lis-tu en complétant par symétrie par rapport à la droite rouge ?

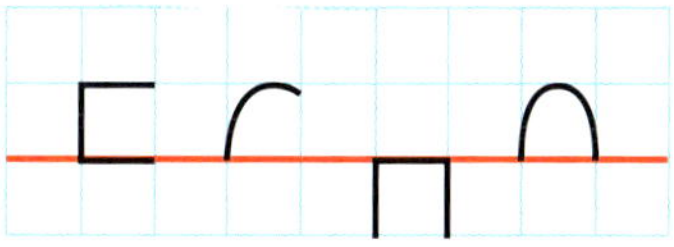

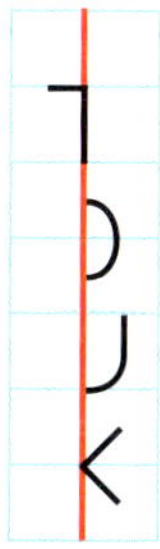

Pour les exercices 4 et 5, complète la figure par symétrie par rapport à la droite rouge.

4

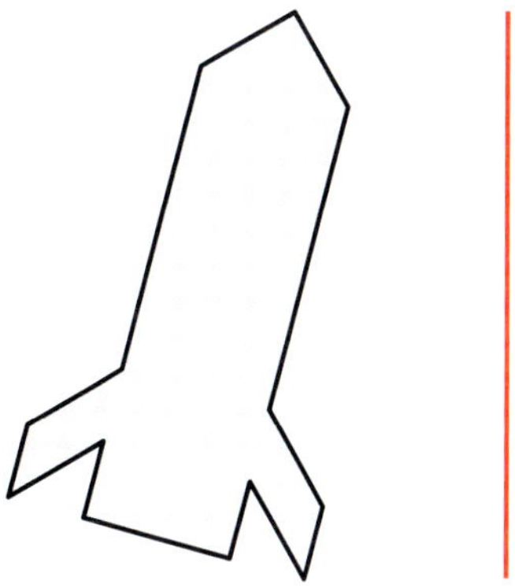

5

6 Complète la figure pour que la droite rouge soit son axe de symétrie.
Qu'obtiens-tu ?

a.

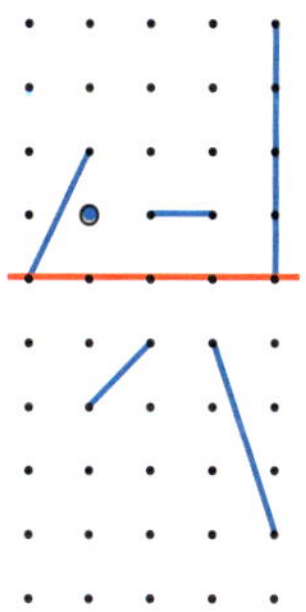

b.

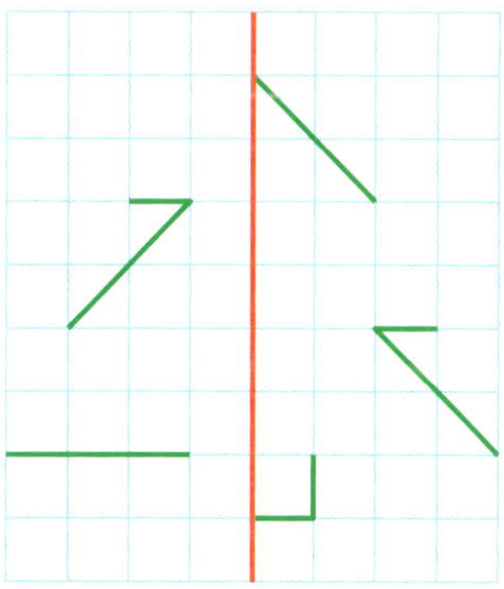

7 Complète la figure par symétrie par rapport aux droites rouges.

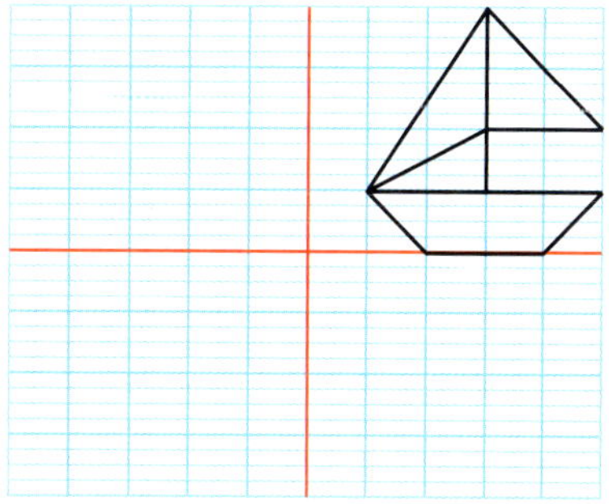

8 Complète la figure par symétrie par rapport à la droite rouge.

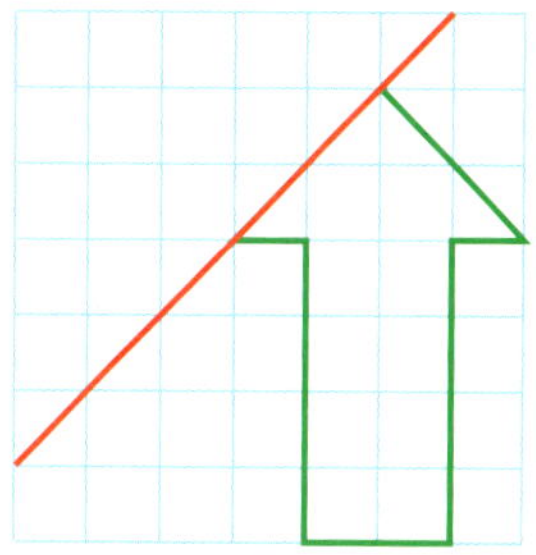

9 **Problème** Complète la figure pour que les droites rouges soient ses axes de symétrie.

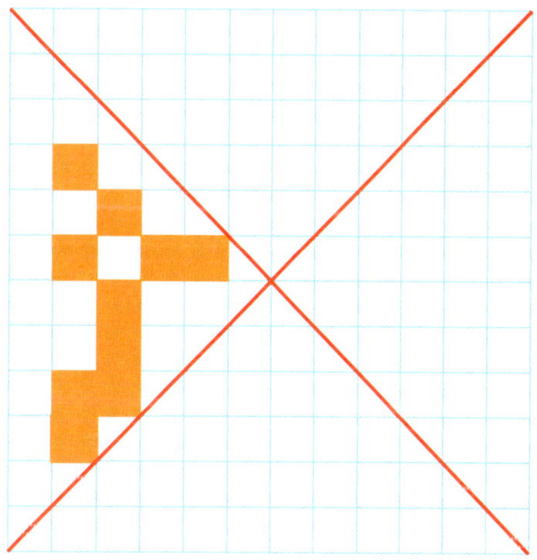

LE DÉFI DU JOUR

Voici trois panneaux carrés en verre.

On replie autour des droites rouges les panneaux ① et ③ sur le panneau central ②.

Combien vois-tu alors de triangles blancs en transparence ?

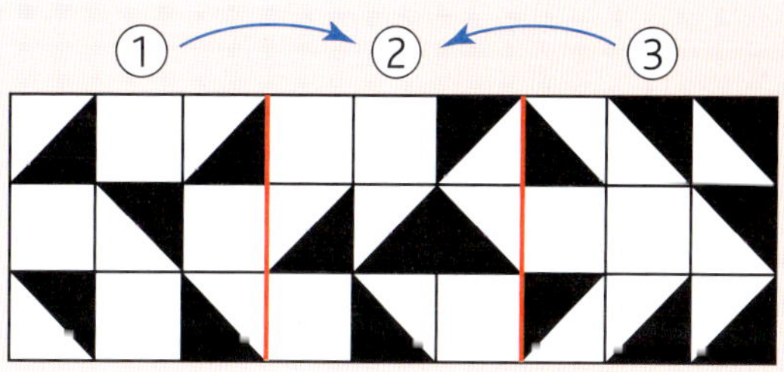

> Corrigés p. 184

Reconnaitre des figures planes

COMPÉTENCE
→ Reconnaitre des figures de base dans une figure complexe (assemblage de polygones et de cercles).

Une frise décorative

Utilise les instruments de géométrie pour reconnaitre le plus possible de figures différentes qui constituent cette frise.

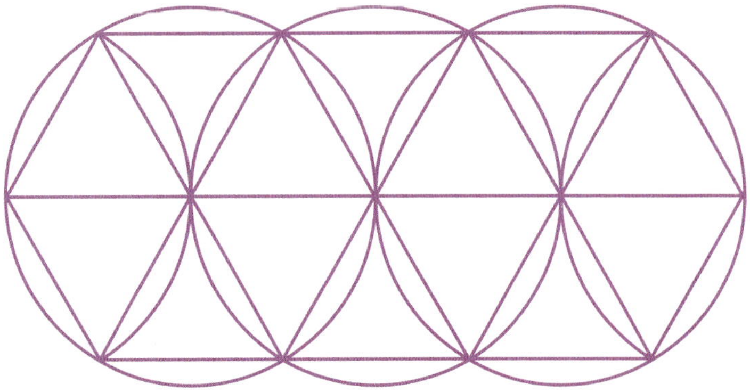

MÉMO

- **Les instruments de géométrie permettent de reconnaitre différentes figures.**

Avec l'équerre

- **Un triangle rectangle** (il a un angle droit)

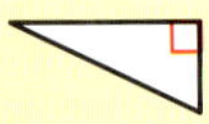

- **Un rectangle** (il a 4 angles droits).

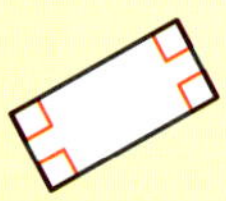

Avec la règle graduée

- **Un triangle isocèle** (il a 2 côtés de même longueur)

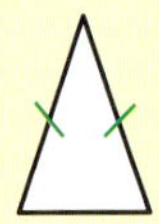

- **Un triangle équilatéral** (il a 3 côtés de même longueur)

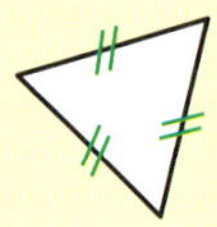

- **Un losange** (il a 4 côtés de même longueur)

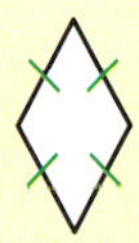

Avec l'équerre et la règle graduée

- **Un rectangle** (il a des côtés opposés de même longueur et un angle droit)

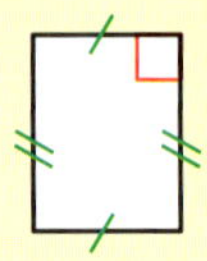

- **Un carré** (il a 4 côtés de même longueur et 1 angle droit)

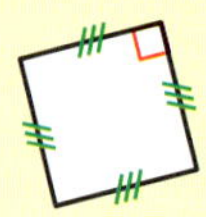

1 **À l'oral** Louna a représenté les pièces de puzzle qu'elle a assemblées par une figure à main levée. **D'après les indications codées, quelles formes les pièces ont-elles ?**

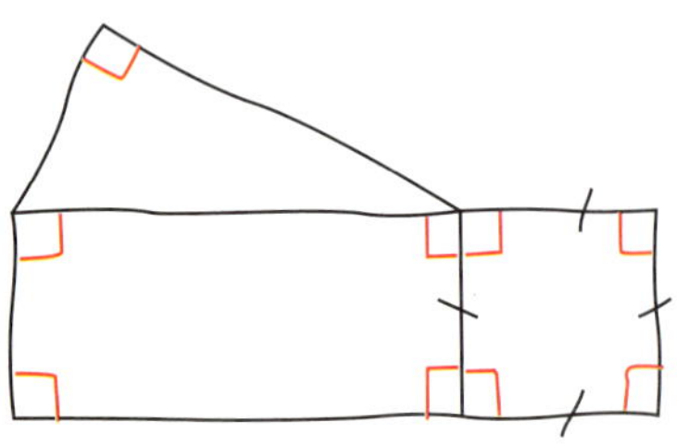

2 Adil a réalisé ce dessin sur papier quadrillé. **Quelles figures reconnais-tu ?**

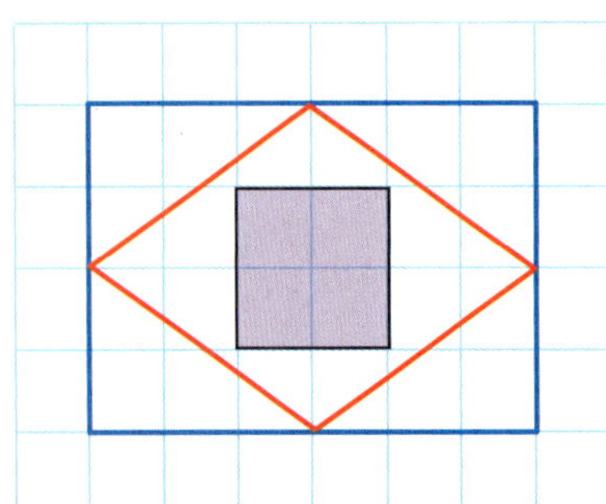

3 Sandra a dessiné sur du papier pointé.

Reconnais les figures de son dessin.

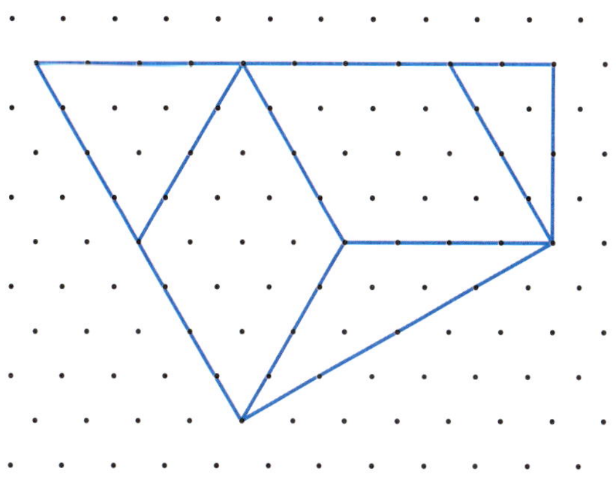

Pour les exercices 4 et 5, utilise les instruments de géométrie pour reconnaitre les figures.

4

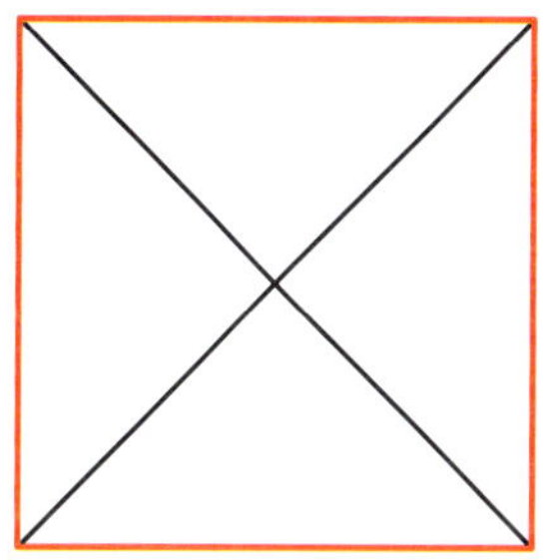

5

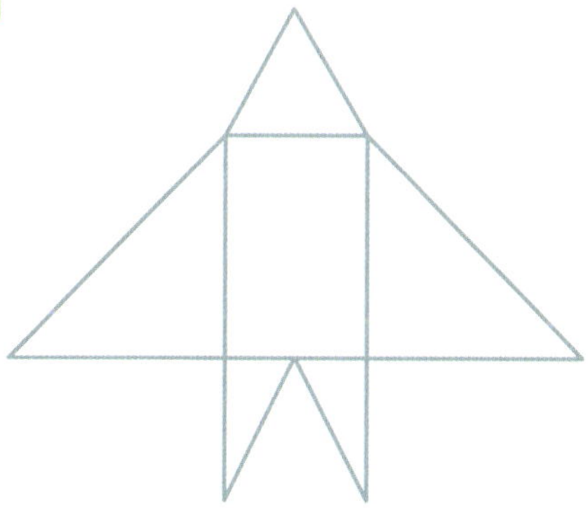

6 **Pour chaque affirmation, indique si elle est vraie ou fausse.**

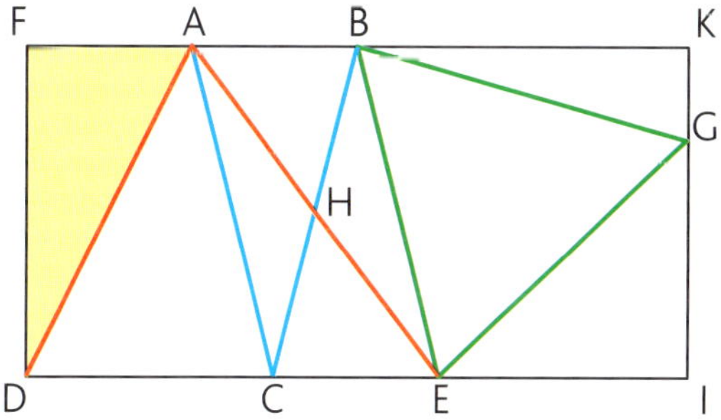

a. ABC est un triangle isocèle.

b. Il y a trois triangles rectangles.

c. FKID est un rectangle.

d. Il y a deux triangles équilatéraux.

7 **Problème** Dans chaque cas, le cercle tracé a pour centre le point rouge.

Associe chaque description à la figure qui convient. Décris la figure restante.

A Un diamètre du cercle est un côté d'un rectangle.

B Le centre du cercle est un sommet d'un carré et son rayon est un côté.

C Un rayon du cercle est un côté d'un rectangle.

D Quatre points du cercle sont les sommets d'un rectangle.

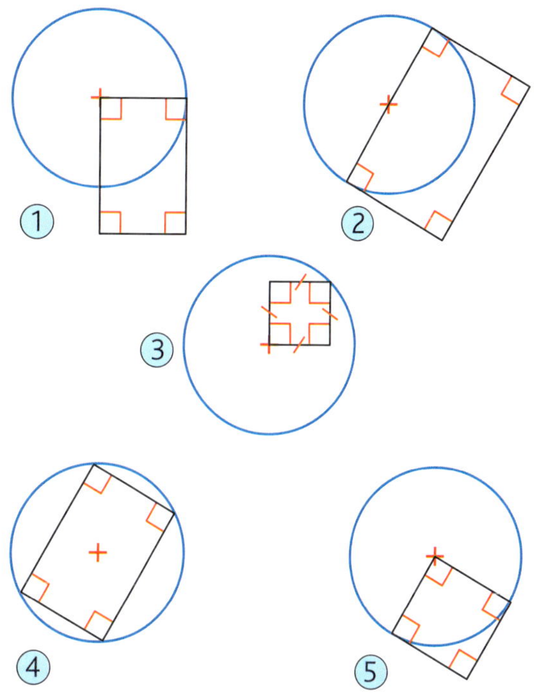

Maths en jeu !

Fais un calque de cette figure.

Découpe les quatre pièces qui la constituent.

Assemble ces pièces pour former un carré.

> Corrigés p. 184

Reconnaitre des solides

COMPÉTENCES
→ Reconnaitre les polyèdres, les cônes, les cylindres, les boules.
→ Utiliser le vocabulaire.

Le jeu du portrait

Retrouve les objets décrits par chaque enfant. Donne le nom des formes géométriques que tu reconnais, même pour les objets qui n'ont pas été choisis.

- Étienne : « J'ai choisi l'objet dont quatre faces sont des triangles qui ont un sommet en commun. »
- Manon : « J'ai préféré l'objet dont les faces sont deux triangles et trois rectangles. »
- Sarah : « J'aime bien l'objet dont dix faces sont des rectangles. »
- Majid : « J'ai pris l'objet qui a douze arêtes. »
- Armelle : « Le mien est posé sur un disque. »
- Flora : « Mon objet a huit sommets mais aucune face carrée. »

MÉMO

- **Les polyèdres sont les solides dont les faces sont des polygones.**

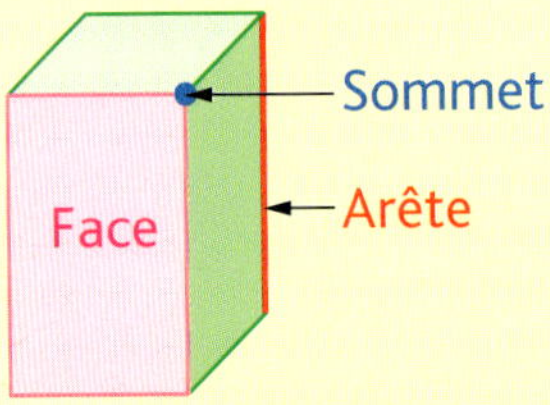

Un **pavé droit** : ses faces sont des rectangles.

Un **cube** : ses faces sont des carrés.

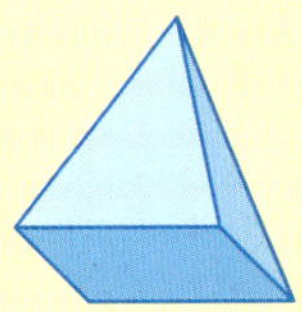

Une **pyramide** : une face est un polygone et les autres faces sont des triangles avec un sommet commun.

Un **prisme droit** : deux faces sont des polygones superposables et les autres faces sont des rectangles.

- **Voici d'autres solides qui ne sont pas des polyèdres.**

Un **cylindre**

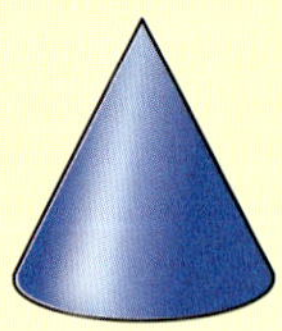

Un **cône**

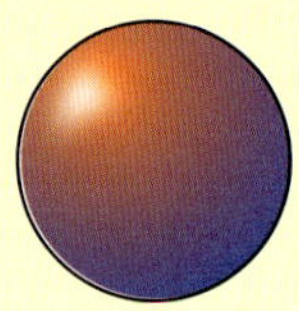

Une **boule**

1 **Parmi ces solides, lesquels ne sont pas, à coup sûr, des polyèdres ?**

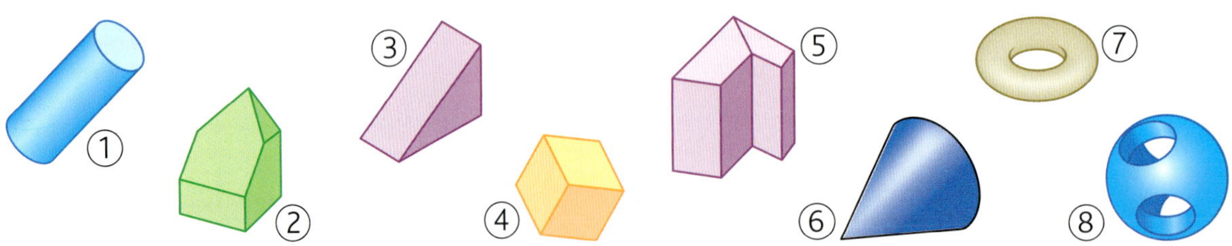

2 Théo a réalisé le squelette de ce polyèdre.

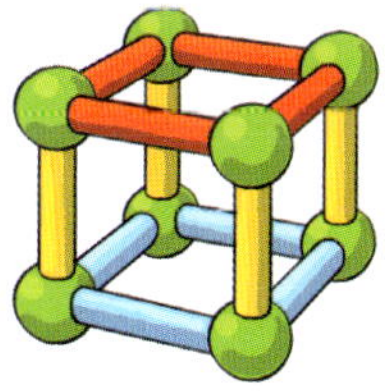

a. Décris ce solide en comptant le nombre de faces, de sommets et d'arêtes.

b. À quel solide cela te fait-il penser ?

3 Louise a réalisé des squelettes de solides avec des pailles.

① 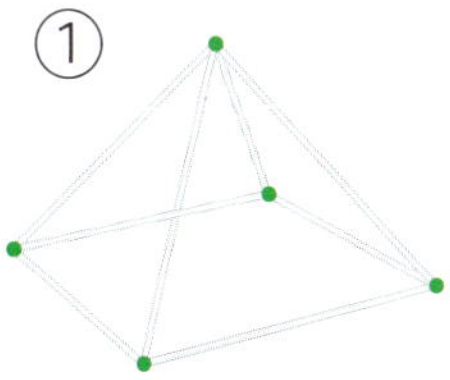

② 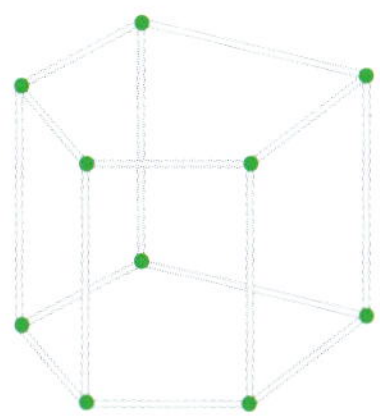

Dans chaque cas :

a. Compte le nombre de faces, de sommets et d'arêtes.

b. À quel solide cela te fait-il penser ?

4 Ces solides ont été trempés dans la peinture fraiche puis déposés sur une feuille. Ils ont laissé des empreintes.

Associe les solides et leurs empreintes.

① 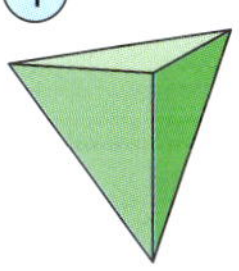

② 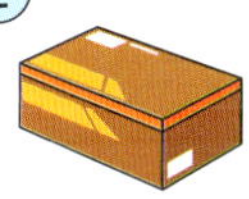

③ 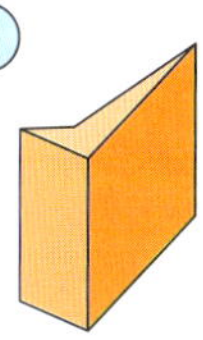

④ 

⑤ 

⑥ 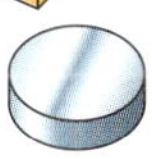

a

b 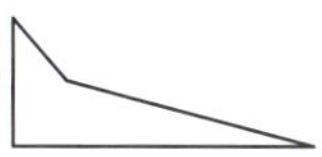

c 

d 

e 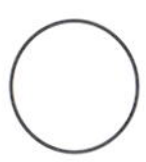

f 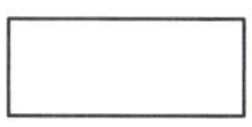

5 **Problème** Trois faces rectangulaires de ce solide sont cachées : celle de gauche, celle de derrière et celle de dessous.

Compte le nombre de faces de ce solide, puis les nombres de sommets et d'arêtes.

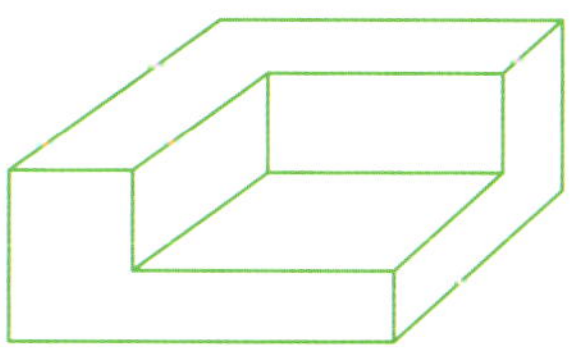

6 **Problème** Voici des squelettes de polyèdres réalisés avec des bâtons et de la pâte à modeler. **Parmi eux, lesquels ont 6 faces et 12 arêtes ?**

① 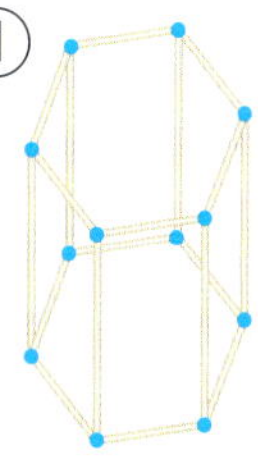

② 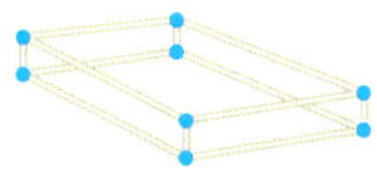

③ 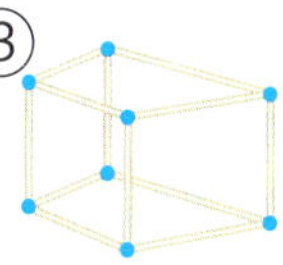

④ 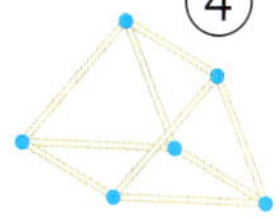

7 **Problème** On peut voir au bord des routes quelques anciennes bornes kilométriques. Chacune d'elles est un assemblage de deux ou trois solides.

Reconnais ces solides.

a. 

b. 

LE DÉFI DU JOUR

Gabriel a lu sur Internet que : « Pour certains polyèdres, lorsqu'on additionne ses nombres de faces et de sommets, puis que l'on retranche son nombre d'arêtes, on obtient toujours le même résultat ».

Est-ce le cas pour les polyèdres transparents ci-dessous ?

A 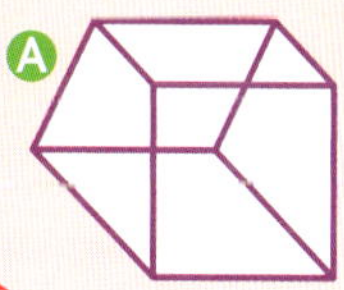

B 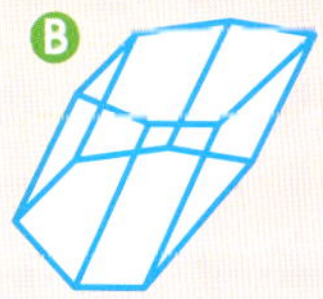

C 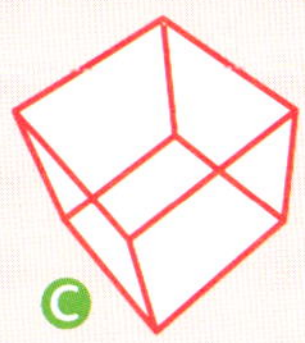

D 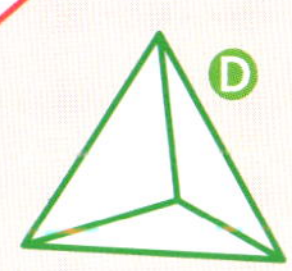

E 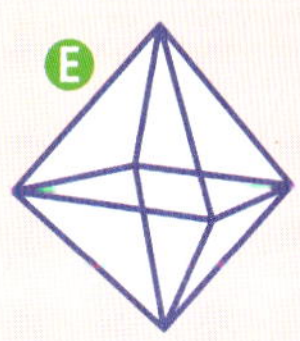

> Corrigés p. 184

Identifier un cube, un pavé droit

COMPÉTENCE
→ Connaître les faces, les sommets, les arêtes de ces deux polyèdres.

Urgences

Un hélicoptère du Service d'Aide Médicale Urgente (SAMU) survole plusieurs immeubles d'une grande ville. Les médecins doivent conduire rapidement un patient à l'hôpital.
Ce patient est dans la tour indiquée par une croix de l'immeuble Ⓑ.

Aide le pilote à situer ce patient en associant chaque vue aérienne à l'immeuble correspondant.

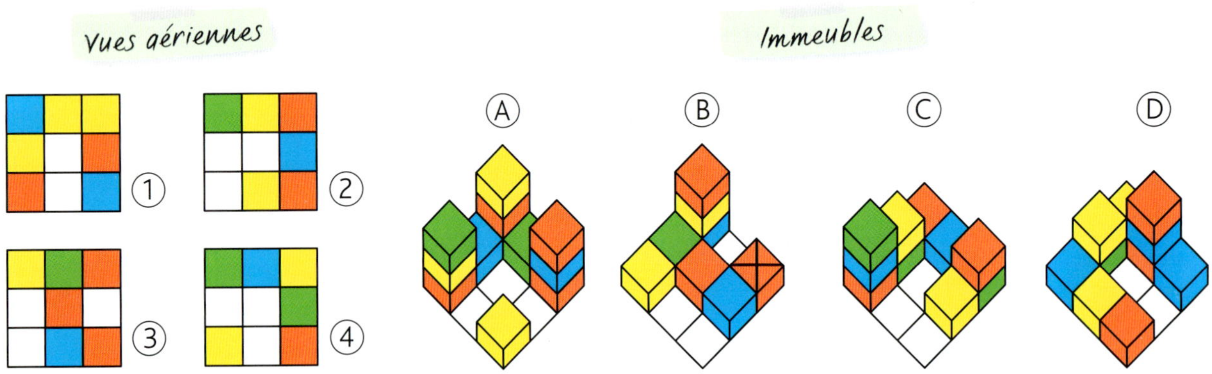

MÉMO

- Un **cube** est un polyèdre qui a :
  – **6 faces qui sont des carrés superposables,**
  – **8 sommets,**
  – **12 arêtes de même longueur.**

Voici trois vues différentes d'un même cube. On peut observer les couleurs des faces.

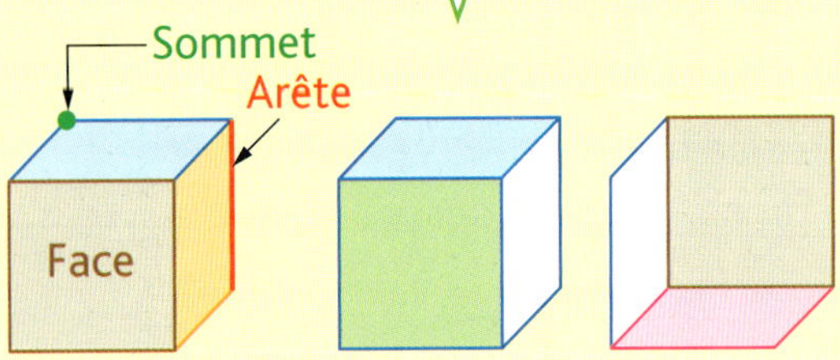

- Un **pavé droit** est un polyèdre qui a :
  – **6 faces qui sont des rectangles. Les faces opposées sont deux à deux superposables.**
  – **8 sommets,**
  – **12 arêtes.**

Voici un pavé droit dont on a détaché et colorié les faces opposées d'une même couleur.

1 Célia a assemblé des cubes identiques.
Dans chaque cas, indique si elle a obtenu un pavé droit.

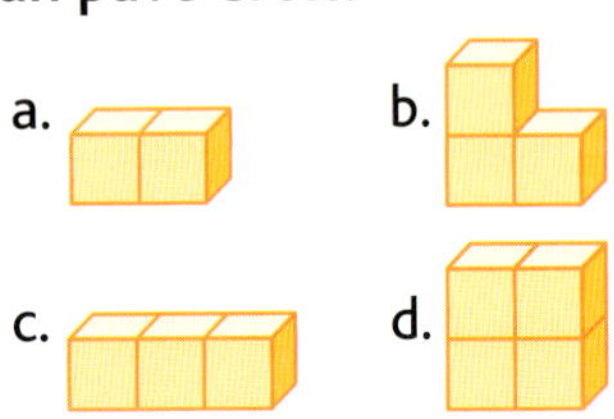

2 **À l'oral** **Vrai ou faux ?**

a. Dans un pavé droit, trois arêtes partent d'un même sommet.

b. Dans un pavé droit, chaque arête est commune à trois faces.

c. Dans un cube, certaines arêtes sont plus courtes que d'autres.

3 a. Combien de faces de ce cube sont visibles ?

b. Voit-on tous ses sommets ?

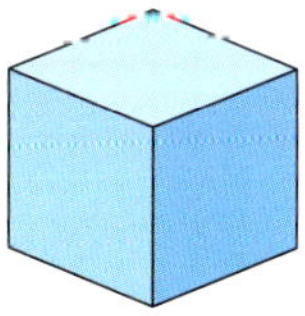

4 **Combien d'arêtes et de sommets de ce pavé droit ne sont pas visibles ?**

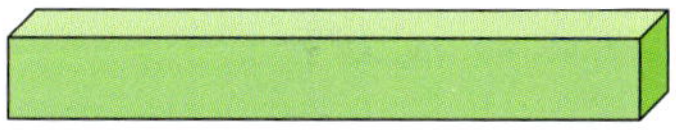

5 Ce cube rouge d'Isamu Noguchi est visible sur une avenue à New York.

a. Combien de faces ne sont pas visibles ?

b. Ce cube est percé en son centre. Quelle forme a cette cavité ?

6 Chaque arête d'un cube a pour longueur 5 cm.

Calcule la longueur totale des arêtes.

7 Observe cette photographie de la Tour de Madrid. Jules a décalqué les contours des immeubles pris sur la photo.

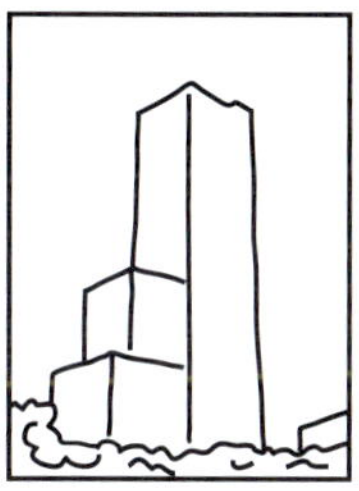

a. À quel polyèdre penses-tu pour chaque bâtiment de cette tour ?

b. Combien d'arêtes, de sommets ne sont pas visibles pour la totalité des trois bâtiments ?

8 Les arêtes d'un cube ont pour longueur 10 cm. On découpe ce cube en cinq plaques de même épaisseur.

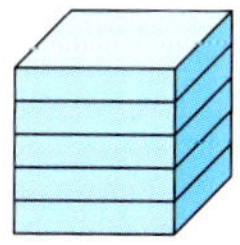

a. On assemble les plaques comme ci-dessous. Quel solide obtient-on ?

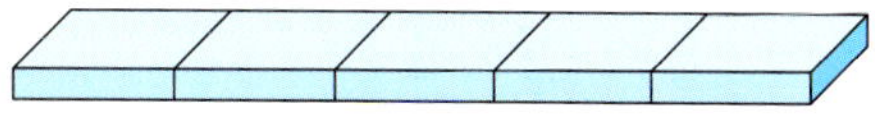

b. Quelles sont la longueur et la largeur de chacune des trois faces rectangulaires visibles ?

9 Sur les faces opposées d'un dé à jouer, la somme des points est égale à 7.

a. Reproduis ce patron de cube et marque les points sur chaque face.

b. Découpe ce patron, construis le cube et vérifie ta réponse précédente.

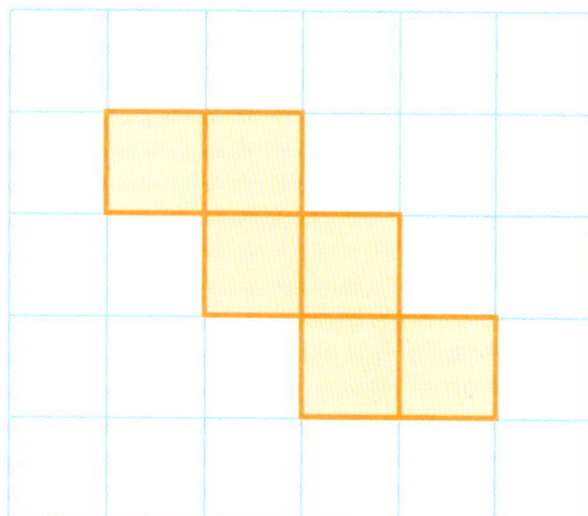

10 **Problème** Victor Vasarely a réalisé cette sculpture intitulée *Kroa Multicolor* (1963).

Combien faudrait-il de cubes pour la réaliser, en supposant qu'il n'en manque pas à l'intérieur ?

Maths en jeu !

À partir de ces cinq vues, retrouve les couleurs des faces opposées de ce Rubik's cube.

(a)

(b)

(c)

(d)

(e)

> *Corrigés p. 184*

1 Identifier un polygone

La figure est-elle un polygone ? Si oui, combien a-t-il de sommets ? de côtés ?

a. 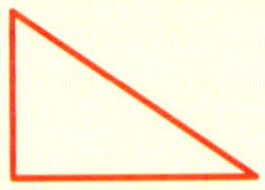
b. 
c. 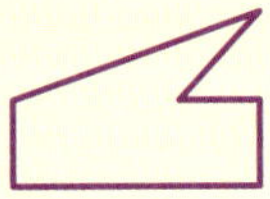

2 Reconnaitre des points alignés

a. Utilise les instruments de géométrie pour reconnaitre les points alignés de cette figure.

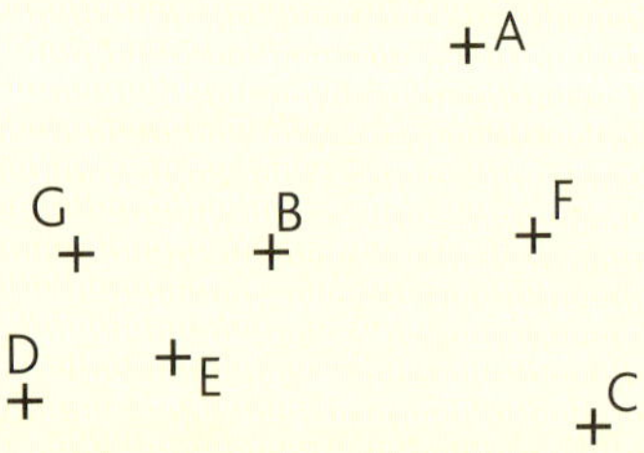

b. Émilie affirme : « Le point F est le milieu du segment [AC] ». Pourquoi dit-elle cela ?

3 Connaitre les droites perpendiculaires ou parallèles

a. Repasse d'une même couleur les droites qui sont perpendiculaires.

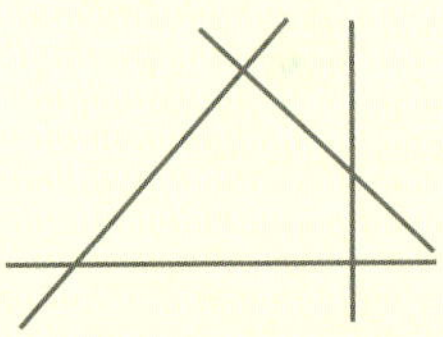

b. Repasse en bleu deux côtés parallèles. Vois-tu d'autres côtés parallèles ? Si oui, repasse-les en vert.

4 Identifier des triangles

Utilise les instruments de géométrie pour reconnaitre la particularité de chaque triangle.

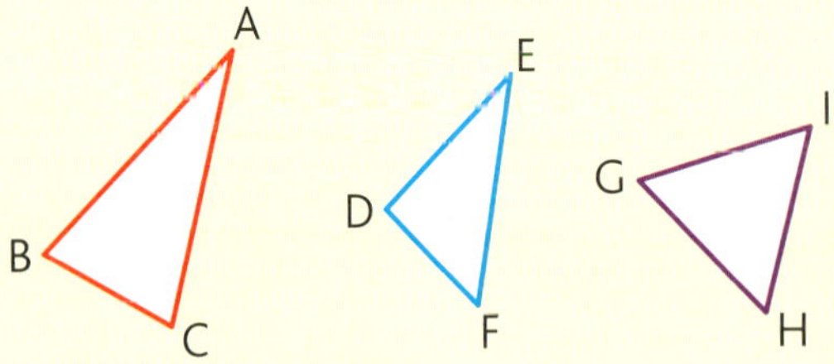

5 Connaitre le cercle

a. Place un point A. Trace le cercle de centre A et de rayon 5 cm.

b. Trace en bleu un rayon [AM] et en rouge un diamètre [BC].

6 Identifier un quadrilatère

Ce quadrilatère est-il :

a. un carré ?

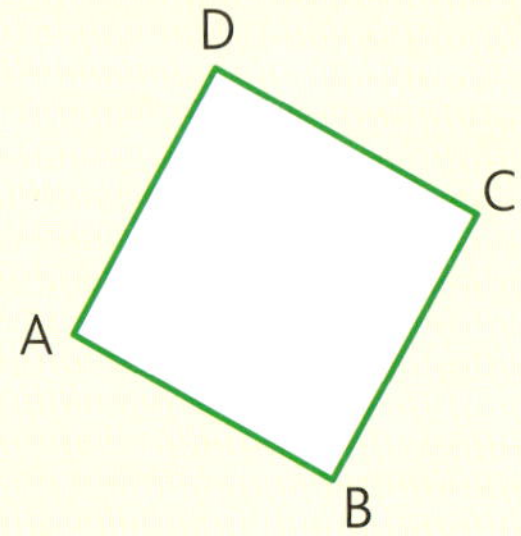

b. un losange ?

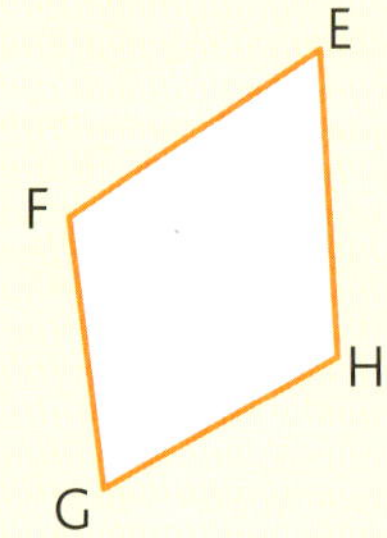

7 Identifier un axe de symétrie

Trace en rouge le ou les axes de symétrie de chaque figure lorsqu'elle en a.

a. 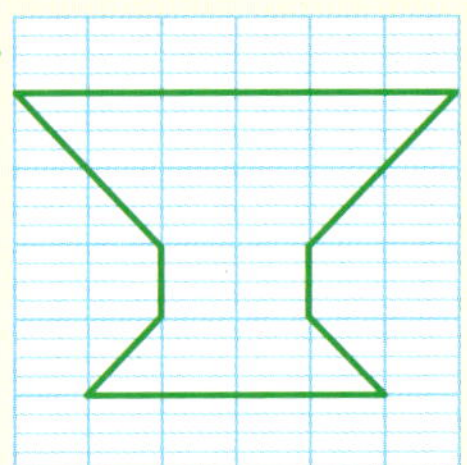

b. 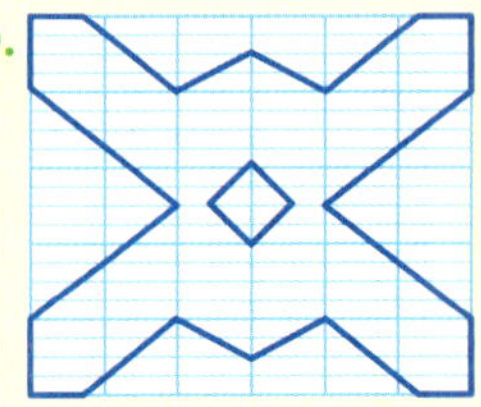

8 Compléter une figure par symétrie

Complète cette figure par symétrie par rapport à la droite rouge.

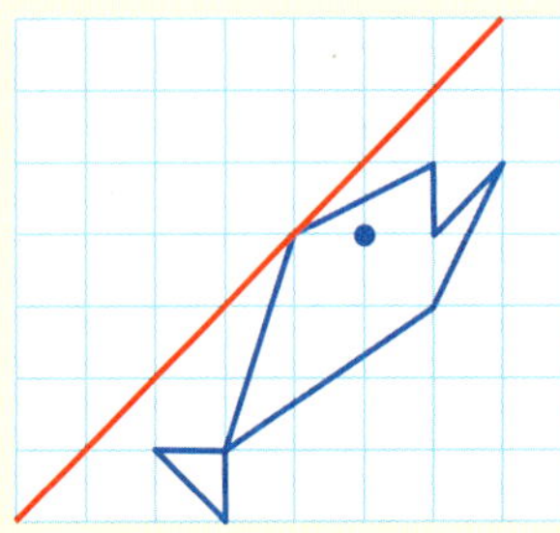

9 Nommer un solide

À quel solide te fait penser chacun de ces objets ?

a. 

b. 

10 Connaitre les solides

Combien ce prisme droit a-t-il :

a. de faces ?

b. de sommets ?

c. d'arêtes ?

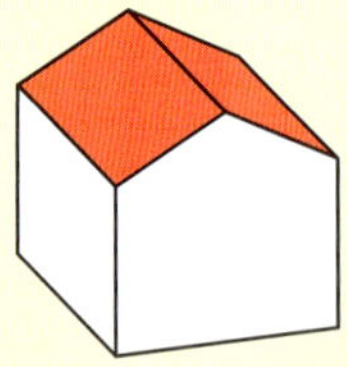

1 Les décorations de fenêtre

Arts plastiques

Pour réaliser une décoration de fenêtre, on prend une feuille de papier. On la plie en quatre, puis on dessine un motif que l'on découpe. Il ne reste plus qu'à déplier pour admirer la décoration.

Plie une feuille comme indiqué ci-dessous et dessine le motif qui convient pour obtenir après découpage et dépliage chacune des décorations suivantes.

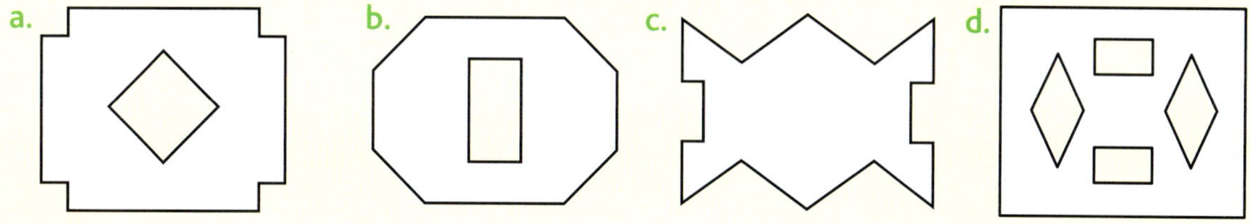

Doc. **Pliage d'une feuille**

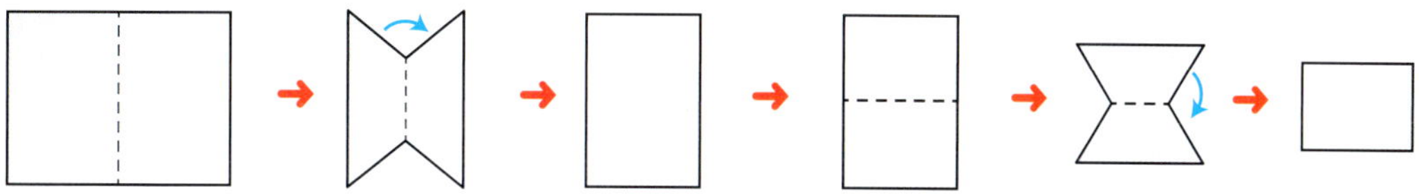

2 Le parcours d'escalade

EPS

Une alpiniste souhaite gravir cet aplomb rocheux en forme de prisme droit.

Elle s'attaque d'abord à une face en forme de triangle rectangle.

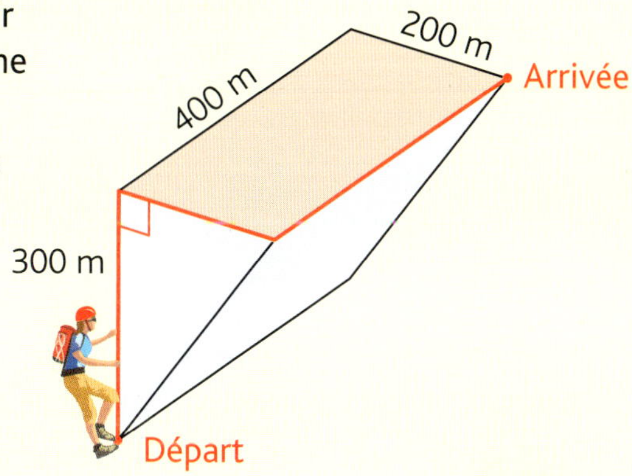

a. Quelle est en réalité la forme de la face marron ?

b. Cette alpiniste pense d'abord emprunter la voie rouge le long de certaines arêtes.
Quelle serait la longueur de son trajet ?

c. Après réflexion, elle décide d'emprunter le chemin le plus court.
Reproduis le patron donné ci-contre, place les points de départ et d'arrivée et utilise-le pour tracer ce chemin.

Doc. **Un patron du prisme droit**

Sur ce patron, le côté d'un petit carreau représente 100 m dans la réalité.

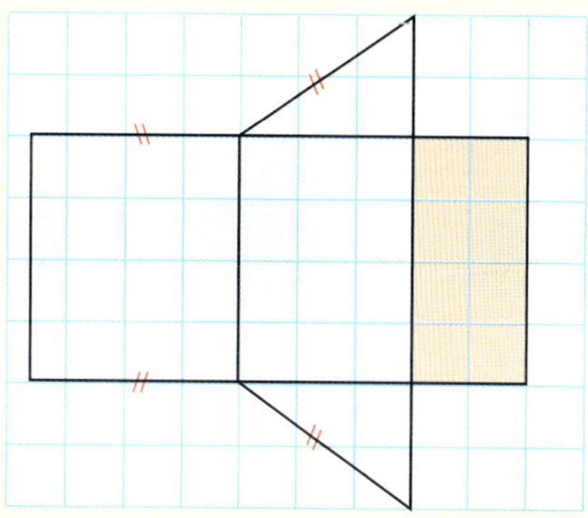

Reproduire une figure plane

COMPÉTENCE
→ Mobiliser la connaissance des figures usuelles, le vocabulaire, les différents supports.

Le papier peint

Loïc aime bien le papier peint de sa chambre.
Il en a extrait un motif qu'il a tracé sur papier quadrillé.
Puis il a commencé à le reproduire sur papier uni.

Termine son travail en utilisant la règle et l'équerre.

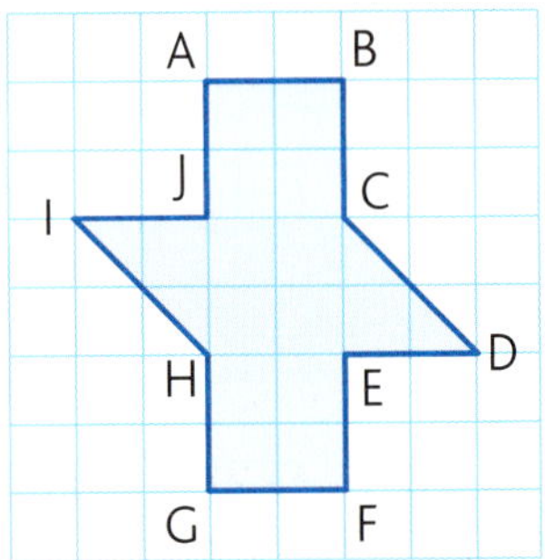

MÉMO

- **Pour reproduire une figure, on repère d'abord ses propriétés : angles droits, longueurs égales...**
  - **Sur quadrillage**, on repère des points, puis on compte des carreaux.
  - **Sur papier uni**, on utilise les instruments de géométrie qui conviennent pour reproduire la figure pas à pas.
- Par exemple, pour reproduire le triangle rectangle ci-contre sur papier uni, on peut procéder ainsi.

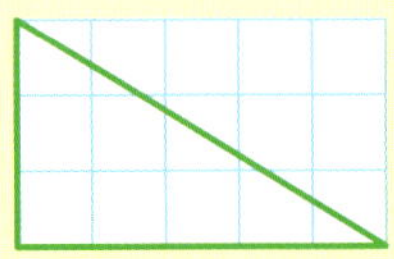

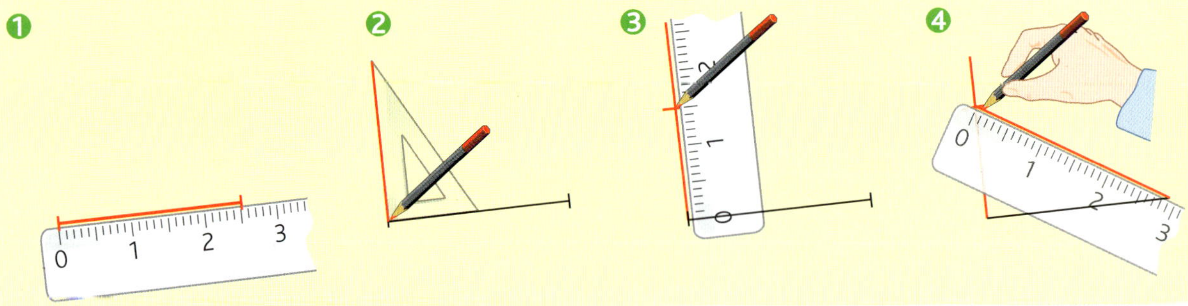

1 Reproduis ces triangles sur ton cahier.

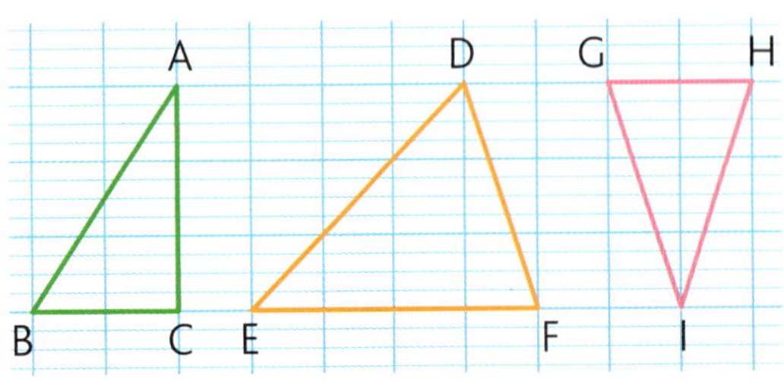

2 Reproduis ces quadrilatères sur du papier à petits carreaux.

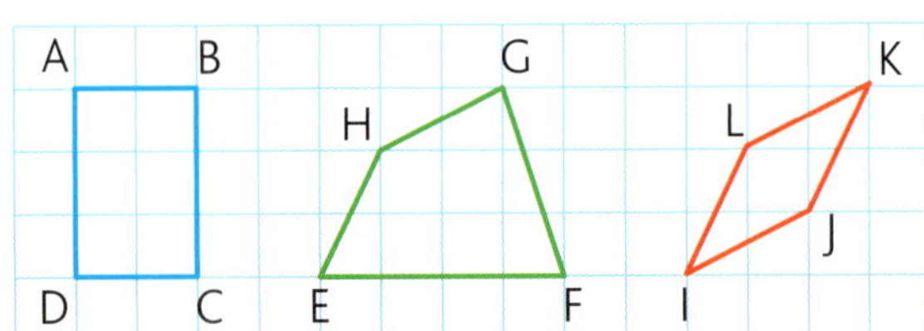

3 Reproduis ces polygones sur du papier pointé.

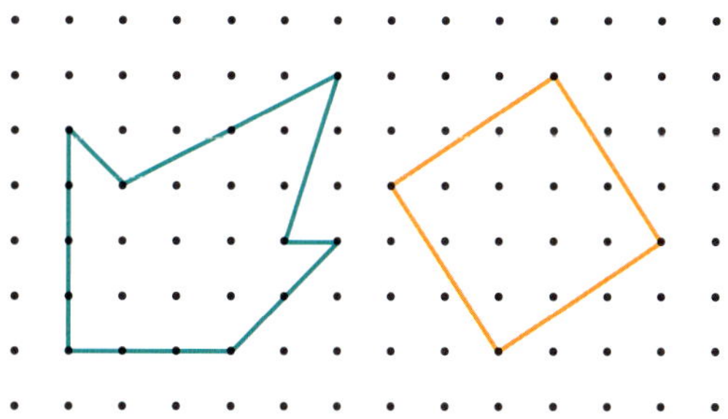

4 Reproduis ce polygone à partir du segment [AB] qui a déjà été tracé en bleu.

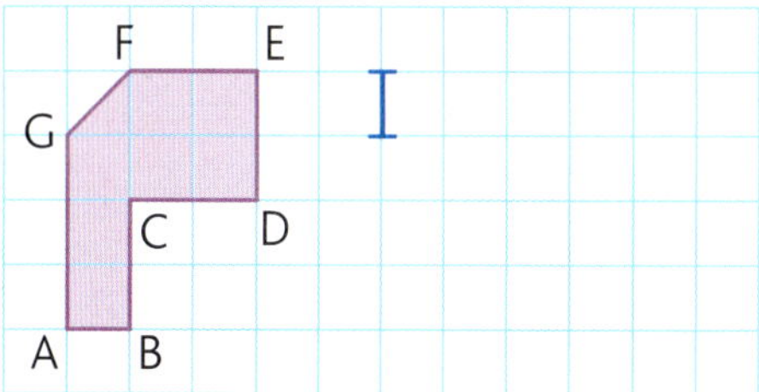

5 Reproduis ce triangle à partir du segment [AB] qui a déjà été tracé en bleu.

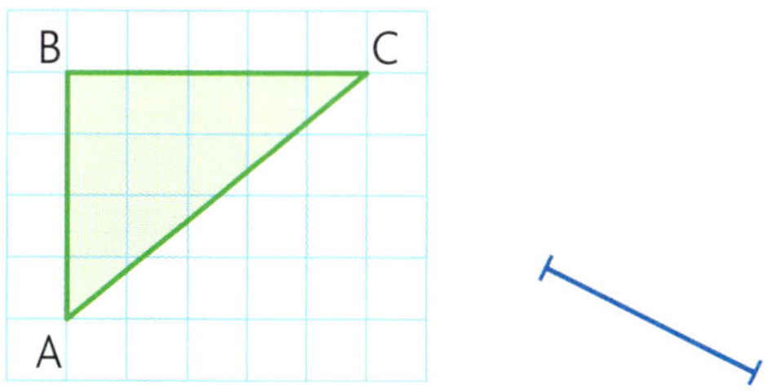

6 Reproduis ce quadrilatère à partir du segment [AD] qui a déjà été tracé en bleu.

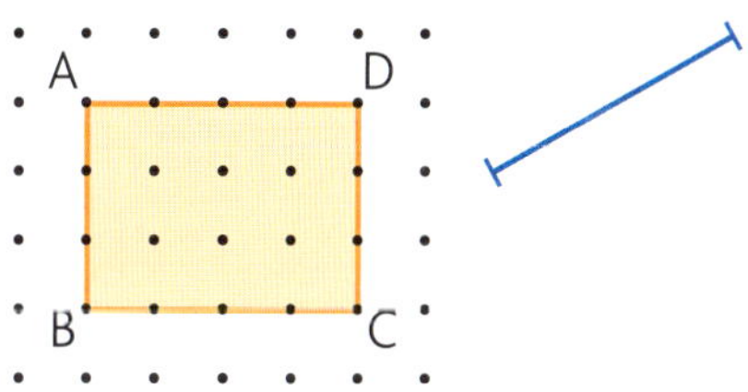

7 **À l'oral** Cette figure est composée de trois figures. Lesquelles ?

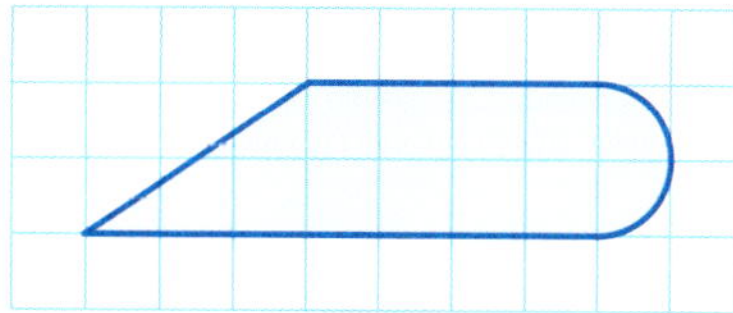

8 Avec la règle et l'équerre, reproduis chaque figure sur papier uni.

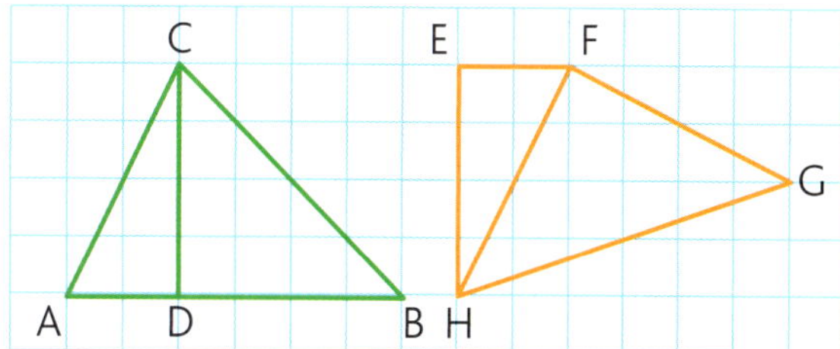

9 Observe ce polygone et reproduis-le à partir du segment [AB] déjà tracé en bleu.

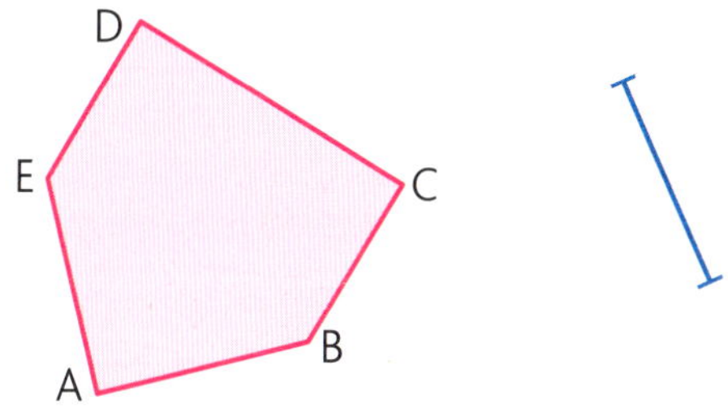

10 **Problème** La place Masséna à Nice est revêtue de dalles noires et blanches.

a. Repère des rectangles dans ce pavage.

b. Trace ces rectangles sur papier uni puis dessine les dalles.

Maths en jeu !

Reproduis et continue cette frise. Colorie-la.

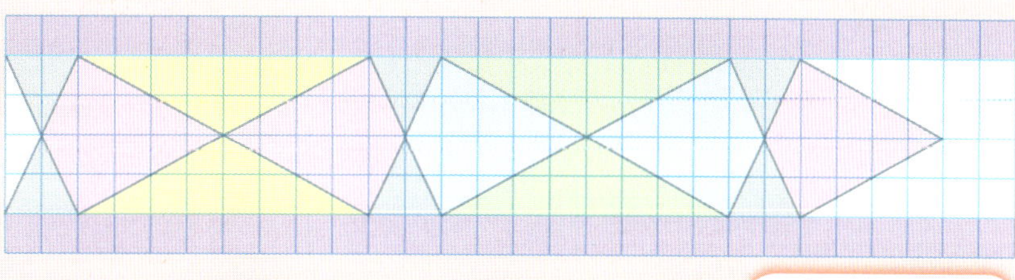

> Corrigés p. 184

Construire ou compléter une figure plane

COMPÉTENCE
→ Construire, compléter une figure plane.

Les figures impossibles

Voici quatre figures dessinées à main levée.
Axelle a essayé de les construire avec la règle, l'équerre et le compas.
Soudain elle s'écrie : « Je n'y arrive pas ! Il y a deux figures qui sont impossibles à construire ! ».

À ton tour, construis les figures qui peuvent l'être. Dis si Axelle a raison ou non.

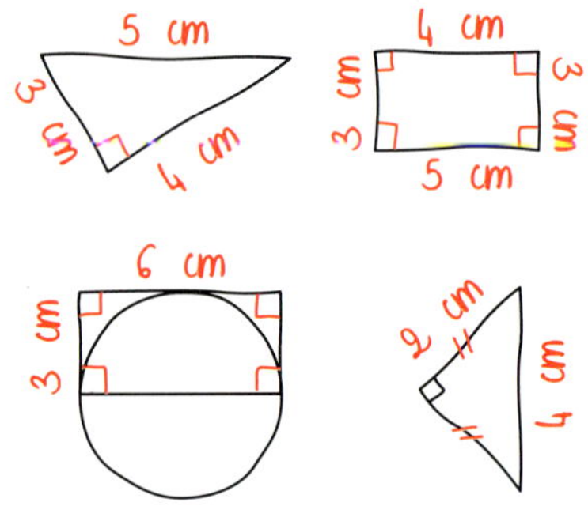

MÉMO

• **Pour construire une figure, on peut commencer par réaliser une figure à main levée et la coder grâce à ses propriétés** (angles droits, longueurs égales, mesures données...).
Puis on utilise les instruments qui conviennent pour construire la figure.

• Par exemple, pour construire un rectangle ABCD tel que AB = 2 cm et BC = 1 cm, on peut procéder ainsi.

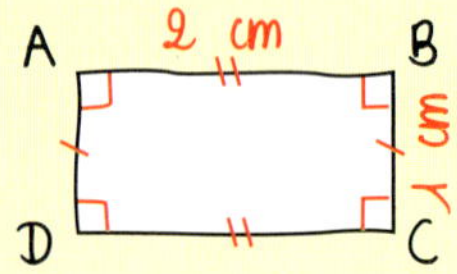

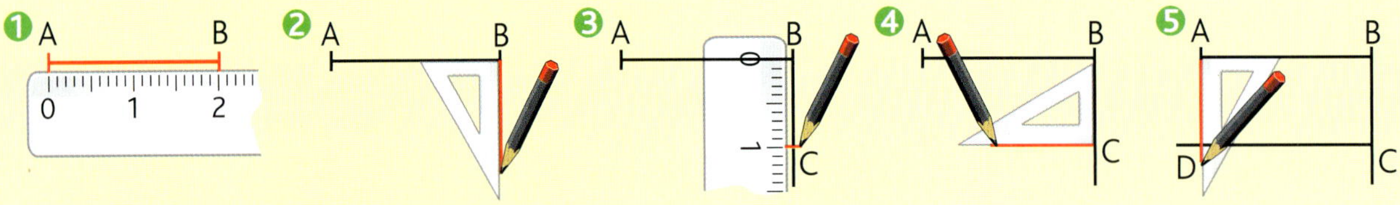

1 **À l'oral** a. Voici quatre figures tracées à main levée. Indique celles qui correspondent à la construction d'un triangle à la fois rectangle et isocèle.

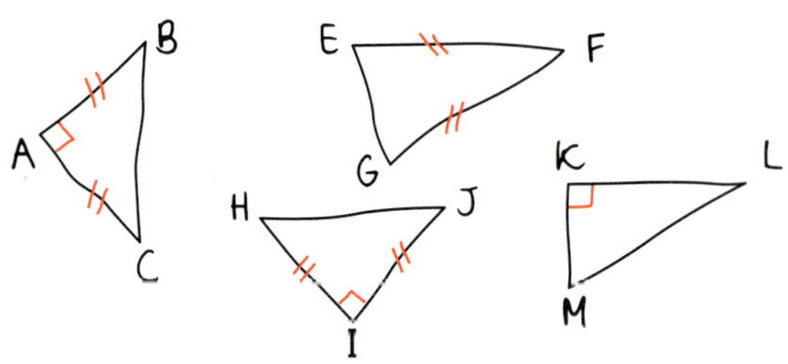

b. Donne une description des autres triangles.

2 Voici une figure tracée à main levée.
Construis cette figure en vraie grandeur, avec la règle et l'équerre, sur papier uni.

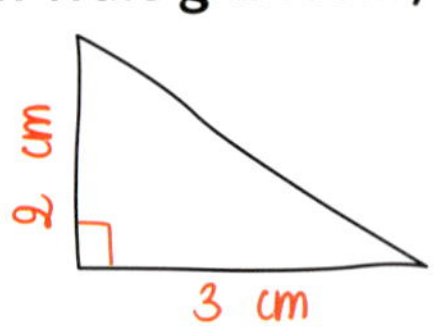

3 **Construis sur papier uni un carré de côté 3 cm.**

4 **Construis sur papier uni un rectangle ABCD tel que AB = 5 cm et AD = 3 cm.**

5 Farid a dessiné cette voile de bateau à main levée.
Construis-la en vraie grandeur.

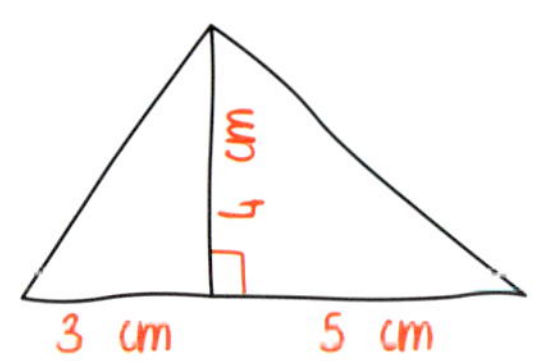

6 Voici une figure tracée à main levée.
Construis cette figure en vraie grandeur.

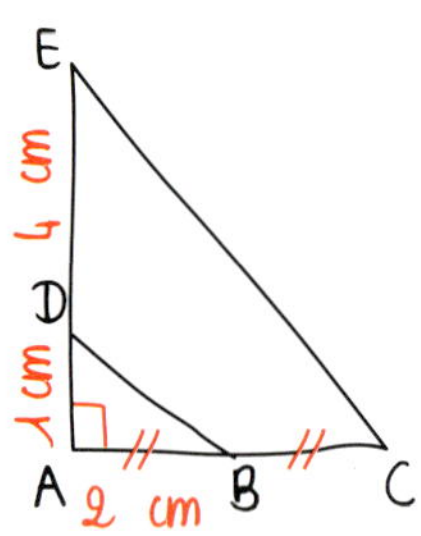

7 **Reproduis ces tracés sur du papier à petits carreaux.**
Complète chaque figure pour obtenir un carré.

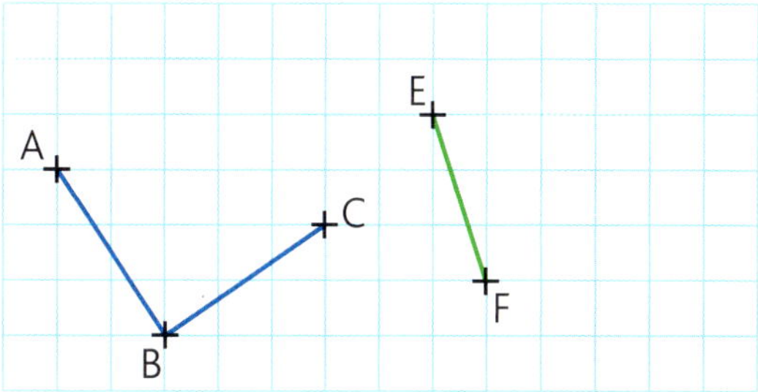

8 **Construis un carré ABCD. Son côté [AB] est déjà tracé.**

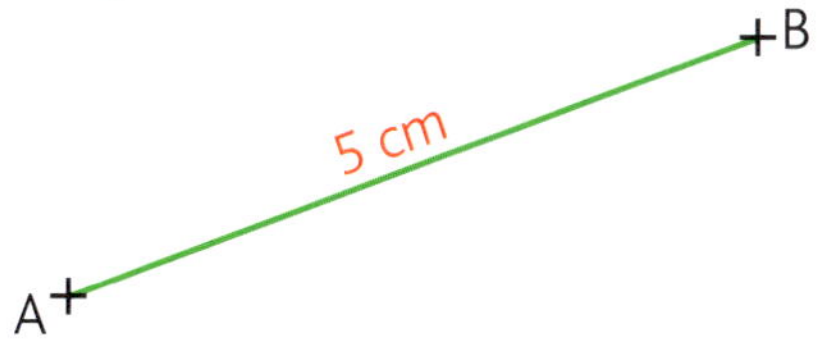

9 a. La consigne est : « Construis un carré de côté 4 cm, puis un demi-cercle qui a pour diamètre l'un des côtés et qui est placé à l'extérieur du carré ».

Voici les figures réalisées par Léo, Iris et Simon.

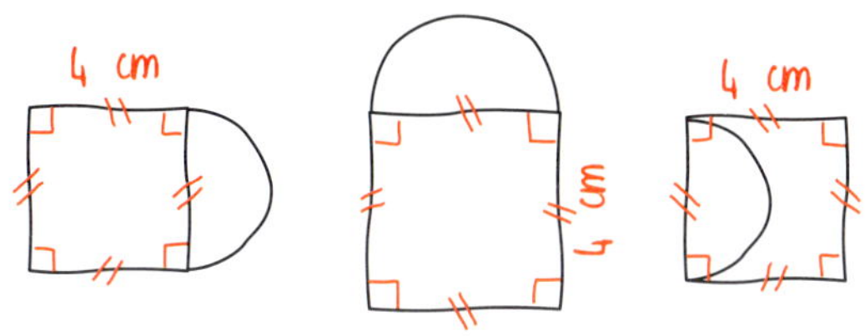

Léo — Iris — Simon

L'un d'eux s'est trompé. Qui est-ce ?

b. Construis une telle figure en vraie grandeur.

10 **Reproduis ces tracés sur papier à petits carreaux.**
Complète les figures pour obtenir les losanges ABCD et EFGH.

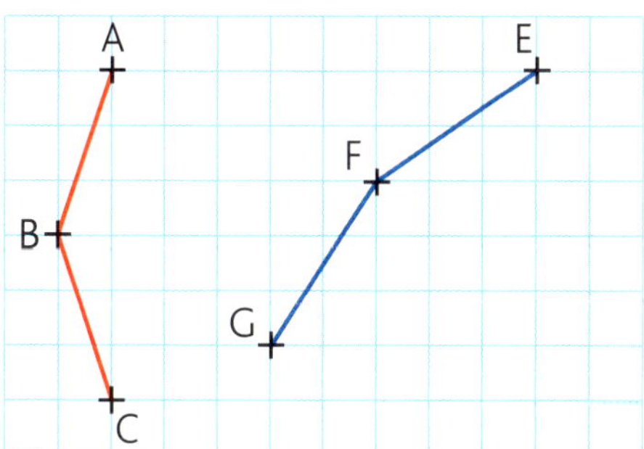

11 Trace deux losanges : chaque segment dessiné doit être le côté d'un des losanges.

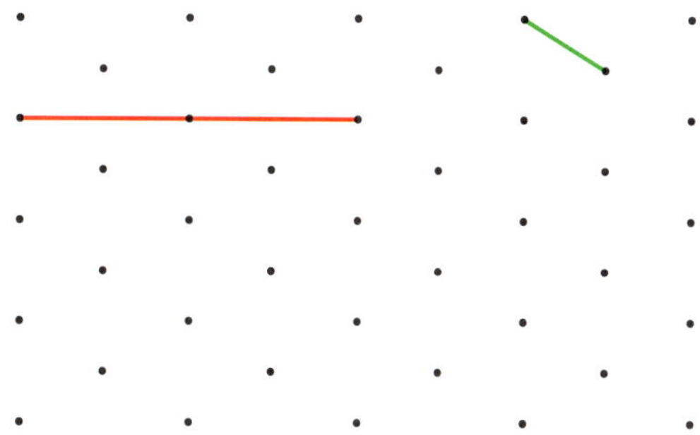

12 Voici une figure à main levée où les points A, B, C appartiennent au cercle.
Construis cette figure en vraie grandeur sur papier uni.

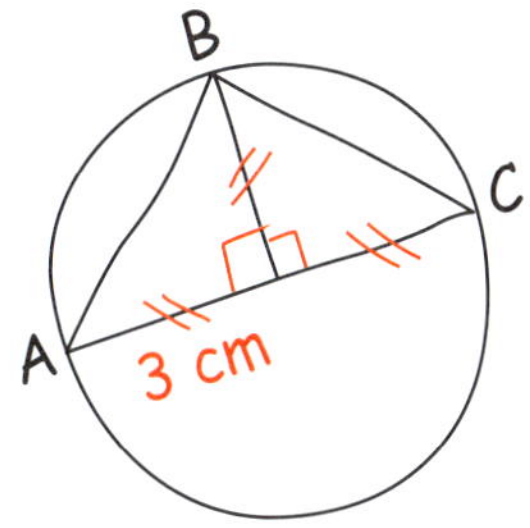

13 Voici une figure à main levée où ABCD est un carré de côté 8 cm et où tous les arcs de cercle ont le même rayon.
Construis cette figure en vraie grandeur sur papier uni.

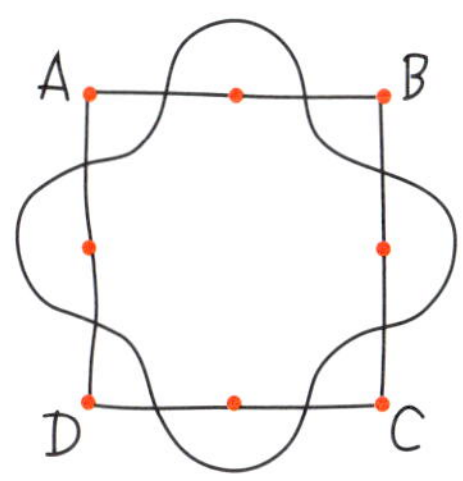

LE DÉFI DU JOUR

Voici une grille de portail qui comporte des motifs géométriques.

Choisis deux motifs et construis-les sur papier uni.

> Corrigés p. 184

Construire un solide

COMPÉTENCES
→ Construire un solide à l'aide d'un patron.
→ Assembler des solides.

Le jeu Structuro

La petite sœur de Tommy a reçu un jeu Structuro qui se joue avec des cubes dont les faces sont jaunes, bleues et rouges. Les faces opposées de chaque cube ont la même couleur. Pour fabriquer un de ces cubes en carton, Tommy a tracé son patron.

Réalise ce patron sur une fiche bristol.

Colorie les faces.

Découpe et replie ce patron pour obtenir un cube. Tiens-le fermé avec du ruban adhésif. Vérifie que tu obtiens un cube du jeu Structuro.

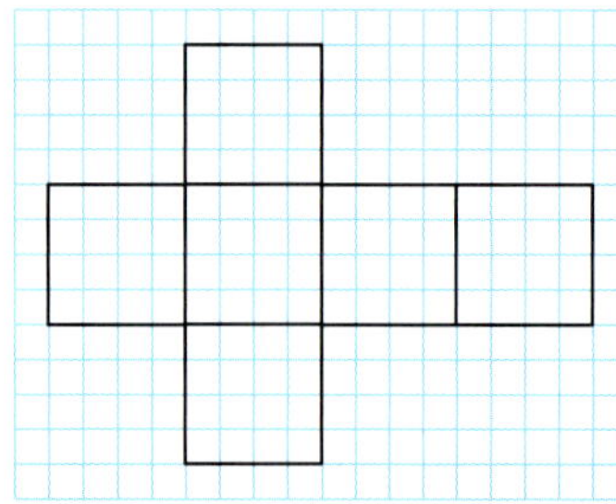

MÉMO

- **Fabrication d'un cube à partir d'un patron.**

Il existe plusieurs patrons d'un même cube. Voici la forme de deux autres patrons.

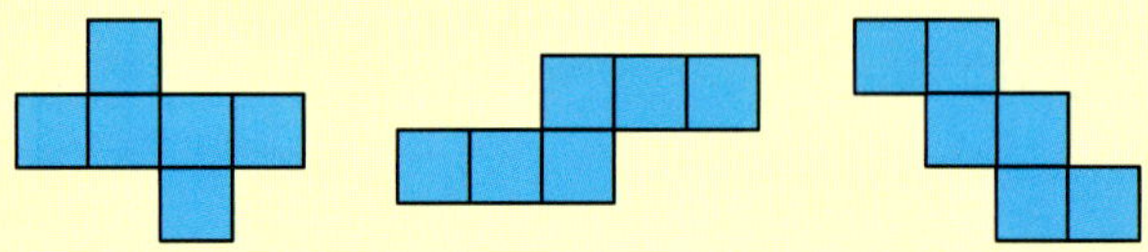

- **Les solides ci-dessous sont des assemblages de solides.**

Assemblage de 15 cubes (il n'y a pas de trou).

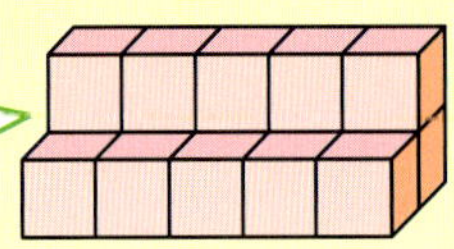

Assemblage d'un pavé droit et d'une pyramide.

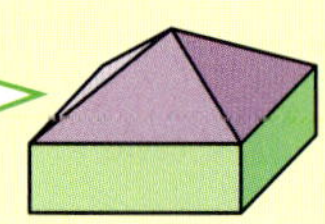

1 Voici un cube aux faces colorées. Les faces opposées de ce cube ont la même couleur. On le fait tourner pour qu'une face bleue soit placée devant.

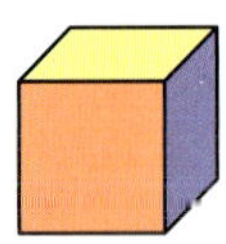

Colorie les faces visibles de ce cube dans sa nouvelle position.

Deux solutions sont possibles.

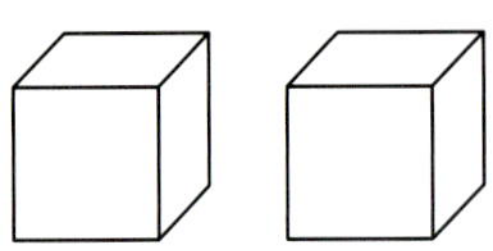

2 Tommy a collé l'un contre l'autre quatre cubes identiques, comme indiqué ci-dessous.

Colorie les faces de l'assemblage obtenu.

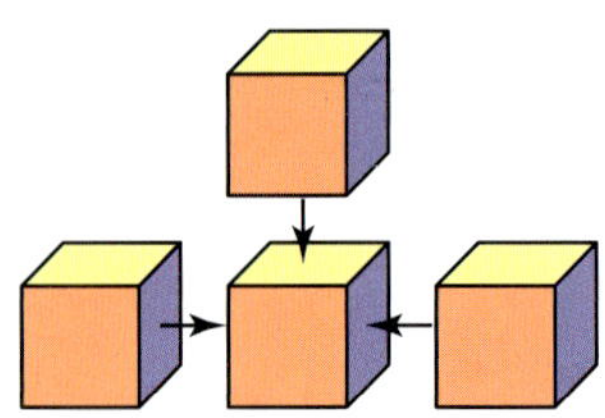

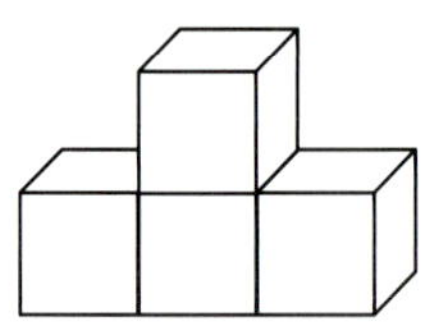

3 **À l'oral** Voici un patron de cube.

Parmi les cubes ci-dessous, quel est celui qui correspond à ce patron ?

❶ ❷ ❸

4 Mathilde a découpé un pavé droit le long de certaines arêtes.

a. Reproduis son patron et colorie ses faces.

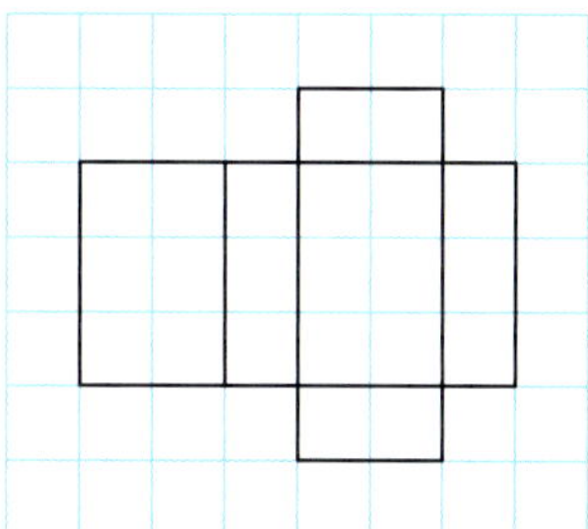

b. Découpe ce patron, construis le pavé droit et vérifie ta réponse à la question précédente.

5 Ces solides sont des assemblages de cubes. Il n'y a pas de trou. **Dans chaque cas, donne le nombre de cubes.**

a. 

b. 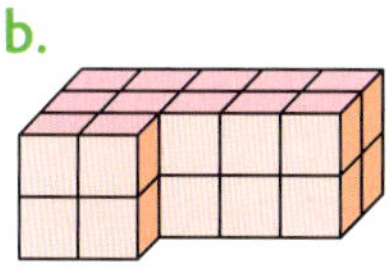

c. 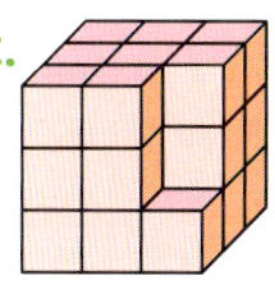

6 **Termine la construction ❷ de sorte qu'elle représente l'assemblage de cubes ❶.**

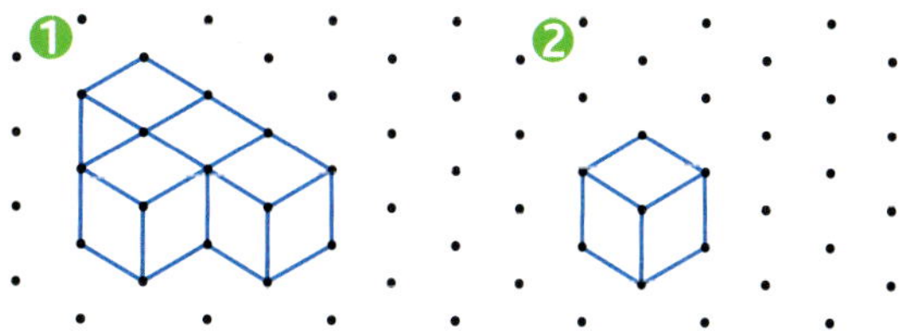

7 Yoann a réalisé l'assemblage ci-dessous avec des cubes.

a. Combien de cubes a-t-il utilisés ?

b. Termine la construction de sorte qu'elle corresponde à son assemblage.

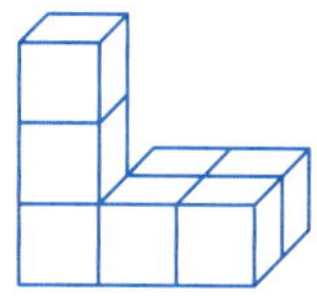

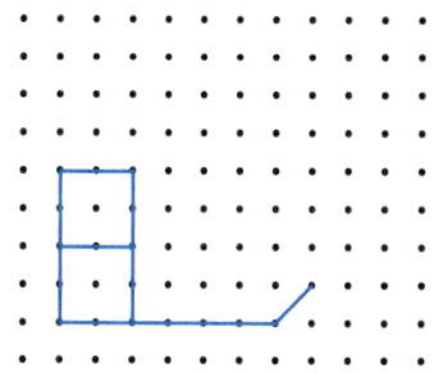

8 **Problème** Reproduis ces patrons de pavé droit et de pyramide, puis découpe-les. Construis les deux solides et assemble-les pour obtenir cette cabane en pierre sèche visible en Dordogne.

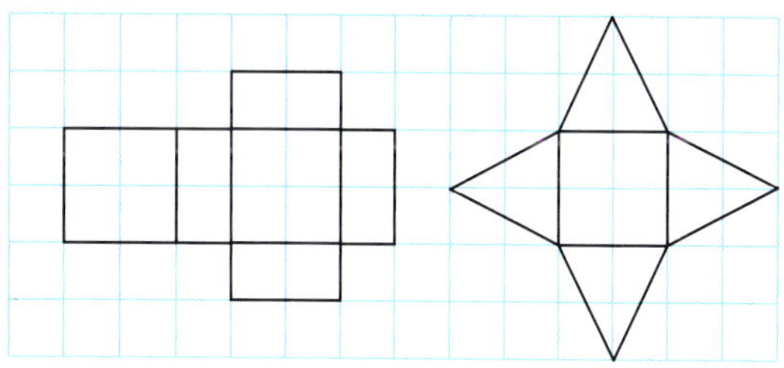

Maths en jeu !

Amélie a posé sur une table un assemblage avec des briques toutes identiques, mais de couleurs différentes.
Voici deux dessins de son assemblage réalisés sous deux angles différents. **Combien de briques a-t-elle utilisées ?**

> Corrigés p. 184

Réaliser un programme de construction

COMPÉTENCE
→ Suivre un programme de construction : utiliser les instruments, connaître le vocabulaire.

La notice de montage

Voici la notice de montage que Sacha découvre dans un jeu, avec six pièces à assembler.

❶ Place les côtés bleus des triangles rectangles contre les côtés bleus du rectangle de sorte que les segments rouges soient portés par la même droite.
❷ Place le côté rouge du dernier polygone contre le côté rouge de l'assemblage réalisé en ❶.
❸ Place les diamètres des demi-cercles contre les côtés jaunes de l'assemblage réalisé en ❷.

Aide Sacha à réaliser la figure finale.

MÉMO

• Pour construire une figure géométrique en suivant un programme de construction, il est conseillé, avant de commencer la construction :
– de lire attentivement chaque étape du programme, dans l'ordre ;
– de réaliser une figure à main levée et de la coder.

• Ensuite, on réalise la construction avec soin, avec les instruments de géométrie.
On suit les étapes dans l'ordre, en réalisant une seule figure qu'on complète au fur et à mesure. On n'efface pas les traits de construction. On peut coder la figure.

- Construis un carré ABCD de 2 cm de côté.
- Marque le milieu M du segment [BC].
- Trace le cercle de centre M qui passe par B.

Programme de construction

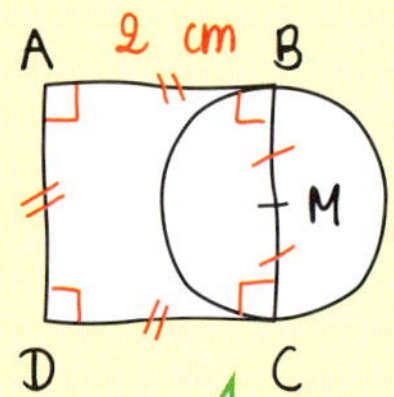

Figure à main levée

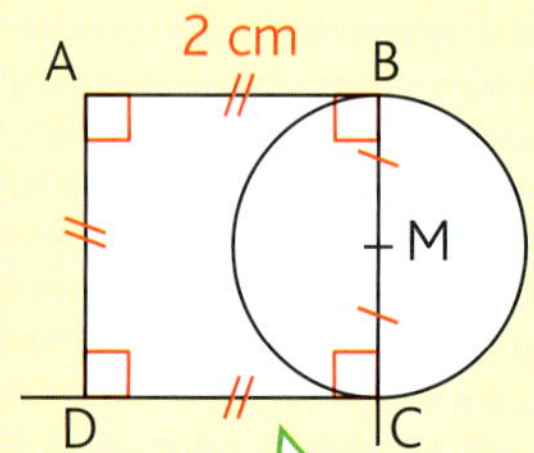

Figure finale

1 **Réalise ce programme de construction.**
1. Construis un carré ABCD de 4 cm de côté.
2. Trace le segment [AC].
3. Marque le milieu I du segment [AC].
4. Trace le cercle de centre I et de rayon IA.

2 **Réalise ce programme de construction.**
1. Construis un rectangle ABCD tel que AB = 6 cm et BC = 3 cm.
2. Marque le milieu E du segment [AB].
3. Trace les segments [CE] et [DE].

3 **a.** Réalise ce programme de construction.
1. Trace un cercle de centre O et de rayon 3 cm.
2. Place un point A sur ce cercle et trace le diamètre [AC].
3. Place un point B sur le cercle et trace le diamètre [BD].
4. Construis le quadrilatère ABCD.

b. Utilise les instruments de géométrie pour donner la particularité du quadrilatère ABCD.

4 **À l'oral** **Retrouve quelle figure correspond à chaque programme de construction. Explique.**

❶
1. Trace un triangle ABC rectangle et isocèle, dont le sommet de l'angle droit est C.
2. Trace un demi-cercle de diamètre [AB].

❷
1. Trace un triangle ABC rectangle, dont le sommet de l'angle droit est C.
2. Trace un demi-cercle de diamètre [AB].

❸
1. Trace un triangle ABC rectangle et isocèle, dont le sommet de l'angle droit est B.
2. Trace un demi-cercle de diamètre [AB].

ⓐ
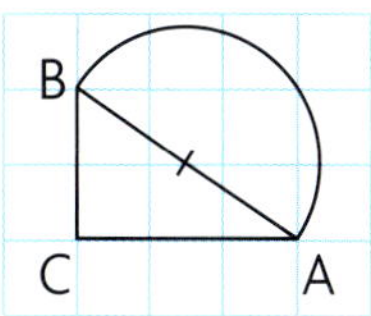

ⓑ
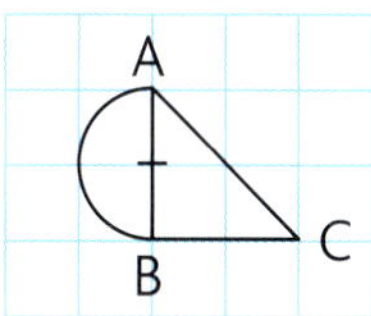

ⓒ
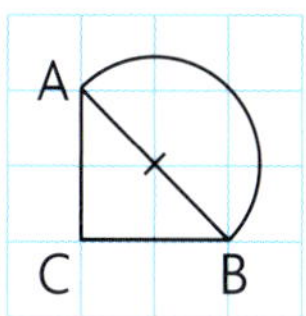

5 **À quelle figure correspond ce programme ?**

1. Construis un carré ABCD.
2. Marque le milieu E du segment [CD].
3. Trace les triangles ACE et BDE.

ⓐ
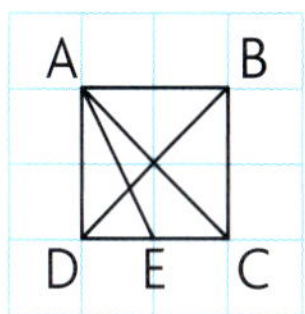

ⓑ
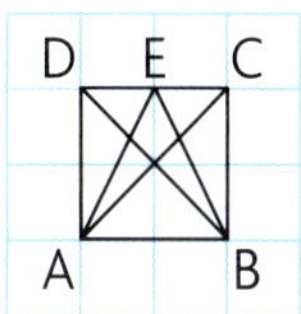

ⓒ
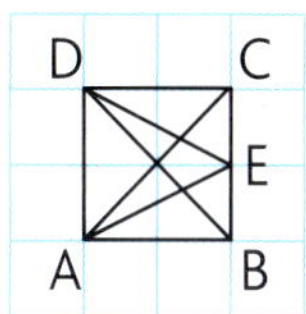

6 a. Réalise ce programme de construction.

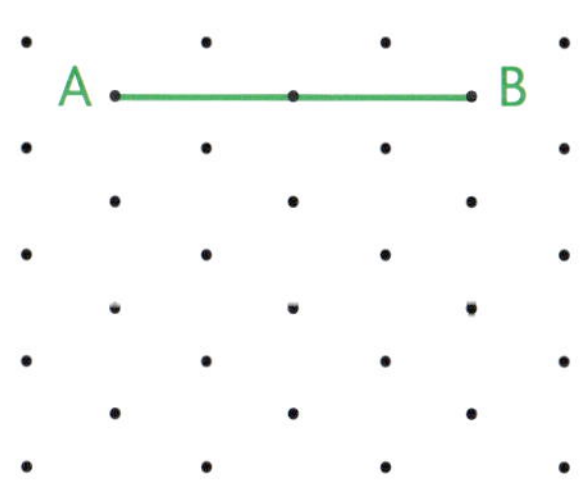

1. Place le 3e sommet C du triangle équilatéral dont un côté est [AB].
2. Marque le milieu D du côté [AB], le milieu E du côté [BC] et le milieu F du côté [AC].
3. Construis le quadrilatère DECF.

b. Donne la particularité du quadrilatère DECF.

7 **Réalise ce programme de construction.**

1. Construis un rectangle ABCD tel que AB = 2 cm et AD = 4 cm.
2. Marque le milieu M du côté [AD] et le milieu N du côté [BC].
3. Construis le cercle de centre N et de rayon 2 cm.
4. Construis le triangle CMN.

8 **Deux de ces figures correspondent au même programme. Lesquelles ?**

❶
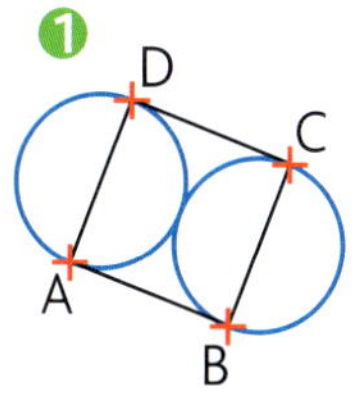

❷
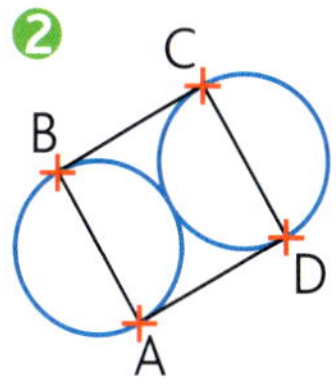

❸
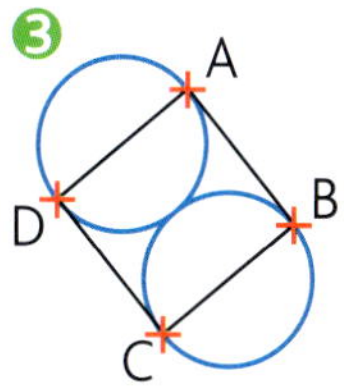

9 **Problème** **Remets dans l'ordre les étapes de ce programme de construction pour qu'il corresponde à cette figure.**

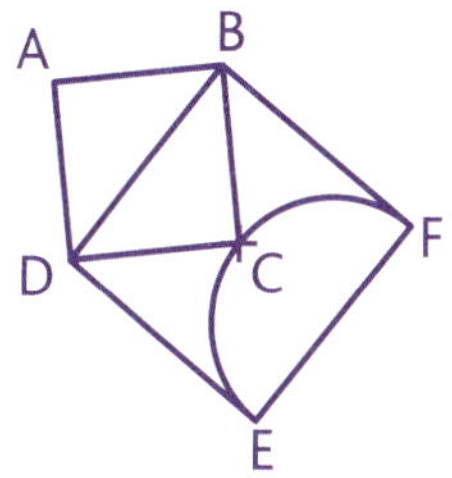

- Construis un carré BDEF.
- Construis le demi-cercle de diamètre [EF] qui passe par C.
- Construis un carré ABCD.

LE DÉFI DU JOUR

Réalise ce programme de construction, puis colorie avec les couleurs de ton choix.

1. Construis un carré ABCD de côté 6 cm.
2. Trace le segment [AC] et marque son milieu E.
3. Trace le segment [BD].
4. Trace le cercle de centre E qui passe par A.
5. Trace, à l'extérieur du carré ABCD, les demi-cercles de diamètres [AB], [BC], [CD] et [AD].
6. Trace le cercle de centre E et de rayon 2 cm.
7. Trace le cercle de centre E et de rayon 6 cm.

> Corrigés p. 184

J'utilise mes compétences Bilan

1 Reproduire une figure simple

Dans chaque cas, reproduis le quadrilatère à partir du segment [AB] qui a déjà été tracé en bleu.

a.

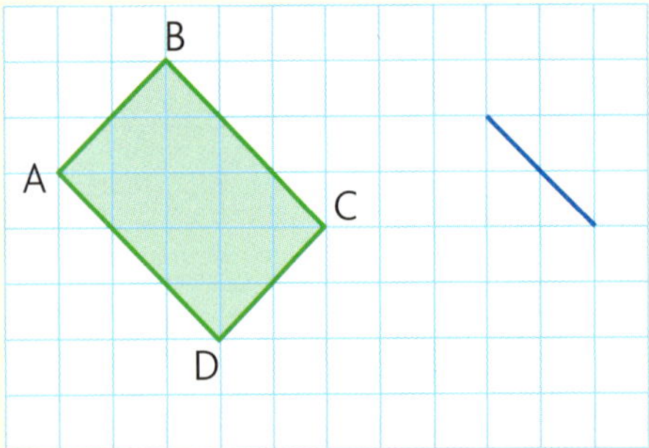

b.

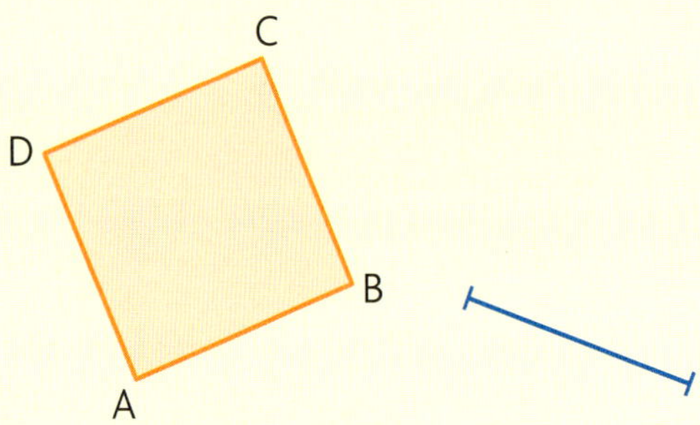

2 Reproduire une figure composée

Avec la règle et l'équerre, reproduis cette figure sur papier uni.

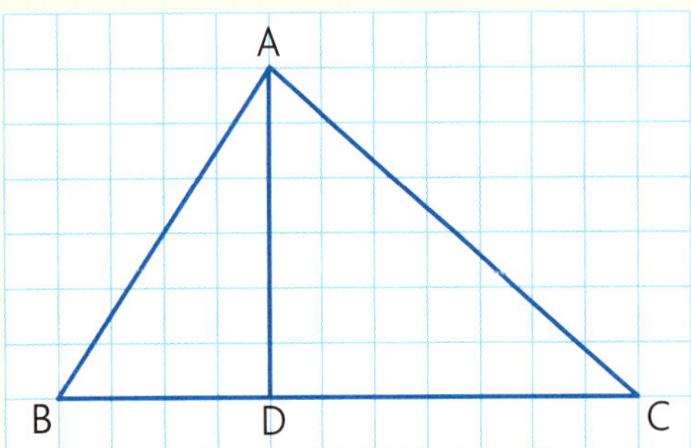

3 Compléter une figure

Tom a commencé à reproduire la figure rose. Termine son travail.

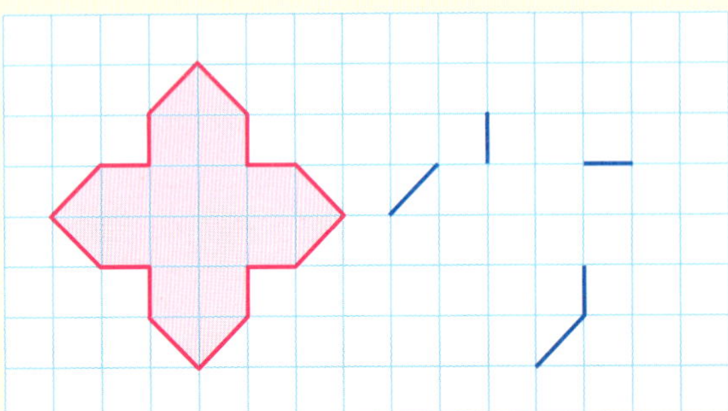

4 Construire une figure (1)

Construis sur papier uni un triangle rectangle ABC, dont le sommet de l'angle droit est C, tel que AC = 5 cm et BC = 4 cm.

5 Construire une figure (2)

Voici une figure à main levée.

Construis-la en vraie grandeur sur papier uni.

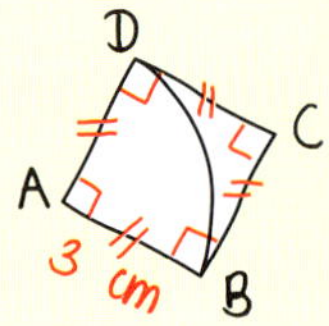

6 Construire un solide

a. Voici un patron de cube.

Lesquels de ces cubes peuvent correspondre à ce patron ?

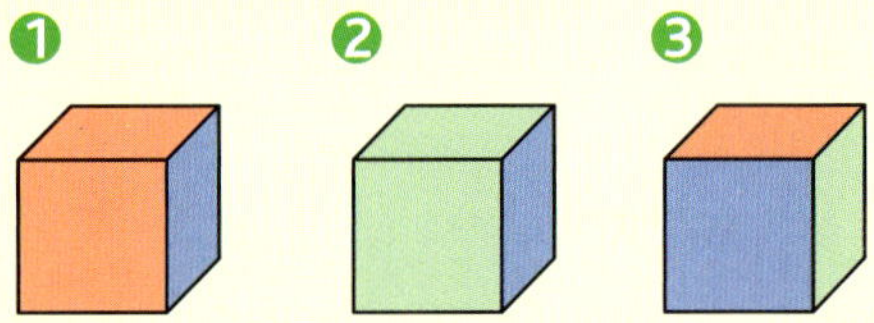

b. Découpe ce patron, construis le cube et vérifie ta réponse à la question précédente.

7 Utiliser un assemblage de solides

Dounia a réalisé l'assemblage ❶ avec des cubes.

a. Combien de cubes a-t-elle utilisés ?

b. Termine la construction ❷ de sorte qu'elle représente son assemblage ❶.

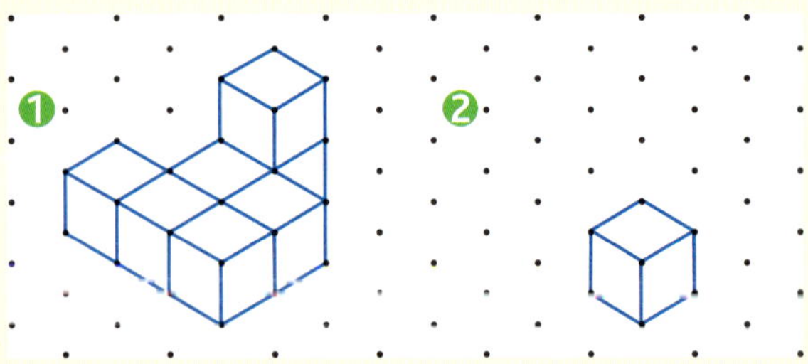

8 Réaliser un programme de construction

Fais une figure à main levée puis construis la figure en vraie grandeur sur papier uni.

1. Construis un carré ABCD de côté 4 cm.
2. Marque le milieu I du segment [AB].
3. Construis le carré AIEF à l'extérieur du carré ABCD.

1 Le zellige

Arts plastiques

a. Quelles formes particulières de polygones reconnais-tu dans ce zellige ?

b. Reproduis ce zellige sur du papier à petits carreaux. (Tu peux commencer par l'étoile centrale.)

c. Colorie-le en utilisant les couleurs traditionnelles des zelliges. Tu peux colorier d'une même couleur les morceaux de même forme superposables.

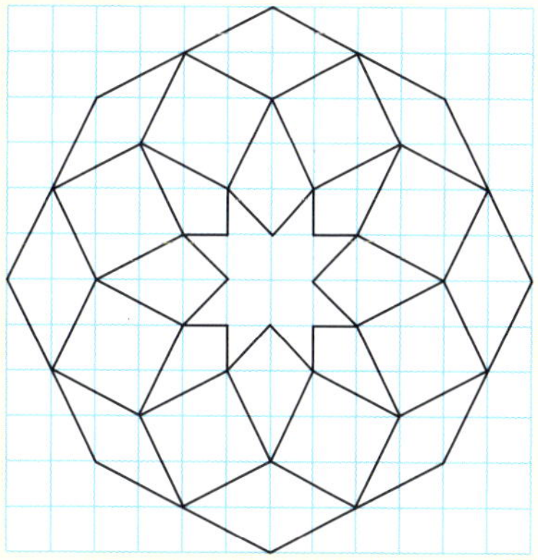

Doc. L'art du zellige

L'art du zellige est né au Maroc au xe siècle.
Le zellige est une mosaïque faite de petits morceaux de céramique émaillée, de différentes couleurs.
Les artisans maghrébins les créent pour décorer les murs et les sols de palais, de fontaines, de patios…
Ils forment ainsi des motifs géométriques qui s'entrecroisent et se répètent.
Les couleurs des zelliges sont le blanc et l'ocre au début, puis le vert, le bleu et le jaune ensuite, et même le rouge au XVIIe siècle.

Cour intérieure en zelliges du Palais royal de Fès (Maroc)

2 Le château fort

Histoire

a. Quelles formes particulières de solides reconnais-tu dans les éléments de ce château ?

b. Construis un mur, une tour et un toit à l'aide des patrons ci-dessous. Utilise si possible du papier quadrillé de côté 1 cm.

c. Réalise ce château fort en carton, par groupes de quatre.

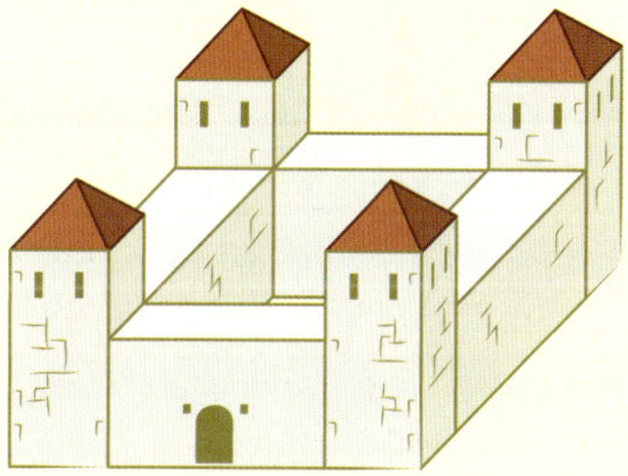

Doc. Les éléments du château fort

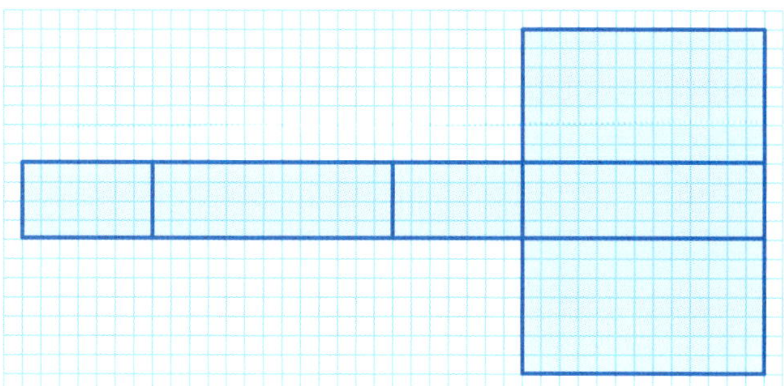

Un mur

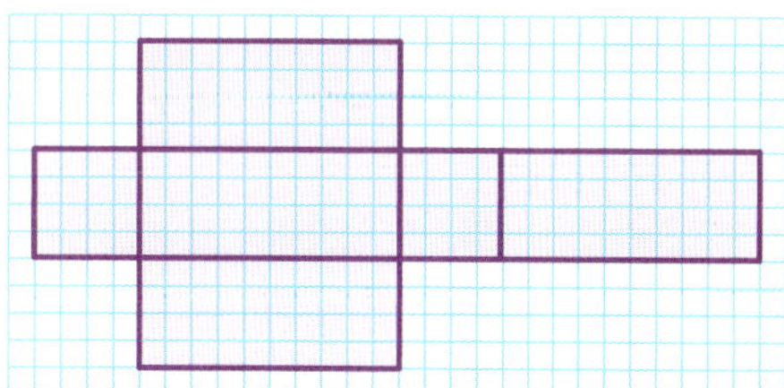

Une tour

Un toit

Repérer la consigne

1 **Dans un énoncé de problème, la consigne peut être un ordre ou une question.**

1. Recopie la consigne de chaque problème (**A** à **F**) ci-dessous.
2. Pour un ordre, surligne en jaune le verbe qui demande l'action et le complément du verbe. Pour une question, surligne en vert le point d'interrogation, le mot interrogatif, le verbe et le sujet.

A. Rachel fait un voyage en car. Il y a 58 passagers. En cours de route, 7 autres passagers montent dans le car. Combien de passagers y a-t-il alors en tout ?

B. Gaëlle doit livrer 16 kg de sel à un cuisinier. Quels sacs doit-elle choisir ?

C. Aujourd'hui, on fête les anniversaires de Nino et de Liam : Nino a 15 ans et Liam a 9 ans.
Trouve l'âge de Nino quand Liam avait 2 ans.

D. Félix fait une randonnée de 90 km à vélo. Calcule la distance qui lui reste à parcourir l'après-midi s'il a parcouru 52 km le matin.

E. Mara a 25 €. Peut-elle acheter cet équipement pour faire du roller ?

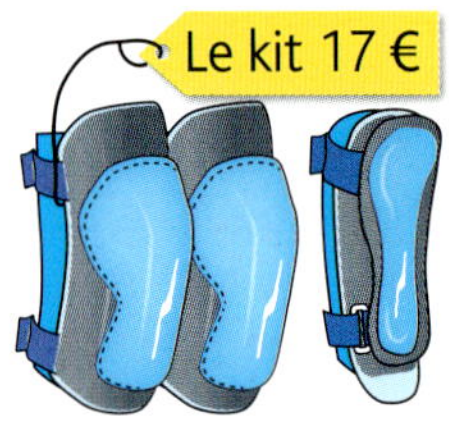

F. Asma mesure 1 m 40 cm, soit 12 cm de moins que sa sœur Wafa.
Quelle est la taille de Wafa ?

2 **Fabrique quatre problèmes en associant chaque texte (A à D) à une consigne.**

A. Voici les longueurs, en km, des fleuves de France.

Garonne	Loire	Rhin	Rhône	Seine
647	1 012	1 320	812	776

B. Maï a acheté un pack de 6 bouteilles d'eau gazeuse à 4 € et deux packs de 6 bouteilles d'eau plate.

C. Bob va au cinéma avec ses enfants, Oscar et Salomon, des jumeaux de 10 ans.

Adulte : 9 €
Moins de 14 ans : 4 €

D. En voiture, Léa va rejoindre un ami. À midi, elle a déjà parcouru 120 km, mais il lui reste encore 65 km.

Consignes

1. Quel est le montant de sa dépense ?
2. De quelle longueur le fleuve le plus long dépasse-t-il le plus court ?
3. Calcule la longueur du trajet.
4. Combien de bouteilles a-t-elle achetées ?

DÉBAT Quels mots permettent de trouver ?

3 **Fabrique trois problèmes en inventant une question pour chaque texte. Puis réponds aux questions.**

A. Voici le panneau affiché à l'entrée de la cantine.

Inscrits ce midi

CP	CE1	CE2	CM1	CM2
15	18	31	29	25

B. « J'ai marché pendant 25 minutes ! » dit Floriane.
« C'est 10 minutes de plus que moi ! » répond Mounir.

C. Chloé a 16 €. Elle veut acheter deux jeux vidéo à 19 € chacun. Ses grands-parents lui donnent un billet de 20 €.

Écrire un énoncé

1 **On a effacé des données des problèmes. Retrouve-les en lisant le début de la solution : remplace chaque symbole par le nombre qui convient.**

A. Le bouquetin des Pyrénées a disparu depuis plus de 100 ans. On a réintroduit ■ bouquetins en 2014, puis ▲ en 2015.
Combien de bouquetins a-t-on réintroduits en 2 ans ?

42 + 38 = 80

B. Sur la plage, Soren a ramassé ● coquillages. C'est ◆ de plus qu'Inès.
Calcule le nombre de coquillages ramassés par Inès.

28 – 9 = 19

C. À une semaine, un têtard de grenouille mesure ★ mm.
À quatre semaines, il mesure ✹ mm.
De combien de millimètres a-t-il grandi ?

41 – 13 = 28

D. Deux écoles assistent à un spectacle. L'école Jacques Prévert occupe ⬢ places. La salle est pleine, il y a ✹ personnes en tout.
Combien de places occupe l'école Marie Curie ?

300 – 123 = 177

2 **Pour chaque problème, donne le numéro de la question :**
- **à laquelle on ne peut pas répondre ;**
- **qui nécessite un calcul pour répondre.**

A. Claire a planté 14 rosiers et 8 lilas dans son jardin.
1. Combien de rosiers a-t-elle plantés ?
2. Combien d'arbustes a-t-elle plantés ?
3. Quelle est la longueur du jardin ?

B. Marin entame une nouvelle boite de chocolat en poudre. Il prend 80 g de poudre de chocolat.
1. Quelle est la hauteur de la boite ?
2. Quelle masse de chocolat a-t-il prise ?
3. Quelle masse de chocolat reste-t-il ?

C. Aux fléchettes, Hélène a marqué 253 points, Lise 307 points et Aglaé 291 points.
1. Quel est le total de leurs points ?
2. Qui a lancé les fléchettes jaunes ?
3. Qui a marqué le plus de points ?

3 **Écris un énoncé de problème à partir de la liste de mots donnés et de la question proposée.**

Problème 1
Mots : école – 105 filles – 223 élèves.
Question : Combien y a-t-il de garçons ?

Problème 2
Mots : gâteau – four – 14 h 15 – 15 h.
Question : Quelle est la durée de cuisson du gâteau ?

4 **Écris un énoncé de problème à partir de la liste de mots donnés et du calcul proposé. Réponds à la question.**

Problème 1
Mots : classe – élèves – équipes.
Calcul : 4 + 4 + 4 + 4 + 4 + 4 = 24

Problème 2
Mots : Shirley – grand-père – âge.
Calcul : 63 – 9 = 54

Problème 3
Mots : dépense – Grégoire – livres.
Calcul : 20 × 3 = 60

Connaître des mots importants

1 **Dans un énoncé de problème, on peut trouver des mots qui font référence à un tout. Recopie ces mots dans les problèmes ci-dessous.**

A. À vélo, Joël a parcouru 10 km un matin et 5 km le soir. Quelle distance a-t-il parcourue en tout ?

B. Audrey a acheté un pull à 25 € et un jean, le tout pour 54 €. Calcule le prix du jean.

C. Lundi, 250 adultes et 180 enfants ont visité le zoo. Calcule le nombre total de visiteurs ce jour-là.

D. Ensemble Elsa et Zora ont 20 ans. Elsa a 2 ans de plus que Zora. Quel âge a Zora ?

2 **Pour indiquer une comparaison, on peut utiliser des mots tels que : *de plus, en moins, fois plus, le double…* Recopie et complète la deuxième phrase pour que les deux phrases aient le même sens.**

1. En CM2, il y a 4 élèves de plus qu'en CM1. En CM1, il y a 4 élèves … qu'en CM2.
2. Nabil est né 2 ans avant son frère Adel. Adel est né 2 ans … son frère Nabil.
3. Mirna a trois fois moins d'amis que Jade. Jade a trois … d'amis que Mirna.
4. Jules dit à Léon : « J'ai le double de tes images ! » Léon dit à Jules : « J'ai … de tes images ! »

3 **Pour indiquer la valeur de l'unité, on peut utiliser différents mots.**
Recopie et complète chaque phrase pour qu'elle ait le même sens que la phrase écrite en rose : utilise les mots indiqués.

1. On constitue des équipes de 5 joueurs. — *chacune* — *chaque* — *par*
   - … équipe a 5 joueurs.
   - Il y a 5 joueurs … équipe.
   - Les équipes ont 5 joueurs … .
2. Pascale achète des livres à 10 € l'un. — *pièce* — *par* — *un*
   - … livre coute 10 €.
   - Les livres coutent 10 € … .
   - Le prix est de 10 € … livre.
3. On compte 25 élèves par minibus. — *de* — *un* — *chaque*
   - … minibus a 25 places.
   - On loue des minibus … 25 places.
   - Il y a 25 places dans … minibus.

4 **On peut trouver des mots qui indiquent une augmentation ou une diminution. Pour chaque ligne du tableau, recopie le verbe d'action (colonne « Action »). Complète la phrase par plus ou moins (colonne « Situation à la fin »).**

	Situation au début	Action	Situation à la fin
1	Tom a 15 billes.	Il en gagne 8 à la récréation.	Tom a … de billes.
2	Jean pèse 75 kg.	Il perd 3 kg.	Jean est … lourd.
3	Lou a cueilli 9 kg de cerises.	Elle en donne 4 kg à Max.	Lou a … de cerises.
4	Un sapin mesure 1 m 35 cm.	Il croît de 15 cm.	Le sapin est … grand.
5	Une boite contient 6 DVD.	Lila ôte 1 DVD.	La boite contient … de DVD.
6	Le drone vole à 4 m de haut.	Il descend de 1 m 50 cm.	Le drone est … haut.
7	L'ascenseur est au 3e étage.	Il monte de 2 étages.	L'ascenseur est … haut.
8	Clara a 15 €.	Elle reçoit 5 € de son père.	Clara a … d'argent.
9	Une libraire vend une BD 29 €.	Elle réduit le prix de 6 €.	La BD coute … cher..

Comprendre la situation

1 **1. Voici un problème où intervient un changement (une transformation).**

Agathe a 200 timbres.
Son grand-père Maurice lui en donne 100.
Combien Agathe a-t-elle de timbres maintenant ?

Résous ce problème en t'appuyant sur ce tableau.

Situation initiale	La transformation	Situation finale
Agathe a 200 timbres.	Son grand-père Maurice lui en donne 100.	?

2. Pour chaque problème, complète un tableau et précise sur quoi porte la question : la situation initiale, la transformation ou la situation finale. Réponds à la question.

A. Élia a 200 figurines. Elle en donne 20 à son frère Louis.
Combien de figurines a-t-elle maintenant ?

B. Alban avait 200 billes. Sa grand-mère lui en donne de nouvelles. Maintenant, il en a 250. Combien de billes lui a données sa grand-mère ?

C. Aude n'a plus que 17 €. Elle vient de dépenser 8 € pour acheter un cadeau à son frère.
Quelle somme avait-elle avant son achat ?

D. Fadi a 19 €. Hier il possédait 23 € mais il a acheté un stylo.
Quelle somme a-t-il dépensée ?

2 **1. Voici un énoncé de problème.**

À l'arrêt Commerce, dix personnes descendent d'un bus.
Il reste cinq personnes dans le bus.
Combien de personnes étaient dans ce bus avant l'arrêt Commerce ?

Mathias a traduit ce problème par ce tableau.

Situation initiale	La transformation	Situation finale
?	10 en moins	5

Il annonce : « Il y avait 15 personnes dans le bus avant l'arrêt. »
Es-tu d'accord avec lui ? Explique.

2. Traduis chaque problème par un tableau et réponds à la question.

A. On compte 174 élèves aujourd'hui à l'école de la Plage. 13 élèves sont arrivés depuis la rentrée.
Combien y avait-il d'élèves à la rentrée ?

B. Avant la tempête, un bois comptait 845 arbres. Après la tempête, il en reste 523. Combien d'arbres le vent a-t-il fait tomber ?

C. Un livreur part avec 1 000 cartons dans son camion. Il en décharge 650 dans un magasin. Combien de cartons lui reste-t-il à livrer ?

D. Un blog comptait 10 250 personnes abonnées au 1er janvier 2016. En 2015, 1 653 personnes ont arrêté leur abonnement à ce blog. Combien de personnes abonnées comptait ce blog au 1er janvier 2015 ?

Prélever les informations utiles

1

1. Lis le texte ci-contre.

2. Marjorie se demande :
« Combien de bouteilles de jus de fruits ont été achetées ? »
Parmi les renseignements soulignés, recopie ceux qui sont nécessaires pour répondre à Marjorie. Puis réponds à Marjorie.

3. Marjorie souhaite connaitre le montant de la dépense pour cet anniversaire.
Recopie les renseignements utiles pour répondre à cette question, puis donne le résultat.

Pour fêter ses <u>10 ans</u>, Kévin a invité <u>12 amis</u>. Ses parents ont acheté <u>4 bouteilles de jus d'orange</u> à <u>2 € l'une</u>, <u>2 bouteilles de jus de raisin</u> à <u>3 € l'une</u>, <u>2 kg de fruits</u> pour un total de <u>6 €</u> et <u>un gâteau</u> qui coute <u>17 €</u>.

2

1. Relève dans le texte ci-contre les informations utiles pour répondre aux questions.
Puis réponds à ces questions.

a. Combien de temps dure le voyage d'Anna ?
b. Quel est le nombre total de places dans ce train ?

2. Imagine une autre question pour cette situation et réponds à cette question.

Lundi 17 aout, Anna se lève à 6 h 30. Elle va rejoindre ses grands-parents.
Elle quitte Nantes à 8 h en TGV et arrive à Paris à 10 h 13.
Son train est composé de 20 voitures qui disposent de 45 places chacune.
Ce lundi, il y a 849 passagers dans le train.

3 **Recopie ce qui te parait indispensable pour résoudre chaque problème. Puis réponds à la question.**

A. La régate « Autour de l'ile » attire de nombreux concurrents. Six mois avant la course, 235 voiliers sont déjà inscrits. La régate se déroule pendant 2 jours. Chaque soir, on remet une coupe aux trois premiers dans chacune des quatre catégories.
Combien de coupes seront offertes ?

B. Samedi 15 mars, Xavier, Marie et leurs deux enfants vont voir un match de football à l'extérieur. Ils partent à 12 h en bus et parcourent 300 km.

Le prix des places est de 30 € par adulte et 15 € par enfant. Ils sont de retour à 23 h.
À combien leur revient ce déplacement ?

4 **Fabrique deux problèmes en inventant deux questions pour chaque texte.**
Puis réponds à ces questions.

A. Pour préparer le biberon de Mathis, âgé de 6 mois, on verse 8 mesurettes de 5 g de lait en poudre et on ajoute 200 g d'eau. Mathis prend 4 biberons par jour. La boite contient 900 g de lait en poudre.

B. Voici l'évolution de 2012 à 2015 du nombre de membres d'un club de judo et karaté.

	2012	2013	2014	2015
Judo	67	73	75	86
Karaté	72	58	53	47

Outils pour résoudre des problèmes

Schématiser une situation

1 **Pour résoudre le problème ci-dessous, Élise et Noé ont chacun réalisé un schéma.**

Neuf personnes sont dans un bureau de poste. Quatre d'entre elles en sortent et six personnes entrent.
Combien y a-t-il alors de personnes dans ce bureau de poste ?

Schéma d'Élise

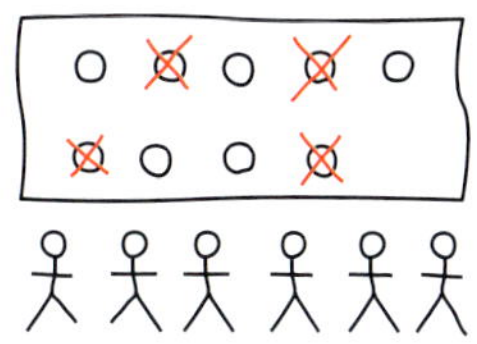

Schéma de Noé

Réalise un schéma à la manière d'Élise ou de Noé pour représenter la situation suivante.

À midi, 18 voitures sont garées sur le parking du restaurant. À 12 h 30, 8 voitures sont arrivées et 5 voitures sont parties.
Combien de voitures sont garées sur le parking à 12 h 30 ?

2 1. **Associe chaque problème (A, B, C) au schéma qui lui correspond.**

A. Brandon a 45 images de footballeurs, Thibault en a 87 et Sofia 23.
Combien d'images ont-ils en tout ?

B. Sur les 14 bracelets que Kenza veut réaliser pour ses amies, elle en a déjà terminé 10. Combien lui en reste-t-il à faire ?

C. Vendredi matin, une libraire a reçu 50 exemplaires d'un livre. À midi, il ne lui en reste plus que 10.
Combien en a-t-elle vendus ?

❶

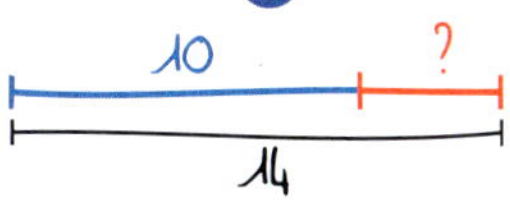

❷

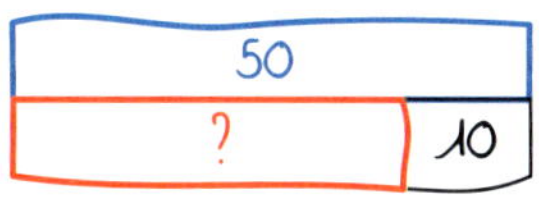

❸

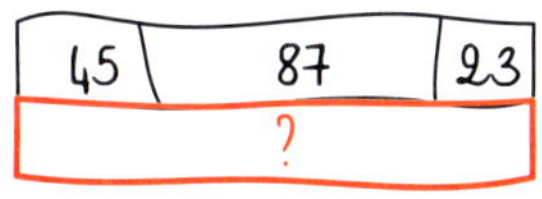

❹

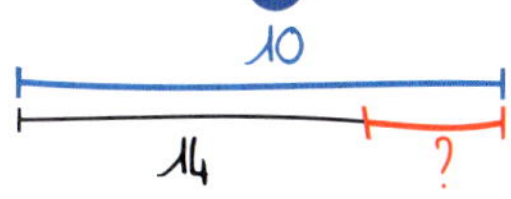

2. **Réponds à la question de chaque problème ci-dessous en t'aidant d'un schéma.**

A. Une voiture neuve a une révision au bout de 30 000 km. Il lui reste 17 500 km à parcourir d'ici la révision. Quelle distance a-t-elle déjà parcourue ?

B. Daphné, 26 ans, est étudiante en médecine. Il lui reste encore 5 ans d'études pour être cardiologue. À quel âge sera-t-elle cardiologue ?

3 1. **Associe chaque problème (A, B, C) au schéma qui lui correspond.**

A. Pierre a 12 figurines. C'est 3 de plus que Lou.
Combien de figurines a Lou ?

B. Abby a 3 ans de moins que Bryan. Elle a 12 ans cette année. Quel âge a Bryan ?

C. Tony a 12 €. Il a 3 fois moins d'argent que Tess. Combien d'argent a Tess ?

❶

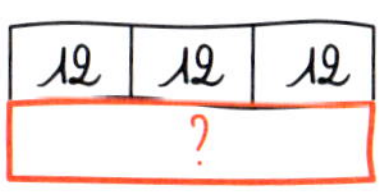

❷

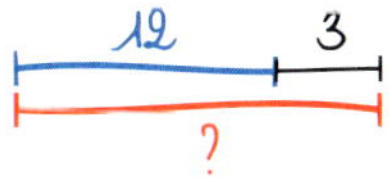

❸

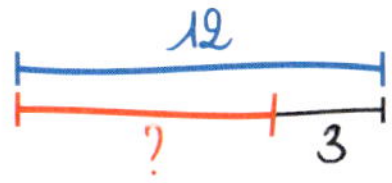

❹

2. **Réponds à la question de chaque problème ci-dessous en t'aidant d'un schéma.**

A. La tour High Roller, à Las Vegas, mesure 33 m de plus que la tour London Eye, à Londres. La tour London Eye mesure 135 m. Quelle est la hauteur de la tour High Roller ?

B. Des personnes ont noté que 24 cigognes blanches sont nées dans un parc. À côté, dans un marais, ils ont observé 4 fois moins de naissances. Combien de cigogneaux sont nés dans le marais ?

Présenter ses résultats sous forme textuelle

1 **1. Voici un problème et les réponses de deux élèves. Lequel des deux élèves a répondu à la question posée ?**

Dans une salle de spectacle, il y a 20 rangées de 17 fauteuils. Y a-t-il assez de places pour accueillir les 121 élèves de l'école Maurice Carême et les 207 élèves de l'école Lucie Aubrac en même temps ?

Lola

```
   1 7        1 2 1
×  2 0      + 2 0 7
-------     -------
 3 4 0        3 2 8
```

Il y aura assez de places.

Aurélien

17 × 20 = 340
Il y a 340 fauteuils.
121 + 207 = 328
Il y a 328 élèves en tout.

DÉBAT Ces deux élèves ont-ils suffisamment expliqué leurs réponses ?

2. À ton tour de présenter la réponse à ce problème.

Tu peux rédiger comme ci-contre.

- Dans le cadre pour la **recherche**, tu peux :
  - faire des schémas, des tableaux ;
  - écrire des opérations ;
  - écrire des phrases pour expliquer ce que tu calcules, noter des informations importantes de l'énoncé...
- Sur la ligne **Réponse**, écris une phrase finale pour répondre à la question. Tu peux utiliser des mots de la question.

Recherche :

Réponse :

2 **Résous les quatre problèmes ci-dessous et rédige avec soin chaque réponse. S'il y a deux questions, réponds à l'une puis à l'autre. Si nécessaire, pense à mettre l'unité.**

A. Corentine, qui habite à Brest, se rend à Perpignan en voiture. Elle décide de faire les 1 080 km en trois jours.

Le 2e jour, elle parcourt le double de la distance parcourue le 1er jour.

Le 3e jour, elle parcourt autant que le 2e jour.

Quelle distance parcourt-elle chaque jour ?

B. Un maçon doit apporter 40 sacs de ciment de 35 kg sur un chantier. Sa camionnette ne peut transporter qu'une tonne. Peut-il tout transporter en une seule fois ?

C. Combien d'équipes de rugby à sept l'entraineur Jimmy peut-il confectionner avec ses 40 joueurs ?
Combien de joueurs ne joueront pas ?

D. Nolan a 830 g de farine et 720 g de sucre. Il fait un gâteau ; il lui faut la même quantité de farine et de sucre. Quand il a terminé, il lui reste 250 g de sucre.
Combien a-t-il utilisé de sucre ? Combien lui reste-t-il de farine ?

Présenter ses résultats sous forme d'un tableau

1 Garry a eu un petit frère : Nelson. À la naissance, Nelson pesait 3 kg 300 g. À l'âge d'un mois, il pesait 700 g de plus. Un mois plus tard, son poids avait augmenté de 1 kg. À 3 mois, il a encore pris 800 g. Aujourd'hui, il a 4 mois et il pèse le double de son poids de naissance.
Garry a créé un tableau où il note chaque mois le poids de son petit frère.

Nelson	à la naissance	à un mois	à 2 mois	à 3 mois	à 4 mois
	3 kg 300 g	…	…	…	…

Recopie et complète ce tableau à deux lignes.

2 **Maëla est bénévole dans un refuge pour chiens. Elle souhaite en faire adopter par ses amis. Elle a noté la race et l'âge de 12 chiens.**

Berger 2 ans	Cocker 3 ans	Berger 2 ans	Labrador 3 ans
Épagneul 3 ans	Cocker 4 ans	Labrador 4 ans	Épagneul 3 ans
Berger 4 ans	Épagneul 3 ans	Berger 3 ans	Cocker 4 ans

1. Recopie et complète ce tableau à deux colonnes, pour donner le nombre de chiens de chaque race.

Race	Nombre de chiens
Berger	…
…	…

2. Recopie et complète ce tableau à deux lignes, pour donner le nombre de chiens selon leur âge.

Âge	2 ans	…
Nombre de chiens	…	…

3 **Résous ce problème. Tu peux commencer par recopier et compléter le tableau proposé.**

Le directeur d'une école de musique a compté ses élèves selon l'instrument étudié.
- 26 élèves étudient le violon, dont 18 filles.
- En guitare, il y a 13 filles et deux fois plus de garçons.
- 40 élèves jouent de la batterie, dont 31 garçons.
- 45 élèves font du piano, dont un tiers sont des filles.
- 36 élèves jouent de la flute, un quart d'entre eux sont des garçons.
- Aucun élève ne joue de deux instruments.

Dans cette école, combien y a-t-il :
a. de filles ?
b. de garçons ?
c. d'élèves en tout ?

	Violon	Guitare	Batterie	Piano	Flute	Total
Filles						
Garçons						
Total						

Confronter différentes démarches

1 **1.** **Lis le problème ci-dessous et les réponses de trois élèves. Quelles sont les réponses qui te paraissent correctes ?**

Augustin veut fabriquer des boules en corde. Il a trouvé une corde de 150 cm de long. Il a besoin d'un morceau de 40 cm de long pour chaque boule.
Combien de boules peut-il fabriquer ?
Quelle longueur de corde lui restera-t-il ?

Mathilde

40 + 40 = 80
80 + 40 = 120
150 − 120 = 30
Il peut fabriquer 3 boules.
Il lui reste 30 cm de corde.

Lysandre

150 − 40 = 110 1 boule
110 − 40 = 70 2 boules
70 − 40 = 30 3 boules
Augustin fait 3 boules.
Il a encore 30 cm de corde.

Florian

150 | 40
− 120 | 3
30
Il fait 3 boules.
Il lui reste 30 cm de corde.

2. **De quelle démarche te sens-tu le plus proche ?**

2 Ce tableau présente le nombre de spectatrices et spectateurs dans deux salles de cinéma, à deux séances différentes.

	Salle 1	Salle 2	Total
Séance à 14 h	86		
Séance à 17 h			169
Total	178		377

Recopie le tableau et complète-le.
Note l'ordre dans lequel tu as complété les cases.

DÉBAT Tout le monde a-t-il complété le tableau dans le même ordre ?

3 **Former des groupes et désigner un rapporteur.**

1. Chaque groupe résout le problème A. Puis chaque rapporteur présente la solution de son groupe à toute la classe.

2. Chaque groupe résout le problème B avec une autre démarche que celle utilisée pour le problème A.

Problème A. Medhi habite à 200 m de son école. Il s'y rend tous les jours sauf le samedi et le dimanche. Le mercredi après-midi, il n'a pas école. Medhi rentre déjeuner chez lui chaque jour.
Quelle distance parcourt-il en une semaine pour aller à l'école et en revenir ?

Problème B. Une course cycliste se déroule sur un circuit comprenant 1 750 m de plat, une côte de 3 570 m et une descente de 2 400 m.
Les coureurs font 20 tours de ce circuit.
Calcule la longueur totale de la course.

Penser à une étape intermédiaire

1 **1. Peut-on résoudre ce problème à l'aide d'une seule opération ?**

Samedi, 11 520 personnes abonnées et 15 075 personnes non abonnées ont assisté au match de football de l'équipe de Bordeaux. Le stade a une capacité de 42 115 places.
Combien y avait-il de places vides dans le stade ce samedi ?

2. Voici ce qu'a écrit Fabio sur son brouillon. Il a eu besoin d'une étape intermédiaire.

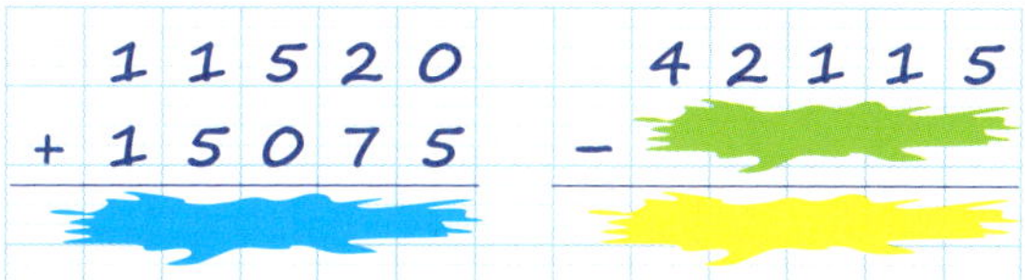

Qu'a-t-il calculé avec son addition ? avec sa soustraction ?

2 **Résous ces quatre problèmes. Tu peux avoir besoin d'une étape intermédiaire.**

A. Julie et ses parents ont parcouru 3 250 km pendant leurs trois semaines de vacances.

Semaine 1 : 1 275 km
Semaine 2 : 780 km

Quelle distance ont-ils parcourue pendant la 3e semaine ?

B. Les parents de Carlos achètent un nouveau téléviseur. Ils versent un acompte de 180 € au moment de l'achat. Ils paieront le reste en 3 mensualités de 145 €.
Quel est le prix de ce téléviseur ?

C. Dans un rayon de supermarché, il y a 125 packs de 8 yaourts et 70 packs de 12 yaourts. Calcule le nombre total de yaourts dans ce rayon.

D. Il y a deux écoles dans une ville :
- 217 élèves vont à l'école du Centre ;
- l'école de la Forêt est plus chargée, elle accueille 35 élèves de plus que l'école du Centre.

Calcule le nombre d'élèves dans cette ville.

3 **Fabrique un problème à partir de chaque texte en imaginant une question. Attention, la question doit obliger à utiliser une étape intermédiaire. Puis résous ces problèmes.**

A. Lison, Paola et Gabin vont au cirque avec leur grand-mère. Le prix d'une place est de 20 € pour un adulte et de 14 € pour un enfant.

B. Faïza fabrique des bracelets pour ses deux amies. Elle utilise des perles en bois : 23 perles blanches, 27 beiges et 24 marron.

C. Timeo était fatigué. La pharmacienne lui a vendu trois boites de fortifiant qui contiennent chacune 10 ampoules. Il doit avaler deux ampoules par jour.

D. Le lion Loumba est arrivé au zoo depuis un an. Il mange 25 kg de viande par jour. Mais on ne le nourrit que trois fois par semaine.

INDICES

Page 11 Les chiffres impairs sont 1, 3, 5, 7, 9.

Page 15 Convertis les distances parcoures en km. Tu peux utiliser un tableau de mesure de grandeur comme dans le Mémo.

Page 17 200 – 50 = 150
Suzon avance de 150 m toutes les 5 minutes.

Page 23 Prépare l'écriture du nombre :

classe des mille			classe des unités simples		
centaines	dizaines	unités	centaines	dizaines	unités

Ensuite, écris chaque chiffre au fur et à mesure des consignes.

Page 29 Commence par additionner 800 000 et 1 500 000 pour trouver la 3ᵉ case, en haut à droite.

Page 37 Le temps de conduite de Yannick correspond à $\frac{1}{3}$ de 24 h.

Page 49 Prépare l'écriture du nombre :

m	c	d	u ,	$\frac{1}{10}$	$\frac{1}{100}$

Ensuite, écris chaque chiffre au fur et à mesure des consignes.

Page 51 Trace la ligne des nombres sur ton cahier. Place ensuite les trois hirondelles sur cette ligne.

Page 55 Tu peux utiliser un tableau de système métrique et de numération comme dans le Mémo.

Page 61 Driss ne sait pas nager donc il ne fait pas de planche à voile.

Page 83 L'astuce pour remporter le duel de jetons est de toujours laisser sur la table : 9 jetons puis 5 jetons puis 1 jeton.

Page 85 Sur le fil A figurent les multiples de 8.
Sur le fil B figurent les nombres dont le reste dans la division est 1.
Sur le fil C figurent ...
Pense à diviser 100 par 8 et à observer le reste.

Page 93 Commence par placer les morceaux qui portent le trait de l'opération.
Place ensuite les morceaux où tu vois une virgule.

Page 127 Tu peux remplacer chaque bol par deux verres.

Page 129 Si tu hésites entre deux contenances, exprime-les avec la même unité.

CORRIGÉS

Page 11 573 (s'écrit en lettres « cinq-cent-soixante-treize »). La réponse n'est pas 571 car il s'écrit en lettres avec cinq mots « cinq-cent-soixante-et-onze ».

Page 13 L'année 2016 n'est pas palindrome (dans l'autre sens : 6102).

L'année 1881 est palindrome.

La dernière année palindrome était 2002.

Page 15 Voici l'ordre d'arrivée :

1. Mark (24 km 195 m),
2. Ludovic (23 km, vient de dépasser Seboka),
3. Seboka (23 km),
4. Jane (21 km 195 m),
5. Cyril (21 km).

Entre parenthèses figure la distance parcourue par chaque athlète en km.

Page 17 Au bout d'une heure, elle a parcouru 1 800 m.

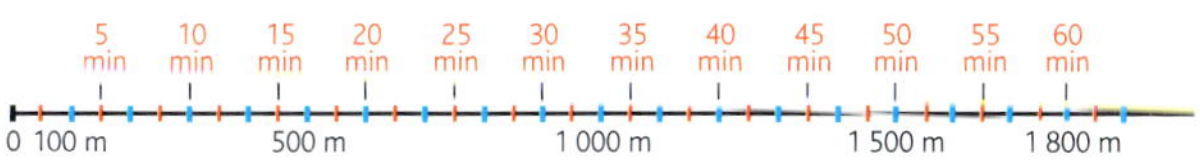

Page 19

152	160	185	230	420	510
420	510	162	325	360	390
462	590	601	600	550	460
485	452	563	320	890	900
536	125	1000	210	899	950
561	540	999	990	910	960

Page 21 Il y a douze solutions : 704 000, 700 004, 407 000, 400 007, 107 004, 104 007, 7 400, 7 104, 4 700, 4 107, 1 704, 1 407.

Page 23 54 123.

Page 25 Le plus grand : **732 016**.
Le plus petit : **201 367**.

Page 27 5 000 × 5 → 25 000 × 10 → 250 000 + 250 000 → 500 000 × 2 → 1 000 000

Page 29

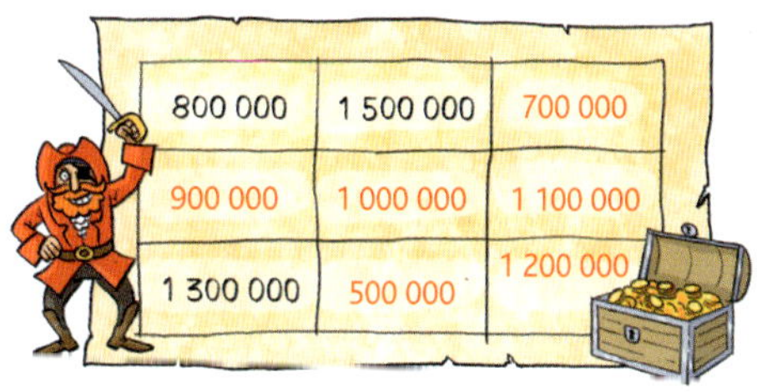

Page 33 Mehdi ❷ ; Noé ❶ ; Sofia ❸, Emma ❹.

Page 35 Ils vont remplir 10 pichets et 10 quarts de pichet.

C'est-à-dire 12 pichets et un demi-pichet.

Page 37 Chaque pilote a conduit 8 h.

Pour Yannick, il a fait nuit pendant 4 h, soleil pendant 2 h.

Donc Yannick a conduit de jour sans soleil pendant 2 h.

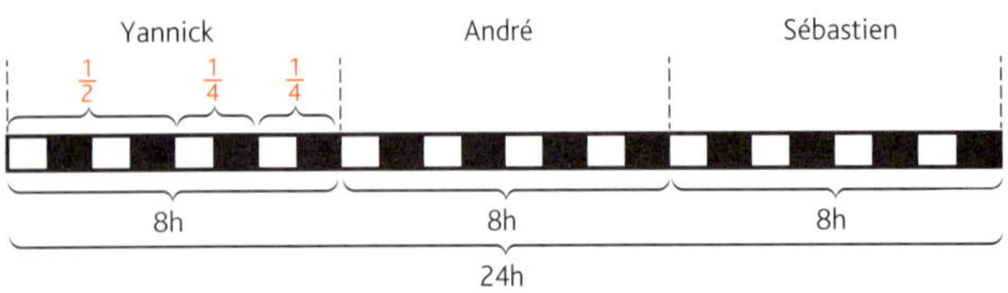

Page 39 50 m représentent un huitième de la distance entre Coline et Julien.

Cette distance est donc 8 fois plus grande c'est-à-dire qu'elle est de 400 m.

Page 41

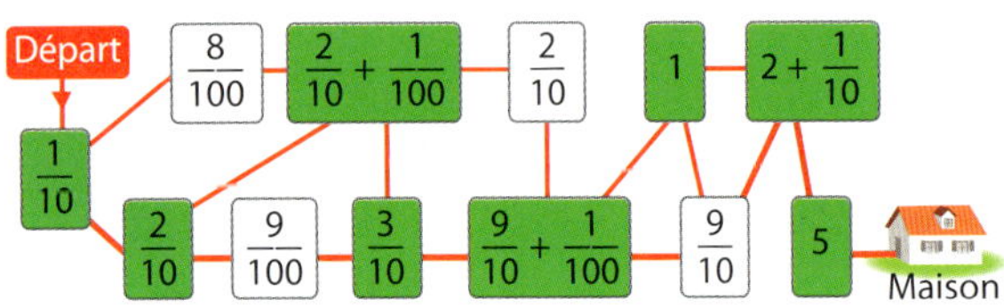

Page 43 C'est possible.

Page 47

	A	B	C	D	E
1	3	,	2	5	
2	0	,	0	9	
3			3	,	5
4	8	2	,	3	4
5	1	5	2	2	0

A. • Le double de 15
- 9 × 9

B. • (*pas de définition*)
- La moitié de 50

C. 2 centaines 3 unités 2 dixièmes

D. $59 + \frac{3}{10} + \frac{2}{100}$

E. 54 dizaines

Page 49 5 837,14

Page 51 Clochette est sur le nombre 2,6.

Page 53 Le prix du T-shirt est 11, 99 €.

Page 55 GIRAFE

Page 59

$2 \times 3 = 6$

$2 \times 3 \times 2 = 12$

$2 + 3 + 2 = 7$

$3 \times 3 + 2 \times 3 = 15$

$2 \times 3 + 2 = 8$

$2 \times 3 + 2 + 2 = 10$

$2 \times 3 \times 3 + 2 = 20$

$23 \times 2 + 2 \times 2 = 50$

Page 61 Driss fait de la gymnastique.

Morgane fait du judo et Baptiste fait de la planche à voile.

Page 63

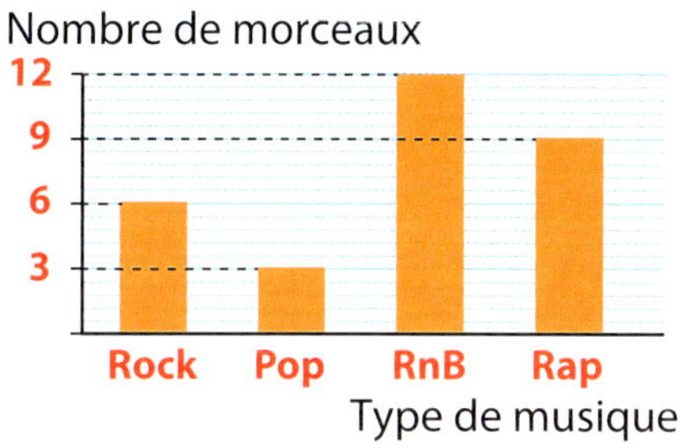

Page 65

1	5	1	7	5	3	2	1
3	1	7	0	5	0	5	7
8	8	3	2	3	1	0	1
9	2	3	2	0	9	9	0
7	1	6	4	1	0	1	3
7	2	1	9	1	8	9	3

Page 67

$$\begin{array}{rrrrr} & 4 & 1 & 3 & 1 \\ + & 2 & 1 & 1 & 1 \\ + & 1 & 2 & 2 & 1 \\ \hline & 7 & 4 & 6 & 3 \end{array}$$

Page 69

	1	2	3	4	5
A	3	6	2	1	
B		6	0	4	2
C	7	8		5	0
D	4	2	2	3	
E			5		4

Définitions verticales

1. Suivant de 2 • 7 dizaines 4 unités.
2. Somme de 6 000 et 682.
3. Double de 10 • Moitié de 50.
4. Différence entre 2 000 et 547.
5. 2 dizaines • Moitié de 8.

Page 73

1 orange = 2 prunes

Page 75

40	1	200
100	20	4
2	400	10

Page 77

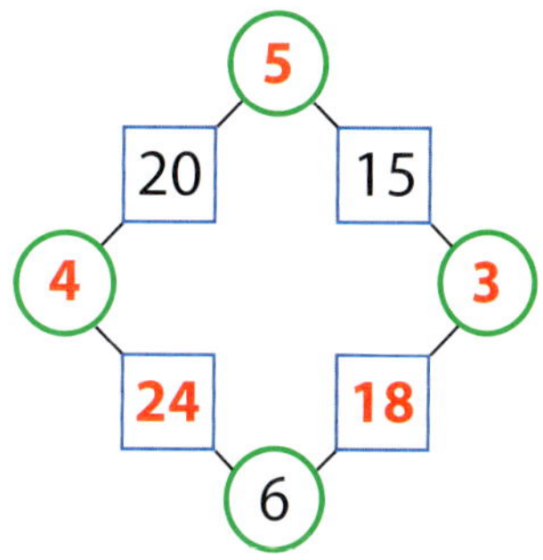

Page 79

$$\begin{array}{rrrrrrr} & & & & 5 & 0 & 7 \\ \times & & & & 4 & 1 & 2 \\ \hline & & & 1 & 0 & 1 & 4 \\ & & & 5 & 0 & 7 & 0 \\ & 2 & 0 & 2 & 8 & 0 & 0 \\ \hline & 2 & 0 & 8 & 8 & 8 & 4 \end{array}$$

Page 81

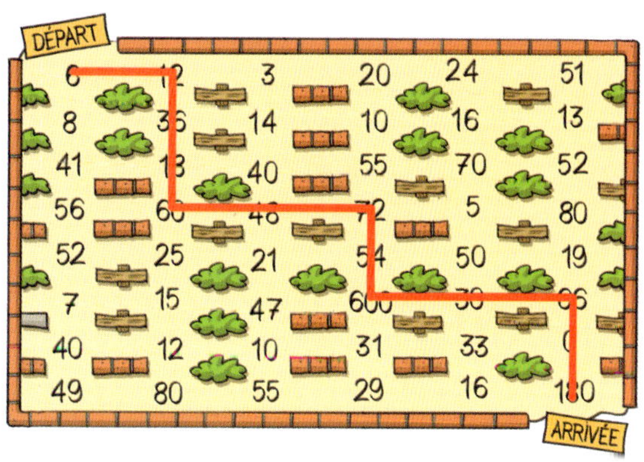

Page 83 Le 1er joueur prend 1 jeton.

Le coup suivant, le 1er joueur s'organise pour qu'il ne reste que 5 jetons sur la table.

Au dernier coup, le 1er joueur s'organise pour qu'il ne reste qu'un seul jeton sur la table.

Son adversaire prend alors le dernier jeton et a perdu.

Page 85 Dans la division de 100 par 8, le quotient est 12 et le reste est 4.

Tous les nombres dont le reste est 4 dans la division par 8 sont sur le fil E.

Donc le nombre 100 sera sur le fil E.

Page 87

```
  1 2 3 4 5 | 6 7
−   6 7     |------
    -----   | 1 8 4
    5 6 4   |
  − 5 3 6   |
    -----   |
      2 8 5 |
    − 2 6 8 |
      ----- |
      0 1 7 |
```

Page 91

3,5	13	6	8,2	6,4	13,6	5,4	19	1,5	17,3
1	2,7	3,7	8,3	4,6	5	4	2,5	0	2,5
14	1,2	5,3	16,5	11	27,3	7	9,5	1	9,5
6	8,7	10	0	3,5	2,7	2	0,5	7	6,5
0,5	11,5	9,5	21	1	30	6,5	10	4,5	15

Page 93

```
    6 ₁5, 7
− ₁5  9, 4
-----------
       6, 3
```

Page 95

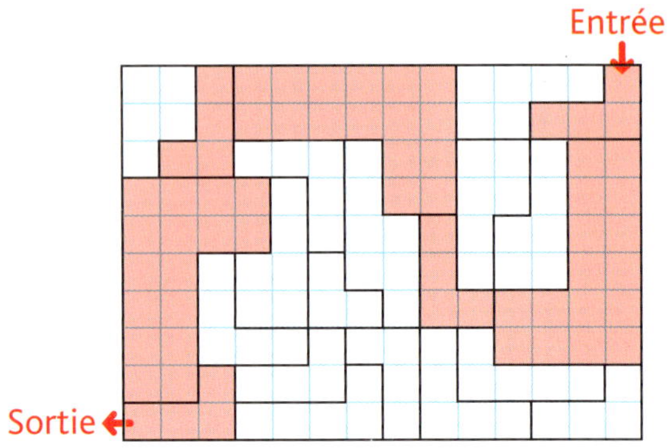

Page 97 2 poules pondent 2 œufs en 2 jours.

10 poules pondent 10 œufs en 2 jours.

10 poules pondent 50 œufs en 10 jours.

Page 101

Trajet rouge : 

Trajet bleu : 

Trajet vert : 

Le trajet rouge est plus court que le trajet bleu car deux « obliques » sont plus courtes que l'un des demi-cercles.

Le trajet vert est plus court que le trajet rouge car un côté de carreau est plus court qu'une « oblique ».

Donc Maxence devrait choisir le trajet vert.

Page 103 Son nez s'allonge de 4 fois 5 cm, c'est-à-dire de 20 cm et raccourcit de 3 fois 2 cm, c'est-à-dire de 6 cm.

Donc, au total, il s'allonge de 14 cm.

En définitive, son nez mesure 24 cm.

Page 105 Voici les trois types de polygones à quatre côtés possibles.

Page 107 Iris pèse 50 kg, donc à chaque voyage elle peut mettre jusqu'à 150 kg dans l'ascenseur. Elle peut organiser 3 voyages : canapé et 3 chaises (148 kg), armoire et table (147 kg), lit et commode (150 kg).

Page 111

Page 113

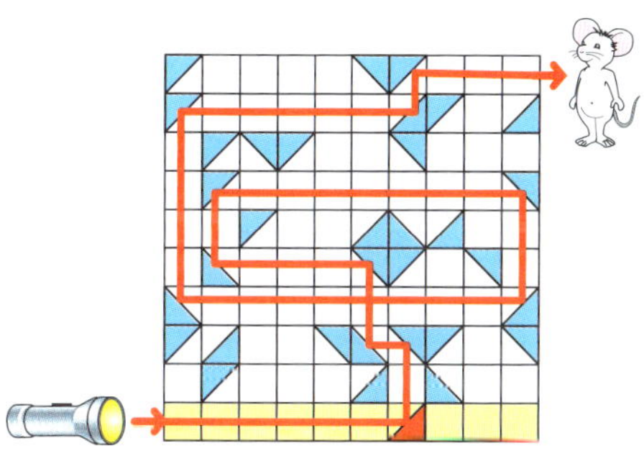

Page 115 On peut vivre un milliard de secondes, c'est le cas d'une personne de 32 ans.

On peut vivre un million d'heures, c'est le cas des rares personnes qui vivent jusqu'à 115 ans (Jeanne Calment a vécu plus de 122 ans)

On ne peut pas vivre un million de jours. Pour cela, il faudrait vivre 2 740 ans !

Page 117 Julien met 49 min pour traverser le labyrinthe. Il est donc entré dans ce labyrinthe à 9 h 41.

Page 121

Page 123 ① a pour aire 2 unités ; ② a pour aire 5 unités ; ③ a pour aire 10 unités ; ④ a pour aire 17 unités.

Page 125 Cette surface a un périmètre de 20 unités de longueur et une aire de 5 unités d'aire.

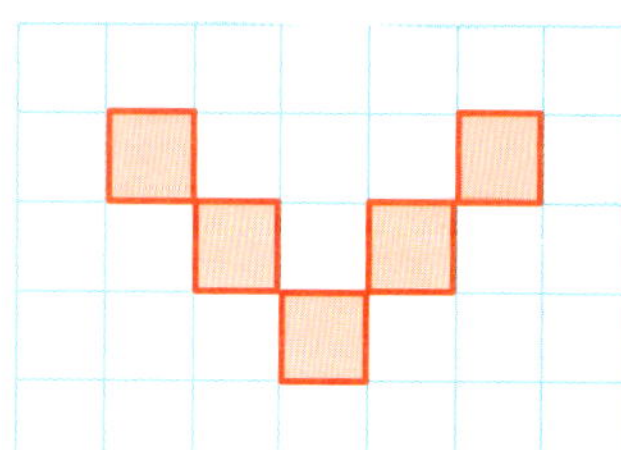

Page 127 La tasse ; le pot de yaourt ; la casserole ; le pichet ; le vase ; la verseuse.

Page 129

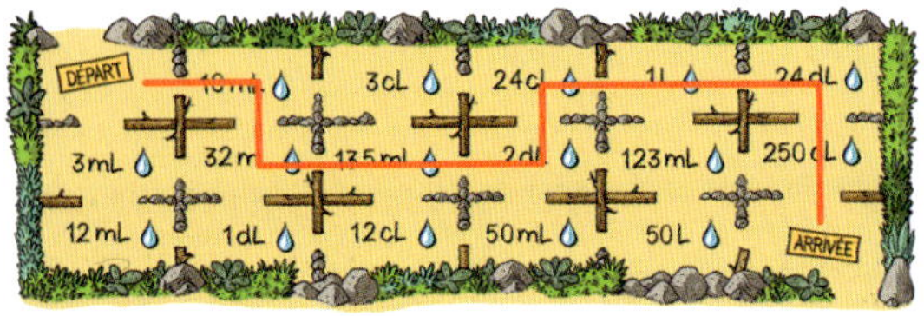

Page 133 C'est un voilier qui attire le dauphin.

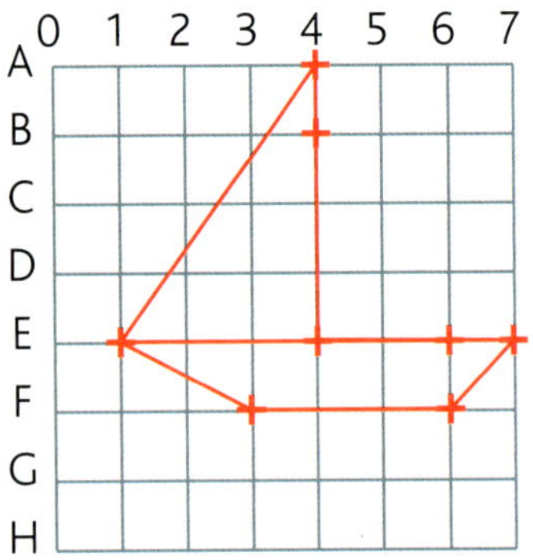

Page 135 La souris est entrée par la porte **E**.

Page 137 Il y a 4 solutions de programme :

1.

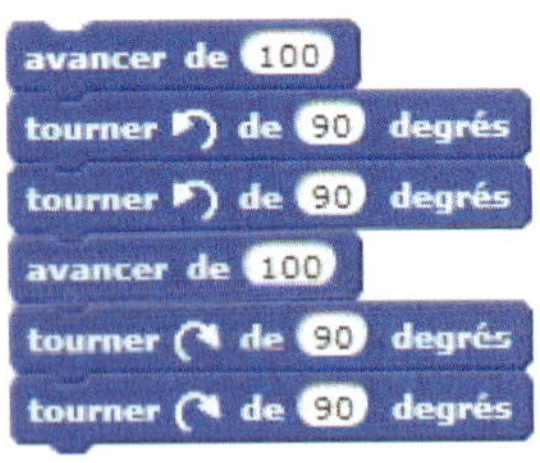

2.

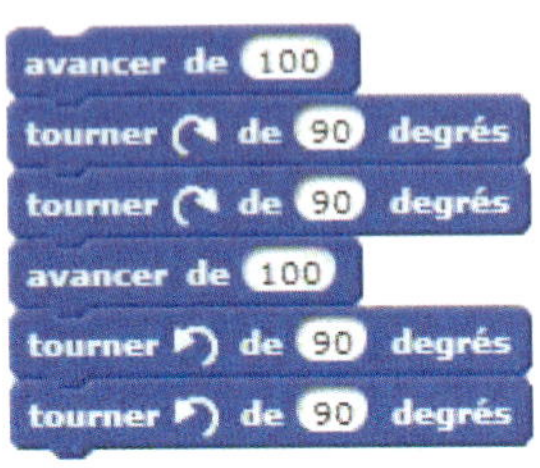

3.

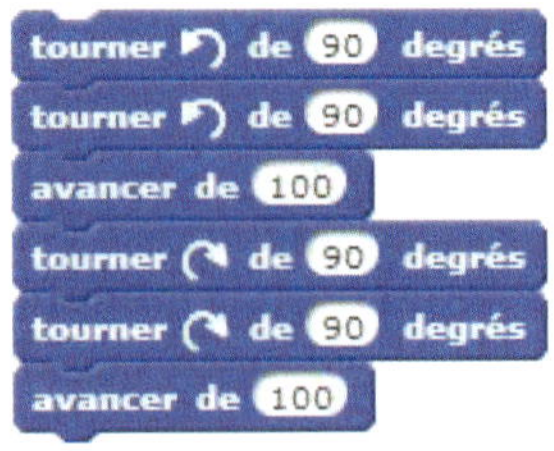

4.

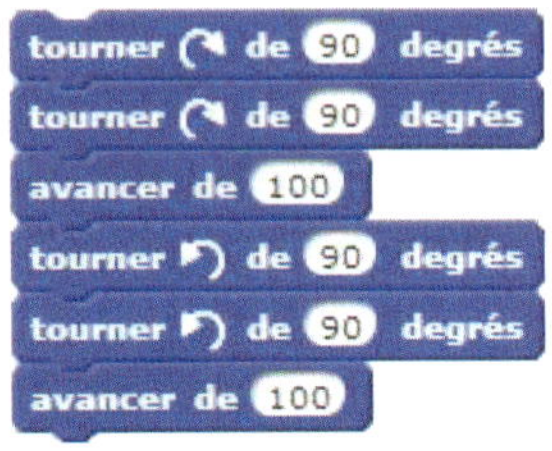

Page 141 La souris sort par la porte **d**.

Page 143

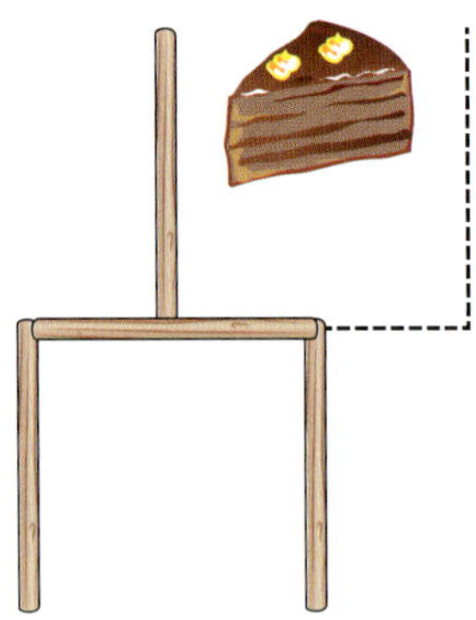

Page 145 Les droites rouges sont parallèles sur chaque figure.

Page 147

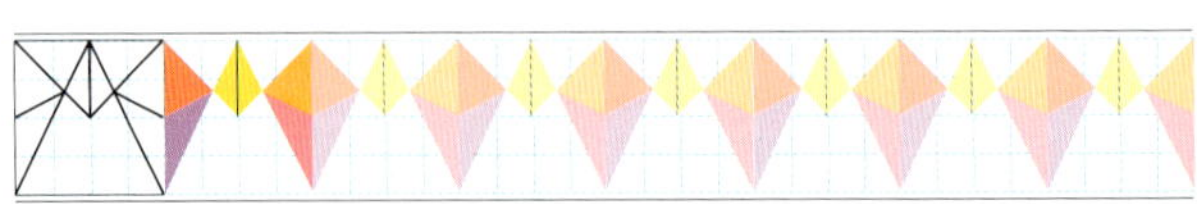

Page 149 Les figures 0 et 5 s'assemblent, ainsi que les figures 2 et 6, les figures 1 et 3.

La seule qui ne s'assemble pas est la figure 4.

Page 151 Le bateau est dans la zone colorée en orange.

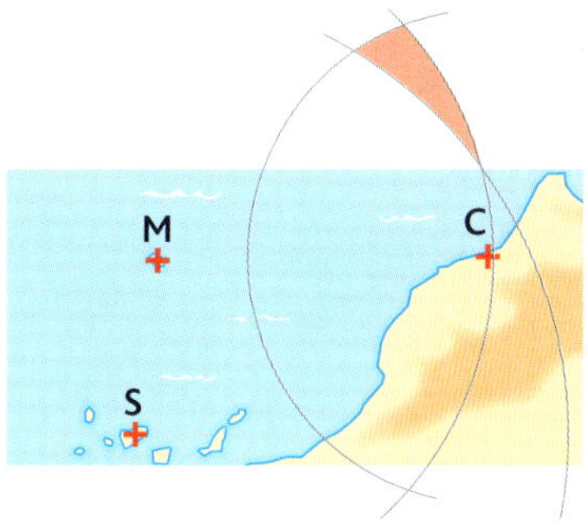

Page 153 Pour que cette droite rouge soit axe de symétrie, il suffit de noircir 3 cases.

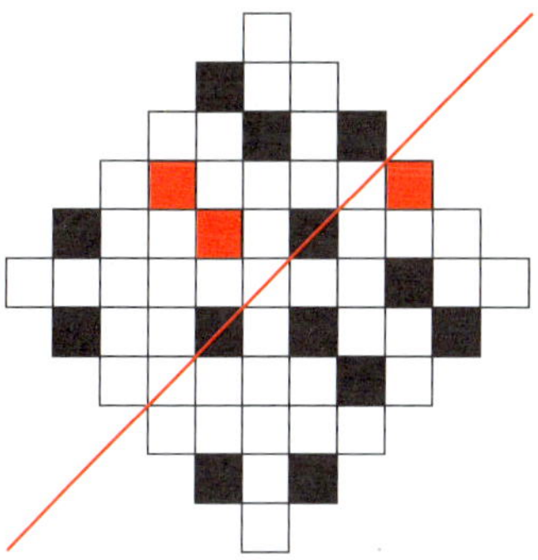

Page 155 Voici ce que l'on voit après pliage. On observe donc 6 triangles en transparence.

Page 157

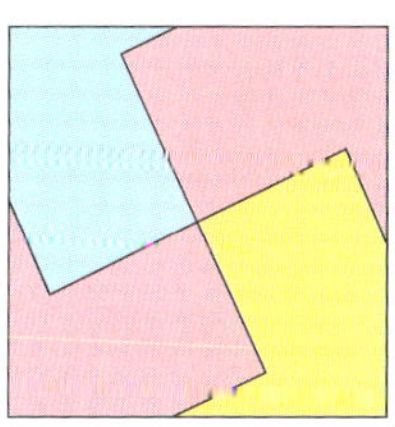

Page 159 C'est le cas pour ces polyèdres, on trouve 2.

Page 161 Les faces blanche et jaune sont opposées, ainsi que les faces rouge et orange, et les faces bleue et verte.

Page 165

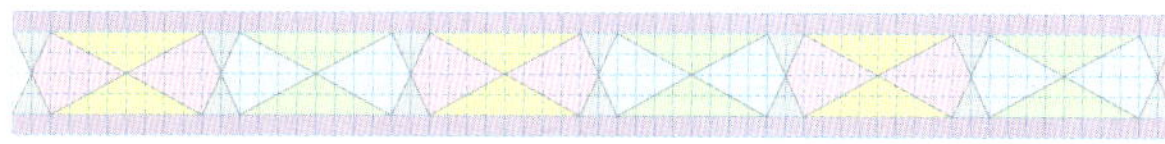

Page 167 Voici trois de ces motifs. Les points rouges indiquent les centres des cercles ou des arcs de cercle.

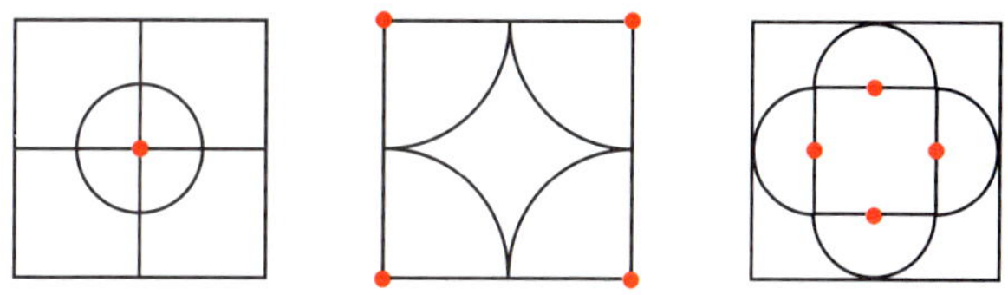

Page 169 Il y a 16 briques.
Niveau 1 (en bas) : 6 briques (2 bleus, 2 grises, 1 rouge, 1 jaune).
Niveau 2 : 6 briques (2 rouges, 2 verts, un bleu, 1 gris).
Niveau 3 : 3 briques (1 rouge, 1 bleu, 1 jaune).
Niveau 4 : 1 brique (vert).

Page 171 La figure ci-dessous est réduite. En vraie grandeur, AB = 6 cm.

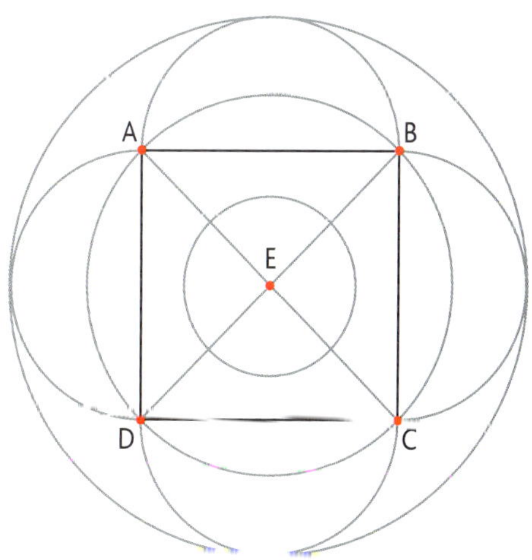

Crédits photographiques

12 FOTOLIA; 14 d FOTOLIA; 14 g FOTOLIA; 14 m FOTOLIA; 15 HEMIS / GUIZIOU Franck; 19 FOTOLIA; 22 FOTOLIA; 23 GAMMA RAPHO / Jean-François HAGENMULLER/Hoa-Qui; 26 FOTOLIA; 27 bas CMA-CGM; 27 ht FOTOLIA; 28 bas AKG-Images/SPL; 28 ht 123RF Limited; 29 MOULINSART SA, © Hergé/Moulinsart 2015; 31 123RF Limited; 33 d SHUTTERSTOCK; 33 g SHUTTERSTOCK; 35 basSHUTTERSTOCK; 35 m FOTOLIA; 36 FOTOLIA; 38 SHUTTERSTOCK; 41 PRESSE-SPORTS/ Robert Deutsch-USA TODAY Sports; 43 FOTOLIA; 45 bas FOTOLIA; 45 ht CORBIS / Christine Osborne; 47 AFP / Stephane Kempinaire; 49 CORBIS / 68/Ocean/Corbis; 51 FOTOLIA; 52 CORBIS / Richard Hutchings; 55 SHUTTERSTOCK; 57 GETTY IMAGES France / Don Mason; 59 FOTOLIA; 60 bas SHUTTERSTOCK; 60 ht HEMIS / Patrick Escudero; 62 GETTY IMAGES France / Paul Thompson; 65 123RF Limited; 68 CHRISTOPHE L; 69 Droits Réservés; 71 bas HEMIS / Yann Doelan; 71 ht LEEMAGE-OPALE / FineArtImages; 72 bas FOTOLIA; 72 ht AKG-Images; 73 bas g FOTOLIA; 73 ht g SHUTTERSTOCK; 74 d FOTOLIA; 74 g GETTY IMAGES France / Floridapfe from S. Korea Kim in cherl; 76 HEMIS / Christian GUY; 79 SHUTTERSTOCK; 81 FOTOLIA; 82 SHUTTERSTOCK; 83 d FOTOLIA; 83 g SHUTTERSTOCK; 85 ht FOTOLIA; 85 m SHUTTERSTOCK; 86 SHUTTERSTOCK; 87 FOTOLIA; 89 bas http://caussesaintgery.blogspot.fr/DR; 89 ht BRIDGEMAN IMAGES / Leemage; 92 FOTOLIA; 94 bas FOTOLIA; 94 ht http://o.village.vandoeuvre.over-blog.com/DR; 96 FOTOLIA; 97 FOTOLIA; 97 bas SHUTTERSTOCK; 99 HEMIS / Jean-François HAGENMULLER; 101 FOTOLIA; 102 d FOTOLIA; 102 g FOTOLIA; 102 m FOTOLIA; 103 FOTOLIA; 107 FOTOLIA; 107 g SHUTTERSTOCK; 107 m ht GETTY IMAGES France / seanscott; 108 FOTOLIA; 109 SHUTTERSTOCK; 111 FOTOLIA; 113 FOTOLIA; 115 d GETTY IMAGES France / Jose Luis Peaez Inc; 115 g AFP / Fabrice Coffrini; 117 ICON SPORT / BPI; 119 AFP / Jean-Sebastien EVRARD; 123 FOTOLIA; 126 SHUTTERSTOCK; 131 FOTOLIA; 132 FOTOLIA; 139 Prad MORRISON; 140 d CORBIS / Yann Arthus Bertrand; 140 g Droits Réservés; 140 m COSMOS / SPL / GEOEYE; 142 EDITIONS ALBERT-RENE; 145 d FOTOLIA; 145 g 123RF Limited; 145 m SHUTTERSTOCK; 148 FOTOLIA; 150 SHUTTERSTOCK; 151 d Assemblée Nationale; 151 g FOTOLIA; 158 SHUTTERSTOCK, 123RF; 159 d FOTOLIA; 159 g nicolaspanneaux; 161 bas d Droits réservés; 161 bas g AGE FOTOSTOCK / Danilo Donadoni; 161 ht AFP / Amanda Hall; 163 FOTOLIA; 165 FOTOLIA; 169 FOTOLIA; 173 FOTOLIA; 175 d FOTOLIA; 175 g FOTOLIA; 180 FOTOLIA; 181 bas ASK IMAGES / Thierry Nectoux; 181 ht FOTOLIA.

Coordination artistique: Domitille Pautonnier

Conception de la couverture: Marc & Yvette

Conception de la maquette intérieure: Favre & Lhaïk

Mise en pages: Soft Office

Iconographie: Juliette Barjon

Illustrations: Marc Goubier (intérieur), Sébastien Telleschi (couverture)

Schémas: Laurent Blondel, Soft Office

Coordination éditoriale: Alice Fragonard

Édition: Séverine Bulan, Cécile Quintard

Assistante d'édition: Aude Noël

Fabrication: Patricia Poinsard

N° d'éditeur : 10230857 - Dépôt légal : juillet 2017
Imprimé en France en juillet 2017 par Pollina - 12090

Tableau de numération

Classe des millions			Classe des mille			Classe des unités simples		
c	d	u	c	d	u	c	d	u

………………………	« millions »	………………………	« mille »	………………………

Tableaux de mesure de grandeurs

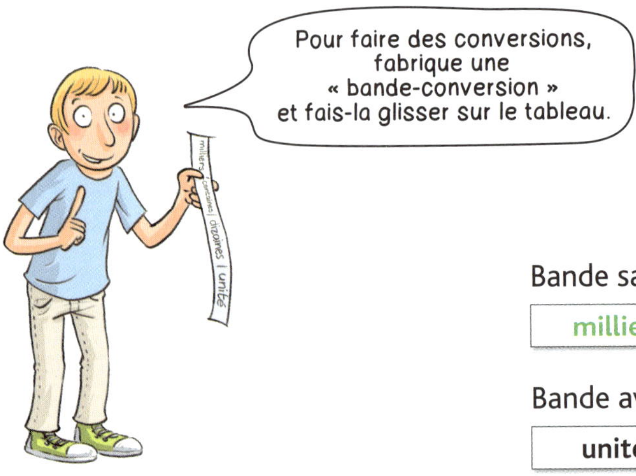

Bande sans nombres décimaux :

milliers	centaines	dizaines	unités

Bande avec nombres décimaux :

unités ,	dixièmes	centièmes

kilomètre	hectomètre	décamètre	mètre	décimètre	centimètre	millimètre
km	hm	dam	m	dm	cm	mm

kilogramme	hectogramme	décagramme	gramme	décigramme	centigramme	milligramme
kg	hg	dag	g	dg	cg	mg

litre	décilitre	centilitre	millilitre
L	dL	cL	mL